Peter Fuchs
Das Maß aller Dinge

Peter Fuchs

# Das Maß aller Dinge

Eine Abhandlung zur
Metaphysik des Menschen

**VELBRÜCK
WISSENSCHAFT**

Erste Auflage 2007
© Velbrück Wissenschaft, Weilerswist 2007
www.velbrueck-wissenschaft.de
Druck: Hubert & Co, Göttingen
Printed in Germany
ISBN 978-3-938808-33-7

*Bibliografische Information Der Deutschen Bibliothek*
Die Deutsche Bibliothek verzeichnet diese Publikation in der
Deutschen Nationalbibliografie; detaillierte bibliografische Daten
sind im Internet über http://dnb.ddb.de abrufbar.

Eine digitale Ausgabe dieses Titels in Form einer text- und
seitenidentischen PDF-Datei ist im Verlag Humanities Online
(www.humanities-online.de) erhältlich.

# Inhalt

# I. Motiv-Liste*

»SORRY WE'RE LATE
m'hai colpito con una parola completa
con una parola bella una parola di seta«
*(Anton Wallner)*

*Homo poeta.* – »Ich selber, der ich höchsteigenhändig diese Tragödie der Tragödien gemacht habe, so weit sie fertig ist; ich, der ich den Knoten der Moral erst ins Dase in hineinknüpfte und so fest zog, daß nur ein Gott ihn lösen kann – so verlangt es ja Horaz! –, ich selber habe jetzt im vierten Akt alle Götter umgebracht – aus Moralität! Was soll nun aus dem fünften werden! Woher noch die tragische Lösung nehmen! – Muß ich anfangen, über eine komische Lösung nachzudenken?«
*(Friedrich Nietzsche)*

»We are such stuff as dreams are made on,
and our little life is rounded with a sleep.«
*(William Shakespeare, Der Sturm, 4. Akt, 1. Szene / Prospero)*

»Der Mensch ist das Maß aller Dinge,
der seienden, daß sie sind,
der nicht-seienden, daß sie nicht sind.«
*(Protagoras)*

»Nun wird aber das Wort Maß auch so gebraucht, daß man als das Maß für die Objekte einerseits die wissenschaftliche Erkenntnis, andererseits die sinnliche Wahrnehmung bezeichnet, beides aus demselben Grunde, nämlich weil wir vermittelst ihrer etwas erkennen; in der Tat freilich sind sie doch eher das, was an der Wirklichkeit gemessen wird, als das was sie mißt. Aber es geht uns dabei so, wie wenn wir erst auf dem Umwege über den Schneider, der uns Maß nimmt, indem er das Maß so und so oft an uns anlegt, Kenntnis davon erlangten, wie groß wir sind. Protagoras freilich sagt, der Mensch sei das Maß aller Dinge; und wie es klingt, kann er dabei ebensogut an den durch Wissenschaft gebildeten als auch an den bloß wahrnehmenden Menschen gedacht haben, und zwar deshalb, weil sie, der eine im Besitze der sinnlichen Wahrnehmung, der andere im Besitze der Wissenschaft sind. Dies beides läßt man ja auch sonst als die Maßstäbe für die Objekte gelten; die Frage ist aber gerade, welches von beiden der wirkliche Maßstab ist. In der Tat also hat er gar nichts gesagt...«
*(Aristoteles)*

---

* Diese Liste von Motiven ist im Blick auf die zentrale These dieser Arbeit nicht nur im Blick auf das Thema, sondern auch im Blick auf die Form: leitmotivisch.

9

»Panta rhei – das ist Natur; der Mensch das Maß aller Dinge, das ist Geist.«
*(Gottfried Benn)*

»Aus Seele und Körper nämlich soll der Mensch sein, so wie ein aus zwei Dingen zusammengesetztes drittes Ding, das keines von jenen beiden ist. Der Mensch ist nämlich weder Seele noch Körper. Aber wenn etwa der Mensch auf irgendeine Art und Weise aus Sinnenwesen und Vernunfthaftem sein soll, wird er nicht sein so wie ein drittes Ding aus zwei Dingen, sondern so wie eine dritte Bedeutung aus zwei Bedeutungen.«
*(Thomas von Aquin)*

»Wer von Natur und nicht bloß aus Zufall außerhalb der Polis lebt, ist entweder schlecht oder mehr als ein Mensch.«
*(Aristoteles)*

»Auch hinter aller Logik und ihrer anscheinenden Selbstherrlichkeit der Bewegung stehen Wertschätzungen, deutlicher gesprochen, physiologische Forderungen zur Erhaltung einer bestimmten Art von Leben: Zum Beispiel, daß das Bestimmte mehr wert sei als das Unbestimmte, der Schein weniger wert als die »Wahrheit«: dergleichen Schätzungen könnten, bei aller ihrer regulativen Wichtigkeit für uns, doch nur Vordergrunds-Schätzungen sein, eine bestimmte Art von niaiserie, wie sie gerade zur Erhaltung von Wesen, wie wir sind, nottun mag. Gesetzt nämlich, daß nicht gerade der Mensch das »Maß der Dinge« ist ...«
*(Friedrich Nietzsche)*

»Der Mensch ist eine Maschine, welche so zusammengesetzt ist, dass es unmöglich ist, sich zunächst von ihr eine deutliche Vorstellung zu machen und folglich sie zu definiren. Desshalb sind alle Untersuchungen theoretischer Natur, welche die grössten Philosophen angestellt haben, das heisst, indem sie gewissermassen auf den Flügeln des Geistes vorzugehen versuchten, vergeblich gewesen. Also kann man nur practisch, oder durch einen Versuch der Zergliederung der Seele, nach Art der Aufklärung über die körperlichen Organe, ich will nicht sagen mit Sicherheit die Natur des Menschen enträthseln, aber doch wenigstens den möglichst höchsten Grad von Wahrscheinlichkeit über diesen Gegenstand erreichen.«
*(Julien Offray de La Mettrie)*

»Immer stehen wir in der Verbundenheit.«
*(Romano Guardini)*

»Alles, was ihn zum Menschen macht, hat der Mensch aus den Fehlern seines Systems.«
*(Paul Valéry(*

# Motiv-Liste

»Jeder individuelle Mensch trägt der Anlage und der Bestimmung nach einen rein idealistischen Menschen in sich, mit dessen unveränderlicher Einheit in allen seinen Abwechslungen übereinzustimmen die große Aufgabe seines Daseins ist.«
*(Friedrich Schiller)*

»Jeder von uns ist mehrere, ist viele, ist ein Übermaß an Selbsten. Deshalb ist, wer die Umgebung verachtet, nicht derselbe, der sich an ihr erfreut oder unter ihr leidet. In der weitläufigen Kolonie unseres Seins gibt es Leute von mancherlei Art, die auf unterschiedliche Weise denken und fühlen.«
*(Fernando Pessoa)*

»Sich selbst genug zu sein, mithin Gesellschaft nicht bedürfen, ohne doch ungesellig zu sein, d.i. sie zu fliehen, ist etwas dem Erhabenen sich Näherndes, so wie jede Überhebung von Bedürfnissen. Dagegen ist Menschen zu fliehen, aus Misanthropie, weil man sie anfeindet, oder aus Anthropophobie (Menschenscheu), weil man sie als seine Feinde fürchtet, teils häßlich, teils verächtlich. Gleichwohl gibt es eine (sehr uneigentlich sogenannte) Misanthropie, wozu die Anlage sich mit dem Alter in vieler wohldenkenden Menschen Gemüt einzufinden pflegt, welche zwar, was das Wohlwollen betrifft, philanthropisch genug ist, aber vom Wohlgefallen an Menschen durch eine lange traurige Erfahrung weit abgebracht ist: wovon der Hang zur Eingezogenheit, der phantastische Wunsch, auf einem entlegenen Landsitze, oder auch (bei jungen Personen) die erträumte Glückseligkeit, auf einem der übrigen Welt unbekannten Eilande, mit einer kleinen Familie, seine Lebenszeit zubringen zu können, welche die Romanschreiber, oder Dichter der Robinsonaden, so gut zu nutzen wissen, Zeugnis gibt.«
*(Immanuel Kant)*

»Es zeigte sich, daß hinter dem sogenannten Vorhang, welcher das Innere verdecken soll, nichts zu sehen ist, wenn wir nicht selbst dahinter gehen, ebensosehr damit gesehen werde, als daß etwas dahinter sei, das gesehen werden kann.«
*(Georg Wilhelm Friedrich Hegel)*

»Ich sehe einen Menschen, der kein Mensch ist.«
*(Thor Konnat)*

»Da ging ich, in mich gekehrt, durch das gewölbte Tor, sinnend zurück in die Stadt. Warum, dachte ich, sinkt wohl das Gewölbe nicht ein, da es doch keine Stütze hat? Es steht, antworte ich, weil alle Steine auf einmal einstürzen wollen – und ich zog aus diesem Gedanken einen unbeschreiblich erquickenden Trost, der mir bis zu dem entscheidenden Augenblicke immer mit der Hoffnung zur Seite stand, daß auch ich mich halten würde, wenn alles mich sinken läßt.«
*(Heinrich von Kleist)*

11

»Quis hunc nostram chamaeleonta non admiretur? aut omnino quis aliud quicquam admiretur magis?«
*(Pico della Mirandola)*

»Homo non nascitur, set fit.«
*(August Ludwig von Schlözer)*

»Sind Christ und Jude eher Christ und Jude als Mensch? Ah! Wenn ich einen mehr in Euch gefunden hätte, dem es genügt, ein Mensch zu heißen!«
*(Gotthold Ephraim Lessing, Nathan der Weise)*

»›Die Menschheit‹ hat kein Ziel, keine Idee, keinen Plan, so wenig wie die Gattung der Schmetterlinge oder der Orchideen ein Ziel hat. ›Die Menschheit‹ ist ein zoologischer Begriff.«
*(Oswald Spengler)*

»…dichterisch wohnet der Mensch auf dieser Erde.«
*(Friedrich Hölderlin)*

»Eine Wiege bin ich,
schwingend vom Druck einer Hand
im tiefen Höhlengrund
Stille Stille.«
*(Paul Verlaine)*

»Eine Idee, die nicht gefährlich ist, verdient nicht, überhaupt eine Idee genannt zu werden.«
*(Oscar Wilde)*

»Der objektive Mensch ist ein Werkzeug, ein kostbares, leicht verletzliches und getrübtes Meß-Werkzeug und Spiegel- Kunstwerk, das man schonen und ehren soll; aber er ist kein Ziel, kein Ausgang und Aufgang, kein komplementärer Mensch, in dem das übrige Dasein sich rechtfertigt, kein Schluß – und noch weniger ein Anfang, eine Zeugung und erste Ursache, nichts Derbes, Mächtiges, Auf-sich-Gestelltes, das Herr sein will: vielmehr nur ein zarter ausgeblasener feiner beweglicher Formen-Topf, der auf irgendeinen Inhalt und Gehalt erst warten muß, um sich nach ihm »zu gestalten« – für gewöhnlich ein Mensch ohne Gehalt und Inhalt, ein »selbstloser« Mensch.«
*(Friedrich Nietzsche)*

»Der allgemeine Mensch ist nämlich kein Phantom, sondern jeder Mensch ist der allgemeine Mensch, will sagen, jedem Menschen ist der Weg gezeigt, auf welchem er zu dem allgemeinen Menschen werden kann. Wer ästhetisch lebt, ist der zufällige Mensch, er glaubt, dadurch der vollkommene Mensch zu sein, daß er der einzige Mensch ist. Wer ethisch lebt, arbeitet dahin, daß

er der allgemeine Mensch wird. Wenn ein Mensch ästhetisch verliebt ist, so
spielt das Zufällige eine ungeheure Rolle, und es ist ihm von großer Wichtigkeit, daß niemand so geliebt hat, mit den Nüancen, wie er; wenn der, der
ethisch lebt, sich verheiratet, so realisiert er das allgemeine.«
*(Søren Kierkegaard)*

»Alle Ereignisse im Leben eines Menschen ständen demnach in zwei
grundverschiedenen Arten des Zusammenhangs: erstlich, im objektiven,
kausalen Zusammenhange des Naturlaufs; zweitens, in einem subjektiven
Zusammenhange, der nur in Beziehung auf das sie erlebende Individuum
vorhanden und so subjektiv wie dessen eigene Träume ist... Daß nun jene
beiden Arten des Zusammenhangs zugleich bestehen und die nämliche Begebenheit als ein Glied zweier ganz verschiedener Ketten, doch beiden sich
genau einfügt, infolge wovon jedesmal das Schicksal des Einen zum Schicksal des Andern paßt und jeder der Held seines eigenen, zugleich aber auch
der Figurant im fremden Drama ist, dies ist freilich etwas, das alle unsere
Fassungskraft übersteigt und nur vermöge der wundersamsten harmonia
praestabilita als möglich gedacht werden kann.
*(C. G. Jung)*

»Potentia itaque hominis ... pars est infinitae Dei seu Naturae potentiae.«
*(Baruch Spinoza)*

»Das Tier hat daher nur ein einfaches, der Mensch ein zweifaches Leben:
bei dem Tiere ist das innere Leben eins mit dem äußern – der Mensch hat ein
inneres und äußeres Leben. Das innere Leben des Menschen ist das Leben
im Verhältnis zu seiner Gattung, seinem Wesen. Der Mensch denkt, d.h. er
konversiert, er spricht mit sich selbst. Das Tier kann keine Gattungsfunktion verrichten ohne ein anderes Individuum außer ihm; der Mensch aber
kann die Gattungsfunktion des Denkens, des Sprechens – denn Denken,
Sprechen sind wahre Gattungsfunktionen – ohne einen andern verrichten.
Der Mensch ist sich selbst zugleich Ich und Du; er kann sich selbst an die
Stelle des andern setzen, eben deswegen, weil ihm seine Gattung, sein Wesen, nicht nur seine Individualität Gegenstand ist.«
*(Anselm Feuerbach)*

»Die bloße Reflexion also ist eine Geisteskrankheit des Menschen...«
*(Friedrich Wilhelm Joseph Schelling)*

»So ist folglich offenbar, daß das Wort »Mensch« und das Wort »Menschhaftigkeit« das Wesen des Menschen bezeichnen, aber auf verschiedene Art
und Weise, wie gesagt worden ist: denn das Wort »Mensch« bezeichnet es
als Ganzes, insoweit jenes nämlich nicht die Bezeichnung der Materie ausnimmt, sondern sie implizite enthält und auf unbestimmte Art und Weise,
so wie gesagt worden ist, daß die Gattung den Unterschied enthält. Und
daher wird das Wort »Mensch« von den Individuen ausgesagt. Aber das

Wort »Menschhaftigkeit« bezeichnet das Wesen des Menschen als Teil, weil jenes in seiner Bedeutung nur das enthält, was zum Menschen gehört, insoweit er Mensch ist, und jede Bezeichnung ausnimmt. Daher wird das Wort, »Menschhaftigkeit« von den Individuen des Menschen nicht ausgesagt.«
*(Thomas von Aquin)*

»Hundert tiefe Einsamkeiten bilden zusammen die Stadt Venedig – dies ist ihr Zauber. Ein Bild für die Menschen der Zukunft.«
*(Friedrich Nietzsche)*

»Ein Zeichen sind wir, deutungslos.
Schmerzlos sind wir und haben fast
die Sprache in der Fremde verloren.«
*(Friedrich Hölderlin)*

»Die Wüste wächst: weh dem, der Wüsten birgt.«
*(Friedrich Nietzsche)*

»Toute vue de choses qui n'est pas étrange est fausse.«
*(Paul Valéry)*

»In der heutigen Zeit kann man nur noch in der Leere des verschwundenen Menschen denken.«
*(Michel Foucault)*

»Aber in dem Maße, in dem die Dinge sich um sich selbst drehen, für ihr Werden nichts anderes verlangen als das Prinzip ihrer Intelligibilität und den Raum der Repräsentation aufgeben, tritt der Mensch seinerseits und zum ersten Mal in das Feld des abendländischen Denkens (savoir) ein. Seltsamerweise ist der Mensch, dessen Erkenntnis in naiven Augen als die älteste Frage seit Sokrates gilt, wahrscheinlich nichts anderes als ein bestimmter Riß in der Ordnung der Dinge, eine Konfiguration auf jeden Fall, die durch die neue Disposition gezeichnet wird, die sie unlängst in der Gelehrsamkeit angenommen hat. Daher stammen alle Schimären neuer Humanismen, alle Leichtigkeiten einer ›Anthropologe‹, wenn diese als allgemeine Reflexion (halb positivistisch, halb philosophisch) über den Menschen verstanden wird. Indessen gibt es eine Stärkung und tiefe Beruhigung, wenn man bedenkt, daß der Mensch lediglich eine junge Erfindung ist, eine Gestalt, die noch nicht zwei Jahrhunderte zählt, eine einfache Falte in unserem Wissen, und daß er verschwinden wird, sobald unser Wissen eine neue Form gefunden hat.«
*(Michel Foucault)*

»In vergangenen Zeiten suchte man einen Beweis für die Existenz Gottes. Wir suchen heute einen Beweis für die Existenz des Menschen.«
*(Kasimierz Brandys)*

»Soll aber der Mensch noch einmal die Nähe des Seins finden, dann muß er zuvor lernen, im Namenlosen zu existieren.«
*(Martin Heidegger)*

»Der Mensch ist der Hirt des Seins.«
*(Martin Heidegger)*

»Dieser Vergleich von Mensch und Tier weist nur hin auf die Communication als universale Bedingung des Menschseins. Sie ist so sehr sein allumfassendes Wesen, dass, was auch der Mensch ist und was für ihn ist, in irgendeinem Sinne in der Communication steht: Das Umgreifende, als das wir sind, ist in jeder Gestalt Communication; das Umgreifende, das das Sein selbst ist, ist für uns nur, wie es in der Mitteilbarkeit Sprache wird oder ansprechbar ist.«
*(Karl Jaspers)*

»Homo est clausura mirabilium Dei.«
*(Hildegard von Bingen)*

»Das Leben des Menschen auf Erden ist so schnell vorüber wie der Schein eines weißen Rosses, der durch eine Spalte fällt – im Augenblick ist es vergangen. Schäumend und wild treten sie alle ins Leben ein; sachte und glatt gehn sie alle wieder hinaus. Sie machen einen Wandel durch und werden geboren; ein weiterer Wandel, und sie sterben.«
*(Tschung Tse)*

»Die Philosophie ist am Ende.«
*(Martin Heidegger)*

»›Der Mensch – das unbekannte Wesen‹ sagte Carrel. Der Mensch, füge ich hinzu, die Antwort auf alle Fragen, die wir haben.«
*(Pierre Teilhard de Chardin)*

»La chair est triste, Hélas!«
*(Stéphane Mallarmé)*

»Der Mensch ist diese Nacht, dieses leere Nichts, das alles in ihrer Einfachheit enthält, ein Reichtum unendlich vieler Vorstellungen, Bilder, deren keines ihm gerade einfällt oder die nichts als gegenwärtige sind. Dies (ist) die Nacht, das Innre der Natur, das hier existiert – reines Selbst. In phantasmagorischen Vorstellungen ist es ringsum Nacht; hier schießt dann ein blutig(er) Kopf, dort ein(e) andere weiße gestalt plötzlich hervor und verschwindet ebenso. Diese Nacht erblickt man, wenn man dem Menschen ins Auge blickt – in eine Nacht hinein, die furchtbar wird.«
*(Georg Wilhelm Friedrich Hegel)*

# II Prolog

Die Systemtheorie ist eine Theorie vertretbarer Metaphern.
*frei nach Gordon Pask*

»Das Denken muß oblique werden.«
*Gernot Böhme*

»Der Mensch ist das Maß aller Schneider.«
*Hans Arp*

Es ist sicher ungewöhnlich, ein Vorwort (diese freundliche Einladung zur Lektüre) mit dem persönlichen Hinweis auszustatten, daß ich während der gesamten Textproduktion ein seltsam mulmiges Gefühl kaum niederzukämpfen vermochte, obgleich man mich aller möglichen Unarten, aber sicher nicht der einer übertriebenen Bangigkeit bezichtigen kann. Nach Gründen suchend, die jenes Gefühl auslösten und dauerhaft in Betrieb hielten, stieß ich schnell (und zu schnell) auf Ursachenbündel, die sich leicht benennen lassen. Da ist zum Beispiel der wissenschaftlich – und soziologisch ohnehin – unziemliche Titel, der (den Homo-mensura-Satz aufgreifend[1]) suggeriert, es gehe um *den* Menschen, um einen ›Kompaktterm‹ (Niklas Luhmann), der als Abstraktion niemand Bestimmten meint, aber als Abstraktion alles andere als ein *Begriff* ist, der einer Theorie als scharfe Unterscheidung eingepaßt werden könnte. Die Referenz auf *den* Menschen mag appellativ, sie mag emphatisch und sogar ethisch gestimmt sein; sie ist jedoch in keinem Fall so präzise durchgearbeitet, daß man mit ihr viel mehr anfangen könnte, als sie in den Dienst einer wo immer auch herkommenden, mitunter gravitätisch einherschreitenden, nicht selten aber auch gerade deshalb fatalen Rhetorik zu stellen.

Ein anderer (damit zusammenhängender) Grund für Mulmigkeit ist, daß die Theorie, mit der ich mich üblicherweise befasse und die mehr schlecht als recht die Soziologische Systemtheorie der Bielefelder Schule genannt wird, nachgerade notorisch die Beziehung auf *den* Menschen zu vermeiden trachtet. Sie löst das, was dieses ehrwürdige Wort zu bezeichnen scheint, auf in ein Kompendium aufeinander bezogener, aber differenter ›Phänomenalitäten‹ wie Systeme und Operationen, wie Körper, Gehirn, Psyche, Bewußtsein, und last but not least: Kom-

---

1 Plato, *Theät.* 152a. Ich will nicht verhehlen, daß es mir immer als eine ironische Pointe vorgekommen ist, daß dieser berühmte Satz die Aussage eines Erz-Sophisten ist. Vgl. zur Auffassung des Aristoteles, daß dieser Satz im Blick auf das *metron* schlicht trivial sei, die *Metaphysik*, XI. 1053a31-b3.

munikation. Es gibt in dieser Theorie keinen terminologischen Ort, der als begriffliche Behausung *des* Menschen gelten könnte. Und es ist schließlich diese Enthaltsamkeit, die die stupende Leistungsfähigkeit der Systemtheorie begründet hat. Sie setzte an die Stelle eines kompaktopaken Wortes den Umgang mit Differenzen.

Ebendies erklärt aber auch, daß man diese Theorie im allgemeinen nicht übermäßig liebt. Sie ist, wenn man vom Menschen redet, offenkundig nicht sehr zu jener ›Dämpfigkeit‹ geneigt, die die Pathosformel *des* Menschen gewöhnlich hervorruft. Sie kürzt die Rechenergebnisse dieser Formel schlankerhand heraus aus ihrem Begriffsgewebe und erscheint deswegen so kühl und so weit weg von der Menschen- und Lebenswelt, in der wir – wie manche meinen – geradehin und robust herumleben.

Allerdings ist ausgemacht, daß jene Theorie darin (in dieser Askese) nicht allein steht: Was man schließlich sehen kann in den letzten anderthalb Jahrhunderten, das ist ein grandioses Auflösungsspiel. Mit dem Tode Gottes ging der Tod *des* Menschen einher. Was *der* Mensch sei, worin er seine Identität finde, was er zu bedeuten habe, diese uralte Frage, kann nur noch gestellt werden im Modus der Ironie, mit einem Augenzwinkern, das auf die Unbeantwortbarkeit, das Anachronistische der Frage verweist, oder im Modus der seltsam triumphalen Resignation, die sich im Wort ›Postmoderne‹ ausdrückt.[2]

2 Und natürlich in der Literatur: »Dem anderen, Borges, passiert immer alles. Ich schlendere durch Buenos Aires und verweile mich, vielleicht schon unwillkürlich, um ein geschwungenes Hoftor und das Türgatter zu betrachten; von Borges erhalte ich Nachrichten durch die Post und erblicke seinen Namen in einem Professorenkolleg oder in einem biographischen Lexikon. Ich habe Spaß an Sanduhren, an Landkarten, an der Typographie des 18. Jahrhunderts, an dem Aroma von Kaffee und an der Prosa Stevensons; der andere teilt zwar diese Vorlieben, aber in aufdringlicher Art, die sie zu Attributen eines Schauspielers macht. Es wäre übertrieben zu behaupten, daß wir auf schlechtem Fuß miteinander stünden; ich lebe, ich lebe so vor mich hin, damit Borges seine Literatur ausspinnen kann, und diese Literatur ist meine Rechtfertigung. Ich gebe ohne weiteres zu. daß ihm hie und da haltbare Seiten gelungen sind, aber diese Seiten können mich nicht retten, vielleicht, weil das Gute schon niemandes Eigentum mehr ist, auch nicht des anderen Eigentum, sondern der Sprache oder der Tradition angehört. Im übrigen bin ich dazu bestimmt, mich zu ruinieren, und nur irgendeiner meiner Augenblicke wird in dem anderen fortzuleben vermögen. Allmählich trete ich ihm alles ab, obwohl mir seine widerwärtige Art, zu verfälschen und zu vergrößern, bekannt ist. Spinoza war der Auffassung, daß alle Dinge in ihrem Sein beharren wollen; der Stein will bis in alle Ewigkeit Stein und der Tiger Tiger sein. Ich muß in Borges verbleiben, nicht in mir (sofern ich überhaupt jemand bin), aber ich erkenne mich in seinen Büchern nicht

Prolog

Schlimmer noch: Was in Theorien an Auflösungsvermögen verkraftet werden kann und muß, findet in der Welt, die durch Theorie
rekonstruiert werden soll, eine Parallele: Was der Mensch sei (zu sein
hat), ist nicht einmal menschen- und lebensweltlich eine ›klare Kante‹.
In den Humankatastrophen der letzten hundert Jahre wird er zu einer
verfeuerungsfähigen Biomasse. Man kann kaum den Eindruck gewinnen, daß sich daran etwas wirklich geändert hat. Es wird Tag für Tag
hekatombenweise gestorben, gemordet, gefoltert. Der Mensch wird
(gleichsam operativ) definiert als das Wesen, das man (und das sich
selbst) töten kann – durch Hunger, Krankheit, Folter, Mord und Krieg,
namenlos, zahllos, heute hier, morgen dort. Man könnte sich denken,
daß die Lehre vom Menschen, die Anthropologie, ihren Grund verliert
und eigentlich zur ›Thanatologie‹ konvertieren müßte.[3]
Und wenn das nicht, so sorgt jedenfalls die Gentechnologie vollends
dafür, daß am Horizont die Vision erscheint, der Mensch sei nicht mehr
jemand, der nach dem Bilde eines Gottes geformt sei, sondern nunmehr
jemand, der in den Stand versetzt wurde, sich ein ›machbares‹ Bild von
sich selber zu schaffen, die Exemplare der humanen Population so zu
formatieren, daß sie (wie von ungefähr) dem alten Ideal der ›Kaloka-
gathia‹ entsprechen: tugendhaft, schön, alters- und behinderungslos,
krankheits-, rausch- und drogenfrei, angemessenen Verstandes – eine
Idee der Devianzausmerzung, könnte man sagen, die Idee einer leid- und
schicksalsfreien ›Ruhewelt‹, einer Re-Animation des Paradiesgedankens
ohne Adam und ohne Eva, die – man erinnert sich – ihrem Gefährten
einen Apfel vom Baum der Erkenntnis zu essen gab, eine *felix culpa*, wie
die christliche Tradition formuliert, eine bewunderungswürdige *désin-
volture*, wie man diesen Vorgang der ersten großen Non-Konformität
auch nennen könnte.[4]

so sehr wieder wie in vielen anderen oder wie im beflissenen Gezupf einer
Gitarre. Vor Jahren wollte ich unser Verhältnis lösen; von den Mythologien
der Außenviertel ging ich zu den Spielen mit der Zeit und mit dem Unendlichen über, doch treibt heute Borges diese Spiele. Und ich werde mich nach
etwas anderem umsehen müssen. So ist mein Leben eine Flucht, und alles
geht mir verloren und fällt dem Vergessen anheim oder dem anderen. Ich
weiß nicht einmal, wer von uns diese Seite schreibt.« Borges, J.L., zit nach
Hofstadter. D.R./Dennett, D.C. (Hrsg.), *Einsichten ins Ich. Fantasien und
Reflexionen über Selbst und Seele*, Stuttgart 1982², S.27.
3 Bekanntlich ist für Hannah Arendt *der* Mensch durch die Schergen des
Dritten Reiches zu einer tötbaren Gleichgültigkeit geworden – ohne An-
sehn der Person. Vgl. Trawny, P., *Denkbarer Holocaust. Die politische
Ethik Hannah Arendts*, Würzburg 2005, S.31 ff.
4 Es ist eine der großen Verwunderlichkeiten der Genesis, daß Gott nach dem
Sündenfall fragt: »Wo bist du, Adam?« und nicht: »Wo bist du, Eva?«

19

Mulmigkeit also, die durch die Frage erzeugt wird, was kann man heute zur ›Form‹ des Menschen verantwortlich und präzise sagen, wenn doch ebendiese Form (wenn sie jemals Form war) so vollkommen aus der Form gegangen ist? Wie kann man es so sagen, daß das Ergebnis der Überlegungen im Doppelsinne des Wortes ›dämpfungsfrei‹ bleibt? Ohne humanisierende Dampfwolken *und* ohne schonende Abfederung? Ohne Sentimentalität und feuchtes Ziehen im Kopf?

Die Antwort liegt nahe. Man kann es genau versuchen mit jener gewohnheitsmäßig unsentimentalen, im Kern durch und durch ironisch-realistischen Theorie[5], die seit ihrem Start auskommt ohne die Referenz auf *den* Menschen, auskömmlich auskommt, wie sich hinzufügen ließe, und es sich jetzt, wie mir scheint, auch leisten kann, die Frage nach *dem* Menschen zu strapazieren – auf die Gefahr eines instruktiven Scheiterns hin, ein Risiko, das angesichts des desolaten Zustands *einer* Theorie *des* Menschen nicht allzuschwer wiegt.[6] Für human besorgte und bewegte

---

5 Und deshalb wider allem Anschein kritische Theorie: »... tätige Kritik ist das, was eigentlich die Ironie ausmacht. Ironie stellt ein an der Sprache sich entzündendes, in der Sprache sich bewährendes kritisches Bewußtsein nicht herkömmlich grammatikalischer, sondern transzendentaler Art dar, das geprägt ist durch die Erfahrung einer unendlichen Kluft zwischen Absolutem und Relativem. Schriftsteller im vollen Umfang des Wortes ist für Schlegel erst, wer aus solchem kritischen Sprach-Bewußtsein, dem Bewußtsein der Ironie heraus schreibt.« Mennemeier, F., »Fragment und Ironie beim jungen Friedrich Schlegel. Versuch der Konstruktion einer nicht geschriebenen Theorie« in: Peter, K. (Hrsg.), *Romantikforschung seit 1945,* Königstein/ Ts. 1980, S. 229-250, S. 231. Vgl. zur ironischen Anthropologie (und zum Zusammenhang von Bildung und Ironie bei Friedrich Schlegel) Korte, P., *Projekt Mensch – »Ein Fragment aus der Zukunft«. Friedrich Schlegels Bildungstheorie,* Münster 1995, S. 273 ff. et passim. Siehe, schon früh wegweisend, zu Ironie als Grundfigur der Beobachtung der Moderne Vico, G., *Die neue Wissenschaft von der gemeinschaftlichen Natur der Nationen* (hrsg. v. Fellmann, F.) Frankfurt am Main 1981, S. 72. Daß dann die Ironie gewissermaßen auf sich selbst auflaufen kann, ist als Gefahr der Moderne hinlänglich bekannt geworden. Locus classicus Rorty, R., *Ironie und Solidarität,* Frankfurt am Main 1991. Ironie kann heute als Verfahren gedeutet werden, die Einheit der Differenz von Bewußtsein und Kommunikation zu reflektieren. Siehe dazu Baecker, D., »Die Unterscheidung von Kommunikation und Bewußtsein«, in: Krohn, W./Küppers, G. (Hrsg.), *Emergenz: Die Entstehung von Ordnung, Organisation und Bedeutung,* Frankfurt am Main 1992, S. 217-268, S. 242 ff.

6 Auch Niklas Luhmann hat, indem er auf das einschlägig ärgerliche Theoriedefizit der Soziologie hinwies, dazu geraten, »daß man vom Menschen im Kontext einer Theoriearbeit zunächst lieber schweigen sollte.« Aber er hat ermutigenderweise in diesen Satz ein ›zunächst‹ hineingeschrieben. Vgl.

Mitmenschen könnte es sich dabei auszahlen, daran zu denken, daß sich Ironie (diese besondere Art des Realismus) auf die Romantik beziehen läßt. Die Kälte, die theoretisch zu erwarten ist, kann schräg, kann ironisch beobachtet werden: von der Theorie selbst. Sie ist womöglich – und für mich allemal – der Ausdruck eines unstillbaren (und darin romantischen) Interesses – mulmig hin und mulmig her.

Es mag jedoch nicht überflüssig sein, darauf hinzuweisen, daß Theorien die Welt nicht abbilden. Theoretische Sätze sind vor allem: Sätze, sind also Formen im Medium der Sprache und im Mega-Medium *Sinn*. Man könnte auch sagen: Theorien sind Sätze-Arrangements, die die (wissenschaftliche) Beobachtung der Welt anleiten. Bis an die Schwelle der Moderne freilich ließ sich die Auffassung pflegen, daß in diesen Beobachtungen *etwas* (im Grenzfall: die Welt) beobachtet wird, ein Gegenstand, ein Objekt, ein Phänomen, aber heute kann man nicht mehr ernsthaft davon absehen, daß das *Beobachtete* Moment der Operation Beobachtung selbst ist.[7] Was als ›Welt‹ in der Beobachtung anfällt, fällt als *Beobachtetes* an, ein Umstand, der – für uns nicht unwichtig – auch dazu führt, daß der Beobachter in jeder Beobachtungsoperation nicht als *der* Beobachter auftritt, der die Operation exekutiert, sondern selbst nur als *Beobachtetes*, wenn und soweit er bezeichnet und dadurch unterschieden wird. Ähnliches hat man in der phänomenologischen Tradition gemeint, als man sagte, daß Bewußtsein immer Bewußtsein von etwas sei, so daß man zwar dieses Etwas registrieren könne, nicht aber (oder eben ungeheuer mühsam) den Zuwegebringer des Etwas, nämlich das Bewußtsein selbst.

Eine Theorie, die dies einkalkuliert und sich dennoch *des* Menschen annimmt, kann also nur beobachten, wie *der* Mensch beobachtet wird. Sie langt nicht an beim Menschen, sie berührt ihn nicht. Sie bezeichnet die Formen (insofern sie an einem Rückblick interessiert ist), die zu verschiedenen Zeiten das ausmachten, was dann als *der* Mensch intellektuell plausibel verhandelbar war. In der Theorie spricht man in diesem Zusammenhang von der Beobachtungstechnik *zweiter Ordnung*, für die gilt, daß sie nicht mehr Dinge und Weltgegebenheiten bezeichnet, sondern die Unterscheidungen, die die Projektion dieser Dinge und Gegebenheiten inszenieren. Oder anders ausgedrückt: In der Beobachtung zweiter Ordnung werden Ontologien (und damit auch: Anthropologien) zu *fungierenden* Ontologien, die eingehängt sind in die Bezeichnungsleistungen der Beobachtung erster Ordnung. Oder noch anders formuliert: Die Beobachter erster Ordnung sind in einer

---

Luhmann, N., »Die Soziologie und der Mensch«, in: ders., *Soziologische Aufklärung 6*, Opladen 1995, S. 265-274.

7 Vgl. Fuchs, P., *Der Sinn der Beobachtung. Begriffliche Untersuchungen*, Weilerswist 2004.

Welt ›ansässig‹, die sie operativ definieren. Erst die Beobachtungsebene zweiter Ordnung setzt diese ›Ansässigkeitswelt‹ kontingent, indem sie prüft, aufgrund welcher Unterscheidungen das, was in ihr als gegeben genommen wird, das je Gegebene, das Unaustauschbare, die Realität ist.[8]

Jener Rückblick könnte freilich nur äußerst selektiv geschehen. Schließlich ist immens viel geschrieben worden (und wird noch immens viel geschrieben) über die Frage *des* Menschen, die alles andere als erledigt und abgetan erscheint.[9] Deswegen ist es eine texttechnische Entscheidung, nahezu unverzüglich mit der Beobachtung *des* Menschen durch diese Theorie statt mit Retrospektiven auf vergangene Konzepte des Menschen zu starten, die in Hülle und Fülle zur Verfügung stehen. Es geht also nicht um die sorgsame Rekonstruktion vergangener Formen des Menschen, also auch nicht darum, ein weiteres Mal einen Defiliercours vor den großen Namen der Philosophie und der Anthropologie zu veranstalten. Das alles hat – gewiß – sein Recht und seine Zeit, aber hier soll die Frage im Zentrum stehen, was *diese* Theorie – wenn überhaupt – mit *dem* Menschen anzufangen weiß.

Die Frage lautet also genau: Welche besondere Erzählung kann diese Theorie aus dem Zusammenhang ihrer Begriffe generieren, wenn sie gefragt wird: Wie hältst du es aber mit *dem* Menschen?

8 Die geradezu ästhetische Raffinesse (und Selbstreferenz) der Theorie besteht dann darin, daß auch die Beobachter zweiter Ordnung die Unterscheidungen, die sie beobachten, wie Dinge, wie Gegebenheiten behandeln. Sie haben keinen Vorsprung, sie verdanken sich selbst einer je fungierenden Ontologie. Die Beobachtungsebene zweiter Ordnung hat, will das heißen, keinen Wahrheits-, sondern nur einen Komplexitätsvorteil.

9 1988 fand in Brighton der 18. Weltkongreß für Philosopie statt. Thema: »Die philosophische Auffassung des Menschen«. Über 1000 Teilnehmer aus 64 Ländern waren zu verzeichnen. Vgl. »Der Kongreß. Rafael Capurro über den XVIII. Weltkonkreß für Philosophie in Brighton«, in: *Information Philosophie*, H. 2., 1989.

# III. Die Form *des* Menschen

## A Die minimale Unterscheidung:
## *Der* Mensch/die Menschen

Will man über *den* Menschen reden, empfiehlt es sich zunächst, näherungsweise die Form zu bestimmen, die dieses Wort bezeichnet.[1] Die Form ist dann definiert, wenn deutlich gemacht werden kann, welche Unterscheidung das Wort ›der Mensch‹ aufspannt und wovon sich diese Unterscheidung unterscheidet, ein ›Wovon‹, das sich genau nicht durch ebenjene Unterscheidung *des* Menschen mitnennen, mitunterscheiden läßt. Anders ausgedrückt: Man müßte die Unterscheidung *des* Menschen angeben können und im selben Zuge das, was durch diese Unterscheidung als nicht beobachtbar ausgeschlossen wird.

Blickt man, um sich Anhaltspunkte zu verschaffen, auf die einschlägige Tradition, so ist der Versuch, die Unterscheidung des Menschen zu bestimmen, zum Erschauern oft unternommen worden, gleichgültig, ob man nur die abendländische Diskussion vor Augen hat oder schon das, was geschieht, als diese Diskussion konfrontiert wird mit dem einfachen Umstand, daß andere Kulturen ebenfalls Vorstellungen vom Menschen entwickelt haben, die sowohl nahebei wie weit entfernt liegen können – eine der Schlüsselursachen dafür, daß das Bild vom Menschen in der Gegenwart einer Art ungebärdiger Kontingenz unterliegt. Was *der* Mensch sei, das löst sich auf in eine Vielzahl von Bildern, von *imagines agentes*, ein Vorgang, der durch die Ausdifferenzierung der modernen Wissenschaft verschärft wird: Sie ist es, deren Auflösungs- und Abstrak-

---

1 Daß wir uns hier (auch) am Indikationenkalkül von Spencer-Brown, G., *Laws of Form*, London 1971(2) orientieren, ist unvermeidbar. Siehe als Introduktionen Schönwälder, T./Wille, K./Hölscher, Th., *George Spencer Brown. Eine Einführung in die* »*Laws of Form*«, Wiesbaden 2004; Lau, F., *Die Form der Paradoxie. Eine Einführung in die Mathematik und Philosophie der* »*Laws of Form*« *von G. Spencer Brown*, Heidelberg 2005.

tionsvermögen die Idee, man könne über *den* Menschen (als solchen, an sich etc.) reden, nachhaltig sabotiert.

Er ist seitdem das, was der Fall ist – perspektivisch, oder wie man heute wohl sagen müßte: *observationell*. Er ist, soll das bedeuten, immer das, als was er beobachtet wird, und in jeder Beobachtung etwas Anderes. Und: deswegen nirgends *etwas Bestimmtes*, das sich von den jeweils aktuellen Unterscheidungen und Bezeichnungen, die ihm angesonnen werden, unterscheidet. Man kann ihn beobachten, aber dann ist er das Resultat der beobachtungsleitenden Unterscheidungen, die im Einsatz sind, und gerade nicht eine (entgegengeworfene, das ist: objektive) Identität, die in aller Verschiedenheit der Beobachtung dieselbe bliebe. Schließlich sieht keine Beobachtung das *Bezeichnete*, sondern nur das, was die Unterscheidung, in deren Rahmen die eine oder andere Seite bezeichnet wird, zu sehen gestattet.

Daß man so formulieren kann (und heute: muß), ist gewiß auch, wie wir schon angedeutet haben, Resultat der Ausdifferenzierung des Wissenschaftssystems, das sich mehr und mehr als der Beobachter konstruiert, von dessen Beobachtungsleistungen es abhängt, was als ›Sicht‹ auf *den* Menschen zustandekommt. Anders ausgedrückt: Die wissenschaftliche (und dann auch intellektuelle) Beobachtung des Menschen hat kein Objekt. Sie durchläuft eine Selbstreferenzschleife, in der daran erinnert wird, daß die Beobachtung das Objekt, um das es geht, kreiert. Wenn darauf verzichtet wird, den Durchgang durch diese Schleife zu machen, kommt am Ende so etwas wie eine (Anthropo)Ontologie heraus, die leicht gegenbeobachtbar ist und in einer polykontexturalen Gesellschaft erwartbar gegenbeobachtet wird. Außerdem: *Der* Mensch ist für die Wissenschaft etwas anderes als für die Religion, für die Kunst, das Recht, die Politik, die Erziehung, die Wirtschaft – er imponiert als Verschiedenheit, deswegen als Unbestimmtheit, die verschieden bestimmt werden muß, oder gar als Unbestimmbarkeit, die von niemandem bestimmt werden kann, es sei denn: in einem Modus der befristeten, sozial konvenierenden und passierenden Bestimmung, über deren Kontingenz kein Zweifel besteht.

Wird dennoch eine gleichsam typenfeste Definition *des* Menschen versucht, die allen Leuten[2] mitteilt, was er tatsächlich und unstrittig

---

2 Wir machen hier beinahe klammheimlich von den ›Leuten‹ Gebrauch, aber dann doch etwa in dem Sinn, den Baecker, D., »Die Leute«, in: Baecker, D., Hüser, R., Stanitzek, G., *Gelegenheit. Diebe. 3 x Deutsche Motive*, Bielefeld 1991, S. 81-99, diesem Wort gibt. Vgl. aber auch Lang, E., »Menschen vs. Leute: Bericht über eine semantische Expedition in den lexikalischen Nahbereich,« erschienen in: Kramer, U. (Hrsg.), *Lexikologisch-lexikographische Aspekte der deutschen Gegenwartssprache* (= Lexicographica. Series Maior 101), Tübingen 2000, S. 1-39.

sei, hat man es schon mit Fundamentalismus zu tun, mit dem (in der ›Postmoderne‹ überraschenden) Versuch, die Welt zu beobachten und in ihr *den* Menschen, als hätte man zu diesem Zweck nicht die Operation der Beobachtung durchführen müssen, *weil* die Dinge der Welt beobachtungsfrei sind, was sie sind. Fundamentalismus ist aus dieser Perspektive immer und fatal paradox: Er *beobachtet* ersichtlich[3] (man entdeckt ihn an Kommunikation, also an beobachtenden Operationen) und behauptet zugleich, daß er nicht beobachtet im Sinne einer unterscheidungsgebundenen Realitätserzeugung, sondern die Welt vielmehr sieht, wie sie ist: als etwas, das – obwohl es beobachtet wird – immer dasselbe bleibt, als sei es unbeobachtet. Man erkennt die starken (und die schwachen) Fundamentalismen an Sätzen wie: Der Mensch *ist* ...[4]

Wir wollen uns von solchen Fundamentalismen fernhalten, aber zugleich darauf insistieren, daß *der* Mensch beobachtbar ist, insofern alles, was sich unterscheiden läßt, per definitionem bezeichnet werden kann.[5] Daß es das Wort gibt, ist das entscheidende Indiz, denn Wörter können nicht anders gedacht werden denn als Bezeichnungen, die nur funktionieren, wenn Unterscheidungen aktualisierbar (projizierbar) sind, in deren Rahmen die Bezeichnung situiert ist. Wörter sind Zeichen, die das Bezeichnende (signifiant) unterscheiden vom Bezeichneten (signifié), und das Bezeichnete ist nichts außerhalb des Zeichens, sondern genau das, was als Bezeichnung im Alternativenraum einer Unterscheidung die eine oder andere Seite dieser Unterscheidung markiert.[6] Die Form *des* Menschen wäre dann, wie wir oben angedeutet haben, genau die Unterscheidung, die jenen Spiel- und Alternativenraum aufblendet, wobei zugleich angegeben werden müßte, wovon sich diese Unterscheidung unterscheidet.

Zumindest ist eine (Minimal)Unterscheidung, die durch *den* Men-

3 Beobachten ist hier dezidiert als Operation verstanden. Deswegen kann man das sprachlich geforderte Akkusativobjekt auslassen. Es wird durch diese Operation erzeugt. Das ›Etwas‹ der Beobachtung ist unser Problem.

4 Ich will nicht verhehlen, daß mir die schwachen Fundamentalismen alltäglich begegnen. Andererseits ist nicht zu leugnen, daß die Theorie, die ich hier zugrundelege, ebenfalls Dogmen pflegt, etwa das, daß alles, was gesagt wird, von einem Beobachter gesagt wird. Bei genauem Hinsehen verflüchtigt sich aber *der* Beobachter ins Imaginäre. Siehe zu einer kurzweiligen Diskussion dieser Frage Fuchs, P., *Das Gehirn ist genauso doof wie die Milz. Ein Gespräch mit Markus Heidingsfelder*, Weilerswist 2005.

5 Man beobachtet also etwas, wenn man sagt, die Würde *des* Menschen sei unantastbar, aber wen? Das ist die Frage, auf die man antworten müßte: Niemanden Bestimmten. Es wäre vielleicht besser, zu sagen, daß die Würde der Leute unfaßbar sei. Aber das mag zu wenig emphatisch sein.

6 Vgl. Luhmann, N., »Zeichen als Form,« in: Baecker, Dirk (Hrsg.), *Probleme der Form*, Frankfurt am Main 1993, S.45-69.

schen aufgemacht wird, evident: Sie unterscheidet *den* Menschen von den Menschen, oder (in Anlehnung an sehr viel ältere Terminologien): einen abstraktiven Singular von einer, wenn man das überhaupt so sagen darf, empirischen Pluralität, die aber nur bezeichnet werden kann, wenn die Gegenseite *und* der Einheitsbegriff jener Unterscheidung zur Verfügung stehen. Wie in ähnlichen Unterscheidungen (etwa System/Umwelt) tritt dieser Einheitsbegriff der Unterscheidung in der Unterscheidung selbst auf:

*Der* Mensch = *der* Mensch/die Menschen.[7]

Das klingt zunächst ganz einfach, ja trivial, wird aber enttrivialisiert, wenn man sich verdeutlicht, daß bei diesem Wiedereintritt der Einheit der Unterscheidung in die Unterscheidung ebendiese Einheit *imaginär* wird.[8] *Der* Mensch ist dann weder die eine noch die andere Seite der Unterscheidung – er ist ausgedrückt im Zeichen der Barre, die als nicht-sprachliches Zeichen die Differenz (und gerade nicht ein Ding, ein Phänomen, eine res extensa) bezeichnet. Das ist nur ein anderer Ausdruck dafür, daß das Reden über *den* Menschen nicht das Reden über eine Gegebenheit ist, sondern ein Reden auf dem Hintergrund dieser Differenz, ein Beobachten auf der Barre der Unterscheidung, das – hier paßt vielleicht die Metapher des Oszillierens – unaufhörlich hin- und herspringt zwischen der einen und der anderen Seite der Differenz. Ein Merkmal dafür mag sein, daß dieses Reden kein Ende nimmt, es ist so etwas wie ›gossip‹, Geschwätz, ein Schwatzen, das sich in einer alten Bedeutung von *anthropológos* erhalten hat. Ein Anthropologe ist jemand, »qui de hominibus libenter verba facit.«[9] Und, müßte man hinzufügen, jemand, dem auf der Basis jener Unterscheidung keine andere Wahl als die bleibt, über die Menschen gern Wörter zu machen[10], weil er weder

7 Wir kommen sehr weit unten noch einmal darauf zurück, daß ›die Menschen‹ nicht der logische Plural des Kollektivsingulars ›*der* Mensch‹ ist. Deswegen schreiben wir dieses ›*der*‹ auch kursiviert.

8 Es gibt noch einen anderen Weg der Enttrivialisierung, der mit dem Inhalt der vorangehenden Fußnote zusammenhängt. Wir kommen später darauf zurück.

9 So jedenfalls Suicer, J. C., *Thesaurus Ecclesiasticus* (1682), Art: »Anthropomorphítai«, hier zit. nach Ritter, J./Gründer, K. (Hrsg.), *Historisches Wörterbuch der Philosophie*, Bd. 1, Basel 1971, Artikel ›Anthropologie‹, Sp. 362. Interessant ist, daß es im Zitat nicht um ›homini‹, sondern um ›hominibus‹ geht, daß also die gerade diskutierte Differenz schon eine Rolle spielt. Ebenso interessant ist, daß diese Bedeutung (gossip), die ja auf Kommunikation verweist, im Artikel des Historischen Wörterbuches explizit ausgeblendet wird.

10 Man könnte auch übersetzen: ›der über die Menschen gern Wörter verliert‹, und das träfe die ironische Pointe Suicers noch genauer.

die eine noch die andere Seite der Unterscheidung *unabhängig von der je anderen Seite* beobachten kann.

Eine Konsequenz dieser Überlegung ist, daß immer dann, wenn von *dem* Menschen (zum Beispiel von seinem Tod, der an den Tod Gottes anschließt) gesprochen wird, die Gegenseite mitgemeint ist, obwohl sie (im Blick auf die Leute, die unbekümmert weiterleben) nicht mitgemeint sein kann. Soziologisch gesehen, ist *der* Mensch ein Stimulans für ein never-ending-game der Kommunikation.[11] Dieses Reden kann kein Ende finden, weil es keinen Gegenstand hat, der sich ausschöpfen ließe, und das nicht etwa, weil *der* Mensch so tief gedacht ist, daß er *grundlos* bliebe, sondern weil die Beobachter, die mit der Unterscheidung *des* Menschen arbeiten (der Mensch/die Menschen), in diese Unterscheidung wie in einen Schraubstock eingespannt sind. All dies ist auch gemeint, wenn man sagt, daß *der* Mensch (in dieser Form) kein Theoriebegriff irgendeiner Theorie sein kann.[12]

Die Formbestimmung bleibt aber unvollständig, wenn nicht zugleich angegeben wird, wovon die Unterscheidung des Menschen sich unterscheidet. Im Unterschied zu Bestimmungen, die *den* Menschen von *dem* Tier, von *dem* Gott (den Göttern oder den Engeln) mitunter deutlich trennen, mitunter Kombinationen zulassen, wollen wir wissen, was sich mit der Differenz von *der* Mensch/die Menschen genau nicht beobachten läßt. Formal:

*Der* Mensch = *der* Mensch/die Menschen // ?

Eine (jetzt vielleicht nicht mehr überraschende) Antwort wäre: Sobald diese Unterscheidung im Spiel ist, die man deshalb wohl auch mit Recht eine in sich zirkulierende, eine (Hegelsche) Unterscheidung-in-sich nennen könnte, fällt *ein* Mensch (im Sinne einer empirischen Singularität) aus der Beobachtungswelt, die *den* Menschen bezeichnet, systematisch heraus.[13] Erneut formal notiert:

11  Das ist zunächst keineswegs dramatisch, da Kommunikation kaum anders begriffen werden kann als die unentwegte Proliferation von Redundanz. Vgl. nur Bateson, G., *Steps to an Ecology of Mind*, San Francisco 1972, S. 406 f. Vgl. auch Baecker, D., »Überlegungen zur Strukturaufstellung«, Ms. Witten-Herdecke 2004, S. 7.

12  Ich will nicht verhehlen, daß die baugleiche Unterscheidung System/Umwelt aus dem gleichen Grunde problematisch ist, weil das System (wie etwa *der* Beobachter) imaginär ist, ein transklassisches Objekt oder ein *Unjekt* (oder einfach nur eine raffinierte Metapher dafür). Vgl. Fuchs, P., *Die Metapher des Systems. Studie zur allgemein leitenden Frage, wie sich der Tanz vom Tänzer unterscheiden lasse*, Weilerswist 2001.

13  Dies mag einer der Gründe sein, warum Niklas Luhmann stets, wenn von *dem* Menschen die Rede war, dessen Adresse wissen wollte.

*Der* Mensch = *der* Mensch/die Menschen // ein Mensch.

Oder: Sobald *der* Mensch bezeichnet wird, kann das nur im Unterschied zu *den* Menschen geschehen, die aber genau deswegen als ›Singularitäten‹ mit der Unterscheidung *des* Menschen nicht beobachtet werden können.[14] Weniger sperrig: Sätze des Typs »*Der* Mensch ist…« sind im Bezug auf *einen* Menschen vollkommen leer, sie sind, wie man auch sagen könnte, *perfekt abstrakt*.[15] Sie enthalten auf den ersten Blick keinerlei Informationen über einen *bestimmten* Menschen, es sei denn, man rechnet auf den Beobachter durch, der solche Sätze formuliert. Perfektabstraktionen dieses Typs sind – um es ein weiteres Mal zu bekräftigen – als Theoriebegriffe ungeeignet und deswegen auch als empirie-anleitende Unterscheidungen wenig nützlich, es sei denn, es ginge darum, empirisch zu beobachten, wie *der* Mensch im sozialen Einsatz (sozusagen als Münze) kurriert.[16]

Allerdings sind damit die Möglichkeiten, die Form des Menschen zu erkunden, noch nicht ausgeschöpft.

# B Das Medium *des* Menschen: Sinn?

Wir haben in einer ersten Approximation die Form des Menschen als Zwei-Seiten-Form rekonstruiert: Sie unterscheidet *den* Menschen von *den* Menschen (Innenseite der Form) und schließt mit dieser Unterscheidung aus, daß sich mit ihr *ein* Mensch (Außenseite der Form)

---

14  Das ist schon so in der scholastischen Tradition. ›Homo‹ ist der individuelle Mensch, wohingegen ›humanitas‹ keinen bestimmten Menschen bezeichnet. Vgl. Aquin, Th. v., *De ente et essentia 3*.

15  Das gilt ebenso für Sätze, die die Form annehmen »Die Menschen sind …«, »Alle Menschen sind …« etc.

16  Man kann in einer Art Alltagstest Sätze jenes Typs produzieren, und man wird finden, daß *die* Menschen als Medium so inhomogen sind, daß sich für jede Behauptung im Blick auf *den* Menschen diesem Medium Gegenbeispiele entnehmen lassen. Das würde nur für den Fall nicht gelten, daß jemand Aussagen über *den* Menschen macht, die sein *Wesen* an prinzipiellen Unbeobachtbarkeiten festmachen: Der Mensch ist göttlich, er ist halb Engel, halb Tier, er hat eine Seele etc. Ein einschlägiges Beispiel (für unendlich viele): »Liebe Schwestern, liebe Brüder! Die Eckdaten menschlicher Geschichte lauten: »De deo mirabiliter formatus, per peccatum deformatus, et per dominum Jesum Christum mirabilius reformatus«, d.h der Mensch von Gott wunderbar erschaffen, herrlich formiert. Durch die Sünde hat er sich selbst deformiert. In Christus wurde er wunderbar reformiert.« Joachim Kardinal Meisner, Erzbischof von Köln, Predigt anlässlich des Umzuges des Militärbischofsamtes von Bonn nach Berlin in St. Elisabeth, Bonn, am 29. Juni 2000.

beobachten ließe. Wer sich um *den* Menschen kümmert, kann das nur, wenn er ihn von *den* Menschen unterscheidet, aber ihn – indem er diese Unterscheidung nutzt, gleichsam auf ihr reitend – gerade deswegen als *einen* Menschen aus der Operation der Beobachtung eskamotiert.[17]

Dies alles war bis jetzt jedoch nur ein anderer Ausdruck dafür, daß der Einsatz (Enjeu) *des* Menschen zu Beobachtungszwecken weder an die Singularität *eines* Menschen herankommt noch an die Pluralität *der* Menschen, wenn diese Pluralität als Mehrheit von Einzelmenschen gedacht ist. In gewisser Weise ist dieser Einsatz identisch mit einer sozial und kognitiv fungierenden ›Fahrlässigkeit‹, deren Camouflage mit Hilfe solcher Unterscheidungen geleistet wird wie Mensch/Tier oder Mensch/Gott[18], mit Unterscheidungen also, die ›quintessentielle‹ Kenntnisse über *den* Menschen, *das* Tier oder *den* Gott voraussetzen und damit immer Einsichten in das Wesen (also auch: in das Sein) *des* Menschen implizieren.[19]

Diese (heute nicht mehr so schätzenswerte) Strategie der Quintessentialität[20] wird in der Theorie, die den Ausgangspunkt unserer Überlegungen darstellt, mit der *Form/Medium-Unterscheidung* konfrontiert.[21]

17 Das müßte auch im Umkehrschluß gelten: Wer *die* Menschen beobachten will, trifft nicht auf *den* Menschen.

18 Oder gar: Mensch/menschlicher Nicht-Mensch. Vorspiele im Blick auf menschliche Unmenschen finden sich in den De-Monstris-Kapiteln der Enzyklopädien. Siehe etwa, Hilka, A. (Hrsg.), *Eine altfranzösische moralisierende Bearbeitung des LIBER DE MONSTRUOSIS HOMINIBUS ORIENTIS* (nach der einzigen Handschrift: Paris, Bibl.nat. fr.15106), in: *Abhandlungen der Akademie der Wissenschaften in Göttingen*, 3. Folge, Bd.7, 1911. Es kam damals zu erstaunlichen Auseinandersetzungen: Petrus de Alvernia stellt die Frage: utrum pygmaei sint homines, und die gleiche Frage wird auch von Albert Magnus diskutiert. Während Augustinus in *De Civitate Dei* (16,8) nicht zu entscheiden wagt, ob sie Menschen seien oder nicht, kommen Alvernia und Magnus zu einem klaren Ergebnis: Pygmäen sind keine Menschen. Vgl. dazu Koch, J., »Sind die Pygmäen Menschen? Ein Kapitel aus der philosophischen Anthropologie der mittelalterlichen Geschichte«, in: *Archiv für Geschichte der Philosophie*, 40, 1931, S. 194-213.

19 Ein anderer Ausdruck dafür wäre, daß alles (auch das philosophische und wissenschaftliche) Reden über *den* Menschen nicht weltanschauungsfrei stattfinden kann. Vgl. etwa Haering, Th., »Die philosophische Bedeutung der Anthropologie«, in: *Blätter für Deutsche Philosophie*, 1929, Bd.III, H.1., S.31.

20 Ich möchte nicht verhehlen, daß ich dennoch in dieser Arbeit auf einer quintessentiellen Suche bin und weiter unten (mit Hilfe einer Untertunnelung) sogar vom Wesen *des* Menschen sprechen werde.

21 Vgl. zum Ausgangskontext Heider, F., »Ding und Medium«, in: *Sympo-*

Diese Differenz bezieht sich zunächst in einer eher onto-semantischen Metaphorik auf den Unterschied zwischen lose gekoppelten Elementen (zum Beispiel Sand, Luft, Buchstaben) und deren dichtere Bindung, die durch Außeneinflüsse (outer determination) zustandekommt (Fußabdruck, Schallwellen, Wörter). Es geht um eine engere Kopplung homogener Elemente, die als zeit- und damit verfallsabhängige Im-Pressionen oder In-Formationen, als eine Differenz-in-demselben für Beobachtung zugänglich werden oder überhaupt erst Beobachtung ermöglichen, insofern jede Beobachtung *Formen* markiert und nicht *Nicht-Formen*.[22]

So gesehen, sind Beobachter immer Form-Markierer, die auch dann, wenn sie das Medium zu fassen suchen, vor dessen Hintergrund sie eine Form bezeichnet haben, wiederum nur Formen (nämlich die des Mediums) bezeichnen können. Das Medium ist ›Noiselessness‹.[23] Es kann nicht ›gesehen‹, es muß *errechnet* werden.[24] Medien sind demnach Inferenz-Phänomene. Die ›Rechenformel‹ resultiert, wie leicht zu sehen ist, in unserem Fall aus der Minimalform *des* Menschen: *der* Mensch/*die* Menschen. Die rechte Seite der Unterscheidung scheint das Medium zu benennen (*die* Menschen), die Population ›federloser Zweibeiner‹.[25] Heute müßte man (zum Beispiel seit der Entdeckung der Kängurus) wahrscheinlich einen weitgehend übereinstimmenden Chromosomensatz zugrundelegen, der einige unwesentliche Unterschiede (Mann/Frau) und Chromosomenaberrationen (Down-Syndrom etc.) verkraftet, ohne dabei durchweg unscharf zu werden.

Andererseits finden sich, wenn nur der Chromosomensatz ausschlaggebend sein sollte, ›Grenzfälle‹, die – trotz chromosomaler Gleichartigkeit – sich nur schwer einem Medium ›humaner Population‹

sion. *Philosophische Zeitschrift für Forschung und Aussprache 1*, 1926, S. 109-157. Siehe zur Anwendung in der modernen Systemtheorie für viele Texte Luhmann, N., »Das Kind als Medium der Erziehung«, in: *Zeitschrift für Pädagogik*, Jg. 37, H. 1, 1991, S. 19-40; Luhmann, N., »Das Medium der Kunst«, in: *Delfin 4*, 1986, S. 6-15. Siehe auch Fuchs, P., »Der Mensch – das Medium der Gesellschaft?«, in: ders./Göbel, A. (Hrsg.), *Der Mensch – Das Medium der Gesellschaft*, Frankfurt am Main 1994, S. 15-39, und ders., »Die Beobachtung der Form/Medium-Unterscheidung«, in: Brauns, J. (Hrsg.), *Form und Medium*, Weimar 2002, S. 71-83, ferner das einschlägige Kapitel in: ders., *Der Sinn der Beobachtung. Begriffliche Untersuchungen*, Weilerswist 2004.

22 Ich komme darauf zurück.

23 Heider, F., The Notebooks (ed. By Marijana Benesh-Weiner), Vol. 1, Methods, Principles and Philosophy of Science, München-Weinheim 1987, S. 229, formuliert: »Things are noise, the medium is noiseless«.

24 Ebendies macht die heuristische Kraft des Form/Medium-Schemas aus.

25 Diese alte (ironische) definitio attributiva vel accedentalis verweist direkt auf die ›Unschärfe‹ des Mediums.

einfügen lassen. Die ganze Sphäre der Vorgeburtlichkeit liefert exzellente Beispiele dafür, wie schwer es ist, darüber zu befinden, ab wann Leben ›menschlich‹ ist und wann noch nicht; und die andere (die dunkle) Seite des Alters und der schwersten (geistigen) Behinderung wirft nicht minder die Frage auf, wann jemand noch als ›Mensch‹ gelten darf und ab wann ›nicht mehr‹, vor allem, wenn ausfällt, was klassisch als zentrales Merkmal *des* Menschen gegolten hat: der Geist, die Sprache, der Sinn.[26]

Die Population (sozusagen als statistisches Medium) ist offenbar nicht eine ›Homogenität‹, die sich aus typenfesten Elementaritäten zusammensetzt. Und auch das bemerkt man deutlich an Sätzen, die die Form haben: »Die Menschen sind…«, denn was immer solche Sätze bezeichnen, es lassen sich derselben Population Beispiele für das Gegenteil entnehmen, ohne daß zugleich die Zugehörigkeit zur Population bestritten werden könnte.[27] Das ist dann wieder ein anderer Ausdruck dafür, daß sich die Menschen (als Singularitäten, als ›Menschen‹) mit der Unterscheidung *des* Menschen nicht beobachten lassen.

Allerdings stellt sich dieses Problem (Inhomogenität des Mediums) nur dann ein, wenn man das Medium nicht an den Beobachter zurückbindet, der mit der Unterscheidung von Form/Medium arbeitet, sondern stattdessen eine mehr oder weniger okkulte Ontologie betreibt, in der Mediensubstanz- oder substratförmig gedacht werden und nicht als ›Virtualitäten‹, die aus der Beobachtung von Formen abgeleitet (errechnet) werden. Die Theorie, die wir hier in Anspruch nehmen, geht jedoch gerade nicht davon aus, daß es Medien gibt (so wenig, wie man mit ihr formulieren könnte, es gebe *den* Menschen oder *die* Menschheit), sondern davon, daß Beobachter, die das Medium für eine Formeinschreibung zu ermitteln suchen, wiederum ›Formen‹ bezeichnen, in diesem Fall die Form des Mediums *des* Menschen. Die genaue Frage wäre demnach: Wie *müßte* das Medium beschaffen sein, in das sich jene Minimalform *des* Menschen (*der* Mensch/die Menschen) einschreiben *ließe*?[28]

Auf den ersten Blick und in Übereinstimmung mit geläufigen Einschätzungen, bezogen etwa auf die philosophische Anthropologie eines

---

26 Die Arbeiten des Philosophen Peter Singer (und die hysterischen Reaktionen, die sie ausgelöst haben) mögen das Problem belegen.

27 Man muß hier nur an Babys denken, die nicht über Bewußtsein, Sprache, Sinn, kommunikativer Partizipation etc. verfügen und dennoch eindeutig der Population zugerechnet werden, obwohl von Eindeutigkeit nicht die Rede sein kann. Und ebenso würde man deutlich zögern, diese Zugehörigkeit zum Medium zu bestreiten, wenn man es mit Alzheimer-Klienten zu tun hat.

28 Die Konjunktive sind hier nicht rhetorisch, sie sind systematisch.

Arnold Gehlen, müßte das Medium *des* Menschen extrem ›plastisch‹[29] sein oder (wenn man es mit Sigmund Freuds hier mutatis mutandis genutztem Ausdruck sagen will) ›polymorph pervers‹.[30] Allerdings wird, wenn man diese Ausdrücke adjektivisch einsetzt, so als habe man es mit einem plastischen oder polymorph perversen Medium zu tun, noch zuviel Ontologie mitgeführt, noch zuviel Substanz bzw. Substrat. Das Medium hätte dann Eigenschaften (zum Beispiel ebendie der Plastizität, der polymorphen Perversität). Es bestünde aus elementaren Einheiten (Menschen), die formbar wären, sozialisierbar, erziehungfähig und -bedürftig, und am Ende bliebe – kurioserweise – nur der Blick auf den einzelnen Menschen als Medium und Form zugleich. Man sähe gar nicht, was dann die Medium/Form-Unterscheidung noch leisten könnte, ganz abgesehen davon, daß das Medium *des* Menschen (wenn sich denn davon reden ließe) es ausschlösse, singuläre Menschen auch nur ansatzweise mit dem Schema *des* Menschen zu beobachten, insofern kein einzelner Mensch jemals als *der* Mensch in Erscheinung tritt.[31] Auf keinen Fall kann das Medium des Menschen errechnet werden als eine Population von Individuen, die – gleichsam einzeln – formbar wären.[32]

Andererseits ist der Gedanke der Formbarkeit, der Plastizität, der Imprägnierbarkeit nicht nur interessant, weil all dies mit der Idee eines Mediums ohnehin verknüpft ist, sondern auch und vor allem deswegen, weil das Medium, um das es hier gehen müßte, nicht bestimmt wäre durch das, was es *ist*, sondern durch das, was es sein *könnte*. Es wäre definiert nicht durch das, was es ›ist‹, sondern durch das, was es nicht

29  Es ist immer daran zu erinnern, daß dieser Gedanke der Plastizität, Weltoffenheit etc. seinen Ausgangspunkt bei Herder hat.

30  Wahrlich kein neuer Gedanke. »Statuit tandem optimus opifex, ut, cui dari nihil proprium poterat, commune esset, quicquid privatum singulis fuerat. Igitur hominem accepit indiscretae opus imaginis atque in mundi positum meditullio sic est allocutus: ›Nec certam sedem nec propriam faciem nec munus ullum peculiare tibi dedimus, o Adam, ut, quam sedem, quam faciem, quae munera tute optaveris, ea pro voto, pro tua sententia habeas et possideas.‹« Mirandola, P. della, *De hominis dignitate, Über die Würde des Menschen*, Stuttgart 1997, S. 6 u. 8.

31  Natürlich ist mitunter die Rede von ›exemplarischen‹ Menschen wie Christus oder den Heiligen oder Buddha oder wem auch immer. Bezeichnend ist aber allemal, daß diese exemplarischen Menschen sich offenbar massiv unterscheiden von dem, was sonst als Mensch so kreucht und fleucht.

32  Es ist nahezu müßig, darauf hinzuweisen, daß diese Idee (Menschen als halbwegs homogene Bestandteile irgendeiner Ganzheit, die dann mitdeterminiert, in welcher Form die Individuen auftreten können) die geläufige Idee ist und daß deswegen alles, was wir im Moment ausführen, fremdartig und bizarr wirken muß.

›ist‹. Es müßte sich erschließen lassen als schiere Virtualität (Potentialität), und erneut: Wiederum könnte kein einzelner empirischer Mensch als etwas beobachtet werden, das die Form des ›Potentialis‹ anders zu realisieren wüßte als durch Realisierung, also gerade nicht potentiell oder virtuell *etwas sein kann* – außer für Beobachter, die mit diesen Unterscheidungen arbeiten, also Vergangenheit und Zukunft, Möglichkeit und Wirklichkeit unterscheiden.

Damit ist erneut der Beobachter oder sind (wie wir vorläufig sagen wollen) Beobachtungen im Spiel.[33] Was das Medium *des* Menschen sei, das läßt sich nicht beobachtungsfrei verhandeln, und das ist niemals beobachtungsfrei verhandelt worden. Und wenn wir (wie es für die Systemtheorie typisch und notwendig ist), das Schema der Beobachtung und das Medium *Sinn* miteinander verknüpfen, dann ergibt sich die These: *Der Mensch ist seine Beobachtung* (und nichts sonst), *und er ist diese Beobachtung im allgemeinen Medium des Sinns, das alles, was beobachtet werden kann, in die Form von Aktualität/Virtualität (Potentialität) zwingt.*[34] Oder, spitz auf Knopf formuliert: *Der Mensch ist ein (historisch hoch variables) regulatives Sinnschema*[35], und nicht ein Ding, ein Etwas, eine Ausgedehntheit oder eine Präsenz, er ist weder geistige Leiblichkeit noch leibliche Geistigkeit, weder Engel noch Tier. Ein anderer Ausdruck dafür wäre: Noch nie hat jemand *den* Menschen gesehen oder über sein Wesen, seine Wahrheit etwas anderes ausmachen können als das, was sich sagen (und dann auch: denken) läßt.

Damit ergeben sich kompakte Beobachtungsverhältnisse. Das Medium *des* Menschen[36] ist (prima vista) *Sinn*. Das überrascht zunächst nicht, insofern für alle kognitiven und kommunikativen Prozesse *Sinn* das Letzt- und Zentralmedium ist. Diesem Generalmedium schreibt

33 Vgl. Fuchs, P., *Der Sinn der Beobachtung, Begriffliche Untersuchungen,* Weilerswist 2004; ders., »Das Fehlen einer Ab-SICHT« und »Vom Unbeobachtbaren«, beide in: Jahraus, O./Ort, N. (Hrsg. unter Mitwirkung von Schmidt, B.M.), *Beobachtungen des Unbeobachtbaren,* Weilerswist 2000, S. 9-13 bzw. S. 39-71. (»Vom Unbeobachtbaren« auch in: Fuchs, P., *Theorie als Lehrgedicht. Systemtheoretische Essays I,* hrsg. v. Marie-Christin Fuchs, Bielefeld 2004.)

34 Zum Sinnbegriff in früherer Fassung vgl. Luhmann, N., »Sinn als Grundbegriff der Soziologie«, in: Habermas, J./Luhmann, N. (Hrsg.), *Theorie der Gesellschaft oder Sozialtechnologie,* Frankfurt am Main 1971, S. 25-100. Siehe auch (für den Sinnbegriff nach Anreicherung durch das Autopoiesiskonzept und durch Second-order cybernetics) Luhmann, N., *Soziale Systeme. Grundriß einer allgemeinen Theorie,* Frankfurt am Main 1984, S. 92-147.

35 Darauf komme ich im Epilog noch einmal zurück.

36 Diese intrikate Verschachtelung zeigt sich direkt an der Doppelmöglichkeit, den Genitiv hier als *subjectivus* oder *objectivus* zu verstehen.

sich das regulative Sinn-Schema *des* Menschen ein, im weitesten *und* minimalsten Verständnis die Unterscheidung von der Mensch/die Menschen. Mit dieser Einschreibung nimmt das Schema die Form von Sinn an: Aktualität/Potentialität – oder, wenn man es operativ sehen will: die Form der *selektiven Verweisung.* Als selektive Verweisung (die verweist und auf die verwiesen wird) ist das Schema *des* Menschen wie jeder Sinngebrauch nicht *stillstellbar,* es kann nicht ein ›Dasselbes‹ sein, die Fixierung eines ›Ein-für-allemal-Sinnes‹.[37] Sobald *der* Mensch bezeichnet wird, rangiert er ein in das Spiel der Differenz und der *différance*[38], durch das das Medium Sinn definiert ist. In einer anderen theoretischen Tradition gesagt: Er gleitet durch Zeichen- und Sprachspiele, oder besser: Er ist dieses ›Gleiten‹, oder besser noch: Er läßt sich nur gebarrt schreiben.[39]

Eine Konsequenz ist (wir wollen sie nur am Rande statuieren, weil sie sich von selbst versteht): *Der* Mensch ist kein Lebewesen, *der* Mensch *lebt* nicht.[40] Kein Zeichen lebt, kein Sinn hat die Eigenschaft, lebendig zu sein, so wenig wie die Systeme, die sinnfundiert operieren, *lebende* Systeme sind, nicht das Sozialsystem und auch nicht: das Bewußtsein.[41]

37  Die übliche Rede von der Plastizität des Menschen nimmt hier also einen ganz anderen Sinn an.

38  Vgl. zusammenfassend: Derrida, J., »Die différance«, in: ders., *Randgänge der Philosophie,* Wien 1988, S. 29-52.

39  Wir wollen später darauf zurückkommen, daß diese Durchkreuzungsmöglichkeit Effekt einer Formkatastrophe ist. Für die Technik des Durchkreuzens selbst erinnere ich an die kreuzweise Durchstreichung des Seins durch Heidegger, M., *Einführung in die Metaphysik,* Tübingen 1953 oder an Derrida, J., *Randgänge der Philosophie,* Wien 1988. Vgl. ferner Fuchs, P., *Die Metapher des Systems. Studie zur allgemein leitenden Frage, wie sich der Tanz vom Tänzer unterscheiden lasse,* Weilerswist 2001.

40  Auch das ist nicht vollkommen neu. Man muß nur an Johannes Scotus Erigena denken (De divisione naturae; peri physeos merismou), der *den* Menschen als Lebewesen *und* als Nichtlebewesen begreift, insofern er nach Gottes Bild geschaffen ist. Hier zit. nach Kölmel, W., *Imago mundi. Studien zum mittelzeitlichen Weltverständnis,* Hamburg 2000 (Neuauflage Boethiana, Bd. 19), S. 119. Auf die Frage des Lebens kommen wir aber in einem eigenen Kapitel zurück.

41  Siehe zu der Argumentationslinie, die diese Formulierung möglich macht: Fuchs, P., *Das Unbewußte in Psychoanalyse und Systemtheorie. Die Herrschaft der Verlautbarung und die Erreichbarkeit des Bewußtseins,* Frankfurt am Main 1998 (2006²); ders., *Der Eigen-Sinn des Bewusstseins. Die Person, die Psyche, die Signatur,* Bielefeld 2003; ders., »Die konditionierte Koproduktion von Kommunikation und Bewußtsein«, in: *Ver-Schiede der Kultur. Aufsätze zur Kippe kulturanthropologischen Nachdenkens* (hrsg. von der Arbeitsgruppe »menschen formen« am Institut für Soziologie der

*Der* Mensch als Sinnschema ist spezifisch figurierter Sinn und deshalb nicht über Leben (oder über eine besondere Weise des Lebens) bestimmbar.[42]

## C Eine schwierige (T)Autologie

Wir haben allerdings bisher nur den Genitivus subjectivus (das Medium *des* Menschen) diskutiert, aber das Sonderbare ist, daß das Medium *des* Menschen (jetzt: Genitivus objectivus) zugleich das Medium zu sein scheint, in das seine Form eingetragen ist. Einerseits ist das Medium, in dem die Form *des* Menschen in-formativ wird, Sinn; andererseits wird diese Form im Blick auf das, was sie bezeichnet – zumindest üblicherweise – an Sinngebrauch geknüpft: Es ist allem Herkommen nach *der* Mensch (dieser Ausdruck), mit dem ›etwas‹ bezeichnet wird, dem die alleinige Last der Sinnproduktion aufgebürdet ist.[43] In gewisser Weise wäre *der* Mensch die Bezeichnung für etwas, das sein eigenes Medium produziert, er wäre der Name für einen Selbsthersteller der eigenen Form, für eine (nahezu münchhausiadische) Selbstgenügsamkeit, die als Form in dem Medium imponiert, dessen unaufhörlicher Produzent sie ist. Das wäre dann ein klassisches Selbstreferenzproblem, das auch

freien Universität Berlin), Marburg 2002, S. 150-175; ders., *Die Psyche. Studien zur Innenwelt der Außenwelt der Innenwelt,* Weilerswist 2005. Natürlich bin ich im selben Duktus der Auffassung, daß das Bewußtsein keinerlei physikalische Eigenschaften hat. Es ist Differenz, nicht: Ding. Das war aber schon William James bekannt. In seinem Aufsatz »Does Conciousness exist?«, in: *Journal of Philosophy, Psychology and Scientific Methods,* New York, H. 1, 1904, S. 477-491, 477, antwortet er auf die Titelfrage: »It is the name of a nonentity, und has no right to a place among first principles.«

42 Das heißt natürlich nicht, daß biologistisch-medizinische Bestimmungen *des* Menschen falsch oder illegitim seien, sondern nur, daß sie das Sinnschema ausarbeiten, es im eben genannten Sinne: gleiten lassen. Ein anderer Ausdruck dafür ist, daß sie *den* Menschen beobachten, und insofern und wiederum *ist* er Beobachtung im Medium Sinn und nicht Beobachtung einer irgendwie vorkommenden Faktizität. Wir haben ja auch schon gesagt, daß man auf *den* Menschen nicht zeigen kann. Sehr weit unten wird gleichwohl das ›menschliche Leben‹ verhandelt werden.

43 Bis auf Widerruf jedenfalls. Auch aus diesem Grunde wäre die Entdeckung sinnprozessierender Aliens ein wahrlich den Begriff des Menschen sprengendes Ereignis. Im weiteren Verlauf des Textes wird aber sichtbar werden, daß es zumindest ein ›Alien‹ gibt, das Sinn prozessiert und distribuiert: Kommunikation nämlich, die sich gerade darin nicht von *dem* Menschen unterscheidet.

dann auftritt, wenn Physiker die Welt auf der Basis von Hirnen beobachten, die selbst physikalische Tatbestände sind, oder wenn Soziologen die Welt der Kommunikation beobachten, in deren Umwelt sie selbst an Kommunikation partizipieren.

Eine andere Formulierung für dieses Problem wäre, daß *der* Mensch der Name für das ›Sinntier‹[44] schlechthin sei, das sich selbst in dem Medium, durch das es definiert ist, immatrikuliert. In gewisser Weise ist das regulative Sinnschema *des* Menschen: tautologisch. Das läßt sich unter anderem daran erkennen, daß die Beobachtung *des* Menschen, insofern sie sinnförmig geschieht (und welche Möglichkeit gäbe es sonst noch?) auf die Form des Mediums stößt, auf die Differenz von *Aktualität/Virtualität (Potentialität)*. *Der* Mensch ist dann die Bezeichnung für den *einzigartigen Sinnbetreiber im Universum*, der Sein und Möglichkeit, Aktualität und ›Können-können‹ unterscheidet und durch diese Differenz zugleich das Medium Sinn etabliert. Markierungen wie ›Weltoffenheit‹, ›Instinktarmut‹, wie ›Plastizität‹ und deren Äquivalente sind, wie man unter diesen Voraussetzungen sagen kann, der direkte metaphorische Ausdruck für die oben skizzierte Autologie, für den Umstand, daß *der* Mensch ein regulatives Sinnschema ist, das das, was es bezeichnet, als singuläre Instanz der Sinnproduktion auffaßt, als den in dieser Hinsicht unvergleichlichen Beobachter der Welt, in dem und mit dem sie die Augen aufschlägt (Schelling). *Der* Mensch ist – aus dieser Sicht – sehr genau: seine Beobachtung.

Aber darin ist er (formal gesehen) kaum unterschieden von irgendetwas, denn in einer sinn-basierten Welt ist, was immer vorkommt, Beobachtung. Der Tisch, der Text, der Tintenfisch – sind immer: sinnförmige Beobachtungen. Die Besonderheit liegt einzig und allein darin, daß man in Bezug auf das Sinn-Schema *des* Menschen sagen müßte, daß das, was es bezeichnet (und wir erinnern daran, daß das Bezeichnete als Moment des Zeichens und nicht einer zu ihm externen Welt dargestellt wird), das ›Ding‹ ist, das nicht nur seine, sondern seine *eigene* Beobachtung im Medium Sinn ist.

Das sind außerordentlich vertrackte und trickreiche Verhältnisse, die sprachlich kaum aufgelöst werden können, solange und insoweit man davon ausgeht, daß das Sinn-Schema *des* Menschen das Wesen definiert, das durch Sinngebrauch- und produktion definiert ist. Das Problem gewinnt an ›Spitzigkeit‹, wenn man mitsieht, daß schlechthin jede (historische) Ausarbeitung dieses Sinn-Schemas (sei es über Freiheit, Person oder Gnade) eingebettet ist in Sinn und sich von Sinn nicht emanzipieren kann.

Allerdings könnten diese Schwierigkeiten auch verursacht werden durch den einfachen (konzeptionellen) Umstand, daß das Medium *des*

---

44 Ich meine hier nicht das ›Sinntier‹ Tiger oder Stute oder dergleichen.

Menschen im bisherigen Gang der Überlegungen zu abstrakt, zu sehr vom point de vue des Generalmediums Sinn angesetzt worden ist.

# D Das Medium *des* Menschen: *die* Menschheit?

Medien, so haben wir gesagt, sind immer: *Inferenzmedien*. Sie werden aus markierten Formen erschlossen. Die Form, die wir eingangs als minimale Form fixiert haben (*der* Mensch/die Menschen//ein Mensch), ist die eines regulativen Sinnschemas, das – als selektive Verweisung – Form im Medium Sinn ist, dies dann aber, wie sich zeigen ließ, im denkbar weitesten Verständnis, das davon ausgeht, daß alles, was für sinnorientierte Systeme vorkommen kann, in die Form von Sinn gebracht wird. Wenn man also sagt, daß das Medium *des* Menschen Sinn sei, so hat man erst einmal keinen Fehler gemacht, insofern alles, was überhaupt gesagt und gedacht werden kann, dieses Medium benutzt und voraussetzt. Aber: Man hat kaum etwas darüberhinaus gesagt oder gedacht, insofern an dieser These nichts spezifisch ist, schon deswegen nicht, weil Sinn, folgt man Niklas Luhmann, eine ›Universalkategorie‹ ist, die nicht negiert werden kann. *Der* Mensch ist Form im Medium Sinn, das allemal; jedoch lassen sich aus dieser Annahme nur wenig weitere Information beziehen.

Die Aufgabe ist es dann, im Medium Sinn ein weiteres Medium zu errechnen, das – wie man vielleicht sagen könnte – den Spielraum von Sinn einschränkt oder engführt auf genau die Sinnkonstellation, die der Form *des* Menschen Sinn ›verleiht‹. Dabei müßte es um ein Arrangement gehen, das beide Seiten der Unterscheidung ›*der* Mensch/die Menschen‹ trägt, die Abstraktion und die Pluralität, das abstraktive ›Phantom‹ und die ›Leute‹. Tatsächlich hat sich im Laufe der Evolution ein Name (gar: ein Titel) entwickelt, der genau diesen Doppelsinn in einem Wort zusammenzieht und trennt: die *Menschheit*.

## 1. Die *Menschheit als Deklarationsmedium*

Das Wort ›Menschheit‹ verbindet oder verschmilzt zwei kooperierende Bedeutungen.[45] Es bezeichnet das ›Wesen‹ *des* Menschen, seine ›Natur‹, *und* alle Menschen. Es entspricht darin exakt der Minimalform, die wir eingangs skizziert haben. Die ›Menschheit‹ ist, wie es scheint, zunächst

---

45 Ich folge hier (und auch im weiteren, wenn auch mit unterschiedlichem Theorieinteresse) der Darstellung von Bödecker, H.-E., Artikel: »Menschheit, Humanität, Humanismus«, in: Brunner, O./Conze, W./Koselleck, R. (Hrsg.), *Geschichtliche Grundbegriffe*, Bd. 3., S. 1063-1128.

einfach nur ein anderer Name für die Einheit der Differenz zwischen *dem* Menschen und den Menschen, wobei gilt, daß die linke Seite der Unterscheidung (eben: *der* Mensch) in ihrer jeweiligen historischen Konditionierung festlegt, wer auf der rechten Seite der Unterscheidung Teil hat am ›Wesen‹ *des* Menschen und deswegen Teil der Gesamtheit der Menschen ist und wer (wie wir unten deutlicher zeigen werden) aus dem gleichen Grund von diesem Teil-Sein ausgeschlossen ist.[46]

Die Natur (das ›Wesen‹) des Menschen unterscheidet dann *den* Menschen als dasjenige, was sich – natürlich und wesenhaft – von der Gottheit, der Tierheit separieren läßt, von dem, was das «Ziel und der Zweck« *des* Menschen ist: seine «Bestimmung zur Humanität».[47] ›Menschheit‹ ist mithin doppeldeutig: Sie bezeichnet eine Art (die Gattung, die Population) und eine Idealität (Potentialität). Die eine Bedeutung meint im Kern unveränderliche Merkmale, die es gestatten, treffsicher zu sagen, *wer* ein Mitglied der Gesamtheit der Menschen ist; die andere Bedeutung ist historisch variabel und hängt davon ab, wie sich die Menschheit zu einer gegebenen Zeit (gewissermaßen als Projekt) beschreibt. Dabei ist die Möglichkeit der je historischen Selbstauslegung der Menschheit geknüpft an die natürliche Identität *des* Menschen. Die Menschheit, das ist demnach die Kombination einer Invariante mit einer diese Invariante interpretierenden Variabilität dessen, was zu einer gegebenen Zeit als *der* Mensch einleuchtet.[48]

Wenn wir uns diese Kombination terminologisch ein wenig anders zurechtlegen, dann wäre diese Invarianz wie ein Medium, das ja erschlossen wird als das, was durch In-Formation, durch Imprägnanz nicht tangiert, nicht als Medium verändert wird. Das war jedenfalls gemeint mit der älteren, an Fritz Heider orientierten Vorstellung, daß das Medium eine lose gekoppelte Menge homogener Elemente darstellt,

---

46 Wir wollen am Rande nur erwähnen, daß dies die verborgene historische Crux jeder Wesensbestimmung ist. Sie hat inklusiven Charakter und ist deswegen exklusiv. Auch am Anfang des eben zitierten Artikels wird festgehalten, daß ›Menschheit‹ »Bestimmung zur Humanität« ist, der das »Charakteristikum menschlicher Idealität (umschreibt)«, und nachdrücklich dann: daß die Grundlage dieser Idealität »die natürliche Bestimmtheit des Menschen ist und bleibt« (S. 1063), eine Bekräftigungsformel, die ersichtlich eine rhetorische Funktion hat.

47 Ebd.

48 Eigentlich könnte die Soziologie zu dieser Invarianz nichts sagen, weil sie wissen kann, daß sie nur weitere Varianten produziert, aber tatsächlich sind Axiome wie die Weltoffenheit, die Plastizität *des* Menschen oder die zweite soziokulturelle Geburt, Axiome, die die Soziologie in ihr Selbstverständnis eingebaut hat, nichts weiter als: Axiome über Invarianz. Die Figur bleibt erhalten.

in der Differenzeinträge als Formen imponieren, eben als: *Differenzen-in-demselben.*

Diese Referenz auf die ›Selbigkeit‹ ist die heuristische Zentralleistung des Schemas Form/Medium. Von Medium kann nur gesprochen werden, wenn es als zwar formbar (in seinen elementaren Einheiten als dichter und loser kopplungsfähig) begriffen wird, aber als das Formbare, das Kopplungsfähige gegenüber der Form invariant bleibt.[49] Und von Form im Medium kann nur die Rede sein, wenn die zwei Seiten der Form ihre ›Einheit‹ in der Invarianz des Mediums haben: semper aliter, semper idem.

Oder schärfer noch: Das Medium ist nicht eine Anhäufung gleichartiger elementarer Einheiten, sondern der Ausdruck für eine (erschließbare) Invarianz, die sich in allen Formen, die in sie eingetragen werden, durchhält. Das, was wir oben ›Inferenz‹ genannt haben, ist das Durchschließen auf das, was in der Form invariant bleibt, auf beiden Seiten so dasselbe, daß die Form als das davon Unterschiedene seine Epiphanie (oder besser: seine ›appearance‹) hat, ohne das Medium verlassen zu müssen.[50]

Das würde bedeuten, daß der Ausdruck ›Menschheit‹ in der Bedeutung ›alle Menschen‹ für ein gegenüber der Form *des* Menschen invariantes Medium einsteht.[51] Dabei kann es nicht um eine Invarianz einiger

49 Kant malt im Rahmen seiner Theorie der reproduktiven Synthesis dazu das Zerrbild: »Würde der Zinnober bald rot, bald schwarz, bald leicht, bald schwer sein, ein Mensch bald in diese, bald in jene tierische Gestalt verändert werden, am längsten Tage bald das Land mit Früchten, bald mit Eis und Schnee bedeckt sein, so könnte meine empirische Einbildungskraft nicht einmal Gelegenheit bekommen, bei der Vorstellung der roten Farbe den schweren Zinnober in die Gedanken zu bekommen, oder würde ein gewisses Wort bald diesem, bald jenem Dinge beigeleget, oder eben daßelbe Ding bald so, bald anders benannt, ohne das hierin eine gewisse Regel, der die Erscheinungen schon von selbst unterworfen sind, herrschete, so könnte keine empirische Synthesis der Reproduktion stattfinden.« Kant, I., *Kritik der reinen Vernunft,* A 100, hier zit. nach Söffler, D., *Auf dem Weg zu Kants Theorie der Zeit,* Frankfurt/Berlin/Bern/New York/Paris/Wien 1994, S. 248.

50 Wenn ich ein Stück Holz auf der Wiese sehe, dann habe ich es nicht mit einer Form, sondern nur mit einer Unterschiedenheit zu tun. Markiere ich das Holzstück als Form (weil es mir aus irgendwelchen Gründen darauf ankommt), stoße ich nicht auf das Medium Holz, Gras, das Blattwerk der Bäume oder den Frühlingshimmel darüber, sondern (möglicherweise) auf ›sensations‹ oder ›perceptions‹ oder ›senses/reflections‹, wenn man im Duktus von Locke, John, *An essay concerning human understanding* II, 1, 2, 3, Works (London 1823, Nachdruck 1963) argumentiert.

51 Zum Gesichtspunkt Variabilität und Konstanz im Blick auf Menschheit

Merkmale gehen: nicht um Sprache (nicht alle Menschen können sprechen), nicht um Geist (nicht alle Menschen haben ›Geist‹), nicht um
Sinn (nicht alle Menschen verfügen über Sinn[52]) etc. Medien sind keine
Substanzen oder Substrate, denen man Eigenschaft beimessen könnte.
Sie sind, wenn man das so sagen darf, stattdessen *schiere Beimeßbarkeit*
oder *reine Virtualität*.[53] Im hier diskutierten Fall ist sogar das, was wir
als Invarianz bezeichnet haben, genau diese Beimeßbarkeit. Menschheit
(als Medium genommen) ist invariant in seiner Varianz, oder anders
ausgedrückt: *Das Medium ›Menschheit‹ ist ein Deklarationsmedium.*[54]
Es wird inszeniert im Augenblick, in dem über *den* Menschen gesprochen wird, und dieses Sprechen bestimmt, was als *der* Mensch und dann
als *die* Menschen erscheinen kann. Und diese ›Erscheinung‹ präzisiert
zugleich, wer zur Gesamtheit der Menschen gehört und wer nicht. Und
es trifft sich, daß auch hier aus dem Beobachtungsschema der Menschheit *ein* Mensch ausgeschlossen wird. Kein Mensch ›verkörpert‹ die
Menschheit.[55]

Die Doppelbedeutung des Wortes ›Menschheit‹ ist deshalb keine fatale Ambiguität, sondern der genaue Ausdruck für diesen Sachverhalt.
Wenn wir behaupten, daß die Form *des* Menschen die der Differenz
von *dem* Menschen zu *den* Menschen sei, dann ist dieses Verhältnis
durch ›Menschheit‹ formuliert: Das Wesen (die Natur) *des* Menschen
bestimmt, wer oder was alle Menschen sind. Es lohnt sich deshalb, in
einem streiflichtartigen Exkurs daran zu erinnern, welche Problemfront
dadurch aufgemacht wird.[56]

---

Plessner, H., *Die Frage nach der Conditio Humana. Aufsätze zur philosophischen Anthropologie*, Frankfurt am Main 1976, S. 10.

52 Es ist klar, daß diese Formulierungen selbst schon einen Begriff *des* Menschen voraussetzen, wenn sie von ›allen‹ Menschen reden. Aber genau das
ist die inhärente Zirlularität des Schemas ›Menschheit‹.

53 Siehe zu einem Versuch, diesen Gedanken der reinen Virtualität zu entfalten, Fuchs, P./Fuchs, M.-Ch., »Ein Grinsen ohne Katze – Anmerkungen
zu Mann und Frau und sex und gender«, Ms. Travenbrück/Hamburg
2004.

54 Wir wollen ausdrücklich betonen, daß diese Vorstellung vorläufig ist. Wir
werden sie sehr viel später als nützliche ›Hilfskonstruktion‹ kennzeich-
nen.

55 Selbstverständlich kann man sagen, daß jeder Mensch, wer immer er sei,
die Menschheit repräsentiere, aber dann macht man vom Beobachtungsschema der Menschheit schon Gebrauch.

56 Daß wir uns in diesem Exkurs im wesentlichen auf die europäische Tradition beziehen, liegt darin, daß diese Tradition die preadaptive advances
der funktionalen Differenzierung liefert.

## 2. *Ausarbeitungen des Mediums* ›Menschheit‹

Sehen wir einmal davon ab, wie der Begriff Menschheit als ›humanitas‹ in der Antike bewegt wurde, finden wir ihn im Mittelalter als *mennisgheit*, ein Wort, das eine Lehnbildung (eben: für ›humanitas‹) darstellt.[57] Es taucht auf (zuerst bei Notker) als christologischer Terminus und spannt die Schere auf zwischen dem, was am Menschen Kreatur und insofern natürlich ist, und dem (wenn wir verkürzt argumentieren dürfen), was darin anders ist als die Gottheit. *Mennisgheit* steht in der Folgezeit (obwohl die modernere Kollektivbedeutung sich schon andeutet) in Differenz zu Gott.[58] Etwa zur selben Zeit erhält das mittelhochdeutsche ›menscheit‹ die mitschwingende (ethische) Bedeutung von ›Menschlichkeit‹.[59] Wolfram von Eschenbach bindet den Begriff der ›Menschheit‹ an die geistliche Ideenwelt im Kontext der ritterlich-höfischen Laienliteratur: Die (christliche) Menschennatur ist «einheitlich und allgemein». Und: Sie wird konstitutives Moment eines sich ausdifferenzierenden Adels und seiner Selbstbeschreibung. Dabei geht es noch nicht um die ›humanitas‹ des Individuums, sondern allgemein um eine *dignitas humanae conditionis* (Ivo von Chartres).[60]

Über eine Tradition hin, die an die Christologie des Aquinaten anschließt, wird bei Meister Eckhart die menschliche Natur an die Partizipation des Menschen an Christus geknüpft: «Ich spriche: menscheit und mensch ist ungelîch. menscheit in ir selber ist als edel. daz oberste an der menschheit hât gelîcheit mit den engelen und sippschaft

57 Wir folgen hier ohne Einzelnachweise der Argumentation von Bödecker, a. a. O (Fn. 45). Dort finden sich auch die Nachweise für alle Zitate.

58 Wobei dann topologisch der eine Sonderfall von Interesse ist: die menschliche Natur des Christus oder die göttliche Natur des Menschen Jesus.

59 In der Benediktinischen Ordensregel heißt es: omnis ei exhibeantur humanitas. Übersetzt wird das mit: Dar noch sal yme alle menscheit erboden werden.

60 Bemerkenswert ist, daß sich in dieser Geschichte auch die allmähliche Auszeichnung des Individuums findet – als preadaptve advance für Entwicklungen, die erst im Kontext funktionaler Differenzierung zur vollen Entfaltung kommen. Vgl. Weigand, Ch., »*Libri di famiglia« und Autobiographie in Italien zwischen Tre- und Cinquecento. Studien zur Entwicklung des Schreibens über sich selbst*, Tübingen 1993. Siehe auch Schulze, W., Vorüberlegungen für die Tagung über »EGO-DOKUMEN-TE«, in: ders. (Hrsg.), *Ego-Dokumente: Annäherung an den Menschen in der Geschichte*, Berlin 1996, S. 17. Vgl. auch Broszlewski, A., »Lebensbilanzierung und Moral im autobiographischen Schreiben von Kaufleuten und Unternehmern«, in: *BIOS. Zeitschrift für Biographieforschung und Oral History*, Jg. 8, H. 2, 1995, S. 170-183.

mit der gotheit.» Die Besonderheit: Jeder Mensch kann ›christusförmig‹ werden: «Dâ wart menschlich nature got, wan er menschliche natûre blôz und keinen menschen an sich nam.» In der Auflösung des Hochmittelalters liefert dann Dante (in: De monarchia) eine (der Renaissance präludierende) Umstellung, wenn er ›Humanitas‹ umdeutet auf ›genus humanum‹ (humana civilitas, societas). Humanitas, das ist die Universalität der menschlichen Kultur, denen die einzelnen *civilitates* subordiniert sind. ›Humanitas‹ und ›christianitas‹ werden unterschieden; die ›christianitas‹ wird ein metaphysisches Supplement der ›universitas humanae generis‹.

Die Vertreter des Florentinischen ›civic humanism‹ (Coluccio Salutati, Leonardo Bruni Aretino) greifen im Arrangement des patrizisch-republikanischen Experimentes ›humanitas‹ in ihrer antiken Form auf: als Einheit von Ethos und Intellektualität – und Freiheit (humanitas = virtus atque doctrina). Die ältere Unterscheidung von *humanitas/divinitas* wird ›verschoben‹ oder ›verstellt‹: Die *divinitas* wird in die Seite der *humanitas* einkopiert, das dann im wesentlichen dadurch, daß man die göttliche Herkunft *des* Menschen scharf pointiert und eine Aufstiegsgeschichte (die eigentlich eine Geschichte der *reversio* zum Ursprung ist) konzipiert, die von der *humanitas* zur *divinitas* führt (Ficino), ein Weg, der sich als Abfolge von *feritas, humanitas, divinitas* formulieren läßt (Pico della Mirandola).[61]

In diesem Kontext (bezogen auf *perfectio*) entwickelt sich dann der Bildungsbegriff der Renaissance, in dessen Zentrum die *studia humanitatis*[62] stehen: Philologie, Geschichte, Rhetorik, Poetik und vor allem Moralphilosophie, die so etwas wie den nervus rerum jener studia ausmacht, die sich mehr und mehr von den *studia divinitatis* absetzen und die europäischen Universitäten okkupieren. *Humanitas* ist Bildung, Kultur, Beherrschung: «Propterea humanitatis studia nuncupantur, quod hominem perficiant atque exornent.»[63] Als Mensch wird man nicht geboren. Der wahre Mensch ist derjenige, der sein Menschsein nicht mehr nur aus der Transzendenz erhält, sondern selbst seine Bestimmung in die Hand nimmt: Ebendies ist ›Selbstbestimmung‹.

Das Deklarationsmedium der Menschheit ist nicht mehr ›allinklusiv‹. Es toleriert nicht die Ungebildeten. Der eigentliche Mensch ist gebildet. Er gehört zu den *humanista*, die über die alten Sprachen verfügen und ein deutlich elitäres Ideal *des* Menschen realisieren – bis hin zur Identifikation von *nobilitas* und *humanitas*. Erasmus, der gegen die

---

61 Wie in einem Nebenzug führt diese Argumentation, die die platonische Humanitas-Diskussion aufnimmt, bei Marsilio Ficino auch schon zum Gedanken einer alle Menschen übergreifenden Solidarität.

62 Ein Begriff, der auf Cicero zurückführt.

63 Bruni, zit. nach Bödecker, a. a. O. (Fn.45), S. 1070.

Superiorität der *divinitas* im Mittelalter und deren Zentralstellung bei den Reformatoren ankämpft, betont im Konzept der *humanitas* die ›Eigenständigkeit‹ des Menschen im Sinne einer (dann wieder natürlichen) sozialen und kognitiven *Exzellenz*, die gebändigt wird durch die *officia humanitatis*, die sittlich-moralische Verpflichtung, die sich im Einhalten der guten gesellschaftlichen Sitten zwischen den Menschen (und den Völkern) ausdrückt. Auch Erasmus bekräftigt die wichtige Rolle der *bonae litterae*, der guten literarischen Studien, der eigentlichen *litterae humanae* (*litterae humaniores, studia humaniora*), die den Menschen in weltlicher (und dann auch religiöser) Hinsicht zum Menschen machen. Aber auch hier ist Exklusion impliziert: Der Mensch ist Mensch auf der Basis seiner humanistischen Bildung.

Im 16. Jahrhundert taucht das Lehnwort ›humanitet‹ auf, das die *humanitas* auflädt mit deutlich sozialethischen Komponenten. Humanitet, das ist: »menschliche art/pflicht und neygung so ein mensch von natur zum andern hat/menschlichs hertz und gemüt. Item menschligkeit/freündtligkeit/geütigkeit. Item verstendigkeit und bericht der freyen Künsten/darumb das (sie) den Menschen gemeinklich tugendhafft und bescheyden machen.«[64] In der Form der *humanité* wird *humanitas* zu einer Art Programmatik der *politiques*, aber auch zum Zentralmerkmal der höfisch-aristokratischen Renaissance, die den Menschen zum *uomo universale* hinaufstilisiert (Castiglione), einer Kombination von *cortesia, umanità* und *graziosa umanità*. Im Zuge der Entwicklung eines aristokratisch-höfischen Standesethos und im Zusammenhang mit dem sich andeutenden Funktionsverlust des Adels werden Begriffe wie *honnête, civilité, courtoisie* erkennbar Anrainerbegriffe der *humanité*. Der Hofmann wird im Laufe des 17./18. Jahrhunderts paradigmatisch für *den* Menschen, wohingegen Menschen, die selten oder niemals bei Hofe waren, nur »halbe Menschen« sind. Humanität und *politesse* werden ab 1750 synonyme Ausdrücke: human (menschlich) ist, wer sich trittsicher auf höfischem Parkett bewegen kann.[65]

Im 15. und 16. Jahrhundert kommt es parallel zu den eben geschilderten Entwicklungen zur Entdeckung des nicht-europäischen Menschen, der sich nicht in die *christianitas* einordnen läßt, obwohl er – sozusagen optisch – der Gattung ›Mensch‹ anzugehören scheint. Die Auseinandersetzung darüber spielt sich zwar, wie man heute sagen würde, in einer intellektuellen Minderheit der europäischen Gesellschaft ab, die eine Art Überprüfung der Normen und Standards der jüdisch-christlichen, dann klassisch-humanistischen Kultur versucht, führt aber im Effekt dazu,

---

64 Simon Roths, Fremdwörterbuch (1571), hier zit. nach Bödecker, a.a.O., S. 1072.

65 Damit wird dann auch die Chance nutzbar, ebendieses Verhalten als scheinhaft, mondän, als à la mode zu kritisieren.

daß das Medium ›Menschheit‹ plötzlich eine Dualität verkraften muß, die zwischen Heiden und Christen, die nach und nach identisch gesetzt wird mit der Unterscheidung Barbaren/Zivilisierte. Die Bulle ›Sublimis Deus‹ (1537) akzeptiert einerseits die Indianer als »veros homines fidei catholicae et sacramentorum capaces«, gesteht also zu, daß sie den Bedingungen der ›Menschheitlichkeit‹ genügen *könnten*, aber im Wort ›capaces‹ ist schon impliziert, daß es um eine Potenz und nicht automatisch um eine Realität der Teilhabe geht. Das Thema der ›Bestialität‹ der Indianer (wie auch das Thema gute Wilde/schlechte Wilde) durchzieht die europäischen Beobachtungen der nicht-europäischen Menschheit. Im Ergebnis sind die Einschätzungen der Bestialität und die Differenz guter Wilder/schlechter Wilder so geartet, daß sie den Fremden die Eigenschaft des Mensch-Seins allenfalls partiell zusprechen.[66]

Im Zuge der Aufklärung wird (fußend auf Montaigne) *humanitas* immer mehr säkularisiert. Sie löst – schleichend – die *caritas* der Christenheit ab zugunsten der Referenz auf die *eine* Menschheit, deren Bedeutung über und vor allem Politischen steht, pointiert bei Voltaire, der an einer Theorie der menschlichen Solidarität arbeitet, in deren Zentrum *humanité* steht. *Humanity*, *humanité* (später dann: Menschheit) avancieren zu Leitbegriffen einer bürgerlich-aufgeklärten und sich als Vorreiter der Emanzipation begreifenden Schicht, und daß es dabei um die allgemein-menschlichen Ideale einer Schicht geht, zeigt sich schlagend daran, daß *mankind* und *labour* (etwa von Locke) zusammengezogen werden. Die Idee wird durch die middle classes favorisiert. 1731 erklärt der Kaufmann Thowgorod (in Lillos: The London Merchant) »the method of merchandize:[67] ... see how it it founded in reason, and the nature of things, – how it has promoted humanity, as it has opened and yet keeps up an intercourse between nations far remote from one another in situation, custom, and religion; promoting arts, industry, peace, and plenty; by mutual benefits diffusing mutual love from pole to pole.«[68] Schärfer formuliert der Philosoph David Hume, wenn er die heraufziehende Weltgesellschaft beschreibt als Zusammenhang von »industry, knowledge, and humanity« und sagt: »(they) are linked together bei an indissoluble chain, and are found, from experience as well as reason, to

66 Als einer der ersten modifiziert Montaigne diesen Standpunkt (*Des Cannibales. Essais,* Paris 1964 [1580/82]). Alle Menschen haben eine »obligation mutuelle«, die einem »général devoir de l'humanité« entspricht. Obwohl diese Überlegungen noch immer eurozentrisch formuliert sind, führen sie auf die Idee der Einheit der Menschheit, die jedem souveränen Einzelstaat übergeordnet ist und im *ius gentium* seinen deutlichen Ausdruck findet.

67 Hier zit. nach Bödecker, a. a. O., S. 1076.

68 Wenn man will, kann man hier deutlich die Leitsemantik der funktionalen Differenzierung erkennen.

be peculiar to the more polished ... ages.«[69] Menschheit als Begriff wird politisiert: »But industry, knowledge and humanity are not only advantageous in private life alone: They diffuse their beneficial influence on the public, and render the government as great and flourishing as they make individuals happy and prosperous.«[70]

Über weitere Stationen hin, die wir nicht allesamt nachzeichnen wollen, wird die Komponente der *christianitas* in *humanitas* zutiefst erschüttert und schließlich fast ganz ausgeblendet.[71] Ab Mitte des 18. Jahrhunderts jedenfalls ist Menschheit als das ›Selbstprojekt‹ ebendieser Menschheit konzipiert. Die Menschheit und damit *der* Mensch ist dynamisiert, ist Aufgabe, Projekt und im genauen Sinne ein ›Unternehmen‹. Im ›Streit der Fakultäten« (1798) lanciert Kant die Unterscheidung von *homo phaenomenon/homo noumenon* und trifft damit sehr genau die Differenz zwischen dem Menschen (als Objekt der Erfahrung) und *dem* Menschen, der eingeordnet ist in das Projekt der Menschheit, das durch vernünftige Selbstbestimmung gekennzeichnet ist, sich absetzend gegenüber schierer Kausalität und gegenüber den *Theologouména*: Nur *der* Mensch kann begriffen werden als »Zweck an sich selbst«.[72] Er ist das Wesen, das sich auf die Menschheit hin entwirft und in diesem Sinne Subjekt der Geschichte wird.[73] Spätestens von da an kann man (retrospektiv) sagen, daß das Deklarationsmedium ›Menschheit‹ in seiner Deklarativität entdeckt ist.[74]

---

69 Zit. nach Bödecker, a.a.O., S. 1077.

70 Ebd.

71 Als einen fernen Nachklang kann man die Debatte um den Gottesbezug der europäischen Verfassung begreifen.

72 Interessanterweise spricht Kant hier (in der »Metaphysik der Sitten«) nicht nur vom Menschen, sondern auch davon, daß dies alles ebenfalls für *vernünftige* Geschöpfe gelte, so als antizipiere er, daß man im Kosmos auch noch mit anderen vernunftbegabten Wesen rechnen müsse.

73 Nur am Rande: Seit Mitte des 18. Jahrhunderts verfestigt sich auch die Möglichkeit, neben die Vernunft der Menschheit auch ihre Gefühle autonom zu setzen. Vgl. dazu auch Fuchs, P., »Wer hat wozu und wieso überhaupt Gefühle?«, in: *Soziale Systeme*, 10.Jg., 2004, H. 1., S. 89-110.

74 Interessant im Vergleich dazu ist, daß in der Aufklärung Menschen mehr und mehr als Kommunikationswesen konzipiert werden müssen. Vgl. Bödeker, H.E., »Aufklärung als Kommunikationsprozeß«, in: Vierhaus, R. (Hrsg.), *Aufklärung als Prozeß*, Hamburg 1988, S. 89-111, 89.

### 3. *Die Temporalisierung des Mediums* ›Menschheit‹

Begreift man die eben skizzierten Entwicklungen als gleichsam seis-mographisch reagierende Begleitsemantik der erst allmählichen, dann immer massiver sich durchsetzenden Umstellung der Gesellschaft von der stratifizierten Ordnung auf funktionale Differenzierung, sieht man, daß im Begriff der Menschheit zunehmend die Abstraktion von den Bedingungen der Ständeordnung gespiegelt wird. Die Menschheit wird universalisiert, und das Verfahren, mit dem dies unternommen wird, ist die Temporalisierung der Menschheit, die als ein unabschließbares Projekt erscheint. Die Verzeitlichung dieses Mediums ist nicht telosfrei: Ziel ist die Emanzipation *des* Menschen von der Natur und von der Gesellschaft.[75] Diese Antizipation strukturiert das Medium um: auf die aktuelle Wirksamkeit einer im Prinzip erwünschten Zukunft, so daß die Gegenwart der Menschheit als Perfektibilität, also als Potentialität erscheint, die (und insofern geht es um eine ambivalente Projektion) nicht erreicht werden muß, aber erreicht werden könnte. »Homo non nascitur, set fit; und diese Ursachen seiner Menschwerdung liegen au-ßer ihm. Von Natur aus ist er nichts, durch Konjekturen kann er alles werden; die Unbestimmtheit macht den zweiten Teil seines Wesens aus. Der Mensch ist in gewisser Weise seine eigene Erfindung.«[76] Und das wiederum erklärt den hohen Stellenwert des Bildungsbegriffes, der das Mittel bezeichnet, mit dem die Menschheit *des* Menschen im Vollsinne erreichbar wird.

Die Temporalisierung drückt sich auch darin aus, daß im Übergang zum 19. Jahrhundert (vielleicht ausgehend von Wieland um 1785) die prozessualisierende Wortbildung *Humanisierung* auftaucht und sich durchsetzt. Die Menschheit wird, was sie sein soll, durch Humanisie-rung, ein Begriff, der kräftige Beziehungen zu dem der Bildung unterhält und darin deutlich anklingen läßt, daß man sich dabei im Rahmen einer Selbstdistinguierung oder Selbstnobilitierung des Bürgertums bewegt. Das zeigt sich auch an der Karriere des Begriffes der *Menschenwürde*, der sich – ebenfalls nach Verlust alter Bedeutungen, die die Würde des Menschen an Gottes Gnade binden – vom ständischen Ehre-Konzept

---

75 Und wir wollen festhalten, daß die soziale Externalisierung des Menschen in der modernen Systemtheorie dafür der perfekte (wenn auch weniger emphatische) Ausdruck ist. Mitunter kann ich nicht verstehen, warum auf einen so alten Gedanken immer noch so allergisch reagiert wird.

76 Schlözer, A. L., *Weltgeschichte nach ihren Hauptthemen im Auszug und Zusammenhang*, Bd. 1, Göttingen 1785, zit. nach Bödecker, a. a. O., S. 1081, der darauf hinweist, daß Schlözer aus einer Frontstellung heraus argumentiert, die sich gegen Herders Entelechie-Gedanken richtet.

löst und nun auf den ›bloßen‹ Menschen bezogen wird, auf das Mensch-Sein schlechthin, das nicht in der Erfüllung von *praecepta* und sozialen Normen zu finden ist, sondern durch jedes Individuum erfüllt wird, das der Gattung angehört, und zwar ohne Rücksicht auf seine gesellschaftliche Position. Dabei ist nach wie vor das Bürgertum paradigmatisch: Es verallgemeinert sich selbst in der Form der bürgerlichen Subjektivität, das dann, wie man vielleicht sagen könnte, in einer Radikalität, die den Begriff ›Menschheit‹ so abschottet gegen Sozialität, daß er schließlich das bürgerliche Paradigma zu sprengen droht.[77]

Der Mensch wird (die Französische Revolution liefert die Parole) frei und gleich und brüderlich – *gegenüber* der Gesellschaft und nicht: *in* der Gesellschaft, und das drückt sich seit Mitte des 18. Jahrhunderts darin aus, daß ihm Rechte zustehen, Rechte der Menschheit, die sich auf eine ihr externe Größe beziehen, eben auf die Gesellschaft. *Homo* und *civis* werden unterschieden, und *homo* wird zum Siegel einer absoluten Unverfügbarkeit. Wie sehr diese Semantik an der Umstellung der Gesellschaft auf die funktionale Differenzierungstypik hängt, erweist sich daran, daß diese Abstraktion (im Blick auf sozial externe Konditionierungen) massive Absetzbewegungen inszeniert: gegen die ständische Differenzierung, gegen die Untertänigkeit, gegen die Fürsten, gegen den Adel und seine *avantages imaginaires* schlechthin. Das läuft nicht auf eine vollkommene Exstirpation von Rangunterschieden hinaus, aber sie werden zu Resultanten individueller Leistung.

Im Zuge dieser progredienten Abstraktion wird ›Menschheit‹ zum Kollektivbegriff, der von allen sozialen (kulturellen, religiösen etc.) Besonderungen absieht.[78] Man kann sogar vom ›System der Menschheit‹ sprechen.[79] ›Menschheit‹ wird zum ›Inbegriff‹, zu einer Generalabstraktion, die von keiner Partikularität exklusiv in Anspruch genommen werden kann. Alle Individuen sind Mitglieder der Menschheit, und deshalb keine Untergruppe dieser Individuen einen eigenen Begriff der Menschheit favorisieren und durchsetzen. Selbst die in dieser Hinsicht totalisierenden Ansprüche des Christentums werden relativiert: Christen sind eine Teilmenge der Menschheit. Sie definieren sie nicht mehr. Weder Religionen noch Nationen haben die Definitionsmacht, und das führt schließlich dahin, daß auch den überseeischen ›Wilden‹ das

---

77 Habermas, J., *Strukturwandel der Öffentlichkeit. Untersuchungen zu einer Kategorie der bürgerlichen Gesellschaft*, Neuwied – Berlin 1962, S. 60.

78 Im Gegenzug wird die Gesellschaft so formiert, daß sie von allen Besonderungen der Individuen abstrahieren kann. Vgl. dazu auch Fuchs, P., *Die Metapher des Systems. Studie zur allgemein leitenden Frage, wie sich der Tanz vom Tänzer unterscheiden lasse*, Weilerswist 2001.

79 Iselin, zit. nach Bödecker, a.a.O., S. 1087.

Teil-Sein an der Menschheit zuerkannt wird.[80] Die Menschheit ist ein Ganzes, das sich aus gleichen Teilen zusammensetzt.[81]

Zwar wird sich noch lange (und in Ausläufern bis heute) die Idee halten, daß die Menschheit im Menschen eine Potenz sei, die durch Bildung zu wahrer Humanität gebracht werden müsse, aber im 19. Jahrhundert setzt sich (auch auf lexikalischer Ebene) immer mehr die Kollektivbedeutung des Begriffes durch.[82] Er entspricht der Umstellung des Gesellschaftssystems auf funktionale Differenzierung, die zugleich eine Umstellung auf ›Weltgesellschaftlichkeit‹ ist. Die Gesellschaft ist nicht mehr *die* Menschheit, und: *Die* Menschheit ist auch nicht Umwelt der Gesellschaft. Sie wird reduziert auf einen ›zoologischen Begriff‹: Sie »hat kein Ziel, keine Idee, keinen Plan, so wenig wie die Gattung der Schmetterlinge oder der Orchideen ein Ziel hat.«[83] Sie ist eine Abstraktion im Sinne eines ›erdballumfänglichen‹ oder ›planetarischen‹ Mediums, das die (sich autonomisierenden) Deklarationen dessen, was jeweils für die Ökonomie, die Wissenschaft, die Politik, die Kunst, die Erziehung, das Recht etc. als Form *des* Menschen zustandekommt, toleriert.[84]

80  Wir arbeiten auf der Ebene der Semantik. Daß im Rücken dieser Semantik unvorstellbare Ausrottungsprozesse stattgefunden haben, ist hinlänglich bekannt und erklärungsbedürftig.

81  Diese ›Homogenität‹ der Elemente macht den Gedanken, daß das Medium *des* Menschen als die Menschheit errechnet werden kann, noch plausibler.

82  Sicherlich müßte man jetzt Hegel nennen, aber seine Theorie läßt sich zwanglos als einer der letzten, wenn nicht als der letzte Versuch begreifen, eine Unbedingtheit *des* Menschen einzuführen, also Anthropologie als Metaphysik zu betreiben, ein Versuch, mit dem Nietzsches ›Anti-Reflexionen‹ zur Bestialität des Menschen am Ende des Jahrhunderts korrespondieren: *der Mensch als Tier, als krankhaftes und deswegen interessantes Wesen.* Und schließlich: *Der Mensch als Übermensch,* der sich an keine Regularien mehr halten muß, die er nicht selbst entwirft, wird zum Zielbegriff – mit den dann bekannten entsetzlichen Folgen.

83  Spengler, O., *Der Untergang des Abendlandes. Umrisse einer Morphologie der Weltgeschichte,* München 1979 (1918), S. 28.

84  Sehr weit unten wird der Frage nachgegangen werden, ob sich unter den Bedingungen funktionaler Differenzierung noch etwas mehr über das Medium *des* Menschen ausmachen läßt.

# E Der Tunnel zum Wesen *des* Menschen: Die Konstruktion der *Mitwelt*

> »Damit scheint schon ›instinktiv‹ die Konstitution
> der ganzen Welt für mich vorgezeichnet,
> wobei die ermöglichenden Funktionen selbst ihr Wesens-ABC,
> ihre Wesensgrammatik im voraus haben.
> Also im Faktum liegt es, daß im voraus eine Teleologie statthat.«
> *Edmund Husserl*

Die Schwierigkeit liegt darin, daß auf dem bislang zurückgelegten Weg nicht sehr viel erreicht ist. *Der* Mensch konnte als Form im Deklarationsmedium *Menschheit* vorgestellt werden, als Form, die mit den soziohistorisch konditionierten Formeinschreibungsmöglichkeiten dieses Mediums variiert. Der Gewinn ist, daß sich damit anthropo-ontologische Fundamentalismen, die zu wissen vorgeben, wer oder was *der* Mensch sei, auf Distanz halten lassen. Man kann ausnahmslos zeigen, daß es dabei um Festlegungen, um Deklarationen geht. *Der* Mensch, das ist schlicht: *seine* Beobachtung, ein Sinnschema wie andere auch, eine Abstraktion mit einiger Prominenz zwar, aber eben nur dies: eine Abstraktion, von der man allerdings sagen kann, daß sie eine sozial prominent *fungierende* Abstraktion ist, insofern die Form, die sie jeweils annimmt, kaum zu überschätzende Folgen für die ›Leute‹ hat, die sich ihr anbequemen müssen.

Andererseits steht jenem Gewinn, für wie immer wichtig man ihn halten mag, das Gefühl des Unbefriedigenden gegenüber, das sich in der Frage bündeln läßt, ob das alles ist, was man über *den* Menschen heute sagen kann, daß er ein *imago agens* sei.[85] Man müßte darauf antworten, daß dies zunächst und tatsächlich alles ist, befriedigend hin, unbefriedigend her, weil eine Reanimation einer Ontologie *des* Menschen nicht zu erwarten steht, solange gilt, daß alles, was in der Welt sinnorientierter Systeme auftauchen kann, ›sinndurchtränkt‹ auftaucht, also niemals ohne Bezugnahme auf den Umstand, daß Beobachtung im Spiel ist, beobachtet werden kann.[86]

85 Diese Wendung von den *agentes imagines* findet sich meines Wissens zuerst in: Anonymus, *Rhetorica ad Herennium. Lateinisch–deutsch*, (Hg. u. übers. v. Theodor Nüsslein) München – Zürich 1994 (zuerst ca. 86 v. Chr.), S. 176 (Lib. III, 22,37). Vgl. zu einer Thomistischen Parallelformulierung des *intellectus agens* Rahner, K., *Geist in Welt. Zur Metaphysik der endlichen Erkenntnis bei Thomas von Aquin*, Innsbruck – Leipzig 1939, S. 93 ff. et passim.

86 Vgl. erneut Fuchs, P., *Der Sinn der Beobachtung. Begriffliche Untersuchungen*, Weilerswist 2004.

Es gibt schlechterdings keine (ernsthaften) Reflexionsmöglichkeiten mehr, die von einem *locus observandi* (etwa im Helmholtzschen Sinne) ausgehen, dessen Eigenschaften in der Operation der Beobachtung ignorabel wären. Bei hinreichender akademischer und intellektueller Anständigkeit kann das Reden von *dem* Menschen nicht aufrechterhalten, nicht mehr anders als ideologisch oder fundamentalistisch fundiert beobachtet werden. Und wenn wir von einer Minimalform *des* Menschen sprechen (*der* Mensch/die Menschen), bedeutet dies exakt dasselbe, daß wir nämlich nichts verantwortlich Behauptbares über *die* Menschen ausmachen können, wenn der Einheitsbegriff der Unterscheidung (*der* Mensch) epistemologisch kollabiert. Sehen läßt sich nur, den soziologischen Blick vorausgesetzt, *wie* über den Einheitsbegriff *des* Menschen, dann über den *der* Menschheit und damit auch über *die* Menschen unterscheidungstechnisch disponiert wurde, aber darüber hinaus scheint es keine Möglichkeit zu geben, quintessentiell diese Begriffe (die eben keine Begriffe sind) zu verhandeln.

Die Frage ist, ob es einen anderen Weg gibt, einen Schleichpfad gewissermaßen oder gar (in der Diktion Spencer-Browns) einen ›Tunnel‹[87], durch den sich so kriechen läßt, daß man unversehens auf andere (nicht-ontologische) Weise mitten im Zentrum der alten ›querelle‹ *des* Menschen auftauchen könnte, ohne den Ballast der Hypostasierungen mitschleppen zu müssen.[88]

Wir haben (so könnte man mit dem Tunnelbau starten) gesagt, als sei dies evident, daß *der* Mensch seine Beobachtung sei, aber noch nicht darauf geachtet, daß dieser Satz sich kaum durch die rhetorische Tugend der *claritas* auszeichnet, sondern vielmehr deutlich unter die Kategorie der *obscuritas* fällt. Wie kann *der* Mensch eine ›Beobachtung‹ *sein*, und wenn das noch Sinn ergäbe: Wie kann er ›seine‹ Beobachtung sein? Bezieht sich dieses ›seine‹ zurück auf das Subjekt des Satzes? Ist vielleicht gemeint, daß *der* Mensch seine (eigene) Beobachtung sei?

87 Vgl. zum Untertunnelungsgedanken Spencer-Brown, G., *Laws of Form*, London 1971(2), S. 35, ferner: Junge, K., »Medien als Selbstreferenzunterbrecher«, in: Baecker, D. (Hrsg.), *Kalkül der Form*, Frankfurt am Main 1993, S. 112-151, 128 ff. Ich finde nach wie vor, daß Abbot, E. A., *Flatland. A Romance in Many Dimensions*, 6. Aufl. New York 1952, eine wundervolle Illustration dieses Problems ist. Wir könnten an die Stelle der Tunnelmetapher auch die einer Quantenteleportation (Anton Zeilinger) oder schlicht die der Teleportation setzen, wie sie etwa Gucky im Perry-Rhodan-Zyklus locker beherrscht.

88 Wir spielen bewußt an auf die mit dem Ausdruck ›Querelle des anciens et des modernes‹ bezeichnete Auseinandersetzung, die mit Charles Perraults ›Poème sur le siècle de Louis le grand‹ (1687) startete, auch wenn es hier nicht nur um eine literarische Auseinandersetzung geht, sondern eher um so etwas wie einen fernen Vorklang.

Aber wie kann eine Abstraktion wie *der* Mensch überhaupt (und dann
noch sich selbst) beobachten, wenn sie kein System ist, dem man allein
Beobachtungsleistungen zutrauen kann? Oder ist daran gedacht, daß
*der* Mensch etwas sei dadurch, daß er von jemandem beobachtet wird?
Aber von wem? Von den Leuten? Die Leute jedoch, sie sind ebenfalls
keine Systeme, allenfalls so etwas wie hyperzyklische Verschmie-
rungen[89] verschiedener Systeme, die man in schneller Ballung dieser
Verschiedenheiten ›Leute‹ nennt, wenn man die Gefahr vermeiden will,
durch die Bezeichnung ›Mensch‹ Pathosverdacht zu wecken.

Diese Fragen, die auf die Uneindeutigkeit des Satzes, *der* Mensch sei
seine Beobachtung, reagieren, gehen von einer bestimmten Annahme
aus, nämlich, daß die Operation des Beobachtens immer eine *syste-
mische* Operation ist, die nicht unabhängig von Sinnsystemen gedacht
werden kann. Nur Sinnsysteme reproduzieren sich durch Beobachtungen, und im Umkehrschluß heißt dies: daß weder Menschen noch Leute,
weder Kühe noch Stiefmütterchen beobachtende Systeme sind. Der Satz,
der Mensch sei seine Beobachtung, ist nichts weiter als ein Satz, der der
Ausdruck einer Beobachtung ist, die nur Beobachtung gewesen sein
wird, wenn (und ebendies macht Sinnsysteme aus) weitere Beobachtungen folgen, wenn wir also eine Konkatenation von Operationen vor
uns haben, die allesamt nicht quasi singularistisch auftreten, sondern in
der Form der Identitätsermittlung durch Differenz zu Vorherigem und
Nachherigem, also durch Autopoiesis as usual.[90]

89 In vielleicht nicht einmal so absurder Analogie zu Annahmen Schrödingers über Elektronen könnte man sagen, sie seien »smeared-ones«.
90 Wir kommen unter dem Stichwort ›Geist‹ noch auf Autopoiesis zurück.
Vgl. jedoch vorab Varela, F. J./Maturana, H. R./Uribe, R. B., »Autopoi-
esis: The Organization of Living Systems. Its Characteristics and a Mod-
el«, in: *Biosystems* 5, 1974, S. 187-196; Zeleny, M. (Hrsg.), *Autopoiesis.
A Theory of Living Organization*, New York/Oxford 1981; Zeleny,
M./Pierre, N. A., »Simulation of Self-Renewing Systems«, in: Jantsch,
E./Waddington, C. H. (Hrsg.), *Evolution and Consciousness. Human
Systems in Transition*, London 1976, S. 150-165; Maturana, H. R./Varela,
F. J., »Autopoiesis and Cognition: The Realization of the Living«, in: *Boston Studies in the Philosophy of Science*, Vol. 42, Boston/Dordrecht 1980;
Benseler, F. et al. (Hrsg.), *Autopoiesis, Communication and Society. The
Theory of Autopoietic System in the Social Sciences*, Frankfurt am Main
1980; Luhmann, N., »Autopoiesis, Handlung und kommunikative Ver-
ständigung«, in: *Zeitschrift für Soziologie* 11, 1982, S. 366-379; siehe zur
grundlegenden Ausarbeitung Luhmann, N., *Soziale Systeme. Grundriß
einer allgemeinen Theorie*, Frankfurt am Main 1984. Siehe ferner Fuchs,
P., »Autopoiesis, Mikrodiversität, Interaktion«, in: Oliver Jahraus/Nina
Ort (Hrsg.), *Bewußtsein – Kommunikation – Zeichen. Wechselwirkungen
zwischen Luhmannscher Systemtheorie und Peircescher Zeichentheorie*,

Nur Sinnsystemen steht die Operation der Beobachtung zu Gebote, und das heißt, daß ausschließlich zwei Systemtypen in Frage kommen, die diese Operation durchführen können: Soziale Systeme und psychische (bewußte) Systeme.[91] Diese Systeme sind füreinander relevante Umwelt, und die entscheidende Konsequenz ist: Die Operationen des Bewußtseins ereignen sich nicht in Sozialsystemen, die Operationen sozialer Systeme nicht im Bewußtsein. Daraus folgt, daß das, was man klassisch ›Mensch‹ genannt hat, nicht *in* Sozialsystemen siedelt.[92] Was immer ›Menschen‹ sein mögen, sie residieren nicht in der Sozialität, sie sind im Blick auf soziale Systeme Umweltgegebenheiten oder (mit einem älteren Ausdruck und mutatis mutandis) *exzentrisch positioniert*.[93] Diese Sachlage wird komplizierter, wenn man Umwelt und System nicht wie räumliche Arrangements behandelt, wie Besiedelbarkeiten[94], sondern die Aussage ernstnimmt, daß das System die Differenz von System und Umwelt und insofern kein klassisches Objekt, keine *res extensa* ist, sondern ein im Zeichen der Barre formulierter *transklassischer Gegenstand*, man könnte sagen: weder Subjekt noch Objekt, sondern – *Unjekt*.[95]

Tübingen 2001, S. 49-69; ders., »Die Form der autopoietischen Reproduktion am Beispiel von Kommunikation und Bewußtsein«, in: *Soziale Systeme*, 8. Jg., 2002, H. 2, S. 333-351.

91 Man könnte natürlich noch an Engel, Teufel, Götter oder Gott denken, aber deren Systemstatus ist schlicht unbekannt. Und ob die Informationstechnologie zu weiteren Sinnsystemen führt, ist noch nicht ausgemacht.

92 Es hat sich herumgesprochen, daß diese Annahme das Ur-Skandalon der Systemtheorie bezeichnet. Wir gehen davon aus, daß die Einwände mittlerweile erledigt sind und deswegen heute eigentlich nur noch von einem Skandal gesprochen werden kann, wenn jemand so tut, als könne man auf der Basis lebensweltlicher Evidenzen sagen, daß das Soziale sich aus Menschen zusammensetzt.

93 Vgl. als locus classicus Plessner, H., *Gesammelte Schriften*, hrsg. von Dux, G., Marquard, O., Ströker, E., Bd. IV: *Die Stufen des Organischen und der Mensch*, Frankfurt am Main 1981. Bekanntlich ist im Begriff der Positionalität bei Plessner die Umwelt schon unmittelbar mitgedacht.

94 Siehe zur Kritik der Raummetaphorik Fuchs, P., *Die Metapher des Systems. Studie zur allgemein leitenden Frage, wie sich der Tanz vom Tänzer unterscheiden lasse*, Weilerswist 2001.

95 Ein Unjekt ist in gewissem Sinne eine ›Grundlosigkeit‹. »Das Wesen des Grundes, wie das des Existierenden, kann nur das vor allem Grunde Vorhergehende sein, also das schlechthin betrachtete Absolute, der Ungrund.« Schelling, F. W. J., *Sämtliche Werke*, Bd. VII, Darmstadt 1968, S. 407/408. Vgl. zur Frage der »Gründigkeit« auch Heidegger, M., *Vom Wesen des Grundes*, Frankfurt am Main 1965 (5. Aufl.); ders., *Der Satz*

Wir gehen dieser Komplikation jetzt nicht umfangreich nach, sondern halten nur fest, daß Sinnsysteme, wenn zutrifft, daß sie keine Stellen im Raum besetzen, als *konditionierte Koproduktionen*[96] begriffen werden können.[97] Die Konsequenz: Sie sind keine Dinge, die in eine (quasi ontische) Umwelt eingelassen oder eingebettet wären, sondern (für Beobachter) Einheiten, deren Merkmal die laufende ›Selbstverzweiung‹ ist, die laufende Stabilisierung und Reproduktion einer Differenz (System/Umwelt) *im* System, oder – noch anders ausgedrückt – die Projektion einer Umwelt, im Blick auf die das *Projizierende* sich selbst (sozusagen: hälftig) als System errechnet.[98] Das System ist – pointiert

*vom Grunde*, Pfullingen 1971 (4. Aufl.). Spricht man von ›transklassisch‹, fällt einem Gotthard Günther ein. Siehe zusammenfassend Köpf, D., »Mit dem Weltgeist rechnen«, in: Baecker, D. (Hrsg.), *Schlüsselwerke der Systemtheorie*, Wiesbaden 2005, S. 225-241. Quantentheorie ist natürlich einschlägig. Vgl. Koch, D., *Nicht-klassischer Realismus. Die Quantentheorie als allgemeine Theorie objektivierender Erfahrung*, Diss, Leipzig 1982.

96 Ich komme unten darauf umfänglicher zurück.

97 Vgl. zu diesem Begriff Spencer-Brown, G., Vgl. *A Lion's Teeth. Löwenzähne*, Lübeck 1995, S. 20: »How we, and all appearance that appears with us, appear to appear is by conditioned coproduction.« Vgl. auch Spencer-Brown, G., *Gesetze der Form*, Lübeck 1997, Vorstellung der internationalen Ausgabe, S. ix f.; Fuchs, P., »Die konditionierte Koproduktion von Kommunikation und Bewußtsein«, a. a. O. (Fn. 41), S. 150-175. Aber schon Novalis formuliert: »Der Sitz der Seele ist da, wo sich Innenwelt und Außenwelt berühren. Wo sie sich durchdringen, ist er in jedem Punkte der Durchdringung.« Novalis, *Blüthenstaub*, Nr. 19, in: *Werke. Tagebücher und Briefe Friedrich von Hardenbergs*, hrsg. v. Mähl, H.-J./Samuel, R., Darmstadt 1978, Bd. 2, S. 233. Hier könnte man außerdem darauf hinweisen, daß sich Protagoras im Homo-mensura-Satz seinerseits auf Demokrit zu beziehen scheint, für den die Welterfahrung sich aus zwei Atomströmen zusammensetzt, von denen einer aus dem Menschen kommt. Vgl. Buchheim, Th., »Wohlberatenheit und die Rolle des logos für die Vortrefflichkeit des Menschen. Zur rhetorischen Anthropologie des ›Maßes der Dinge‹«, in: Kopperschmidt, J. (Hrsg), *Rhetorische Anthropologie. Studien zum Homo rhetoricus*, München 2000, S. 113-133, 114.

98 Hälftigkeit, das ist auch der Gedanke der Komplementarität. Contraria sunt complementa, heißt es im Wappenspruch von Nils Bohr, der damit sowohl eine scholastische Tradition aufgreift als auch im Gegensatz zum alteuropäischen ›Contraria sunt exclusiva‹ eine eher östliche Form des Denkens. Am Rande, aber nicht beiläufig sei erwähnt, daß konditionierte Koproduktion die Frage aufwerfbar macht, ob man es bei Sinnsystemen überhaupt mit individuellen Systemen zu tun hat. Das ist jedenfalls eine Frage, die in der Quantenphysik im Blick auf physikalische Systeme dis-

formuliert – die durchgehaltene ›Tätigkeit‹[99] der *Projektion einer Ober-fläche.*[100]

In sozialer Systemreferenz würde das bedeuten, daß Sozialsysteme keinen unmittelbaren Umweltkontakt haben, sondern sich – via Kommunikation – die eigene(!) Umwelt kontinuierlich ›herstellen‹. Wenn man dies sagen will mit einem haut goût von Ontologie: Sie schneiden die Umwelt (die sie nicht kennen, die nur ein Fremdbeobachter hypostasieren kann) auf das Format der systemisch möglichen oder notwendigen Wiedererkennbarkeiten zurück, auf *ihre* Umwelt, durch die sie selbst (aber eben nicht als sie selbst, sondern als Differenz) bestimmt werden. Sie sind – genau besehen – diese ›Schneidung‹.[101]

kutiert wird, wenn es um Zustandsverschränkungen (Singulett-Zustände) und das Problem der Nicht-Separabilität geht. Vgl. Esfeld, M., »Der Holismus der Quantenphysik: seine Bedeutung und seine Grenzen«, in: *Philosophia naturalis*, Bd. 36, H. 1, 1999, S. 157-185. Wir werden später von dieser Metaphorik Gebrauch machen.

99 Die Distanzierung durch einfache Anführungsstriche ist notwendig, da man in einem sehr genauen Sinne nicht von Tätigkeit des Systems sprechen kann, wenn man zugleich von konditionierter Koproduktion ausgeht.

100 Siehe zu dieser überaus geglückten Metapher Freud, A. et al. (Hrsg.), Sigmund Freud, *Gesammelte Werke,* Frankfurt am Main 1986 (8.Aufl.), S. 246 (*Das Ich und das Es*). Vgl. dazu auch Balzer, W., »Überlegungen zur »psychischen Oberfläche« des psychoanalytischen Prozesses«, in: *Jahrbuch für Psychoanalyse 35,* 1995, S. 34-64, S. 38. In grandioser Intuition wie immer formuliert Nietzsche, F., *Die fröhliche Wissenschaft,* in: Friedrich Nietzsche, *Werke in drei Bänden,* hrsg. v. Schlechta, K., München 1954, Bd. 2, S. 221/222: »Unsre Handlungen sind im Grunde allesamt auf eine unvergleichliche Weise persönlich, einzig, unbegrenzt-individuell, es ist kein Zweifel; aber sobald wir sie ins Bewußtsein übersetzen, scheinen sie es nicht mehr ... Dies ist der eigentliche Phänomenalismus und Perspektivismus, wie ich ihn verstehe: die Natur des tierischen Bewußtseins bringt es mit sich, daß die Welt, deren wir bewußt werden können, nur eine Oberflächen- und Zeichenwelt ist, eine verallgemeinerte, eine vergemeinerte Welt – daß alles, was bewußt wird, eben damit flach, dünn, relativ-dumm, generell, Zeichen, Herden-Merkzeichen wird, daß mit allem Bewußtwerden eine große gründliche Verderbnis, Fälschung, Veroberflächlichung und Generalisation verbunden ist.«

101 Dafür steht die klassische Vorstellung ein, Systeme seien Reduktion von Komplexität. »Als Differenz genommen und an der Differenz von Umwelt und System festgemacht, hat das Komplexitätsgefälle selbst eine wichtige Funktion. Es erzwingt unterschiedliche Formen der Behandlung und Reduktion von Komplexität je nachdem, ob es sich um die Komplexität der Umwelt oder um die Komplexität des Systems handelt. Die Um-

Konditionierte Koproduktion liegt aber dann vor, wenn dieses ›Zuschneiden‹ im selben Moment, in dem es sich ereignet, nicht nur das Zugeschnittene (hier: Umwelt) wie ein systeminternes Phantasma aufblendet, sondern es, wie man ein wenig skurril formulieren könnte, einer ›Real-Reifizierung‹ unterzieht. So wie das neuronale System (obwohl es nicht außerhalb seiner selbst operiert und mit seinen spezifischen Operationen die Umwelt nicht erreicht) Wahrnehmungen einer *externen* Welt erzeugt, auf die das System dann reagieren muß[102], so kreiert jedes Sinnsystem seine Umwelt als Externität, mit der es so rechnen muß, als ginge es tatsächlich um eine ›Außenheit‹. Ein anderer Ausdruck dafür (in Anlehnung an Heidegger) ist, daß solche Systeme die Funktion des ›Weltens‹ exekutieren, daß sie in einer *creatio continua* das, was sie als Welt (sich selbst eingeschlossen) nehmen, durch Externalisierung herstellen, aber daß in einem fort die Spuren der Herstellung so verwischt werden, daß solche Systeme sich wie in einer Welt ansässig erscheinen, quasi inmitten einer ›Herumwelt‹[103], in die sie selbst (wie Bestandteile[104]) eingelagert sind. Die Umwelt ist diesen Systemen

welt kann sozusagen großzügiger behandelt werden ... Es gilt eine Art umgekehrte Relevanzvermutung: während interne Ereignisse/Prozesse für das System vermutlich relevant sind, sind Ereignisse/Prozesse der Umwelt für das System vermutlich irrelevant... Das System gewinnt seine Freiheit und seine Autonomie der Selbstregulierung durch Indifferenz gegenüber seiner Umwelt. Deshalb kann man die Ausdifferenzierung eines Systems auch beschreiben als Steigerung der Sensibilität für Bestimmtes ... und Steigerung der Insensibilität für alles Übrige – also Steigerung von Abhängigkeit und Unabhängigkeit zugleich.« Luhmann, N., *Soziale Systeme. Grundriß einer allgemeinen Theorie*, Frankfurt am Main 1984, S.250. Vgl. als Überblick zur Entwicklung des Komplexitätsbegriffes Sahal, D., »Elements of an Emerging Theory of Complexity per se«, in: *Cybernetica* 19, 1976, S. 5-38. Die Probleme, die der Begriff bezeichnet, lassen sich schon am unitas-multiplex Problem abgreifen. Siehe dazu Morin, E., *La Méthode*, Tome 1, *La nature de la nature*, Paris 1977, S.145 f. Siehe grundlegend Weaver, W., »Science and Complexity«, in: *American Scientist* 16, 1948, S.536-544. Ferner: La Porte, T.R., *Organized Social Complexity. Challenge to Politics and Policy*, Princeton 1975. Siehe auch Willke, H., *Systemtheorie entwickelter Gesellschaften. Dynamik und Riskanz moderner gesellschaftlicher Selbstorganisation*, Weinheim/München 1989, S.71 ff.

102 Vgl. dazu Fuchs, P., *Die Psyche. Studien zur Innenwelt der Außenwelt der Innenwelt*, Weilerswist 2005.

103 Scheler, M., *Die Stellung des Menschen im Kosmos.* Bern 1978(9), S.45 f., spricht sehr prägnant (allerdings eher kinästhetisch denkend) von einem ›Herumbewußtsein‹ oder ›Herumerlebnis‹.

104 Man wird hier den operativen Hintergrund der immer noch so wirkmächtigen Ganzes/Teil-Unterscheidung vermuten dürfen.

nur in der Form der Fremdreferenz (im Modus einer durchlaufenden Externalisierung) zugänglich, verschärfter noch: Sie können sich selbst auch nur fremdreferentiell (klassisch: intentional) begegnen, das heißt auch: niemals in toto, nie anders als in der Weise einer ›déshiscence‹, eines ›Aufspringens‹ oder ›Aufklaffens‹, dessen Ursprung nicht zufällig, sondern systematisch verborgen bleibt.[105] Sinnsysteme sind *Selbstverkenner*, könnte man vielleicht sagen, zumindest aber: *Selbstsimplifikatoren*.[106]

Dies vorausgesetzt, kann die Frage nicht sein, was oder wer sich in der Umwelt eines Sinnsystemes befindet, sondern wie dieses ›Was‹ und dieses ›Wer‹ vom System-im-Fokus (hier: Sozialsystem) konstruiert wird. Das Intrikate an dieser Frage ist, daß sie so etwas wie einen Dämon voraussetzen muß (unus solus daimon plus scit quam tu), der dies auf irgendeine schwer faßbare Weise wissen könnte. Oder anders: Die Rekonstruktion jener Konstruktion ist selbst ontologieverdächtig, weil sie zu verlangen scheint, daß es da ein Objekt (ein Sozialsystem) gibt, daß die Konstruktion externer Prozessoren (wie Menschen, Bewußtseine, Subjekte etc.) zumindest ›tut‹ in einer zwar prinzipiell unzugänglichen, aber eben rekonstruierbaren Faktizität.

Ein schneller Ausweg ist von der Art einer Konzession. Konzediert wird eine *Minimalontologie*: Es gibt Systeme.[107] Und: Es gibt Theorien, die – als Beobachter genommen – sich selbst ihrem Phänomenbereich

---

105 Vgl. zur Metapher der *déshiscence* Lacan, J., »Das Spiegelstadium als Bildner der Ichfunktion, wie sie uns in der psychoanalytischen Erfahrung erscheint«. Bericht für den 16. Internationalen Kongreß für Psychoanalyse in Zürich am 17. Juli 1949, in: Lacan, J., *Schriften I*, in deutscher Sprache hrsg. von Haas, N./Metzger, H.-J., Weinheim/Berlin 1991 (3.Aufl.), S. 61-70, 6.

106 In diese metaphorischen Wendungen muß miteingerechnet werden, daß sie noch die Idee zulassen, da wäre etwas, das verkannt werden könnte, eine Absolutheit. Deswegen muß ausdrücklich bekräftigt werden, daß solche Systeme sich selbst als unvollständig im Selbstzugriff beschreiben und diese Beschreibung zu ihrer Komplettierung benutzen. Schönes Beispiel: das Mythologem des Unbewußten. Vgl. Fuchs, P., *Das Unbewußte in Psychoanalyse und Systemtheorie. Die Herrschaft der Verlautbarung und die Erreichbarkeit des Bewußtseins,* Frankfurt am Main 1998 (2006 [2. Aufl.]). »Das Lebewesen bezieht aus dem Milieu, was es in den Stand setzt, so zu handeln, als existierte dieses Milieu nicht.«, formuliert Valéry, P., *Cahiers/Hefte,* Bd. 3, Frankfurt am Main 1989, S. 313.

107 So verfährt jedenfalls Niklas Luhmann, *Soziale Systeme. Grundriß einer allgemeinen Theorie,* Frankfurt am Main 1984, S. 30. Das Vorbild ist offenbar jenes berühmte *Cogito* Descartes', das ebenfalls im Kontext einer Zweifelsabwehr steht. Natürlich geht es hier auch darum, jede Form von Konscientismus zu vermeiden.

als Phänomen einordnen, also Strategien entwickeln, mit Paradoxien, die sich aus Selbstbezüglichkeit ergeben, ›locker‹ umzugehen, indem sie sich nicht als Wahrheitsdetektoren aufführen, sondern als Entscheidungsprogramme, die im Rahmen der Wissenschaft ausdifferenzieren und ihre eigene Ausdifferenzierung mitbeschreiben, sich mit den Unterscheidungen beobachtend, die sie selbst in's Spiel bringen. Es geht dann nicht mehr darum, die Wahrheit über ein Objekt herauszufinden, sondern das Verfahren durchsichtig zu machen, mit dem die Theorie zu ihren Unterscheidungen kommt, und darum, daß dieser Unterscheidungseinsatz (enjeu) sich als ›gescheit‹ darstellen läßt, als hinreichend flexibel und strukturreich, oder in der Terminologie der Systemtheorie: als anschlußfähig.[108]

Die Frage (die die Leitlinie unserer Heuristik formuliert) ist dann, welche Vorstellungen darüber entwickelt werden können, wie Sozialsysteme ihre relevante Umwelt voraussetzen *müssen*. Gesetzt, unsere Modellierung sozialer Systeme als autopoietische, bewußtseinsfreie Konkatenation von Kommunikation, sei triftig, dann ist in jener Frage nicht nur nach den Bedingungen der Möglichkeit sozialer Systeme gefragt, sondern nach den *notwendigen* Bedingungen, die solche Systeme im Errechnen ihrer Umwelt als Bedingung ihrer eigenen Möglichkeit (operativ) anzusetzen gezwungen sind. Es geht dann nicht mehr um *den* oder *die* Menschen, die sich in dieser Umwelt befinden, sondern darum, *wie* diese als extern projizierten Prozessoren als Bedingung der Möglichkeit sozialer Systeme durch soziale Systeme inszeniert werden – in der Form einer Notgedrungenheit, einer Unabweisbarkeit, eines ›Nur-so-und-nicht-anders‹. Entscheidend ist unter diesen Umständen nicht mehr die Semantik oder die Thematizität *des* Menschen, nicht mehr die Art und Weise, wie er als historisch variables Konzept in der Kommunikation fungiert.

Man könnte auch sagen, es dreht sich nicht mehr um die *Kommunikabilie* ›Mensch‹, sondern, wie wir jetzt überraschend sagen werden, um genau das, was man einst das ›Wesen‹ des Menschen nannte im Sinne einer ›Quintessentialität‹; aber nun wird das Wesen – und das ist der theoretische Dreh, wenn man so will – vom Sozialsystem her gesehen und nicht, wie die Tradition es nahelegt hat, gleichsam von Mensch zu Mensch.[109] Die Analyse gilt dem, was Sozialsysteme essentiell unterstel-

---

108 Vgl. dazu Fuchs, P., »Soziale Systeme, Systemtheorie – Was leisten Hochabstraktionen«, in: Scherr, A. (Hrsg.), *Soziologische Basics. Eine Einführung für Pädagogen und Pädagoginnen*, Wiesbaden 2006, S. 154-158.

109 »Wie muß die Umwelt eines Wesens aussehen, das ihr in aufrechter Haltung, Aug in Aug, Hand in Hand. mit Sprache begabt gegenüber steht?« Plessner, *Die Frage nach der Conditio Humana.*, a.a.O., S. 47 (Fn. 51).

len müssen (in jeder Operation, die sie durchführen): als ihre relevante Umwelt, als das, was sie ermöglicht und erzwingt. Um dafür einen Ausdruck zu haben, schlage ich vor, diese spezifische Umwelt (um sie zu unterscheiden von der Umwelt im Allgemeinen) *Mitwelt* zu nennen.[110]

Und Mitwelt[111] (als relevante Umwelt), das soll jetzt nur besagen, daß Sozialsysteme etwas als *unaustauschbar* behandeln müssen, als Realität[112], als das, was Widerstand leistet[113], als etwas, dessen Ausfall

Es ist genau diese Fragerichtung, die wir umdrehn, wenn wir fragen: Wie muß das Wesen aussehen, das es mit einer sozialen Umwelt zu tun hat? Am Rande und nur zur Vorsicht: Wenn ich allusiv jetzt vom Wesen des Menschen spreche, dann bin ich nicht in den *morbus metaphysicus* gefallen.

110 Locus classicus hier ist Heidegger, M., *Sein und Zeit,* Tübingen 1972 (12), wobei wir hier auch seine Argumentation in gewisser Weise umkehren. Siehe zu Mitsein und Mitwelt bei Heidegger, Olafson, F. A., *Heidegger and the Ground of Ethics. A Study of Mitsein,* Cambridge 1998, S. 20 ff. et passim. Zu Mitwelt (in der eher ethisch und ökologisch orientierten Bedeutung) vgl. die Beiträge in Ingensiep, H. W./Eusterschulte, A. (Hrsg.), *Philosophie der natürlichen Mitwelt. Grundlagen, Probleme, Perpspektiven.* Festschrift für Klaus Michael Meyer-Abich, Würzburg 2002. ›Mitwelt‹ ist natürlich auch eine emphatische, mitunter klassenkämpferische, mitunter ökologische Kategorie. Vgl. als frühes Beispiel die Gedichte der Studer, C., *Mitwelt,* Berlin-Wilmersdorf 1918 (*Der rote Hahn,* Bd. 20); Hermand, J., »Mitwelt statt Umwelt«, in: *OSSIETZKY. Zweiwochenzeitschrift für Politik, Kultur, Wirtschaft,* Bd. 2, H. 25, 1999, S. 884-885. Religion und Mitwelt werden amalgamiert in: *Umwelt – Mitwelt – Schöpfung. Texte zur Verantwortung des Menschen für die Schöpfung* (hrsg. v. Teutsch, G. M.). EZW-Texte (Evangelische Zentralstelle für Weltanschauungsfragen), Arbeitstexte mir 29, II, 1993. Vgl. solider (wenn auch mit einer Nahezu-Komplettausblendung Luhmanns) Brandt, M., *Von der Umwelt zur Mitwelt. Zur Fundierung eines neuen pädagogischen Paradigmas auf der Basis der Philosophie John Deweys,* Frankfurt am Main 2000. Siehe zu einem eher entlegenen Gebrauch der Mitweltmetapher (spaßeshalber) Ballerstedt, J. G. J., *Die Vorwelt und die Mitwelt wie auch Nachträge zur alten und zu neuen Welt,* Braunschweig 1824; oder gar zu Mitwelt als Bestandteil eines Zeitschriftentitels: Ebert, F. A. (Hrsg.), *Überlieferungen zur Geschichte, Literatur und Kunst der Vor- und Mitwelt,* Bd. 1 (Stck. 1), Dresden 1826. (Beide auch Belege dafür, daß Mitwelt immer *gleichzeitige* Welt meint.)

111 Ich verzichte hier auf die naheliegende Idee, nun auch von ›Mitmenschen‹ zu sprechen. Siehe aber Löwith, K., *Das Individuum in der Rolle des Mitmenschen,* Darmstadt 1982.

112 Siehe zum Gedanken, daß die Realität als Unaustauschbares gedacht werden kann, Valéry, P., *Cahiers/Hefte,* Bd. 4, Frankfurt am Main, 1990, S. 564.

das System schlagartig zerstören würde. Was damit gemeint ist, wird noch deutlicher, wenn man mitsieht, daß Kommunikation nichts Physikalisches ist, keine eigene Physis, kein Leben, nicht einmal eine eigene Materialität hat, daß sie im Weltraum und unter Wasser und über gewaltige Zeitabstände hinweg ihr Spiel spielen kann. Sie realisiert sich unter den denkbar verschiedensten Umweltbedingungen, obschon oder weil sie ein Nicht-Ding ist, ein ›Ander-Objekt‹ oder Unjekt. Nur eines scheint unmöglich, daß sie verzichten könnte auf die Projektion externer, auf sie zugeschnittener Prozessoren, auf sinnkundige Lärmerzeuger, die sie als mitteilende Instanzen entwirft, die für sie essentiell sind. Der Generaltitel für diese vom Sozialsystem aus formatierte Externität war (und ist wohl): Mensch.[114]

Wenn sich die vorangegangene Überlegungen als Tunnelbau[115] auffassen lassen, dann sind wir unter der herkömmlichen, (anthropo)ontologischen Tanzplatz hergekrochen und an einem Ort herausgekommen, an dem die Frage nach dem Wesen *des* Menschen anders gestellt werden kann (nämlich als Frage nach der konstitutiven Mitwelt sozialer Systeme).[116] Wir haben uns damit den Ausweg versperrt, der – vielleicht bedingt

113 Siehe zu der Widerständigkeit der Welt als Grund für die Erzeugung des Realitätseindruckes Scheler, M., *Die Stellung des Menschen im Kosmos*, Bern 1978 (9.Aufl.), S. 53 ff.

114 Der sich dann ganz zu Recht und im genauen Sinne als »verhältnismäßiger Bedeutsamkeit« auffassen läßt. Siehe (bezogen auf ›Person‹) Löwith, K., *Das Individuum in der Rolle des Mitmenschen*, München 1928 (Wiederabdruck 1962), S. 84. Vgl. auch Jauss, H. R., »Karl Löwith und Luigi Pirandello (»Das Individuum in der Rolle des Mitmenschen« – wiedergelesen«), in: *Romanistische Zeitschrift für Literaturgeschichte*, Heidelberg, Winter 1977, S. 200-226. Im übrigen könnte man statt von Instanzen auch von *Exstanzen* reden. Dieser Ausdruck findet sich bei Bachelard, G., *Die Philosophie des Nein*, Wiesbaden 1978, S. 153.

115 Wenn man vergnüglichkeitshalber erneut auf die Metaphern der Quantenmechanik zurückgreift, so haben wir einen Potentialwall durchtunnelt. Nutzt man diese Möglichkeit im Transistorenbau, wie man das am Sandia National Laboratory in Albuquerque, New Mexico, getan hat, sind dabei tiefste Temperaturen vorausgesetzt. Auch unsere Durchtunnelung kommt ohne dezidierte Kälte nicht aus.

116 Ich habe den Eindruck, daß die Ideenwelt der fundamentalrhetorischen Anthropologie hier nahebei liegt. Siehe nur Oesterreich, P. L., »Thesen zum homo rhetoricus und zur Neugestaltung der Philosophie im 21. Jahrhundert«, in: *Rhetorica: A Journal of the History of Rhetoric*, Bd. 20, H. 3, 2002, S. 289-298, hier insbesondere S. 291: »Die Rede, das ist der Mensch selbst. Der Mensch ist somit in erster Linie ein homo rhetoricus, und weil er dies ist, kann er in zweiter Linie z. B. ein sociologicus, oeconomicus oder politicus sein.«

durch eine systematisch auftretende Hilflosigkeit de-ontologisierender Theorien – darauf verzichtet, vom ›Menschen‹ zu reden anders als nur in der Weise, die Ontosemantik *des* Menschen nachzuzeichnen, wie sie überliefert ist und sozial fungiert.[117]

Damit kommt eine andere Härte und eine andere Abstraktionslage in die Arena der Diskussion über *den* Menschen.[118]

## 1. *Futteralsysteme*

Eine der Grundannahmen dieser Art von Systemtheorie ist, daß soziale Systeme sich durch Kommunikation reproduzieren. Sie sind die Reproduktion eines Differenzen-Tripels oder (wenn man optische Metaphern schätzt) eines Differenzen-Triplets, nämlich von Information, Mitteilung und Verstehen. Die Reproduktion dieses Triplums wird gedacht als eine Seriation von Zeitzügen, als die Form einer Ereignis-Verknüpfung, die – als Verknüpfung – zugleich die Ereignisse erzeugt, die verknüpft werden, eine Form, die heute gern als *Autopoiesis* bezeichnet wird.[119] Wenn man von Sozialsystemen spricht, ist diese Form impliziert, und das heißt: Nur das Sozialsystem ist die Konkatenation von Ereignissen, die es als Kommunikationen markiert, also durch Anschluß weiterer Ereignisse desselben Typs herstellt.[120] Wenn man die Systemreferenz

117 Siehe aber für eine ähnliche Einstellung: »... if there is any definition of the nature or ›essence‹ of man, this definition can only be understood as a functional one, not a substantial one. Man's outstanding characteristic, his distinguishing mark, is not his metaphysical or physical nature – but his work. It is his work, it is the system of human activities, which defines and determines the circle of ›humanity.‹« Cassirer, E., *An Essay on Man. An Introduction to a Philosophy of Human Culture*, New Haven 1944, S. 67.

118 Es ist daran zu erinnern, daß Abstraktion Abzug (aphairesis) bedeutet. Man könnte auch sagen: die Luft wird dünn.

119 Der Ausdruck ist nicht in jeder Hinsicht glücklich, jedenfalls dann nicht, wenn man ihn als Selbst-Machung versteht. Die Poiesis ist nicht ein ›Tun‹ des Täters ›System‹. Sie *ist* die Installation einer Zeit, in der Ereignisse etwas füreinander bedeuten, wenn zugleich eine Umwelt vorausgesetzt ist, die Bedeutungen ›lesen‹ kann. Ich denke, daß man die Logos-Formulierung »Lesende Lege« für die eigentümliche Operativität autopoietischer System einsetzen könnte. Vgl. jedenfalls Heidegger, M., »Logos« (Heraklit, Fragment 50) (1951), in: ders., *Vorträge und Aufsätze*, Pfullingen 1954, S. 227-229.

120 Wir wollen am Rande auf einen frühen Versuch aufmerksam machen, gesellschaftliche Prozesse als sozialsystemisch zu begreifen, auf den Frühsozialisten Owen, R., *Das Soziale System. Ausgewählte Schriften*,

der Gesellschaft zugrundelegt, dann ist die Gesellschaft die Autopoiesis aller Kommunikationen.[121] In ihrer Umwelt kommt Kommunikation nicht vor.

Die (temporal erwirtschaftete) Syndosis von Information, Mitteilung und Verstehen, als die wir Kommunikation auffassen, ist komplett bewußtseins- und körperfrei[122], obwohl, wie oft gesagt wurde, Kommunikation nicht zustandekäme ohne Rekurs auf bewußtseinsbesiedelte Körper, und sei es nur, weil sie selbst nicht wahrnehmen, nicht denken, nicht erleben kann.[123] Das ist ja die Basis des Theorems konditionierter Koproduktion[124] und auch der Grund dafür, daß wir die räumlich konnotierte Bezeichnung der Umwelt im Blick auf diese Koproduktion durch die der *Mitwelt* ersetzt haben, die viel stärker den Aspekt der Gleichzeitigkeit und Relevanz betont.[125]

Man kann, um sich die Verhältnisse zurechtzulegen, ein Spiel, etwa Schach, als Modell zu Rate ziehen.[126] Dort würde man die beiden Spieler vom Schachspiel selbst, das gerade abläuft, unterscheiden müssen.

Leipzig 1988. Der titelgebende Text erschien in *The New-Harmony Gazette* vom 22. November 1826, 14. März 1827. Interessant ist, daß hier eine frühe Formulierung mit dem Begriff Sozialsystem auftaucht, die zugleich im Kontext der Registratur gesellschaftlicher Veränderungen (hier Industrialisierung) steht.

121 Viel weiter unten wird diese These noch einmal diskutiert.

122 Es gibt viele Stellen in Luhmanns Werk, in denen die Härte dieser Idee gleichsam weichgezeichnet ist, so daß sich leicht der Eindruck gewinnen läßt, letztlich seien es doch die Leute, die Informationen mitteilen und Verstehensleistungen vollbringen. Mein Eindruck ist, daß dies eher einem didaktischen Duktus zu danken ist oder der Notwendigkeit, in konventioneller Sprache einen nicht-konventionellen Sachverhalt darzustellen.

123 Darauf wird noch zurückzukommen sein.

124 Vgl. Fuchs, P., »Die konditionierte Koproduktion von Kommunikation und Bewußtsein«, a.a.O. Fn.41), S.150-175.

125 Siehe zum Relevanzbegriff Markowitz, J., »Relevanz im Unterricht – eine Modellskizze«, in: Luhmann, N./Schorr, K.E. (Hrsg.), *Zwischen Technologie und Selbstreferenz, Fragen an die Pädagogik,* Frankfurt am Main 1982, S.87-115. Vgl. zum sozialphänomenologischen Hintergrund des Relevanzbegriffes vor allem Schütz, A., *Das Problem der Relevanz,* Frankfurt am Main 1971. Siehe dazu, Srubar, I., *Kosmion. Die Genese der pragmatischen Lebenswelttheorie von Alfred Schütz und ihr anthropologischer Hintergrund,* Frankfurt am Main 1988, vor allem S.132-178.

126 Wie es schon andere getan haben, etwa Wittgenstein, L., *Philosophische Grammatik. Werkausgabe Bd.4.,* Frankfurt am Main 1989 (3. Aufl.), S.49f.

Das Spiel ist nichts als die Serie von Zügen, in der jeder Zug auf vorangegangene Züge folgt und selbst nur als der Vorläufer eines weiteren Zuges imponiert. Jeder Zug ist ein Ereignis durch Differenz zum Zuvor und zum Danach. Ein Beobachter, der am Spiel interessiert ist, kann es aufzeichnen, und die Aufzeichnung zeigt das Spiel, aber nicht: die *Inwendigkeit* der Spieler, deren psychisch-strategische Eigenwelten nur erschlossen, aber eben nicht: aufgezeichnet werden können, obwohl diese externen Eigen- bzw. Innenwelten unverzichtbar sind, wenn ein Beobachter das Spiel ›lesen‹ (deuten) will, mithin Annahmen darüber erzeugt, was in diesen Innenwelten vorgegangen ist.[127]

Die Aufzeichnung jedenfalls appräsentiert nicht das Bewußtsein[128], sie zeigt nur die Kombinatorik der aufeinander folgenden Züge, die Muster, die sich realisieren, und nicht die, die sich nicht realisieren, obwohl die Spieler während des Spiels alternative Varianten der Züge, die sie durchführen, typischerweise erwägen. Damit aber ein Spiel zustandekommt, muß diese extern inwendige Alternativität mitgedacht werden.[129] Dabei ist ganz entscheidend, daß sie nicht in einem harten (ontologischen) Verständnis als irgendwie geartete Faktizität einer *Freiheit* vorliegen muß, etwa als *liber arbitrium*, als Tatsächlichkeit von Wahlmöglichkeiten.[130] Die Unterstellung von externer Alternativität[131], von externer *Autodetermination* genügt, aber diese Unterstellung ist die notwendige Bedingung des Spiels, das man Schach nennt, ebenso wie es eine Bedingung dieses Spiels ist, daß diese externe Alternativität

127 Heider, F., *The Notebooks*, a.a.O. (Fn. 23), S. 229: »Redundancy is not a physical description, it is relative to something that can ›read‹.«

128 Es bleibt ein *lucus a non lucendo*.

129 Wenn man es auf die Spitze treiben will, kann man sich Schachfiguren denken, die interne elektronische Prozessoren besitzen. Dann spielt jede Schachfigur selbst. Aber auch hier ist unvermeidbar, daß jede Figur (sozusagen still für sich und uneinsehbar für die anderen Figuren) über Alternativen disponieren kann. Sie wäre in dieser Hinsicht dem sich spielenden Spiel so extern wie die Leute, die wir gewöhnlich beim Schachspiel beobachten. Die Anregung zu diesem Exempel beziehen wir locker aus dem ersten Harry-Potter-Band: *Harry Potter und der Stein der Weisen*.

130 Viel diskutierte Experimente der Hirnforschung (Libet) scheinen zu zeigen, daß erlebte Wahlfreiheit phantasmatisch ist. Allerdings liegen solchen Experimenten Vorstellungen über Gehirn und Bewußtsein zugrunde, die wir in der Wurzel nicht teilen.

131 Die Unterscheidung von intern/extern ist hier behelfsmäßig. Das Problem ist, daß konditionierte Koproduktion noch nicht in einer eigenen Terminologie dargestellt werden kann. Aber auch die Physik spricht von der ›Richtung‹ der Zeit, obwohl sie damit in Kauf nimmt, daß eine metaphorische (katachretische) Verräumlichung das Zeitdenken ›verstellt‹.

intransparent ist, eine ›Aufstellung‹ oder ›Drumherumstellung‹ von Geschlossenheiten, von *black boxes*, in denen nicht-triviale Prozesse ablaufen bzw. auf die Nicht-Trivialität projiziert werden kann.[132]

Es läßt sich schnell sehen, daß dieses Gedankenspiel auf Kommunikation (damit auf soziale Systeme) übertragbar ist. Auch hier ist die Grundvorstellung diejenige, daß das Sozialsystem für einen Fremdbeobachter die Folge und die Kombinatorik der Ereignisse ist, die er protokollieren könnte als seriatim aufeinander bezogene *utterances*. Ebenso deutlich ist, daß das Protokoll genau nicht Kommunikation beschreibt, insofern die eigentliche Synthese (von Information, Mitteilung und Verstehen) nicht mitbeobachtet werden kann. Was sich allenfalls festhalten läßt, sind ›Mitteilungshandlungen‹ (jemand hat etwas gesagt, dann hat ein anderer etwas gesagt, etc.), die aber – folgt man Niklas Luhmann – ›Ausflagg-Leistungen‹ oder ›Simplifikationen‹ darstellen, mit denen Kommunikation sich Beobachtern (und sich selbst) exponiert.[133]

Oder anders gesagt: Die Autopoiesis des Sozialsystems ist nur erschließbar, sie kann nicht notiert werden.[134] Ähnlich wie beim Schachspiel ist die protokollierte Sequenz der Ereignisse (Züge) nicht identisch mit der Autopoiesis (dem Spiel) in actu. Diese Autopoiesis ist nur in ihrer Differenz zur Um- und Mitwelt begreifbar, sie ist die Produktion dieser Differenz und hier: die Produktion der Differenz von sozialer Ereignisverkettung (utterance folgt auf utterance, Zug auf Zug) *und* von externen Uneinsehbarkeiten, die jedes aktuelle Ereignis selektiv stellen, weil sie intern Alternativität prozessieren können.[135] In Gegenrichtung

132 Siehe zum Privatheits- und Intransparenzproblem Hoegl, F., Black Box Beetle: »Über Privatheit und Intransparenz«, in: *Soziale Systeme*, 9. Jg., (2003), H. 2, S. 370-385.

133 Siehe zur Metapher des Ausflaggens und zu dieser Selbstsimplifikation Luhmann, N., *Soziale Systeme. Grundriß einer allgemeinen Theorie*, Frankfurt am Main 1984, S. 226.

134 Sehr plastisch hier: »Every act of saying is a momentary intersection of the ›said‹ and the ›unsaid‹. Because it is surrounded by an aureola of the unsaid, an utterance speaks of more than it says, mediates between past and future, transcends the speaker's conscious thought, passes beyond his manipulative control, and creates in the mind of the hearer worlds unanticipated.« Tyler, St. A., *The Said and the Unsaid. Mind, Meaning, and Culture*, New York, San Francisco, London 1978, S. 459.

135 Es geht also um eine mutuelle Konstitution. »Selbstreferenz auf der Ebene basaler Prozesse ist nur möglich, wenn mindestens zwei informationsverarbeitende Prozessoren vorhanden sind, die sich aufeinander und übereinander auf sich selbst beziehen können. Selbstreferenz setzt also eine entsprechend diskontinuierliche Infrastruktur voraus. Die dazu nötigen Einrichtungen können weder die Elemente noch Teilsysteme des sozialen Systems sein, denn Elemente wie Teilsysteme werden ja erst durch

gilt dasselbe, daß nämlich die extern zum Sozialsystem angesetzten Intransparenzen ihrerseits auf die Intransparenz des Sozialsystems angewiesen sind, also Kommunikation nicht direkt beobachten, sondern sie ebenfalls nur (anhand der Epiphanien von Mitteilungen) erschließen können, und: daß das Sozialsystem aus demselben Grunde seiner (relevanten) Umwelt Überraschungs-, also Informationschancen offeriert, einer Umwelt, der es dieselbe Form gibt – die nämlich grenzscharfer (unterscheidbarer) Einheiten, die in Eigenwelten eingestrickt sind, die sie nicht verlassen können.

Der herkömmliche Titel für eine solche Einheit ist: *System*. Im Duktus unserer Argumentation (unserer Durchtunnelung) bedeutet dies, daß Sozialsysteme für die Koproduktion *ihrer* Umwelt, durch die sie ihrerseits koproduziert werden, nicht kommunizierende Systeme in dieser Umwelt im Sinne einer Projektion von Unverzichtbarkeiten veranschlagen müssen, also, um es noch einmal zu sagen: gegen kommunikativen Direktzugriff abgeschottete Inwendigkeiten, in denen Alternativität (später werden wir formulieren: Sinn) betrieben wird.

Diese Abschottung bezieht sich dabei (sehr abstrakt genommen) auf die Eigen-Operativität des psychischen Systems, plastischer formuliert darauf, daß die vom Sozialsystem vorausgesetzte ›Inwendigkeit‹ ihrer externen Prozessoren in einen undurchdringlichen ›Mantel aus Fleisch‹[136] gehüllt ist und so nur überhaupt als inwendig erscheinen

sie produziert. Die Systeme bestehen vielmehr aus den selektiven Akkordierungen, die das Zusammenwirken dieser Prozessoren produziert; und die Struktur dieser Systeme hat nur die Funktion, das permanente Changieren und Wiederfinden solcher Akkordierungen wahrscheinlich zu machen.« (Luhmann, *Soziale Systeme*, a.a.O., S. 191/192.

136 Phänomenologisch kann dieses Fleisch dann als Gemengelage erscheinen: »Das Fleisch, von dem wir sprechen, ist nicht die Materie. Es ist das Einrollen des Sichtbaren in den sehenden Leib, des Berührbaren in den berührenden Leib, das sich vor allem dann bezeugt, wenn der Leib sich selbst sieht und sich berührt, während er gerade dabei ist, die Dinge zu sehen und zu berühren, sodaß er gleichzeitig als berührbarer zu ihnen hinabsteigt und sie als berührender alle beherrscht und diesen Bezug wie auch jenen Doppelbezug durch Aufklaffen oder Spaltung seiner eigenen Masse aus sich selbst hervorholt.« (Merleau-Ponty, M., *Das Sichtbare und das Unsichtbare*, München 1994 (2. Aufl.), S. 191. Aus einer anderen Perspektive heraus kann man aber auch formulieren: »Der Leib ist ein fühlendes Gefühltes ...« Levinas, E., *Humanismus des anderen Menschen*, Hamburg 1989, S. 19. Dabei sind Körper und Leib nicht identisch. Vgl. zur Differenz Leib/Körper Schmitz, H., *System der Philosophie*, Bd. II, 1. Teil, *Der Leib*, Bonn 1966; ders., *Leib und Gefühl*, Paderborn 1992. In nuce: Der Leib ist der beobachtete Körper. Ich komme sehr weit unten noch darauf zurück.

kann.[137] Wir können sogar sagen, daß dies die Minimalfunktion der Körper für soziale Systeme sei: die Garantie der Abschottung von Inwendigkeit.[138] Zugleich fungiert dieser Körper als Bedingung der Möglichkeit der *Spatialisierung*[139] des Sozialsystems und ist die Voraussetzung für die Mutualität, die für dieses System im Blick auf seine Umwelt konstitutiv ist.[140]

Mit einer Wendung von Helmuth Plessner können wir formulieren, daß soziale Systeme ihre Umwelt mit kompakt-opaken Einheiten ›durchsteppen‹, die wie »Futterale« wirken.[141] Die Körper sind die Etuis, die Inwendigkeiten (ver)bergen, die dann ihrerseits über »Binnenpunktualitäten«[142] verfügen, zum Beispiel über ein *Ich* oder ein *Selbst*.[143] Die Verborgenheit wird durch die Undurchsichtigkeit der Körper garantiert.[144]

137 Wir gehen vom Normalfall aus, können uns aber vorstellen, daß die Opazität dieser Hülle wie bei Androiden oder Computern durch Eisen, Plastik etc. garantiert wird. Im übrigen liegt hier natürlich kein neuer Gedanke vor. Schon für Plato war das ›Selbst‹ eingekerkert wie ein Schalentier. Vgl. Plato, *Phaidros,* 250c.

138 Mit unkörperlichen Wesenheiten läßt sich keine Kommunikation aufbauen. Auch Gott muß aus dem Dornbusch sprechen, muß sich lokalisierbar machen, und: Das Wort, das im Anfang war, muß Fleisch werden, sonst könnte man sich an es nicht wenden wie an jemanden. Hier dürfte das Schlüsselproblem des Pantheismus liegen.

139 Selbstreferenzprobleme werden, wie man weiß, auch gern auf Verräumlichungskontexte (sozusagen als Lösungen) bezogen. Vgl. dazu (den französischen Theoriekontext ironisierend) Baecker, D., *Wozu Systeme?,* Berlin 2002, S. 75.

140 Ich erinnere daran, daß das Sozialsystem (ebenso wie das Bewußtsein oder das psychische System) ein nicht-räumliches System ist, das deswegen Körper (und Raum) in seiner Umwelt voraussetzt.

141 Der Mensch ist in einer »Futteralsituation«, formuliert Plessner, H., *Die Frage nach der Conditio Humana,* a.a.O. Fn 41), S. 117.

142 Ebd. S. 115.

143 Daß hier wesentlich die europäische Tradition impliziert ist, versteht sich. In Japan lägen die Dinge – cum grano salis – anders. Vgl. die Arbeit über japanische Kommunikation in Fuchs, P., *Die Umschrift. Zwei kommunikationstheoretische Studien,* Frankfurt am Main 1995. Mitsehen muß man hier (aber darauf kommen wir zurück), daß die ›Binnenpunktualitäten‹ in der Postmoderne als multipel aufgefaßt werden können. Vgl. nur für Beobachtungen, die auf Desintegration setzen, Glass, J.M., *Shattered Selves. Multiple Personality in a Postmodern World,* Ithaka – London 1993; Hewitt, J.P., *Dilemmas of the American Self,* Philadelphia 1989.

144 Diese Undurchsichtigkeit löst sich bemerkenswerterweise auch nicht auf, wenn man Körper durchleuchtet. Da ist nichts, was im Blick auf

Sie lassen sich nicht aufhellen.[145] Sie sind Einheiten von undurchlässiger und zuverlässiger Opazität, auf die (oder besser: in die hinein) das soziale System nicht-körperliche Bewandtnisse projiziert[146], sagen wir vorläufig: psychische, seelische, geistige, bewußte Inneneinrichtungen, eine Art Binnenausleuchtung[147] und dann mehr oder minder ›helle‹ Bewohntheit des Körpers.[148]

jene Inwendigkeiten nicht komplett abgeschirmt wäre. Oder auch: Da ist nichts Verborgenes, kein Innen-Ding. Das verwundert auch nicht, wenn man davon ausgeht, daß Sinnsysteme niemals Dinge sind, die sich räumlich qualifizieren und – sozusagen – entschachteln ließen. Tatsächlich finden sich häufig Analysen, die an einem Einschachtelungsmodell festhalten. Berühmt (auch im Kontext doppelter Kontingenz) ist die Black-box-Metaphorologie.

145 Siehe noch einmal Hoegl, F., »Black Box Beetle: Über Privatheit und Intransparenz«, in: *Soziale Systeme*, 9. Jg., 2003, H. 2, S. 370-385. Zur Metapher des ›Aufhellens‹ vgl. Glanville, R., »The Form of Cybernetics – Whitening the Black Box« in: *Proceedings 24th Annual SGSR/AAAS Meeting, Houston*, Louisville, SGSR, 1979.

146 Auf diese Metapher komme ich gleich noch zurück.

147 Wobei die Innenbeleuchtung als nicht alles erhellendes Licht begriffen werden kann. »Aber eben deshalb ist dieses Ich sich nicht durch und durch intim, gleichsam durchleuchtet, sondern ist opak und bleibt daher sich selber ein Räthsel.« Schopenhauer, A., *Die Welt als Wille und Vorstellung*, Bd. 2, Leipzig 1844, S. 230.

148 Wobei sich dieses Konzept der Bewohnheit umkehren läßt. Vgl. Nishida, K., *Über das Gute. Eine Philosophie der reinen Erfahrung*, Frankfurt am Main 1989, S. 77 (Tokio 1924) mit dem bemerkenswerten Satz: »Das Bewußtsein wohnt nicht im Körper, sondern der Körper wohnt im Bewußtsein.« Vielleicht hat die Metapher des Körpers als ›Interface‹ hier ihren Übertragungspunkt. Siehe etwa die Beiträge in: Barkhaus, A./Fleig, A. (Hrsg.), *Grenzverläufe. Der Körper als Schnitt-Stelle*, München 2002. Ulrich denkt: »Es ist eine nicht zu übersehende Eigentümlichkeit der europäischen Kultur, daß in ihr alle naslang die ›Welt des Inneren‹ für das Schönste und Tiefste erklärt wird, was das Leben birgt, desungeachtet diese innere Welt aber doch bloß als ein Anbau der äußeren behandelt wird. Und es ist geradezu das Bilanzgeheimnis dieser Kultur, wie das gemacht wird, wenn es ein öffentliches Geheimnis ist: Man stellt die äußere Welt und die ›Persönlichkeit‹ einander gegenüber; man nimmt an, daß die äußere Welt in einer Person innere Vorgänge erregt, die sie befähigen müssen, zweckentsprechend zu erwidern; und indem man in Gedanken diese Bahn herstellt, die von einer Veränderung der Welt durch die Veränderung einer Person wieder auf eine Veränderung der Welt führt, gewinnt man jene eigentümliche Zweideutigkeit, die es uns gestattet, die Welt des Innern als den eigentlichen menschlichen Hohheitsbereich zu ehren, und doch von ihr vorauszusetzen, daß alles, was in ihr vorgeht,

Dabei ist es für unsere Diskussion nicht wichtig, ob der Projektion irgendeine Art von *res cogitantes* entspricht, sondern nur, daß Kommunikation (als elementare Einheit sozialer Systeme) intransparente Körper voraussetzen muß, in deren *Innenwelt* es irgendwie nicht-maschinelle, nicht-triviale Operateure gibt, die nicht durch die Umwelt determiniert sind, sondern allenfalls sich selbst determinieren.[149] In der Sprache der Systemtheorie: *Es geht um eine Mitwelt, in die Körper eingebettet sind, die – von der Kommunikation her gesehen – (Sinn)Systeme >enthalten<, die sich nicht nur für einen Beobachter von ihrer Umwelt unterscheiden, sondern sich im Wege des re-entry in sich selbst von einem Nicht-sie-selbst unterscheiden.*[150] *Es muß sich also um >logisch mächtige<, zur Beobachtung befähigte Systeme handeln, die sich selbst (und anderes) in sich zu unterscheiden und zu bezeichnen vermögen.*[151]

zuletzt die Aufgabe habe, wieder in eine ordentliche Wirkung nach außen zu münden.<« (Musil, R., *Der Mann ohne Eigenschaften,* hrsg. von Frisé, A., Hamburg 1994, Bd. II, S. 1200. Husserl formuliert: »Ich, das reduzierte >Menschen-Ich< (>psychophysische Ich<), bin also konstituiert als Glied der >Welt<, mit dem mannigfaltigen >Außer-mir<, aber ich selbst in meiner >Seele< konstituiere das alles und trage es intentional in mir. Sollte es sich gar zeigen lassen, daß alles als Eigenheitliches Konstituierte, also auch die reduzierte >Welt< zum konkreten Wesen des konstituierenden Subjekts als unabtrennbar innere Bestimmung gehört, so fände sich in der Selbstexplikation des Ich seine eigenheitliche >Welt< als >drinnen<, und andererseits fände das Ich, geradehin seine Welt durchlaufend, sich selbst als Glied ihrer >Äußerlichkeiten< und schiede zwischen sich und >Außenwelt<«. (Husserl, E., *Cartesische Meditationen,* in: ders., *Gesammelte Schriften,* hrsg. von Ströker, E., Hamburg 1992, Bd. 8, S. 101.

149 Vielleicht sollte noch angemerkt werden, daß diese Körper für Kommunikation nicht unbedingt präsent sein müssen wie etwa in der Interaktion, die ihre Grenze ja erwirtschaftet über die Unterscheidung von anwesend/abwesend. Es genügt, daß unterstellt werden kann, es sei ein Körper im Spiel gewesen, der Mitteilungen produziert. Kurz: Schriftliche Kommunikation kommt ohne diese Unterstellung ebenfalls nicht aus.

150 In diesem Kontext ist dann die Sphärologie von Sloterdijk, P., *Sphären. Mikrosphärologie,* Bd. 1, *Blasen,* Frankfurt am Main 2000, ungewöhnlich instruktiv und zugleich (gesehen von unserer Problementwicklung her) unmittelbar einleuchtend. Siehe etwa zum Menschen als >Vase< und Gefäßwesen, als >Hohlraum< S. 31 ff. et passim. Bemerkenswert (und unmittelbar einschlägig) ist auch diese Formulierung (S. 85): »Im physischen Raum ist es ausgeschlossen, daß ein Ding, das in einem Behälter liegt, zugleich seinen Behälter enthielte.« Genau das ist aber der Fall, wenn man von psychischen Systemen spricht.

151 Vgl. zur Annahme, daß Beobachtungen »logisch mächtig genug« sein müssen, um diesen re-entry zu vollziehen, Luhmann, N., *Soziologische*

## 2. *Die Metapher der Projektion und die Äußerung*

Wenn man von ›Projektion‹ spricht und absieht von den zahlreichen (optischen, geodätischen, mathematischen etc.) Verwendungskontexten dieses Wortes, stößt man unweigerlich auf die Vorstellung einer *psychischen* Leistung, einer von Innen-nach-Außen-Verlegung innerer Zustände *im* INNEN, die etwas Inneres erscheinen läßt, als sei es ›Etwas-da-draußen‹.[152] Projektion, das bezeichnet schon vom Wortsinn her einen ›Hinauswurf‹, ein Vortreten-lassen, eine ›Ekstasis‹ oder Externalisierung.[153] Das kann allerdings nicht ganz so gemeint sein, wenn man diese Metapher des von einem ›Innen‹ durchgeführten ›Hinauswurfes‹ auf soziale Systeme bezieht, die weder über Wahrnehmung verfügen noch sich aus wahrnehmenden (und denkenden) Beobachtern zusammensetzen. Es gibt da kein Innen, kein Außen in irgendeinem topologischen Sinne.[154] Systeme sind Reproduktionen einer je spezifischen Differentialität – und nicht: Orte, Räume, Lagen, stellengebundene Arrangements.[155]

*Aufklärung 6,* Opladen 1995, S. 48. Ich komme auf diese ›Mächtigkeit‹ im Kapitel über das menschliche Leben zurück.

152 Vgl. für eine typische Stelle Freud, S., *Briefe an Wilhelm Fliess 1887-1904,* hrsg. v. Masson, J. M., Frankfurt am Main 1986, S. 109. Heute müßte man sagen, daß diese Externalisierung die Normalfunktion des neuronalen Systems ist. Vgl. dazu Fuchs, P., *Die Psyche. Studien zur Innenwelt der Außenwelt der Innenwelt,* Weilerswist 2005. Bekanntlich ist Projektion auch ein Schlüsselthema von Feuerbach, L., *Das Wesen des Christentums.* Ausgabe in zwei Bänden, hrsg. v. Schuffenhauer, W., Berlin 1956.

153 Es trifft sich, daß Projekt (Hinauswurf), Subjekt (Unterwurf), Objekt (Entgegenwurf) vom Wortsinn her so dicht beieinander liegen. Ein ›Unjekt‹ ist dann das Weder/Noch all dieser Würfe.

154 Das würde ich übrigens auch für psychische Systeme behaupten. Ich komme darauf zurück. Ekstase als Begriff nimmt seinen Ausgang bei Plato, *Phaidros,* 249 c 8.

155 »Die Anfertigung einer Beschreibung, die das soziale System auf einen Handlungszusammenhang reduziert, ist mithin Voraussetzung jeder Beobachtung, die die Differenz von System und Umwelt ins Spiel bringt, also zum Beispiel dem System Merkmale zuschreibt, durch die es sich von seiner Umwelt unterscheidet. Dies gilt für externe und für interne Beobachtung gleichermaßen. Als interne Beobachtung (Selbstbeobachtung) kann nur gelten, was in den Kommunikationsprozessen des Systems zum Thema gemacht wird; denn das System ist sich selbst nur durch Kommunikation zugänglich. Schon die Beobachtung durch teilnehmende, an der Kommunikation mitwirkende, Handlungen beisteuernde psychische Systeme ist externe Beobachtung. Die Unterscheidung von externer

Kommunikation (als elementare Einheit sozialer Systeme) ist so wenig wie das System, das sie betreibt, selbst: ›Subjekt‹, und sie kaserniert auch nicht Subjekte in einer Art räumlicher Umfassung, in einem Umgreifenden, dem man mit einer ›Periechontologie‹ (Karl Jaspers) beikommen könnte.[156] Sie synthetisiert in einer spezifischen Eigenzeit (der Zeit des Nachtrags, des Aufschubs, der Verspätung, oder kurz: der *différance*[157]) Information, Mitteilung und Verstehen, und diese Synthese (Syndosis) muß ohne jede Verwendung psychischer Operationen stattfinden. Sie ist bewußtseinsfrei.[158] Kommunikation ist kein ›Es‹[159], sondern der Ausdruck für jene zeitgebundene Synthese, die an den fortwährenden Anschluß weiterer Synthesen derselben Art geknüpft ist.[160]

und interner Beobachtung setzt ihrerseits die System/Umwelt-Differenz schon voraus. Sie dient als Unterscheidung zur Beobachtung des Beobachtens.« (Luhmann, *Soziale Systeme*, a.a.O., S. 247/248.

156 Vgl. zur Idee des Umgreifenden die 2. Vorlesung (»Das Umgreifende«) in: Jaspers, K., *Vernunft und Existenz*, Groningen/Batavia 1935 (Aula-Vordraachten der Rijksuniversiteit te Groningen Nr.1), S. 28-49.

157 Siehe zur Différance, zusammenfassend, Derrida, J., »Die différance«, in: ders., *Randgänge der Philosophie*, Wien 1988, S. 29-52.

158 »Hinzukommt, daß in sozialen Systemen, die durch Kommunikation gebildet werden, nur Kommunikation als Mittel der Auflösung von Elementen zur Verfügung steht. Man kann Aussagen analysieren, in zeitliche, sachliche und soziale Sinnbezüge weiterverfolgen, kann im Detail immer kleinere Sinneinheiten bilden bis in die endlose Tiefe des Innenhorizontes hinein – aber all dies immer nur durch Kommunikation, also in sehr zeitaufwendiger und sozial anspruchsvoller Weise. Dem sozialen System steht keine andere Weise der Zerlegung zur Verfügung, es kann nicht auf chemische, nicht auf neurophysiologische, nicht auf mentale Prozesse zurückgreifen (obwohl all diese existieren und mitwirken).« (Luhmann, *Soziale Systeme*, a.a.O., S. 22.

159 Allenfalls so wie in dem Satz: »Es regnet.« Vgl. Watts, A., *Der Lauf des Wassers. Eine Einführung in den Taoismus. Die chinesische Weisheitslehre als Weg zum Verständnis unserer Zeit*, Bern/München/Wien 1976, S. 33. »›Es wird gedacht: folglich giebt es Denkendes‹: darauf läuft die argumentatio des Cartesius hinaus. Aber das heißt, unseren Glauben an den Substanzbegriff schon als ›wahr a priori‹ ansetzen: daß, wenn gedacht wird, es etwas geben muß, ›das denkt‹, ist aber einfach eine Formulierung unserer grammatischen Gewöhnung, welche zu einem Thun einen Thäter setzt.« (Nietzsche, F., *Nachgelassene Fragmente,* in Friedrich Nietzsche, *Sämtliche Werke*, Kritische Studienausgabe in 15 Bänden, hrsg. von Collo, G./Montinari, M., München/Berlin/New York 1980, Bd. 12, S. 549. Siehe auch zu einer Diskussion impersonaler Sätze wie »es regnet« Heidegger, M., *Was heißt denken?*, Tübingen 1997 (5. Aufl.), S. 115.

160 Vgl. zum komplexen Hintergrund solcher Formulierungen Fuchs, P.,

Insofern soziale Systeme keine ›Dinge‹ sind, für die die Innen/ Außenmetaphorik noch zulässig wäre[161], versagen Ideen, die die System/Umwelt-Differenz leichtfertig behandeln wie die Differenz von Innenräumen zu dem, was sie umgibt.[162] Insofern stellt sich das Problem, was man denn meinen kann, wenn man sagt, daß soziale Systeme ihre Umwelt so projizieren, daß sie als durchsetzt erscheint mit ›Futteralsystemen‹, die selbst wieder über ein Innen und ein Außen verfügen, Container gewissermaßen, die kontingenzbefähigte Innenwelten enthalten. Schließlich, wir haben es eben bekräftigt, steht der Kommunikation (und damit auch: dem Sozialsystem) die Funktion der Wahrnehmung strictissime nicht zu Gebote. Sie organisiert nicht Wahrnehmungen, auch nicht ›Bewußtseinspartikel‹, sondern: *Äußerungen*.[163]

Dabei trifft es sich, daß die Etymologie von ›Äußern‹ zurückführt auf die Bedeutung des ›Verwerfens‹ im Sinne eines ›Verzichtens‹ und damit auch eines ›Nach-Außen-Tuns‹.[164] Äußerungen sind im genauen

»Die konditionierte Koproduktion von Kommunikation und Bewußtsein«, a. a. O. (Fn. 41), S. 150-175.

161 Die sich aber durchaus noch findet im Kontext des Lebenswelt-Begriffes. Vgl. zum Implikat des *Darins* Hohl, H., *Lebenswelt und Geschichte,* Freiburg 1962, S. 25: Lebenswelt als das »Je-Worin aller sensitiven, volitiven und cognitiven Akte« und als »Boden jeglicher Erfahrung«. Daß die Metaphern des *Darin* und des *Bodens* nicht gut zueinanderpassen, sei einfach nur angemerkt.

162 Oder besser: Sie versagen nicht einfach, sie spiegeln nur, daß soziale Systeme in der Weise von *terribles simplificateurs* sich anhand der Mitteilungskomponente als Handlungssysteme ›ausflaggen‹, denen Mitteilungshandlungen zugrunde liegen, die dann wieder auf die Unterstellung angewiesen sind, da wären mitteilende Leute, die in sich selbst Informationen prozessieren, die sie nach außen nur in der Form der Mitteilung bringen können. Siehe dazu und zur Metapher des ›Ausflaggens‹ Luhmann, *Soziale Systeme,* a. a. O., S. 226.

163 Darin wird man dann cum grano salis mit der Konversationsanalyse konform gehen können, in der es um Äußerungsformate geht und auch um das Problem der sequentiellen Konfirmation dessen, was an Äußerungen in einer Sequenz zustandegekommen ist. Siehe als Auswahl aus einer reichhaltigen Forschung Jefferson, G., »A case of precision timing in ordinary conversation: Overlapped tag-positioned adress terms in closing sequences«, in: *Semiotica 9,* 1973, S. 47-96; Bergmann, J., »Frage und Paraphrase: Aspekte der redezuginternen und sequenziellen Organisation eines Äußerungsformats«, in: Winkler, P. (Hrsg.), *Methoden der Analyse von Face-to-face-Situationen,* Stuttgart 1980, S. 128-142; Bergmann, J., »Ethnomethodologische Konversationsanalyse«, in: Schröder, P./Steger, H. (Hrsg.), *Dialogforschung Jahrbuch 1980 des Instituts für deutsche Sprache,* Düsseldorf 1981, S. 9-51, 26 f.

164 Althochdeutsch: ûzôn; mittelhochdeutsch: ûzen, ûzenen, ûzern etc. Vgl.

Verständnis: Projektionen, Nach-Außen-Stellungen. Sie sind für wahrnehmende Systeme Hör- und Sichtbarkeiten, für die Kommunikation dagegen: *primäre ›Materialität‹*.[165] Allerdings führt dieses Wort noch in die Irre, wenn man vergißt, darauf zu achten, daß autopoietische Systeme dadurch definiert sind, daß sie ihre elementaren Einheiten selbst herstellen und reproduzieren und dazu keine externen Versatzstücke in Anspruch nehmen.[166] Sie sind nicht an eine Hyle, Massa, an ein Substrat, eine Substanz gebunden.[167]

An die Stelle solcher und familienähnlicher Begriffe tritt in der Systemtheorie die Medium/Form-Differenz.[168] Medien sind, wie wir oben ausgeführt haben, im genauen Sinne *Inferenzmedien*. Sie müssen erschlossen werden. Wenn wir sagen, die Form der Kommunikation sei die (sinnzeitliche) Synthese oder Syndosis von Information, Mitteilung und Verstehen (und nicht etwa: eine Zusammenstellung psychischer Leistungen), dann kann man fragen, welche lose gekoppelten Elemente in dieser Form ›verdichtet‹ werden. Dabei muß es sich um homogene Elemente handeln, die invariant sind gegenüber der Form, also immer wieder in gleicher Weise für die Operation der Kommunikation zur Verfügung stehen. Sie müssen ferner die Zerfallsmöglichkeit der Operationen garantieren, oder anders formuliert: Sie müssen so geartet sein,

Kluge, F., *Etymologisches Wörterbuch der deutschen Sprache*, Berlin/New York 1999 (23. Aufl.), S. 68.

165 Vgl. zu Versuchen, so etwas wie die ›Materialität‹ von Kommunikation zu erfassen, Gumbrecht, H. U./Pfeiffer, K. L. (Hrsg.), *Materialität der Kommunikation*, Frankfurt am Main 1988.

166 In wünschenswerter Klarheit: »Elemente sind Elemente nur für die Systeme, die sie als Einheit verwenden, und sie sind es nur durch diese Systeme. Das ist mit dem Konzept der Autopoiesis formuliert. Eine der wichtigsten Konsequenzen ist: daß Systeme höherer (emergenter) Ordnung von geringerer Komplexität sein können als Systeme niederer Ordnung, da sie Einheit und Zahl der Elemente, aus denen sie bestehen, selbst bestimmen, also in ihrer Eigenkomplexität unabhängig sind von ihrem Realitätsunterbau. Das heißt auch: daß die notwendige bzw. ausreichende Komplexität eines Systems nicht ›materialmäßig‹ vordeterminiert ist, sondern für jede Ebene der Systembildung mit Bezug auf die dafür relevante Umwelt neu bestimmt werden kann. Emergenz ist demnach nicht einfach Akkumulation von Komplexität, sondern Unterbrechung und Neubeginn des Aufbaus von Komplexität.« (Luhmann, *Soziale Systeme*, a. a. O., S. 43/44.

167 Die der Peripatetiker dann an eine Metaphorologie des Weiblichen knüpfte, wenn man Bruno, G., *Von der Ursache, dem Princip und dem Einen*, abgedruckt in: Rixner, T. A., Siber, T., *Leben und Lehrmeinungen berühmter Physiker*, Sulzbach 1824, Heft 5, traut.

168 Vgl. dazu unsere Ausführungen unter dem Gliederungspunkt III.

daß die Form nicht ›stehenbleibt‹, und zugleich: daß die Form (hier: Kommunikation) von Moment zu Moment nicht verlorengeht, sondern immer wieder auf's Neue gebildet werden kann.

Autopoietische Systeme benötigen nicht ›Härten‹, substantielle ›Dichtigkeiten‹. Sie sind *ereignisbasiert*, oder in einer etwas anderen Sprache: Ihre elementaren Einheiten sind nicht ›Elemente‹ in einem klassischen Sinn.[169] Im Blick auf Gedanken formuliert Shackle: »A thought is the inseparable unity of an arrival and departure. Its coming and going are one. A thought is a *transient*.«[170] Und im selben Sinne sind Kommunikationen *transients* oder ›Vorüberheiten‹ bzw. ›Übergangssynthesen‹.[171] Diese *temporalisierte Synthetik* – das ist Kommunikation, und nicht etwa der Austausch von Meinungen zwischen ›Aktanten‹. Das Medium, das sich aus dieser Überlegung erschließen läßt, ist in der Sinnform (vor)strukturierter Lärm, der für Kommunikation (die nicht hören, lesen oder sprechen, schreiben kann) *noiseless* ist, jedoch als *noise* (für daran interessierte Beobachter) errechenbar ist – einfach dadurch, daß Kommunikation Äußerungen (die sie selbst als ›Äußerung‹ produziert, indem sie anschließt) jener Synthetik unterzieht.[172] Projektion, das ist die Metapher für diesen spezifischen Aufgriff einer ›noiselessness‹.

Wenn jedoch Äußerungen nur Äußerungen sind, wenn sie durch Kommunikation in dieses Format gebracht werden[173], sind sie schon Momente der Autopoiesis sozialer Systeme, sind sie jenes ›Ausflaggen‹ der Mitteilung als Handlung, und es ist leicht zu sehen, daß die Metapher des ›Ausflaggens‹ ein anderer Ausdruck für die Projektion einer Oberfläche, für eine Ent-Äußerung oder Ek-Stasis ist. Äußerungen sind, wie wir sagen wollen, schon Formen, die im Zuge der kommunikativen Synthesis erzeugt werden, und das heißt: daß wir noch einen Schritt weitergehen müssen in der Errechnung des Mediums. Wir nennen es: das Medium der *Verlautbarungen*.[174]

169 Vgl. Derrida, J., *Auslassungspunkte. Gespräche,* hrsg. von Peter Engelmann, Wien 1998, S. 280. Es geht also nicht um Elemente in einem Essenzenkosmos. Vgl. schon früh Glanville, R., »The Nature of Fundamentals Applied to the Fundamentals of Nature«, in: Klir, G. J. (Hrsg.), *Applied General Systems Research: Recent Developments and Trends,* New York 1978, S. 401-409.

170 Shackle, G. L. S., *Imagination and die Nature of Time,* Edinburgh 1979, S. 1.

171 Vgl. zur Gegenwart als »Übergangssynthese« Merleau-Ponty, M., *Phänomenologie der Wahrnehmung,* Berlin 1966, S. 481.

172 Heider, F., *The Notebooks,a.a.O.* (Fn. 23), formuliert: »Things are noise, the medium is noiseless.«

173 Einfacher Grundgedanke: Es gibt keine Äußerung ohne Anschluß. Ein Gedicht in der Schublade ist definitiv kein Gedicht.

174 Siehe zu ersten theoretischen Versuchen in dieser Richtung Fuchs, P.,

## 3. *Verlautbarende Systeme*

Im Zuge unserer ›Untertunnelung‹ geht es darum, zu prüfen, wie Sozialsysteme – als autopoietische Systeme genommen – ihre relevante Umwelt, i.e. ihre Mitwelt, (als Bedingung ihrer Möglichkeit) ermitteln. Dabei war wichtig, daß dieses *Ermitteln* nicht als Tat, als Handlung eines Handelnden, eines Täters namens ›Sozialsystem‹ stattfindet, sondern nur der unbeholfene Ausdruck dafür ist, daß die temporale Synthetik der Kommunikation – indem sie sich vollzieht – sozusagen mit *einem* Strich eine zweite Linie auszieht[175], auf der die ›Futteralsysteme‹ liegen, die ein intransparentes (für Kommunikation und für andere Futteralsysteme unzugängliches) Innen/Außen-Verhältnis realisieren, das sie auf dem Wege des re-entry in sich wiederholen.[176] Diese Systeme sind aber nicht Partitionen des Sozialsystems, das dann (als könnte es auf diese Teile oder Untermengen seiner selbst blicken und dann bemerken, daß der Durchblick mißlingt) die Intransparenz, die Blickdichte dieser Teile zur Kenntnis nimmt und ausnutzt. Die Frage ist, auf welche Weise es überhaupt mit dieser Intransparenz, dieser ›Futteral- oder Etuihaftigkeit‹ seiner Umweltprozessoren zu tun bekommt, oder noch schärfer: wie ihm die Prozessualität dieser Prozessoren gegeben oder appräsentiert ist.[177]

*Das Unbewußte in Psychoanalyse und Systemtheorie. Die Herrschaft der Verlautbarung und die Erreichbarkeit des Bewußtseins*, Frankfurt am Main 1998; ders., »Die Dominanz der Verlautbarungswelt und die Erreichbarkeit des Bewusstseins«, in: *texte, psychoanalyse, ästhetik, kulturkritik*, Jg. 17. H. 3., 1997, S. 58-66; ders., »The Modernity of Psychoanalysis«, in: *Germanic Review*, Vol.74, Number 1, Winter 1999, S. 14-29.

175 Es fügt sich, daß das Wort ›Ermitteln‹ in seinem Bestandteil ›Mitte‹ wohl zurückführt auf das ältere Wort ›mid«, das in etwa einen Fischplatz bezeichnet, der als Kreuzungspunkt von Linien erscheint, die durch Markierungen am Land konstruiert werden können. Vgl. Kluge, *Etymologisches Wörterbuch der deutschen Sprache*, a.a.O. (Fn 164), S. 230 f.

176 Das Lacansche Spiegelstadium ist genau die Theorie, die sich mit der Einspiegelung der Innen/Außen-Differenz in das vordem Ununterschiede befaßt, wobei bekanntlich der Dritte, der Nebenmensch eine entscheidende Rolle spielt. Vgl. dazu Widmer, P., *Angst. Erläuterungen zu Lacans Seminar X*, Bielefeld 2004, S. 12 ff. et passim.

177 An dieser Stelle wird deutlich, daß die ›Untertunnelung‹ zugleich einer, sagen wir: formalen Phänomenologie entspricht, die nicht mehr nach der Gegebenheitsweise der Welt für ein Bewußtsein fahndet, sondern rekonstruiert, wie die Welt dem Sozialsystem appräsentiert ist. Es geht also, wie man sagen könnte, um eine andere Realisierung von Sozialphänomeno-

Die Antwort ist auf den ersten Blick trivial: Diese Prozessoren sind für Kommunikation *nur* als Instanzen der *Verlautbarung* und zugleich des *Verlautbarungsvernehmens* relevante Umweltgegebenheiten. Wenn wir wieder sagen, daß der gebräuchliche Titel für diese Gegebenheiten ›Mensch‹ ist, dann sind Menschen als verlautbarende und auf Verlautbarung reagieren könnende Einheiten im Spiel.[178] Darin ist impliziert, daß die Sonderfähigkeit des Verlautbarens zwar an die Wahrnehmung jener Instanzen geknüpft ist, aber daß die Kommunikation nicht durchgreift auf die (psychische) Welt der Perzeption, sondern ausschließlich auf das, was als Verlautbarung (und dann als: Verlautbarendes) im kontinuierlichen Verhaltensstrom der Umwelt isolierbar ist.

Es sind jedenfalls die Verlautbarungen, die dem Sozialsystem primär als Medium zur Verfügung stehen als ständig einander ablösende Ereignisse, die – wenn man so sagen darf – nicht versiegende Quellen ihrer Produktion haben, und es sind die Verlautbarungen, die von der Kommunikation in das Format von Äußerungen gebracht werden, die zum

logie. Siehe für eine frühe Formulierung des ›Tunnels‹ oder der ›Umdrehung‹ der Perspektive »Ein wie immer entstehender Komplexitätsdruck löst, wenn er in sozialen Systemen kontinuiert wird, Subjektivierungen und Temporalisierungen aus, weil nur so Situationen in Prämissen für weiteres Verhalten im System transformiert werden können. Das hat dann weitreichende Folgen, die vor allem darauf zurückzuführen sind, daß die schematisierten Auffassungsperspektiven im System als Prämissen verwendet werden und durch Kommunikation nicht mehr voll zu kontrollieren sind. Wir sprechen von objektiv erzwungenen Subjektivierungen, die ihrerseits zu den objektiven Strukturmerkmalen der Interaktion gehören. Und der Begriff des Schematismus soll diesen Vorgang der Selbstsimplifikation bezeichnen, der über gegenläufige Auffassungsperspektiven läuft, mit Subjektivität bezahlt wird und zum Prozessieren der Handlungen in komplexen Interaktionssystemen unerläßlich zu sein scheint.« (Luhmann, N., »Veränderungen im System gesellschaftlicher Kommunikation und Massenmedien«, in: *Soziologische Aufklärung 3*, Opladen 1981, S.309-320, 118.

178 Siehe zum Menschen in klassischer Diktion als dem Wesen, das ›response‹ (Antwort) geben kann, zum Menschen also als »responsible being«: Cassirer, E., *Versuch über den Menschen. Einführung in eine Philosophie der Kultur*, Frankfurt am Main 1990, S.22 (Original 1944 New Haven). Es ist klar, daß da mittlerweile Konkurrenz im Spiel ist, für die gilt, daß sie ohne Bewußtsein dennoch zu verlautbaren in der Lage ist: der Computer. Siehe zu einer frühen Auseinandersetzung mit diesem Problem Fuchs, P., »Kommunikation mit Computern? Zur Korrektur einer Fragestellung«, in: *Sociologia Internationalis*, H.1, Bd.29, 1991, S.1-30. Vgl. zum Ausbau dieser Überlegungen ders., »Die world in der Welt des World Wide Web«, in: *Medien Journal 3*, 2001, S.49-57.

Ansatzpunkt ihrer temporalen Synthese von Information, Mitteilung und Verstehen werden. Das Medium der Verlautbarungen läßt (wenn man dieses Bild zulassen will) die Formeinschreibung der Kommunikation zu, die die Zeiteigenschaften (die schnelle Zerfallenheit) von Verlautbarungen verwenden kann, um ihre eigenen Ereignisse (*transients* im oben skizzierten Sinne) zu erzeugen.[179]

Wie immer kann man auch hier (auf der Basis der Form/Medium-Heuristik) nach der Form des Mediums, damit nach der Form der elementaren (homogenen) Einheit ebendieses Mediums fragen. Dabei läßt sich der Eindruck gewinnen, daß Verlautbarungen eine Mehrheit von Differenzen miteinander kombinieren oder sie ›vereinheitlichen‹.

## 4. Das Differenzenspiel der Verlautbarung

Wie das Wort schon sagt, ist Verlautbarung an ein ›Verlauten-Lassen‹, an ein Laut-Werden, an ein ›Zu-Gehör-bringen‹, an Hören und Gehörtes geknüpft und damit, wenn man es genau nimmt, an eine Innen/Außen-Differenz, deren Innenseite als das Nicht-Laute (als Unhörbarkeit) erscheint.[180] Wir wollen jedoch nicht aufgreifen, was zum

179 Gedacht ist hier, um zunächst zusätzliche Komplikationen zu vermeiden, an Interaktion. Verschriftliche oder verbildlichte Verlautbarungen sind gekennzeichnet durch eine demgegenüber weitaus stärkere Hysteresis, Wiederansteuerungsfähigkeit oder Remanenz und waren aus diesem Grund zentrale Motoren der Evolution. Es ist aber daran zu erinnern, daß die Autopoiesis der Kommunikation immer Autopoiesis in actu ist und schon aus diesem Grund schriftliche (etc.) Verlautbarungen wie immer neue Ereignisse behandelt. Siehe zu Hysteresis als Voraussetzung einer Gedächtnistheorie Fuchs, P., »Wie lernen autopoietische Systeme und Wie ändert sich dieses Lernen, wenn sich die Zeiten ändern«, in: *Soziale Wirklichkeit. Jenaer Blätter für Sozialpsychologie und angrenzende Wissenschaften*, Jg. 1(2)/1997, S. 119-134. Interessant ist in diesem Zusammenhang, daß die Griechen das Wort akouein (hören) einsetzten, wenn sie vom Lesen sprachen. Vgl. Schenkeveld, D.M., »Prose Usages of AKOYEIN ›to read‹«, in: *Classical Quarterly 42*, 1992, S. 129-141.

180 Umso dramatischer ist es dann, wenn die Innen/Außen-Differenz sich verwischt oder kollabiert. Man hat es dann mit Grenzkontrollverlusten zu tun, mit Stimmenhören, bei dem nicht mehr klar ist, ob die Laute von Innen oder Außen kommen, mit Gedanken, bei denen sich nicht entscheiden läßt, ob sie nicht in die Außenwelt ausgreifen oder von Außen kommen, etc. Vgl. etwa Laing, R.D., *The Divided Self*, London 1964; Schneider, K., *Klinische Psychopathologie*, Stuttgart 1980; Benedetti, G., *Todeslandschaften der Seele*, Göttingen 1983, S. 19, und (sehr an-

Zusammenhang von Gehör und Stimme in einer sehr reichen Tradition schon ausgeführt worden ist. Es genügt für unsere Zwecke, daß Verlautbarungen (von welcher Art auch immer) die (fungierende) Distinktion aufmachen zwischen einer uneinsehbaren Binnenwelt, die hinter einem undurchdringlichen Vorhang ihre Residenz hat, und: einer Proklamation, für die gilt, *daß sie nichts vom Innen nach Außen bringt, obwohl sie ohne die Unterstellung nicht zustandekäme, daß sich durch sie auf ein Innen der Verlautbarungsproduktion durchschließen ließe.*[181]

regend): Elmer, O.M, *Schizophrenie und Autopoiese: Zum Problem der Selbst-Demarkation und Selbst-Differenzierung in der Perspektive der Philosophie Humberto Maturanas.* Inauguraldissertation an der Universität Heidelberg, Mateo (Mannheimer Texte Online) Monographien Bd. 4, Mannheim 1998.

181 »Wenn auch Jemand viele und solche Gedanken hat, die Anderen ebenso viel Nutzen und Vergnügen wie ihm selbst gewähren könnten, so sind sie doch alle in seiner Brust, unsichtbar, den Anderen verborgen und können sich äusserlich nicht zeigen. Da aber die Bequemlichkeiten und der Nutzen der Gemeinschaft ohne Mittheilung der Gedanken unmöglich waren, so mussten die Menschen gewisse äusserliche Zeichen ausfindig machen, wodurch sie die unsichtbaren Vorstellungen, aus denen ihre Gedanken bestehen, Anderen erkennbar machen konnten. Dazu war nichts in Rücksicht auf Vollständigkeit und Schnelligkeit so geeignet als die artikulirten Laute, die der Mensch so leicht und mannichfach hervorbringen kann. Hieraus begreift es sich, wie die von Natur so gut dazu geeigneten Worte von den Menschen zur Bezeichnung ihrer Vorstellungen benutzt worden sind. Es geschah nicht wegen einer natürlichen Verbindung zwischen bestimmten artikulirten Lauten und einzelnen Vorstellungen, denn dann würde es nur eine Sprache für alle Menschen geben, sondern willkürlich...« (Locke, J., *Versuch über den menschlichen Verstand. In vier Büchern,* übersetzt und erläutert von J.H. von Kirchmann, Berlin 1872, Bd. 2, 4. Klar ist, denke ich, daß die Sprache (als Medium der Verlautbarung) nicht Innen und Außen verbindet. So jedenfalls im Bezug auf den semiologischen Strukturalismus (erste kanonische These) Descombes, V., *Das Selbe und das Andere. Fünfundvierzig Jahre Philosophie in Frankreich 1933-1978,* Frankfurt am Main 1981, S. 114: »Der Signifikant geht dem Signifikat voraus. Die Sprache ist in keiner Weise ein /Medium/, ein Ausdrucksmittel, eine Vermittlung zwischen dem Innen und dem Außen. Denn der Code geht der Botschaft voraus ... die Botschaft ist nicht der Ausdruck einer Erfahrung, sondern drückt eher die Möglichkeiten und Grenzen des Codes hinsichtlich der Erfahrung aus. Von daher das Problem: wie soll man etwas Unvorhergesehenes ausdrücken? Wie soll man das ›codieren‹, was die Möglichkeiten des Codes überschreitet?« Der Mensch ist das Wesen (und genau darin Cassirers *animal symbolicum* ähnlich), daß es etwas Äußeres ›umversteht‹ als aus einem Inneren kommend. Vgl. Blumenberg, H., *Ästhetische*

Verlautbarungen sind nicht ›Emanationen‹, Ausgießungen oder gar Ausstülpungen der Innenwelt, die man, sobald sie sich ereignen, besichtigen könnte, so wenig wie die Äußerungen, als die Kommunikation Verlautbarungen aufnimmt, Entäußerungen eines Innen sind. Drückt man das in einer geläufigeren Sprache aus, so ist an Verlautbarungen entscheidend, daß sie nur dann beobachtbar sind, wenn sie als ein Fall der Unterscheidung von Selbst- und Fremdreferenz aufgenommen werden.[182] Das wiederum bedeutet, daß die infrastrukturellen Bedingungen von Verlautbarungen mutuell sind, also zumindest zwei Prozessoren voraussetzen, die sich, indem sie sich aufeinander beziehen, sich im selben Moment voneinander separieren müssen als Einheiten, die auf sich selbst *und* auf Andere bezugnehmen.[183] In diesem Sinne sind Verlautbarungen auf basale Weise selbstreferentiell.[184] Und zwar nicht dadurch, daß sie (gleichsam an ihrer Stelle) den Unterschied zwischen Selbst- und Fremdreferenz inszenieren, sondern nur, weil jede Verlaut-

*und metaphorologische Schriften* (Auswahl und Nachwort von Anselm Haverkamp), Frankfurt am Main 2001, S. 414.

182 Man könnte also sagen, daß Verlautbarungen in gewisser Weise Vorschub leisten für die Produktion autopoietischer Elemente, die immer oszillieren zwischen Selbst- und Fremdreferenz. Das gilt auch für die elementare Reproduktion der Psyche. Siehe schon früh zur Selbstreferenz des Denkens Aristoteles, *De anima*, 3. Buch, 4. Kapitel (Peripsyche C).

183 »Selbstreferenz auf der Ebene basaler Prozesse ist nur möglich, wenn mindestens zwei informationsverarbeitende Prozessoren vorhanden sind, die sich aufeinander und übereinander auf sich selbst beziehen können. Selbstreferenz setzt also eine entsprechend diskontinuierliche Infrastruktur voraus. Die dazu nötigen Einrichtungen können weder die Elemente noch Teilsysteme des sozialen Systems sein, denn Elemente wie Teilsysteme werden ja erst durch sie produziert. Die Systeme bestehen vielmehr aus den selektiven Akkordierungen, die das Zusammenwirken dieser Prozessoren produziert; und die Struktur dieser Systeme hat nur die Funktion, das permanente Changieren und Wiederfinden solcher Akkordierungen wahrscheinlich zu machen.« (Luhmann, *Soziale Systeme*, a. a. O., S. 191/192.

184 »Hierbei geht es zunächst nur um /basale Selbstreferenz/, also darum, daß der Prozeß aus Elementen (Ereignissen) bestehen muß, die durch Einbeziehung ihres Zusammenhanges mit anderen Momenten desselben Prozesses auf sich selbst Bezug nehmen. Basale Selbstreferenz ist zugleich die Voraussetzung von weiteren Strategien, die sie in besonderer Weise in Anspruch nehmen ...Vor allem aber gibt das laufende Konfirmieren der Kommunikation mehr oder weniger häufiger Anlaß zur Kommunikation über Kommunikation. Nur diese Abzweigung wollen wir (im Unterschied zu /basaler/ Selbstreferenz) /reflexive/ Kommunikation nennen.« (Luhmann, *Soziale Systeme*, a. a. O., S. 199.)

barung nur Verlautbarung in einem sie ermöglichenden, mutuellen Beobachtungskontext ist.[185] Das zeigt erneut, daß Kommunikation auf die Mutualität von Umweltsystemen angewiesen ist, die als Futteralsysteme in irgendeiner Weise sich als Zusammenhang und Differenz von Innen und Außen vorführen.[186]

Ebenso einleuchtend ist, daß Kommunikation die Selektion der Mitteilung nur vornehmen kann, wenn die Prozessoren ihrer Umwelt Binnenselektivität (Etui-Haftigkeit) anzeigen durch Verlautbarungen, die als Differenz von Selbst- und Fremdreferenz erscheinen können, und das ist (von der Kommunikation her gesehen) die Möglichkeit, sozusagen eine *prepared advance*, die Mitteilung von der Information zu unterscheiden bzw. die Verlautbarung als Zweitcodierung einer psychisch intern ermittelten Information aufzugreifen.[187]

Das gelingt – man könnte sagen: mit Leichtigkeit –, wenn die Verlautbarungen zeichenhaft bzw. sprachlich verfaßt sind, wenn also eine Technik der *Informationsraffung* genutzt wird, die im Moment ihres Gebrauches keinen Zweifel daran läßt, daß einerseits das Gesagte (Geschriebene etc.) von *jemandem* gesagt wird, der aber andererseits im Gesagten *nicht* (oder eben nur: als Gesagtes) miterscheint.[188] Sprache

---

185 Eine Verlautbarung ist keine Verlautbarung, wenn sie nicht vernommen wird – durch wen auch immer, aber immer durch jemanden.

186 Deshalb kann formuliert werden (wenn auch mit sprachtechnisch bedingten Mißverstehensmöglichkeiten): »Der Einbau dieser Differenz macht Kommunikation erst zur Kommunikation … Die Differenz liegt zunächst in der Beobachtung des Alter durch Ego. Ego ist in der Lage, das Mitteilungsverhalten von dem zu unterscheiden, was es mitteilt. Wenn Alter sich seinerseits beobachtet weiß, kann er diese Differenz von Information und Mitteilungsverhalten selbst übernehmen und sich zu eigen machen, sie ausbauen, ausnutzen und zur … Steuerung des Kommunikationsprozesses verwenden. Die Kommunikation wird sozusagen von hinten her ermöglicht, gegenläufig zum Zeitablauf des Prozesses. Der Ausbau der dadurch gegebenen Komplexitätschancen muß sich deshalb der Antezipation und der Antezipation von Antezipationen bedienen. Das gibt dem Erwartungsbegriff für alle soziologischen Analysen eine zentrale Stellung.« (Luhmann, *Soziale Systeme*, a.a.O., S. 198.) Die mutualistische Konstitution läßt sich auch in einer Art Angeletik reformulieren: Es geht um *intelligentiae separatae* im Sinne des Thomas von Aquin, der die Engel so beschreibt. In der arabischen Philosophie steht dieser Ausdruck für die Beweger der Sterne und Planeten: für die *motores*. Vgl. Capurro, R., »Beiträge zu einer digitalen Ontologie«, <http://www.capurro.de/digont.htm>, S. 10.

187 In diesem Sinne sind »in der kommunikativen Rede (…) alle Ausdrücke (…) Anzeichen«. (Luhmann, *Soziale Systeme,* a.a.O., S. 202.)

188 Zur Metapher der Informationsraffung vgl. Günther, G., »Bewußtsein

ist in dieser Hinsicht zutiefst ›elliptisch‹, und nur deshalb konnte formuliert werden: »Die Sprache spricht.«[189] Sie fördert nichts zutage aus der Tiefe eines Subjekts[190], oder, transzendentaltheoretisch ausgedrückt: Die Bedingung ihrer Möglichkeit ist ihre ›Oberflächlichkeit‹, die ›Auslassung‹ eines Subjektes, aus dem es spricht.[191] Kommunikation hat es (und nur so funktioniert sie) mit dieser ›Aussparung‹ zu tun.[192] Nur auf diese Weise kann sie sich aus Wahrnehmungskontexten emanzipie-

als Informationsraffer«, in: *Grundlagenstudien aus Kybernetik und Geisteswissenschaften 10,* 1969, S. 1-6. Im Zuge unserer Argumentation ist Sprache nicht ein Komplement des Denkens. Sie projiziert es als ihr Supplement. Dies als Umkehrung von »Die Sprache ist nichts anderes als ein Komplement des Denkens...« (Humboldt, W. v., *Schriften zur Anthropologie und Bildungslehre,* hrsg. von Flitner, A., Düsseldorf/ München 1956, S. 117.

189 Heidegger, M., *Unterwegs zur Sprache,* Pfullingen 1979, S. 12. Aus dem gleichen Grund kann heute gesagt werden: Kommunikation kommuniziert. Oder: Es kommuniziert, und dieses ›Es‹ ist so gedacht wie in ›Es regnet‹.

190 Das kann man dann entdecken als eine ›Formkatastrophe‹, symptomatisch dargestellt am Brief des Lord Chandos. Siehe zum Brief des Lord Chandos Hofmannsthal, H. v., »Ein Brief« (1901), in: ders., *Gesammelte Werke, Prosa 2,* Frankfurt am Main 1951, S. 13, hier zit. nach Kleinschmidt, E., »Sprache und Wahrnehmung. Zur sprachlichen Grenzerfahrung der Moderne«, in: *Wirkendes Wort 1,* 1989, S. 72-84, S. 72. Zu Strategien der Auflösung des Subjekts zum Epiphänomen symbolischer Konfigurationen, die man mit Namen wie Levi-Strauss, Foucault, Althusser, Kristeva und Derrida signieren könnte, vgl. Dolar, M., »Das Cogito als Subjekt des Unbewussten«, in: Trinks, J. (Hrsg.), *Bewußtsein und Unbewußtes,* Wien 2000, S. 42-74, 44.

191 Auch dies wäre eine mögliche Auslegung des berühmten Satzes: »Dans la langue il n'y a que des différences.« (Saussure, F. de, *Cours de linguistique générale,* Paris 1972, S. 166.)

192 »Kant hatte mit dem Vorurteil eingesetzt, daß Vielheit (in der Form von Sinnesdaten) gegeben und Einheit konstituiert (synthetisiert) werden müsse. Erst das Auseinanderziehen dieser Aspekte, also erst das das Problematisieren von Komplexität, macht das Subjekt zum Subjekt – und zwar zum Subjekt des Zusammenhanges von Vielheit und Einheit, nicht nur zum Hersteller der Synthese. Die Systemtheorie bricht mit dem Ausgangspunkt und hat daher keine Verwendung für den Subjektbegriff. Sie ersetzt ihn durch den Begriff des selbstreferentiellen Systems. Sie kann dann formulieren, daß jede Einheit, die in diesem System verwendet wird ... durch dieses System selbst konstituiert sein muß und nicht aus dessen Umwelt bezogen werden kann.« So formuliert Luhmann, *Soziale Systeme,* a. a. O., S. 51, in einer übergreifenden epistemologischen Perspektive.

ren.[193] Für Kommunikation ist, wenn wir einen Ausdruck von Schelling aufnehmen, der sich allerdings auf Spinoza bezieht, das Subjekt ein »bloses Blindlings«.[194]

Zugleich entspricht Sprache von ihrer Form her dem skizzierten Erfordernis, daß Sozialsysteme ihre Mitwelt projizieren als zusammengesetzt aus Einheiten, die Selbst- und Fremdreferenz trennen und aufeinander beziehen können. Sprache ist im Moment ihres Einsatzes zu Zwecken der Verlautbarung – gleichsam auf Anhieb – *bi-referentiell*. »Naturale languages or everyday languages are defined by their capacity of representing not only objects, but also themselves. I call this characteristic *self-transcendence*, logical openess, or just openess.«[195] Und wir müßten hinzufügen: Sie repräsentiert nicht nur auch sich selbst,

---

193 »Man kann dies zusammenfassen in der These, daß Sprache die Ausdifferenzierung von Kommunikationsprozessen aus einem ... Wahrnehmungskontext ermöglicht. Erst durch Ausdifferenzierung von Kommunikationsprozessen kann es zur Ausdifferenzierung sozialer Systeme kommen. Diese bestehen keineswegs nur aus sprachlicher Kommunikation; aber daß sie auf Grund sprachlicher Kommunikation ausdifferenziert sind, prägt alles, was an sozialem Handeln, ja an sozialen Wahrnehmungen sonst noch vorkommt. Zur Ausdifferenzierung trägt nicht nur die besondere phänomenale Prägnanz, Auffälligkeit und Abgehobenheit des Sprachverhaltens bei. Ebenso wichtig ist, daß Sprache die Reflexivität des Kommunikationsprozesses sicherstellt und damit Selbststeuerung ermöglicht.« (Luhmann, *Soziale Systeme*, a. a. O., S. 210. Schon früh wird die These vertreten, daß Subjektivität sich evolutionär ergab aus der beginnenden Kontrolle und Rekonstruktion der Umwelt. Vgl. Etwa Stoops, J. D., »Society and the Subjective Mind«, in: The *Philosophical Review* 1935, Vol XLIV, S. 99-119. Es ist dieser Gesichtspunkt, den wir aufnehmen und invertieren.

194 Schelling, F. W. J., *System der Weltalter*, Münchener Vorlesung 1827/28 in einer Nachschrift von Ernst von Lasaulx, hrsg. und eingeleitet von Siegbert Peetz, Frankfurt am Main 1998 (2. erw. Auflage), Vorlesung 7, S. 29. Lacan, J., *Das Seminar XX. Encore, 1973-1974*, hrsg. v. Haas, N., Weinheim/Berlin 1986, S. 64: » ... das Fehlgehen, das ist das Objekt. (...) Das Objekt, das ist ein Verfehltes. Das Wesen des Objekts, das ist das Fehlgehen.« Ein solches Fehlgehen oder systematisches Verfehlen (hier im Blick auf das Objekt) ist systematisch der Fall, wenn es um das Subjekt der Kommunikation geht. Das Subjekt ist ›Prozedur‹ im Reellen, es kann nicht angetroffen werden. Siehe zu dieser Formulierung Bitsch, A., »*always crashing in the same car*«. *Jacques Lacans Mathematik des Unbewußten*, Weimar 2001, S. 14.

195 Pankow, W., »Openess as Selftranscendence«, in: Jantsch, E./ Waddington, C. H. (Hrsg.), *Evolution and Consciousness. Human Systems in Transition*, London et al. 1976, S. 16-36, 18.

sondern immer zugleich ein ›Etwas‹, aus dem heraus es spricht oder schreibt.

Sprache *verlautet* bzw. ›*verschriftet*‹, und indem sie dies tut, unterscheidet sie (sozusagen: in sich) Laut und Sinn, *Signifiant* und *Signifié*, sich und den ›Bezug‹.[196] Der Mensch wäre aus dieser Sicht nicht das Aristotelische *zoon logon echon*, sondern genau dasjenige, das unterstellt werden muß als von innen her Sprechendes (sich Aussprechendes, sich Auslassendes), wenn die Sprache spricht, die nichts von diesem Innen enthält oder transportiert. Das Wort ist im genauesten Sinne: »außerkörperlicher Art«.[197] Das Subjekt (als Substanz) hat keinerlei Berührung mit ihm, und ebendeswegen wird es als Umwelt (hier: Mitwelt) projiziert, klassisch: subjiziert, darunter gelegt (Hypokeimenon) oder darunter ›geworfen‹ als ›Unterwurf‹ (Meister Eckhart).[198]

Die Kommunikation hat nichts anderes zur Verfügung als bi-referentielle Zeichen, um ihr eigene temporale Synthetik zu realisieren. Sie verkettet (und dieses Verketten ist die Operation) Äußerungen, die (im leichtgängigen Fall) durch ihre Sprachlichkeit anzeigen, daß Verlautbarungen stattgefunden haben. Dabei ist das Wort ›Anzeigen‹

196 »Die Sprache hat mithin eine ganz eigentümliche Form. Aus Form mit zwei Seiten besteht sie in der Unterscheidung von Laut und Sinn. Wer diese Unterscheidung nicht handhaben kann, kann nicht sprechen. Dabei besteht, wie immer bei Formen in unserem Verständnis, ein kondensierter Verweisungszusammenhang der beiden Seiten, so daß der Laut nicht der Sinn ist, aber gleichwohl mit diesem Nichtsein bestimmt, über welchen Sinn jeweils gesprochen wird; so wie umgekehrt der Sinn nicht der Laut ist, aber bestimmt, welcher Laut jeweils zu wählen ist, wenn über genau diesen Sinn gesprochen werden soll. Sprache ist, hegelisch gesprochen, durch eine Unterscheidung-in-sich bestimmt und, wie wir sagen können, durch die Spezifik genau dieser Unterscheidung ausdifferenziert.« (Luhmann, N., *Die Gesellschaft der Gesellschaft*, Bd. 1, Frankfurt am Main 1997, S. 213.) Im selben Verständnis (und das darf man mit Fug einen eleganten Zusammenhang nennen) unterscheidet die Kommunikation Mitteilung und Information und an der Mitteilung: sich selbst.

197 Alsberg, P., *Das Menschheitsrätsel. Versuch einer prinzipiellen Lösung*, Gießen 1978 (4. Aufl.), S. 91. Genau heißt es: »Werkzeug außerkörperlicher Art«.

198 Allport, G. W., »The Ego in Contemporary Psychology«, in: *Psychological Review* 1943 (H. 50), S. 451-478, 459, faßt die gängigen Ichbegriffe, die das Erbe des Subjektbegriffes sind, zusammen: »...as knower, as object of knowledge, as primordial selfishness, as dominator, as an passive organizer and rationalizer, as a fighter for ends, as one segregated behavioral system among others, as a subjective patterning of cultural values.«

problematisch, insofern es suggeriert, die Kommunikation hätte eine Art Organ, mit dem es gleichsam die Indices liest, wahrnimmt, registriert. Sie ist aber, wie wir sagten, kein wahrnehmender Agent, sie lebt nicht nur nicht, sie verfügt auch nicht über die Fähigkeit des ›Erlebens‹ (oder gar: des Erlebens des Erlebens) und ist deshalb auf eine Mitwelt unabweisbar bezogen, die genau dazu in der Lage ist.[199]

### 5. Die Sinn-Losigkeit sozialer Systeme

Wir versuchen nach wie vor, von Sozialsystemen aus zu errechnen, in welcher Form sie ihre Mitwelt (i. e. relevante Umwelt) konstruieren. Bis jetzt haben wir ›Futteralsysteme‹ gefunden, die re-entry-mächtig sind und Verlautbarungen produzieren, die aber – weil wesentlich an Sprache gebunden – kein Inneres laut werden lassen, so daß einzig diese Verlautbarungen als ›Rohmaterial‹ zur Verfügung stehen, die durch Kommunikation in das Format von Äußerungen (énoncés, Enunzaten, utterances etc.) gebracht werden: durch das zeittechnisch synthetisierte Triplum von Information, Mitteilung und Verstehen. Das Problem dabei ist, daß Sozialsysteme keinerlei Möglichkeiten zur Wahrnehmung haben. Sie sind auf die strukturelle Kopplung mit wahrnehmenden Systemen angewiesen.[200] Die hier geläufige Annahme ist, daß diese Kopplung über Medien läuft und daß das dabei eingesetzte Schlüsselmedium SINN sei.[201] Ebenso geläufig ist mittlerweile die Idee, daß die Kopplung

199 »Er [der Mensch] lebt und erlebt nicht nur, sondern er erlebt sein Erleben.« Plessner, H., *Die Stufen des Organischen und der Mensch,* a. a. O. (Fn. 93), S. 364. Natürlich müssen wir hier einkalkulieren, daß es um Zurechnungskonventionen geht. Siehe vor allen Jones, E. E./Nisbett, R. E., »The Actor and the Observer: Divergent Perceptions of the Causes of Behavior«, in: Jones, E. E. et al., *Attribution: Perceiving the Causes of Behavior,* Morristown N.J., 1971, S. 79-94. Siehe auch Luhmann, N., »Erleben und Handeln«, in: ders., *Soziologische Aufklärung 3,* Opladen 1981, S. 67-80.

200 »Hinzukommt, daß in sozialen Systemen, die durch Kommunikation gebildet werden, nur Kommunikation als Mittel der Auflösung von Elementen zur Verfügung steht. Man kann Aussagen analysieren, in zeitliche, sachliche und soziale Sinnbezüge weiterverfolgen, kann im Detail immer kleinere Sinneinheiten bilden bis in die endlose Tiefe des Innenhorizontes hinein – aber all dies immer nur durch Kommunikation, also in sehr zeitaufwendiger und sozial anspruchsvoller Weise. Dem sozialen System steht keine andere Weise der Zerlegung zur Verfügung, es kann nicht auf chemische, nicht auf neurophysiologische, nicht auf mentale Prozesse zurückgreifen (obwohl all diese existieren und mitwirken).« (Luhmann, *Soziale Systeme,* a. a. O., S. 226.

201 Zum Sinnbegriff in früherer, rein phänomenologischer Fassung vgl.

nur deswegen funktioniert, weil die Form von Sinn für psychische wie soziale Systeme *dieselbe* ist: selektive Verweisung nämlich, sei sie kommunikativ, sei sie sozial – und das, obwohl der Sinnbegriff, aus phänomenologischen Kontexten abgezogen, zunächst ein spezifisches Erleben (also auch: Wahrnehmung) voraussetzt.[202]

Und wir wollen ebendies (diese gewissermaßen konservative Position) festhalten: *Sozialsysteme operieren, zumindest prima facie, sinnfrei, wenn und insoweit Sinn und Erleben unmittelbar zusammengehören.* Oder anders ausgedrückt: Sinn käme nicht zustande ohne Beteiligung originär sinnfähiger Systeme.[203] Sozialsysteme (gäbe es sie für sich und allein) wären von allem Sinn verlassen.[204] Sie könnten ihren Sinn nicht

Luhmann, N., »Sinn als Grundbegriff der Soziologie«, in: Habermas, J./Luhmann, N. (Hrsg.), *Theorie der Gesellschaft oder Sozialtechnologie*, Frankfurt 1971, S. 25-100. Siehe aber (für den Sinnbegriff nach Anreicherung durch das Autopoiesiskonzept und durch Second-order cybernetics) Luhmann, *Soziale Systeme*, S. 92-147. Vgl. ferner das einschlägige Kapitel in: Fuchs, P., *Der Sinn der Beobachtung. Begriffliche Untersuchungen*, Weilerswist 2004.

202 »In der Sinnhaftigkeit allen menschlichen *Erlebens* liegt begründet, daß alles *Wahrgenommene* als Selektion aus anderen Möglichkeiten ... *erlebt* wird. Diese Selektivität alles bestimmt *Erlebten* potenziert sich, wenn man andere Personen wahrnimmt und deren *Erleben miterlebt.* Tritt dasselbe auch bei anderen Personen ein, entsteht aus /doppelter Kontingenz/ die /Nichtbeliebigkeit/ von Systemstrukturen.« Luhmann, N., »Einfache Sozialsysteme«, in: *Soziologische Aufklärung 2*, Opladen 1975, S. 21-38, 22 (Kursivierung durch mich, P. F.).

203 Auch aus diesem Grunde ist es wichtig, hier immer an konditionierte Koproduktion zu denken und daran, daß das System keine übliche Gegebenheit, sondern die Reproduktion einer Differenz ist. Der Ausdruck ›originär‹ muß cum grano salis verstanden werden und ist hier nur auf die Vorbedingung des Erlebens und der Wahrnehmung bezogen. Es geht nicht um einen Ursprung, wie sich weiter unten zeigen wird.

204 Daß man Sinn verlassen müßte unter dem Gesichtspunkt einer totalen Abstraktion und dorthin zu gehen hätte, wo die Nicht-Prädikation, die Prä-Signifikation herrscht, über den Saum des Sinns hinaus, das ist das, was Gotthard Günther bewegt. Vgl. Ditterich, J./Kaehr, R., »Einübung in eine andere Lektüre. Diagramm einer Rekonstruktion der Güntherschen Theorie der Negativsprachen«, in: *Philosophisches Jahrbuch*, 2, 86, 1979, S. 386. Wir verändern diese Idee nur leicht, wenn wir sagen, daß Sozialsysteme (fungierende) Totalabstraktionen sind im Blick auf sinnermöglichendes Erleben. Am Rande sei angemerkt, daß die Psychoanalyse die Vorstellung kennt, auch unbewußte Prozesse seien sinnfrei. Vgl. Ricœur, P., *Die Interpretation. Ein Versuch über Freud*, Frankfurt am Main 1974 (Paris 1965), S. 156f.

selbst *entziffern*, weil er ihnen nicht gegeben, nicht appräsentiert ist.[205] Und natürlich: Sie können weder Sprache noch Zeichen verstehen, wenn und insoweit Zeichen als Verweisungen und Bedeutsamkeiten ›gelesen‹ werden müssen, um Verweisung oder Bedeutung sein zu können.[206] Sozialsysteme haben keinen ›Ort‹ der Rezeptivität. Sie sind in dieser Hinsicht ›organfrei‹. Ihnen ist nichts durch eine ›aktive Receptivität‹ zugänglich.«[207]

Wenn man dennoch daran festhalten will, daß auch soziale Systeme Sinn prozessieren, muß man von Wahrnehmung abstrahieren und die Erzeugung (Nutzung) der Sinnform in die Zeitform der Autopoiesis verlagern, in der nur zählt, was danach (nach einer Verlautbarung, also aus der Zukunft) kommt.[208] Die Aktualität autopoietischer Systeme (also auch von Sozialsystemen) ist verschoben, ist Aktualität im Nachtrag. Für sie gilt: Ein Ereignis »... ist – weil es schon gewesen ist: So lautet das merkwürdigste Gesetz des Geistes.«[209] Ein Ereignis ist für diese Zeit *kein* Ereignis, sonst müßte es sich als »Ereignis an zwei differenten Zeitstellen ... ereignen, damit es das Zuschreiben eines Prädikates sein kann, das sein eigenes Geschehensein meldet, und darf doch nicht an zwei Zeitstellen sein, damit es nicht in zwei Vollzüge (Original und Beobachtung) auseinanderfällt.«[210] Ein singuläres Ereignis wäre wie das Geräusch *einer* klatschenden Hand.[211]

---

205  Im Umkehrschluß können psychische Systeme sich nicht vorstellen, wie es ist, sozial zu sein. Vgl. zu einer bekannten, analogen Position: Nagel, Th., »Wie es ist, eine Fledermaus zu sein?«, in: ders., *Über das Leben, die Seele und den Tod,* Königstein 1984.

206  »Zeichen ist ein ontisch Zuhandenes, das als dieses bestimmte Zeug zugleich als etwas fungiert, was die ontologische Struktur der Zuhandenheit, Verweisungsganzheit und Weltlichkeit anzeigt.« Heidegger, M., *Sein und Zeit,* 1993, S. 82. Es ist diese ›Anzeige‹, die nach dem ›Wer-der-Registratur‹ fragen läßt.

207  Die Novalis (in Absetzung gegen Hemsterhuis) für Wahrnehmung als unverzichtbar erklärt. Vgl. Utz, P., *Das Auge und das Ohr im Text. Literarische Sinneswahrnehmung in der Goethezeit,* München 1990, S. 220.

208  Hier ist mit Bedacht vom Zählen die Rede. Ein Zählen und ein Rechnen kennzeichnet die Zeit der Autopoiesis. So jedenfalls sieht es aus nach dem bemerkenswerten Aufsatz von Baecker, D., »Rechnen lernen«, in: ders., *Wozu Soziologie?*, Berlin 2004, S. 293-330.

209  Valéry, P., *Cahiers/Hefte,* Bd. 3, Frankfurt am Main 1989, S. 29.

210  So im Blick auf das Bewußtsein Pothast, U., *Über einige Fragen der Selbstbeziehung,* Frankfurt am Main 1971, S. 38/39. Sehr schön auch »Again, when you first construct time, all that you are defining is a state that, if it is one state, it is another. Just like a clock, if it is tick, therefore it is tock.« Spencer-Brown, G., »Selfreference, Distinctions and Time«, in: *Teoria Sociologica* 2-3, 1993/94, S. 47-53, S. 52.

Dies vorausgesetzt, bleibt für die Ansiedlung von Sinn in Sozialsystemen nur die Möglichkeit, daß Anschlußäußerungen die vorangehenden Äußerungen (die nur so zur Äußerung werden) *selektiv stellen.* Die Selektivstellung geschieht durch die schiere Folge, die nicht psychisch konditioniert sein kann, weil in dieser Folge keine Bewußtseinspartikel auftauchen, nichts Psychisches miteinander verknüpft wird. Wir sagten schon, daß Verlautbarungen nicht das Laut/Schrift-Werden eines Innen sind. Ihre zeitliche Kombination, das ist der Vorgang, den wir Kommunikation nennen, und in dieser Kombination erscheint Sinn als ›Schere‹ dadurch, daß in jedem Anschluß etwas aufgenommen (gewählt) bzw. verworfen wird, aber nicht so, daß es ein Subjekt, einen Täter dieses Wählens und Verwerfens gäbe, nicht so, als könne der Sinn des Anschlusses (dieser Einschnürung, Erweiterung, Selektion) von Kommunikation selbst *entziffert* werden, für die doch Sinn (als erlebter Sinn) unzugänglich, schlicht: indifferent ist.[212]

211 »Es gibt eine tiefe und unbeantwortbare Frage hinsichtlich der Natur jener ›zumindest zwei Dinge‹, die gemeinsam den Unterschied hervorbringen, der dadurch, daß er einen Unterschied macht, zur Information wird. Eindeutig ist jedes für sich – für den Geist und für die Wahrnehmung – eine Nicht-Entität, ein Nicht-Seiendes. Nicht unterschieden vom Seienden und nicht unterschieden vom Nicht-Seienden. Ein Unerkennbares, ein *Ding an sich*, das Geräusch *einer* klatschenden Hand.« (Bateson, G., *Geist und Natur. Eine notwendige Einheit*, Frankfurt am Main 1982, S. 87/88.) »Der Begriff einer ›ursprünglichen Verspätung‹ ist paradox, aber notwendig. Gäbe es nicht vom Ursprung an ... vom ›ersten Mal‹ an eine Differierung, so wäre das erste Mal nicht das ›erste Mal‹, denn ihm folgte kein ›zweites Mal‹; und wenn das ›erste Mal‹ das ›einzige Mal‹ wäre, so stünde es am Ursprung von gar nichts. In leicht dialektisch klingender Sprache müßte man sagen, daß der erste nicht der erste ist, wenn es nach ihm keinen zweiten gibt. Folglich ist der zweite nicht bloß ein Verspäteter, der nach dem ersten kommt, sondern er ist der, der dem ersten erlaubt, erster zu sein ... Das ›zweite Mal‹ hat also einen gewissen Vorrang über das ›erste Mal‹, denn es ist vom ersten Mal an als notwendige Bedingung für den Vorrang des ersten Mals zugegen ..., woraus folgt, daß das ›erste Mal‹ in Wirklichkeit das ›dritte Mal‹ ist.« So formuliert, Derrida referierend, Descombes, V., *Das Selbe und das Andere*, a.a.O., (Fn. 181), S. 172.

212 »Der Sinn des Sinns (the meaning of meaning), man hat sich gefragt, was das ist ... der Sinn des Sinns in meiner Praxis begreift sich daraus, daß er flieht, rinnt: gleichsam aus einem Faß und nicht, indem er Reißaus nimmt. Dadurch, daß er rinnt (im Sinn: Faß) gewinnt ein Diskurs seinen Sinn, will sagen dadurch, daß seine Wirkungen unmöglich zu berechnen wären. Die Spitze am Sinn, man spürt es, ist das Rätsel ... Wie zeigt es sich, daß ein Zeichen Zeichen ist. Das Zeichen des Zeichens, das besagt

Noch anders gesagt: Kommunikation blendet *für sich* keinen Horizont der Wahl auf. Sie vollzieht sich immer nur akut, damit aber auch in einer spezifischen (Aktualität gleichsam versetzenden) Zeit, in der die Zentralunterscheidung von Sinn (Aktualität/Potentialität) auf der Ebene dessen, was sich zu hören, zu lesen gibt, auf der Ebene mithin der Fremdreferenz, der Thematizität, der Kommunikabilien laufend eingeschaltet ist (für die erlebensbefähigte Umwelt, nicht aber auf der Ebene der Operativität des Sozialsystems, das sich, wie man sagen könnte, *möglichkeitsfrei* (also tatsächlich) abspult. Das heißt: ohne Konjunktiv, für es selbst verweisungslos, also: ohne Sinn – wie die Natur.[213] Oder – in Anlehnung an Robert Musil formuliert: Soziale Systeme verfügen weder über einen Möglichkeits- noch über einen Wirklichkeitssinn, *weil sie überhaupt keine Sinne haben.*[214]

die Antwort, die der Frage zum Vorwand (pré-texte) dient, ist darin zu sehen, daß ein beliebiges Zeichen ebensogut die Funktion eines jeden anderen übernehmen kann, und zwar genaugenommen deshalb, weil es ihm substituiert werden kann. Denn Tragweite hat das Zeichen nur, weil es entziffert werden muß. Ohne Zweifel soll die Abfolge der Zeichen Sinn annehmen aus der Entzifferung. Nicht aber gibt diese Abfolge ihre Struktur preis, weil eine Di(t)mension der anderen ihren Term gibt.« (Lacan, J., *Schriften II* (in deutscher Sprache hrsg. von Haas, N./Metzger, H.-J.), Weinheim/Berlin 1991 (3. Aufl.), S. 7.

213 Jedenfalls dann, wenn man Natur als Indifferenz gegenüber Identität und Differenz begreift. Vgl. Schelling, F. W. J., *Einleitung zu dem Entwurf eines Systems der Naturphilosophie,* in: ders., *Schriften von 1799-1801,* Darmstadt 1982, S. 309.

214 »Wenn es aber Wirklichkeitssinn gibt ..., dann muß es auch etwas geben, das man Möglichkeitssinn nennen kann. Wer ihn besitzt, sagt beispielsweise nicht: Hier ist dies oder das geschehen, wird geschehen, muß geschehen; sondern er erfindet: Hier könnte, sollte oder müßte geschehen; und wenn man ihm von irgend etwas erklärt, daß es so sei, wie es sei, dann denkt er: Nun, es könnte wahrscheinlich auch anders sein. So ließe sich der Möglichkeitssinn geradezu als die Fähigkeit definieren, alles, was ebensogut sein könnte, zu denken und das, was ist, nicht wichtiger zu nehmen als das, was nicht ist.« (Musil, R., *Der Mann ohne Eigenschaften*, von Adolf Frisé besorgte, neu durchgesehene und verbesserte Ausgabe, Hamburg 1978, Bd. 1, S. 16. Die Sinn-Losigkeit von Kommunikation ist auch der Grund dafür, daß eine Theorie der Kommunikation auskommen können müßte ohne Referenz auf das, was gesagt wird: »Ein Formalismus, der notwendig und hinreichend ist für eine Theorie der Kommunikation, darf keine primären Symbole enthalten, die Kommunikabilien repräsentieren (z. B. Symbole, Wörter, Botschaften usw.) Diese Aussage mag auf den ersten Blick völlig unhaltbar erscheinen, nach längerem Nachdenken aber wird sicherlich klar, daß eine Theorie der Kommunikation sich zirkulärer Definitionen schuldig macht,

## 6. *Die Projektion des Sinn-Wesens*

Es bleibt keine Wahl: Vom Sozialsystem her gesehen, setzt sich die Mitwelt aus *sinnbegabten* Prozessoren zusammen.[215] Löst man die Metapher der Sinnbegabung im Blick auf deren Ermöglichungsbedingungen auf, dann müssen diese Umweltsysteme Aktualität und Potentialität unterscheiden und handhaben können, und zwar: wahrnehmend, erlebend.[216] In eher phänomenologischer Diktion: Sie müssen in der Lage sein, Verweisung und Verweisungshorizont in einem Zug zu ›bedienen‹ und damit eine Simultanappräsentation von Aktualität und Potentialität in irgendeiner Weise zu leisten.[217] Dazu sind, wie auf der Hand liegt, die Körper (die Futterale) nicht fähig. Sie sind (ebendies ist an Verlautbarungen zu erkennen) intransparente ›Be-Inhaltungen‹ für Instanzen, die Wahrnehmungen prozessieren, und zwar in einer Form, die Wahrnehmungen weder importieren noch exportieren kann. Niemand kann wahrnehmen, was und wie ein anderer Mensch wahrnimmt, und das rechtfertigt es, zu sagen, daß jene Instanzen gegenüber ihrer Umwelt *geschlossen* operieren, also das, was sie wahrnehmen und zur Informationsverarbeitung einsetzen, ausschließlich selbst herstellen: durch Autopoiesis.[218] Der Name, den die Theorie vergibt für dieses sich selbst

wenn sie Kommunikabilien voraussetzt, um Kommunikation abzuleiten.« (Foerster, H. v., *Sicht und Einsicht. Versuche zu einer operativen Erkenntnistheorie*, Braunschweig/Wiesbaden 1985, S. 85, eingehender S. 90.)

215 Genau das wird zum Problem, wenn Menschen in dieser Mitwelt auftauchen, denen die Form von Sinn nicht zu Gebote steht. Das ist in nuce das Zentralproblem schwerster geistiger Behinderung, die – mit einem alten verrufenen Wort – besser durch Schwach-Sinnigkeit bezeichnet würde.

216 Es geht tatsächlich um eine Form, die – weil sie Wahrnehmung und Erleben voraussetzt, an den Menschen (oder wahrnehmende, erlebende Systeme, die Computer vielleicht einmal sein werden) geknüpft ist: »›Sinn‹ ist als die fundamentale Ordnungsform *menschlichen Erlebens* gedacht, die alles, was erlebt wird, in einen Horizont anderer Möglichkeiten plaziert und damit selektiv stellt.« (Luhmann, N., »Einfache Sozialsysteme«, in: *Soziologische Aufklärung 2*, Opladen 1975, S. 21-38, 22, Kursivierung durch mich, P. F.)

217 Sie müssen ›lateralen‹ Sinn beherrschen können. Merleau-Ponty spricht von ›lateralen Sinnapparaten‹, wenn er das meint, was Luhmann die Appräsentation von Möglichkeiten im Moment der Selektion nennt. Die Rede ist auch von schiefem (oblique) Sinn. Siehe Merleau-Ponty, M., *Die Prosa der Welt*, München 1993, S. 67 f.

218 Siehe zu der Ausarbeitung dieser Thesen Fuchs, P., *Die Psyche. Studien zur Innenwelt der Außenwelt der Innenwelt*, Weilerswist 2005.

reproduzierende Arrangement ist: *psychisches System* und im engeren Sinn (wenn man auf zeichenförmige Sinnbewirtschaftung aufmerksam machen will): Bewußtsein.

Wenn man die Auffassung vertritt, daß soziale Systeme Sinn nicht perzipieren und auch nicht apperzipieren können, sondern Verlautbarungen (die erst dadurch zu Äußerungen werden) sequentiell selektiv stellen (ohne davon auch nur einen Hauch zu bemerken[219]), dann müssen die Systeme ihrer Mitwelt eingerichtet sein auf die spezifische Sequentialität von Kommunikation, die die Form des Nachtrags, der ›belatedness‹, der *différance* aufweist.[220] Das geht nur, wenn sie dieselbe Form angenommen haben, die nämlich der Nachträglichkeit, der Verschoben- und Aufgeschobenheit, durch die alles, was als Identität beobachtet werden kann, erst im *Danach* ermittelt wird. Identifizierung ist für solche Systeme: Differenzgebrauch in der Zeit. Das psychische System ist mithin eine auf zeitkleinen Einheiten (Ereignissen) operierende Zeitmaschine, und nur so kann es die andere (wahrnehmungsfreie) Zeitmaschine der Kommunikation: lesen, entziffern, entschlüsseln. Man könnte auch sagen, daß das Sozialsystem seine Koproduzenten (die Mitwelt) durchpunktet mit *Dechiffrier-Maschinen*, die – wenn man es paradox ausdrücken will – das von Niemandem Geschriebene (das sich aus der spezifischen Seriation der Kommunikation ergibt) zu deuten, also Bedeutung zu verstehen wissen.

Das Sozialsystem setzt différancezeit-basierte ›Hermeneuten‹ voraus, Experten der Sinnentnahme[221], die der nicht-psychischen (nicht

---

219  Man könnte auch sagen: Sie realisieren operativ die Form von Sinn, nicht aber: phänomenal.

220  Vgl. zu dieser Spezifik Fuchs, P., »Vom Zeitzauber der Musik. Eine Diskussionsanregung«, in: Dirk Baecker et al. (Hrsg.), *Theorie als Passion*, Frankfurt am Main 1987, S. 214-237; ders., »Die Zeit der Kommunikation«, in: Richter, H./Schmitz, H. W. (Hrsg.), *Kommunikation – ein Schlüsselbegriff der Humanwissenschaften?*, Münster 2003, S. 321-329; ders., »The Time of Communication«, in: »Das gepfefferte Ferkel – Online Journal für systemisches Denken und Handeln«, Juli 2002; ders. (im Blick auf *belatedness*), »The Modernity of Psychoanalysis«, in: *Germanic Review,* Vol. 74, Number 1, Winter 1999, S. 14-29.

221  Und erst spät in der Evolution Experten oder »Spezialisten für Sinnpflege.« Vgl. Assmann, A./Assmann, J., »Kanon und Zensur«, in: dies. (Hrsg.), *Kanon und Zensur. Beiträge zur Archäologie der literarischen Kommunikation II,* München 1987, S. 7-27, S. 13. Siehe zur Differenz lesen/deuten Henrich, D., *Fluchtlinien. Philosophische Essays,* Frankfurt am Main 1982, S. 11 ff. et passim. »Jede Deutung geht auf einen letzten Zusammenhang in dem, was der Deutung bedarf. Man kann lesen, wovon man nicht viel versteht. Was aber gedeutet ist, an dem bleibt nichts mehr zu verstehen übrig.« (S. 11) Im übrigen unterscheidet man, um

>eigenwahrgenommenen) Sinnproduktion der Kommunikation Sinn abgewinnen können.[222] Das wiederum erzwingt, daß die psychischen Sinnentnahme-Einheiten über *Intentionalität* verfügen.[223] Man kann auch formulieren, daß sie Systeme mit der Fertigkeit sind (zu sein haben), die Thematizität der Kommunikation, das Mitgeteilte, intentional zu erfassen.[224] Erneut finden wir, daß die Prozessoren der Mitwelt die Selbstreferenz ihrer Operationen >enttautologisieren< – in einer doppelten Bewegung: Sie müssen ihre eigenen Operationen von Anderem unterscheiden, das in diesen Operationen bezeichnet wird, und zugleich das Vernommene, Gelesene etc. als Ausdruck von Operationen auffas-

ein Beispiel zu nennen, im Kontext von Behindertentheorien zwischen sinnentnehmendem und nicht sinnentnehmendem Lesen. Schriftliche Kommunikation setzt genau sinnentnehmende Lese/Schreib-Operationen voraus. Sie käme ohne das einfach nicht zustande.

222 »Eine solch schnelle und konkrete Kombination von Wahrnehmung und Kommunikation kann sich nur auf engem Raum vollziehen. Sie ist natürlich an die Grenzen des Wahrnehmbaren gebunden. Aber das reicht nicht, denn nicht alles, was wahrgenommen wird, ist deshalb schon sozial relevant. Die zu erwartende Kommunikation dient als zusätzliches Selektionsprinzip, man tastet das Wahrnehmbare im Hinblick darauf ab, was möglicherweise Einlaß in die laufende Kommunikation finden oder doch für deren Verlauf bedeutsam werden könnte. Man benutzt ... vor allem die Sozialdimension des wahrnehmbaren Sinnes als Selektor, und das führt zu einer engeren Bestimmung der Grenzen des Systems. In diesem Sinne ist Anwesenheit das Konstitutions- und Grenzbildungsprinzip von Interaktionssystemen, und mit Anwesenden ist gemeint, daß ein Beisammensein von Personen die Selektion der Wahrnehmungen steuert und Aussichten auf soziale Relevanz markiert.« (Luhmann, *Soziale Systeme*, a.a.O., S. 563/564.)

223 Also irgendwie über ein Ich oder Selbst, das intendieren kann. Vgl. Allport, G.W., »The Ego in Contemporary Psychology«, in: *Psychological Review* 1943 (H. 50), S. 451-478, 459.

224 Im Platonischen *Sophistes* (237a-e) heißt es: légein = légein tí – Sagen ist Etwas-sagen. Parmenides weist als erster auf die Intentionalität des Denkens hin: dóxai – dokoûnta – Annehmen/angenommenes. Vgl. Thanassas, P., *Die erste »zweite Fahrt«. Sein des Seienden und Erscheinen der Welt bei Parmenides*, München 1997, S. 45 f. Zum Hegelschen Aufgriff dieser Unterscheidung siehe Kreß, A., *Reflexion als Erfahrung. Hegels Phänomenologie der Subjektivität*, Würzburg 1996, S. 33 ff. Vgl. zu Hegels Bewußtseinssatz (Intentionalität) auch Cramer, K., »Bemerkungen zu Hegels Begriff vom Bewußtsein in der Einleitung zur Phänomenologie des Geistes«, in: Horstmann, R.-P. (Hrsg.), *Dialektik in der Philosophie Hegels*, Hamburg 1978. Vgl. natürlich auch Searle, J., *Intentionalität. Eine Abhandlung zur Philosophie des Geistes*, Frankfurt am Main 1987.

Die Form *des* Menschen

sen können, für die (sozusagen am anderen Ort) dasselbe gilt.[225] Es ist kein Zufall, daß schon frühe Analysen dessen, was Denken heißen kann, auf Selbstreferenz gestoßen sind.[226]

Zu erinnern ist an dieser Stelle daran, daß wir dieses Ergebnis gewonnen haben nicht durch eine Analyse dessen, was das Bewußtsein, die Psyche oder gar der Mensch *ist*, sondern (unser Konzept von Sozialsystemen vorausgesetzt) all dies erschlossen haben: als – transzendentaltheoretisch gesprochen – Bedingung der Möglichkeit sozialer Systeme. Es trifft sich aber, daß konventionelle Beschreibungen *des* Menschen

225 »Gemeint ist hiermit jede Operation, die sich selbst auf anderes und dadurch auf sich selbst bezieht. Reine Selbstreferenz, die nicht den Umweg über anderes geht, liefe auf eine Tautologie hinaus. Reale Operationen bzw. reale Systeme sind auf eine ›Entfaltung‹ bzw. Enttautologisierung dieser Tautologie angewiesen, weil sie nur so erfassen können, daß sie in einer realen Umwelt nur auf eingeschränkte, nichtbeliebige Weise möglich sind.« (Luhmann, N., *Ökologische Kommunikation. Kann die moderne Gesellschaft sich auf ökologische Gefährdungen einlassen?*, Opladen 1986, S. 269.) Oder: »Für die Ausarbeitung einer Theorie selbstreferentieller Systeme, die die System/Umwelt- Theorie in sich aufnimmt, ist eine neue Leitdifferenz, also ein neues Paradigma erforderlich. Hierfür bietet sich die Differenz von Identiät und Differenz an. Denn Selbstreferenz kann in den aktuellen Operationen des Systems nur realisiert werden, wenn ein Selbst (sei es als Element, als Prozeß oder als System) durch es selbst identifiziert und gegen anderes different gesetzt werden kann. Systeme müssen mit der Differenz von Identität und Differenz zurechtkommen, wenn sie sich als selbstreferentielle Systeme reproduzieren; oder anders gesagt: Reproduktion ist das Handhaben dieser Differenz.« (Luhmann, *Soziale Systeme*, a. a. O., S. 26.)

226 Vgl. etwa Aristoteles, *De anima*, 3. Buch, 4. Kapitel (Peripsyche C). Es ist übrigens auch kein Zufall, daß auch das neuronale System selbstreferentiell operiert: »Berücksichtigt ... man neurophysiologische Befunde, die das Nervensystem hinsichtlich seines Funktionierens (nicht jedoch hinsichtliches seines materiellen und energetischen Austausches) als /operational geschlossenes System/ ausweisen, so wird deutlich, daß jeder sensorische und Erkenntnisprozeß eine Interaktion des Nervensystems mit sich selbst, also einen selbstreferentiellen Prozeß erfordert. Wie dieser selbstreferentielle Prozeß abläuft, ja welcher physikalische Reiz überhaupt aufgenommen wird, determiniert nicht das physikalische Geschehen außerhalb des Organismus, sondern die aktuelle Struktur des Nervensystems (Strukturdeterminismus). *Dies bedeutet, daß jede Wahrnehmung bereits konstruierte, d.h. durch einen selbstreferentiellen Prozeß des erkennenden Systems hervorgebrachte Wahrnehmung ist.*« (Schiepek, G./Kaimer, P., »Von der Verhaltensanalyse zur selbstreferentiellen Systembeschreibung«, in: *Familiendynamik 3*, Jg. 13, 1988, S. 240-269, 250/51. Kursivierung durch mich, P. F.)

(wenn auch in einer anderen Terminologie) auf dasselbe Bestimmungs-
stück zurückführen: Er wird als die *Einheit eines intransparenten*
*Körpers mit dem in eben diesem Körper verborgenen, psychischen*
*System genommen, das sich als exklusive Instanz der Sinn-erlebenden*
*Sinn-Auslegung begreifen läßt.*

## 7. Die Freiheit des Menschen

Sinn, phänomenologisch aufgefaßt, ist die Anzeige einer Selektion mit
dem durch sie aufgeblendeten Auswahlbereich, die Simultanappräsentation einer Wahl mit dem Horizont, aus dem gewählt wurde. Selektion,
das bedeutet eine Auswahl, die nur dann als Auswahl informativ wird,
wenn sie als *Wahl* erscheint, besser noch: als *Wahlakt*, als ein Ereignis,
das weder notwendig noch unmöglich und demnach kontingent ist
oder als kontingent dargestellt werden muß. Die Freiheit der Wahl (das
alte *liber arbitrium*) ist, so gesehen, ein Darstellungserfordernis, jede
Verlautbarung deshalb immer zugleich an ein Moment des ›Anders-
möglich‹ geknüpft, auch das ein Grund dafür, daß die Mitwelt sozialer
Systeme intransparent zu sein hat: Nur so ist vorstellbar, daß das je
Gesagte, Geschriebene Ausdruck von ›körperverdeckten‹ Binnenwelten
ist, die auch anders hätten schreiben, hätten sagen, hätten sich *äußern*
können. Insofern setzt sich die Mitwelt nolens volens aus Be-Inhaltern
»nicht-trivialer Maschinen« zusammen, denen grundsätzlich unterstellt
werden kann, daß sie – sozusagen nach Gutdünken – auch zu anderen
als zu den im Moment produzierten Aussagen kommen könnten.[227]
    Es ist für unsere Argumentation wichtig, daß wir hier nichts darüber
sagen, ob und wenn, wie Menschen in irgendeiner Art von Faktizität
frei sein können. Entscheidend ist die Projektion, die eine wählen-kön-
nende Mitwelt entwirft, die, wie man vielleicht sagen dürfte, *wollen*, gar
*wollen wollen* kann. Kurz: Diese Mitwelt ist *Volitonswelt*[228], die zum
›Küren‹, damit zur *Willkür* in der Lage ist.[229] Die relevanten Umwelt-

227 Siehe zur Theorie der Enttrivialisierung von Trivialmaschinen den Auf-
satz über Lethologie in: Foerster, H. v., *KybernEthik. Perspektiven der*
*Technokultur*, Berlin 1993, S. 126-160.
228 Siehe zu einer Fallstudie Fuchs, P., »Die magische Welt der Beratung«, in:
Schützeichel, R./Brüsenmeister, Th. (Hrsg.), *Die beratene Gesellschaft.*
*Zur gesellschaftlichen Bedeutung von Beratung*, Wiesbaden 2004,
S. 239-257.
229 Vgl. dazu auch Luhmann, N., »Die Paradoxie des Entscheidens«, in:
Balke, F./Schwering, G./Stäheli, U. (Hrsg.), *Paradoxien der Entschei-*
*dung. Wahl/Selektion in Kunst, Literatur und Medien*, Bielefeld 2004,
S. 17-55, 18 ff. – insbesondere zu Freiheit der Entscheidung und das
daran geknüpfte Willkürmoment.

prozessoren dürfen nicht determiniert sein im Sinne trivialer Maschinen, sie müssen ›irgendwie‹ mit *causes uncaused* umgehen können.[230] Co-Agitation, heißt es bei Heidegger, erzwingt: Willen.[231] Oder: Es geht nicht um Schopenhauers »Die Welt als Wille und Vorstellung«, sondern um die *Vorstellung der Welt als Wille*, um die Vorstellung (Projektion) der Mitwelt als eine, die mit wollen-könnenden Prozessoren durchsetzt ist.[232]

Umgekehrt werden diese Prozessoren ihrerseits darauf eingestellt, sich als willkür-befähigt zu erleben, das dann in kaum zu überbietender Evidenz, die sich daraus speist, daß jeder Kontakt mit Kommunikation die Projektion der Freiheit (der Willkür des Entscheiden- und Wollenkönnens) wiederholt.[233] Und dies nicht nur im Kontext doppelter

230 Vgl. zu diesem Grundgedanken Shackle, G.L.S., *Imagination and die Nature of Time*, Edinburgh 1979. Dieser Gedanke ist natürlich alles andere als neu: »Nur das Hervortreten, das Sichtbarwerden an diesem Ort, zu dieser Zeit, wird durch die Ursache herbeigeführt und ist insofern von ihr abhängig, nicht aber das Ganze der Erscheinung, nicht ihr inneres Wesen: dieses ist der Wille selbst, auf den der Satz vom Grunde keine Anwendung findet, der mithin grundlos ist. Kein Ding in der Welt hat eine Ursache seiner Existenz schlechthin und überhaupt; sondern nur eine Ursache, aus der es gerade hier und gerade jetzt da ist. Warum ein Stein jetzt Schwere, jetzt Starrheit, jetzt Elektricität, jetzt chemische Eigenschaften zeigt, das hängt von Ursachen, von äußern Einwirkungen ab und ist aus diesen zu erklären: jene Eigenschaften selbst aber, also sein ganzes Wesen, welches aus ihnen besteht, und folglich sich auf alle jene angegebenen Weisen äußert, daß er also überhaupt ein solcher ist, wie er ist, daß er überhaupt existirt, das hat keinen Grund, sondern ist die Sichtbarwerdung des grundlosen Willens. Also alle Ursache ist Gelegenheitsursache.« (Schopenhauer, A., *Die Welt als Wille und Vorstellung*, Leipzig 1859, 3. vermehrte und verbesserte Auflage, Bd. 1, S. 187.)

231 »Das Sich-selbst-wissen wird zum Subjekt schlechthin. Im-sich-selbstwissen versammelt sich alles Wissen und dessen Wißbares. Es ist Versammlung von Wissen, wie das Gebirge die Versammlung der Berge. Die Subjektivität des Subjekts ist als solche Versammlung co-agitatio (cogitatio), die conscientia, das Ge-wissen, conscience. Die co-agitatio aber ist in sich schon velle, wollen. Mit der Subjektität des Subjekts kommt als deren Wesen der Wille zum Vorschein.« (Heidegger, M., *Holzwege*, Frankfurt am Main 1994 (7. Aufl.), S. 243, unter Bezug auf Nietzsche.)

232 Wir argumentieren hier parallel zu Luhmann, N., »Die Paradoxie des Entscheidens«, a.a.O., (Fn. 229). S. 17-55, 18 ff.

233 »Schon die Differenz von Information und Mitteilungsverhalten eröffnet weitreichende Möglichkeiten der Analyse. Da beides sinnhafte Deutungen verlangt, gerät der Kommunikant Alter dadurch in einen Zwiespalt. Seinem Selbstverständnis bieten sich zwei Anknüpfungen, die nicht miteinander in Übereinstimmung zu bringen sind. Was Information betrifft,

Kontingenz, sondern auch im Zusammenhang mit der Akzeptanz/ Ablehnung-Offerte, die durch jede Kommunikation eröffnet wird.[234] Wenn man hier einen Begriff aus der Theorie symbolisch generalisierter Kommunikationsmedien ein wenig strapazieren darf, so ließe sich formulieren, daß Freiheit die *Kontingenzformel* von Kommunikation sei.[235] Man könnte auch formulieren: *Freiheit, das ist eine operativ erzwungene ontologische Doktrin.*

> so muß er sich selbst als Teil der Sinnwelt begreifen, in der die Information oder die Mitteilung richtig oder falsch ist, relevant ist, eine Mitteilung lohnt, verstanden werden kann. Als jemand, der sie mitteilt, muß er sich die Freiheit zusprechen, dies zu tun oder nicht zu tun. In der einen Hinsicht, muß er sich als Teil des wißbaren Weltwissens auffassen ... In der anderen Hinsicht verfügt er über sich als selbstreferentielles System. Dieter Henrich nennt dies ›Distanz zwischen seiner Subjektstellung und seiner Weltzugehörigkeit‹ und sieht in dieser Distanz die Notwendigkeit einheitlicher Lebensdeutungen begründet.« (Luhmann, *Soziale Systeme*, a.a.O., S. 195/196.)

234 Ebd., S. 205 f.: »Mit einer etwas anderen Formulierung kann man auch sagen: Kommunikation transformiere die Differenz von Information und Mitteilung in die Differenz von Annahme oder Ablehnung ... Dabei ist nach dem Theorem der doppelten Kontingenz zu beachten, daß nicht etwa Alter die eine und Ego die andere Differenz repräsentiert, sondern beide Differenzen auf beiden Seiten gesehen und gehandhabt werden müssen. Es handelt sich nicht um einen sozialen Stellungsunterschied, sondern um eine zeitliche Transformation. Kommunikation ist danach ein völlig eigenständiger, autonomer, selbstreferentiell-geschlossener Vorgang des Prozessierens von Selektionen, die ihren Charakter als Selektionen nie verlieren; ein Vorgang der laufenden Formveränderung von Sinnmaterialien, der Umformung von Freiheit in Freiheit unter wechselnden Konditionen ... So entsteht in epigenetischer Evolution eine Sinnwelt, die ihrerseits unwahrscheinliche Kommunikation ermöglicht.

235 »Mit ihrer letzten Sinngebung erfüllen alle Medien die Funktion von *Kontingenzformeln*. Das heißt: Sie müssen verständlich und plausibel machen, daß in bestimmter Weise erlebt und gehandelt wird, obwohl – oder sogar: gerade weil – auch anderes möglich ist. Dies geschieht auf der abstraktesten Ebene des Medien-Codes nicht durch Begründung der Selektionen selbst, sondern nur durch Reduktion unbestimmter auf bestimmte oder doch bestimmbare Kontingenz. So fallen im Code der romantischen Liebe Zufall und Notwendigkeit zusammen, *wenn* die füreinander bestimmten Individuen einander begegnen. So besagt die Kontingenzformel Knappheit, daß bei angenommener Summenkonstanz Benachteiligungen anderer nicht vermieden werden können, *wenn* ein Teilnehmer sich befriedigt. So löst der Code der Wahrheit Kontingenzprobleme durch die Annahme einer Fremdselektion oder Selbstselektion des Seins, durch eine Theorie der Schöpfung oder der Evolution ...«

In einer anderen Wendung gesagt: Freiheit garantiert, daß psychische Systeme mit einem ›Areal‹ der Indifferenz gegenüber Umweltkausalitäten versehen sind.[236] Und dieser Eindruck entsteht, insofern solche Systeme, wie man sagen könnte, im Nachhinein (und niemals in der Aktualität, niemals in der für sie absoluten, unerreichbaren Gegenwart) registrieren, daß es andere Möglichkeiten gegeben hätte zu wählen. Das ›Gefühl‹, gewollt zu haben, ist identisch mit dem ›Post-festum-Gefühl‹, nicht alles bedacht zu haben.[237]

(Luhmann, N., »Einführende Bemerkungen zu einer Theorie symbolisch generalisierter Kommunikationsmedien«, in: ders., *Soziologische Aufklärung 2*, Opladen 1975, S. 170-192, S. 184.) In *Funktion der Religion*, Frankfurt am Main 1982 (2. Aufl.), S. 207, bringt Luhmann für Moral die Kontingenzformel der Freiheit ins Spiel.

236 »Als Differenz genommen und an der Differenz von Umwelt und System festgemacht, hat das Komplexitätsgefälle selbst eine wichtige Funktion. Es erzwingt unterschiedliche Formen der Behandlung und Reduktion von Komplexität je nachdem, ob es sich um die Komplexität der Umwelt oder um die Komplexität des Systems handelt. Die Umwelt kann sozusagen großzügiger behandelt werden ... Es gilt eine Art umgekehrte Relevanzvermutung: während interne Ereignisse/Prozesse für das System vermutlich relevant sind, sind Ereignisse/Prozesse der Umwelt für das System vermutlich irrelevant ... Das System gewinnt seine Freiheit und seine Autonomie der Selbstregulierung durch Indifferenz gegenüber seiner Umwelt. Deshalb kann man die Ausdifferenzierung eines Systems auch beschreiben als Steigerung der Sensibilität für Bestimmtes ... und Steigerung der Insensibilität für alles Übrige – also Steigerung von Abhängigkeit und Unabhängigkeit zugleich.« (Luhmann, *Soziale Systeme*, S. 250. Vielleicht kann man hier die Romantik heranziehen, etwa den »höheren Indifferenzpunkt«, den Görres in seinen jungen Jahren, angeregt durch Schelling, thematisiert hat. Vgl. Kluckhohn, P. (Hrsg.), *Die Idee des Volkes im Schrifttum der Deutschen Bewegung von Möser und Herder bis Grimm*, Berlin 1934, S. 15.

237 »Leben erscheint uns als Unabhängigkeit. Wollen heißt, nicht alles bedenken.« (Valéry, P., Cahiers/Hefte, Bd. 3, Frankfurt am Main 1989, S. 308. Es ist – nebenbei gesagt – ein altes Problem, das man mit einem Gott haben kann, der allwissend ist, daß er, der alles bedenkt, nicht frei handeln könnte. Auch das führt in die Idee der Inkarnation hinein. Siehe dagegen: »Ich habe etwann gesagt, es gäbe im Geiste eine Kraft, die sei allein frei; ein andermal habe ich gesagt, es gäbe in der Seele eine Festung; und wieder ein andermal, eben das sei ein Licht; und noch ein andermal nannte ich es ein Fünklein. Ich sage aber nun: es ist zwar weder dies noch das, immerhin ist es ein Was, das höher ragt über allem Dies und Das als der Himmel über der Erde. Darum benenn ich's nun in einer vornehmeren Weise, als ich es je getan:- doch da lacht es schon der ›Vornehmheit‹ wie der ›Weise‹ und ist auch darüber weit hinaus. Es ist von allen Namen

Dieses ›nicht alles bedacht‹ verweist darauf, daß die Projektion von freiheitsbefähigten ›Leuten‹ auch eine Extremreduktion von Weltkomplexität darstellt. Kein System kann auch nur ansatzweise im Verhältnis zur Umwelt *requisite variety* erreichen.[238] Wenn dies beobachtet wird, ist es die schlichteste und damit eleganteste Lösung, auf Freiheit durchzurechnen.[239]

Seit altersher ist der Sitz der Freiheit aber der *Geist*.

## 8. Der Geist des Menschen

Geist, versteht sich, ist so wenig wie *der* Mensch oder *die* Freiheit ein Theoriebegriff.[240] Er ist zu pneumatisch, zu volatil, zu sehr ›Spiritus‹, einer der Zentralgründe dafür, daß Kant jede Pneumatologie verworfen hat: als schlechte Metaphysik.[241] Dennoch besetzt das Wort bis heute bei der Bestimmung dessen, was *der* Mensch sei, einen zentralen Rang.[242] Geradezu unverzagt (und kaum in Kontakt mit modernen

frei, und aller Formen bar, ein durchaus Lediges und Freies, wie nur Gott ledig und frei ist. Und rein nur in sich.« (*Meister Eckharts Schriften und Predigten*, hrsg. von Büttner, H., 2 Bde., Jena 1923, Bd. 2, S. 128.)

238 Das law of requisite variety besagt, daß ein Regler dieselben Zustände annehmen können muß wie das System, das er regelt. Vgl. dazu Ashby, W. R., *Einführung in die Kybernetik,* Frankfurt am Main 1985 (2. Aufl.), S. 298 ff.

239 Siehe zu weiteren Problematisierungen des Freiheitsproblems die Textsammlung Pothast, U. (Hrsg.), Seminar: *Freies Handeln und Determinismus,* Frankfurt am Main 1988; Bieri, P., *Das Handwerk der Freiheit. Über die Entdeckung des eigenen Willens,* München 2001.

240 Er ist es in Hegels ›Phänomenologie des Geistes‹, aber das ist eine eigentümliche Geschichte, die wir aus Sparsamkeitsgründen nicht zu berücksichtigen brauchen.

241 Wir sehen hier davon ab, daß ›Geist‹ auch noch für eine spezifisch psychosoziale Fertigkeit steht, die mit Begriffen beschrieben wird wie ›esprit de finesse‹ (Pascal), ›sensibilité‹ (Chamfort), ›Witz‹ (Lichtenberg) etc. Man kann auch an die die ›argutia‹ der Apophthegmenliteratur denken. Vgl. Neumann, G., *Ideenparadiese. Untersuchungen zur Aphoristik von Lichtenberg, Novalis, Friedrich Schlegel und Goethe,* München 1976, S. 51, Anm. 194.

242 Ausnahme wie fast immer Nietzsche, für den das Geistige etwas Abgeleitetes, Sekundäres ist. Es »ist als Zeichensprache des Leibes festzuhalten.« (Nietzsche, F., *Nachgelassene Fragmente,* in: Friedrich Nietzsche, *Sämtliche Werke,* Kritische Studienausgabe in 15 Bänden, hrsg. von Giorgio Collo und Mazzino Montinari, München/Berlin/New York 1980, Bd. 10, S. 285.)

Möglichkeiten der Theoriebildung) wird der mind/body-split, die Geist/ Leib-Differenz in anthropologischen bw. anthropologisierenden Kontexten diskutiert.[243] Es ist aber wohl schon in alltäglicher Einstellung evident[244], daß der Mensch irgendwie ›Geistiges‹ an sich oder in sich habe und dadurch als etwas definiert werden kann, das sich genau hierin von dem unterscheidet, was er mit den Tieren gemeinsam hat: von seinem Körper.[245] Der Mensch, das ist ein ›Geistwesen‹, wobei dann Geist schon früh als ›Formlosigkeit‹ thematisiert wird, die in gewisser Weise ein ›Ort der Formen‹ ist, ohne selbst: Form zu sein.[246]

Insofern Geist ›ortlos‹ ist, hat er die eigentümliche Qualität, nichts beinhalten zu können, was Orte in Anspruch nähme. Übrig bleibt das Substanzlose, die Ideen oder, wie man später sagen kann, die Information: »Der Geist enthält keine Dinge, keine Schweine, keine Menschen, keine Geburtshelferkröten oder was auch immer, sondern nur Ideen (d.h. Nachrichten von Unterschieden), Informationen über ›Dinge‹ in Anführungszeichen, und immer in Anführungszeichen.... Daraus folgt, daß die Grenzen des Individuums, wenn sie überhaupt real sind, keine

---

243 Siehe etwa Carrier, M./Mittelstraß, J., *Geist, Gehirn, Verhalten. Das Leib-Seele-Problem und die Philosophie der Psychologie*, Berlin/New York 1989.

244 So evident, daß er gar nicht bewiesen werden muß, er beweist sich selbst. »Der Geist führt einen ewigen Selbstbeweis«, formuliert Novalis (Friedrich von Hardenberg), *Fragmente und Studien. Die Christenheit oder Europa*, hrsg. von Paschek, Carl, Stuttgart 1984, S. 5.

245 Den er dann als Leib unterscheidet – in einer quasi naturalen Phänomenologie. Vgl. umfangreich zur Differenz Leib/Körper Schmitz, H., *System der Philosophie*, Bd. II, 1. Teil, *Der Leib*, Bonn 1966; ders., *Leib und Gefühl*, Paderborn 1992.

246 Siehe jedenfalls Aristoteles, *Über die Seele*, 429a, 15 ff. und 27 ff. Für Valéry dagegen ist die Form des Geistes Sprache, deren Ausfall das Ungeformte stehen ließe. Valéry, P., *Cahiers/Hefte*, Bd. 1, Frankfurt am Main 1991, S. 523: »Was einzig durch Sprache existiert, mit null gleichsetzen – – – die Sprache gleich null setzen. Die Sprache bildet die Gesamtperspektive des Geistes. Man ist verstört, gedemütigt, vernichtet, wenn man die Sprache annulliert denn man annulliert zugleich das ›Wiedererkennen‹, das Vertrauen, den Kredit, die Unterscheidungen von Zeiten und Zuständen, die ›Dimensionen‹, die Werte, die ganze Zivilisation, Schatten und Glanz der ›großen Welt‹, ja die Welt überhaupt, und es bleibt nur das, was mit nichts Ähnlichkeit hat: das Ungeformte.« Auf eigentümliche Weise diskutiert der Philosoph Nishida den »Ort-Gedanken« (Der Ort als »Nichts«). Vgl. Ohashi, R., »Hen-Panta in der Philosophie von Nishida in Abhebung von der Hegelschen Philosophie«, in: Henrich, D. (Hrsg.), *All-Einheit. Wege eines Gedankens in Ost und West*, Stuttgart 1985, S. 220-229, 224 f.

räumlichen Grenzen sind, sondern eher so etwas wie die Figuren, die in mengentheoretischen Diagrammen /Mengen/ darstellen, oder die Sprechblasen, die aus den Mündern der Personen in *Comic Strips* kommen.«[247]

Wenn aber Informationen nach Bateson Unterschiede sind, die Unterschiede machen, dann ist das, was der Geist enthalten kann (wenn er so etwas wie ein Enthalter wäre), *absolut undinglich*. Geist hätte nicht eigentlich ein Sein, und wenn doch, so wäre er oder hätte er ein ausgezeichnetes Sein: »Der Geist ist das einzige Sein, das selbst gegenstandsunfähig ist – er ist reine, pure Aktualität, hat sein Sein nur im freien Vollzug seiner Akte. Das Zentrum des Geistes, die ›Person‹, ist also weder gegenständliches noch dingliches Sein, sondern nur ein stetig sich vollziehendes (wesenhaft bestimmtes) Ordnungsgefüge von Akten. Die Person ist nur in ihren Akten und durch sie. Seelisches vollzieht ›sich selbst‹ nicht: es ist eine Ereignisreihe ›in‹ der Zeit ... Alles Seelische ist gegenstandsfähig – nicht aber der Geistesakt, die Intentio, das die seelischen Vorgänge selbst noch Schauende.«[248]

Als dieses seltsame (nur zeitlich ordnende) Nicht-Ding ist Geist für Max Scheler genau das Merkmal, das nicht auf einer Dimension liegt, die *den* Menschen mit dem Tier verbindet. Geist ist nicht einfach nur gesteigerte Intelligenz, die im Dienst der Adaption, der Lebenserhaltung steht.[249] Er ist vielmehr ein Prinzip, das »lebensfeindlich« und

247 Bateson, G., *Geist und Natur. Eine notwendige Einheit,* Frankfurt am Main 1982, S. 164.

248 Scheler, M., *Die Stellung des Menschen im Kosmos,* Bern 1978 (9. Aufl.), S. 48. Mir scheint, hier ist intuitiv eine Theorie des Unjektes vorgedacht. Vergleichbare Ideen finden sich aber auch in ganz anderen Denkkontexten: »Wer über das Sutra spricht, spricht über die umfassende Leerheit. Wenn du nicht mit Körper und Geist der umfassenden Leerheit sprichst, kannst du kein Sutra erklären. Du mußt die umfassende Leerheit benutzen. Die umfassende Leerheit wird nicht nur im Bewußtsein verwirklicht, sie tritt auch im Zustand des ›Nicht-Denkens‹ in Erscheinung. ... Der 21. Patriarch Vasubandhu schrieb: ›Unser Geist ist das gleiche wie das All, und alle Dharmas sind selbst Geist. Wenn die umfassende Leerheit nicht wahrgenommen wird, gibt es keine Bejahung und Verneinung mehr.‹ Wenn du vor einer Wand in Zazen sitzt, scheint es, daß der Sitzende und die Wand zwei verschiedene Dinge sind, aber eigentlich sind sie nicht getrennt. Um dies zu verstehen, benötigen wir den Geist der ›Mauer, Ziegel, Steine‹ oder des ›ausgetrockneten Baumes‹ – d. h. den Geist der umfassenden Leerheit.« (Zenji, D., *Shobogenzo. Die Schatzkammer der Erkenntnis des wahren Dharma,* Zürich/Berlin/München 1977, S. 154.

249 »Denn der Geist ist im Lebendigen nichts als die Zukunft der Adaption«, formuliert etwa Valéry, P., *Cahiers/Hefte,* Bd. 3, Frankfurt am Main 1989, S. 319.

dem Leben entgegengesetzt ist.[250] Geist ist »existentielle Entbundenheit vom Organischen«, Umweltfreiheit, Weltoffenheit[251], fernerhin »Sachlichkeit, Bestimmbarkeit durch das So-Sein von Sachen selbst.«[252] Er verfügt nicht einmal über eine eigene Energie.[253]

Nun würde man aber in die Falle der Anthropo-Ontologie laufen, wenn versucht würde, etwas darüber auszumachen, was denn der Geist *sei*. Die Frage ist vielmehr im Zuge unserer Untertunnelung, welcher Prozeß, welcher Zustand oder ›Unzustand‹ bezeichnet wird, wenn von Geist die Rede ist, und wiederum verfahren wir so, daß wir die Ermöglichungsbedingungen von Kommunikation in den Blick zu nehmen. Es müßten ja in gewisser Weise unfaßbare, undingliche, unsinnliche und vielleicht sogar un-sinnige Bedingungen sein, die man ebendeswegen unter den Titel ›Geist‹ rubriziert.

### a) Undinglichkeit zum ersten: Die Metaphysik der Autopoiesis

> »Da wir also, mit völlig ungenügendem Intellekt ausgerüstet,
> (eine Gemeinheit des Demiurgen!),
> in einem Meer von Unbegreiflichkeiten plätschern:
> hab ich mir seitdem abgewöhnt,
> Metaphysik zu betreiben. Selten mehr Denkanfälle.
> Nun stehe ich nur noch und registriere,
> was die lächerlichen alten Damen (die Parzen)
> mit mir und der Welt so vorhaben.«
> *Arno Schmidt*

> »Es gibt nichts in unserer Modernität,
> das nicht zutiefst metaphysisch ist.«
> *Jacques Derrida*

Wenn man davon ausgeht, daß Sozialsysteme sich autopoietisch reproduzieren und daß sie zu diesem Zweck die Zeit der *différance* aufspannen, in der es keine identischen und identifizierbaren Ereignisse gibt, die nicht im Nachhinein (auf dem Wege der Differenz, der Dualität[254]) ermittelt würden durch Ereignisse, die demselben Aufschubsarrangement unterliegen, dann müssen die Systeme ihrer Mitwelt nicht nur Sinnexegese betreiben können, sondern in ihrer Eigenzeit auf diesen

250 Scheler, *Die Stellung des Menschen im Kosmos*, a.a.O., S. 37 f.
251 Ebd., S. 38.
252 Ebd., S. 39.
253 Ebd., S. 66: »... aber von Hause aus und ursprünglich hat der Geist keine eigene Energie.«
254 »Jedesmal wenn in unserem Geist Dualität auftritt, erscheint Zeit. Zeit ist der generische Name für alles, was Dualität und Differenz betrifft.« Valéry, P., Cahiers/Hefte, Bd. 4, Frankfurt am Main 1990, S. 21.

Zeitmodus eingestellt sein, also zeittechnisch zumindest ›autopoiesisisomorph‹ operieren.[255] Sie würden sich (als Sinnsysteme) nicht in der ›Naturzeit‹ bewegen, deren Vektor, klassisch genommen, von der Vergangenheit über die Gegenwart zur Zukunft ausgerichtet ist, sondern in der Sinnzeit, die im Blick auf herkömmliche Zeitmodelle *zeitgegenläufig* arbeitet.[256] In dieser Zeit ist dasselbe niemals dasselbe – außer paradox:

[255] Siehe zu einer Argumentationlinie, die mit dem Gedanken einer solchen Isomorphie arbeitet: Fuchs, P., »Vom Zeitzauber der Musik. Eine Diskussionsanregung«, in: Baecker, D. et al. (Hrsg.), *Theorie als Passion*, Frankfurt am Main 1987, S. 214-237; ders., »Die soziale Funktion der Musik«, in: Lipp, W. (Hrsg.), *Gesellschaft und Musik. Wege zur Musiksoziologie*, in: *Sociologia Internationalis*, Beiheft 1, 1992, S. 67-86; ders., »Musik und Systemtheorie – Ein Problemaufriß«, in: Tobias Richtsteig, Uwe Hager, Nina Polaschegg (Hrsg.), *Diskurse zur gegenwärtigen Musikkultur*, Regensburg 1996, S. 49-55; ders. (zusammen mit Markus Heidingsfelder), »MUSIC NO MUSIC MUSIC – Zur Unhörbarkeit von Pop«, in: *Soziale Systeme*, 10. Jg., 2004, H. 2, S. 292-324. Das Eingestellt-sein auf Autopoiesis läßt sich auch in die Forderung nach Synchronisation übersetzen: »In order for 1 Object to observe another … both self-times must be (temporarily) synchronised.‹ (Glanville, R., »Consciousness and so on«, in: *Progress in Cybernetics VII*, 1980, S. 303-307, 303.

[256] »Der Einbau dieser Differenz macht Kommunikation erst zur Kommunikation … Die Differenz liegt zunächst in der Beobachtung des Alter durch Ego. Ego ist in der Lage, das Mitteilungsverhalten von dem zu unterscheiden, was es mitteilt. Wenn Alter sich seinerseits beobachtet weiß, kann er diese Differenz von Information und Mitteilungsverhalten selbst übernehmen und sich zu eigen machen, sie ausbauen, ausnutzen und zur … Steuerung des Kommunikationsprozesses verwenden. *Die Kommunikation wird sozusagen von hinten her ermöglicht, gegenläufig zum Zeitablauf des Prozesses.* Der Ausbau der dadurch gegebenen Komplexitätschancen muß sich deshalb der Antezipation und der Antezipation von Antezipationen bedienen. Das gibt dem Erwartungsbegriff für alle soziologischen Analysen eine zentrale Stellung.« (Luhmann, *Soziale Systeme*, S. 198, Kursivierung durch mich, P. F.). »Die Vergangenheit liegt z w i s c h e n der Gegenwart und der Zukunft …«, formuliert Valéry, P., *Cahiers/Hefte*, Bd. 4, Frankfurt am Main 1990, S. 86. »Das ›Wahrgenommene‹ läßt sich nur als Vergangenes, unter der Wahrnehmung und nach ihr lesen«, formuliert Derrida, J., *Die Schrift und die Differenz*, Frankfurt am Main 1989 (4. Aufl.), S. 341, unter Bezug auf den Freudschen Wunderblock. »Wir nennen daher die charakterisierten Phänomene Zukunft, Gewesenheit, Gegenwart die Ekstasen der Zeitlichkeit. Sie ist nicht vordem ein Seiendes, das erst aus sich heraustritt, sondern ihr Wesen ist Zeitigung in der Einheit der Ekstasen.« (Heidegger, M., *Sein und Zeit*, Tübingen 1993 (17. Aufl.), S. 329. Auch hier wird dann die

durch einen Nachtrag, der die Identität vorangegangener Ereignisse bezeugt, aber sie dadurch erst: erzeugt.[257]

Autopoietische Systeme als Zeitmaschinen halten nichts fest, es gibt
auf operativer Ebene keinen Verbleib, keine Remanenz, kein ›Anwesen‹
von Ereignissen.[258] Solche Systeme kennen keine elementaren Identitäten, keine Aneignungen, die nicht zugleich ›Ent-Aneignungen‹ wären.[259]

> herkömmliche Reihenfolge verändert. »Die ursprüngliche und eigentli-
> che Zeitlichkeit zeitigt sich aus der eigentlichen Zukunft, so zwar, daß sie
> zukünftig gewesen allererst die Gegenwart weckt. Das primäre Phäno-
> men der ursprünglichen und eigentlichen Zeitlichkeit ist die Zukunft.«
> (Ebd.)

257 Zu ›Dasselbe ist nicht Dasselbe‹ vgl. Glanville, R., »The Same is Different«, in: Zeleny, M. (Hrsg.), *Autopoiesis: A Theory of Living Organization,* New York/Oxford 1981, S. 252-262 (in deutscher Übersetzung
verfügbar in: Glanville, R., *Objekte,* hrsg. und übersetzt von Dirk Baecker, Berlin 1988, S. 61-78.) Daß hier Heraklit als Pate fungiert, liegt auf
der Hand. Die (mittlerweile kanonische Formulierung findet man mittlerweile auch in der Musik – als Titel, etwa »dasselbe ist nicht dasselbe«
von Nikolaus A. Huber (1978) oder »The same is not the same« von
Ole Lützow-Holm (1991/92). Man kann dies alles auch ausdrücken mit
dem term der Oszillation. Die Inszenierung von Zeit ist zunächst nichts
weiter ist als eine » … oscillation between states. The first state, or space,
is measured by a distinction between states … If a distinction could be
made, then it would create a space. (…) Space is only an appearance. It
is what would be if there could be a distinction. Similarly, when we get
eventually to the creation of time, time is what there would be if there
could be an oscillation between states (…) The only change we can
produce – when we have only two states – is the crossing from one to
another.« (Spencer-Brown, G., «Selfreference. Distinctions and Time«,
in: *Teoria Sociologica 2-3,* 1993/94, S. 47-53, 51 f. Das Besondere dieser
›states‹ ist, daß sie nicht ›Vorhandenheiten‹ sind, die von anderen ›Vorhandenheiten‹ unterschieden werden, sondern daß die Bezeichnung eines
Zustandes nur möglich ist, wenn er unterschieden wird: »Again, when
you first construct time, all that you are defining is a state that, if it is
one state, it is another. Just like a clock, if it is tick, therefore it is tock.«
Und: Tick ist nur Tick, wenn Tock ist, und Tock ist nur Tock, wenn Tick
ist. Und nichts ist dabei: Identität. (S. 52)

258 Für den Ausdruck ›Remanenz‹ vgl. Carstenjen, F./Avenarius, R., *Biome-
chanische Grundlagen der neuen allgemeinen Erkenntnistheorie. Eine
Einführung in die »Kritik der reinen Erfahrung«,* München 1894, S. 75.
Weil Remanenz ausfällt, wird Strukturbildung und time-binding zum
Problem. Vgl. Korzybski, A., *Science and Sanity. An Introduction to
Non-Aristotelian Systems and General Semantics,* New York 1948 (3.
Aufl.), Kap. VII, S. 372 ff.

259 Jede Wiederaneignung des Elementaren kann nur sein: ex-appropriation

Das aber hieße zunächst, daß solche Systeme sich nicht selbst fassen, sich nicht sich selbst appräsentieren könnten. Ebendeshalb war es nötig, oben von re-entry-mächtigen Mitweltsystemen zu sprechen, die dazu befähigt sind, sich selbst in sich selbst von allem Nicht-sie-selbst unterscheiden zu können.[260] Insofern darf man gerade nicht im Sinne Max Schelers (der sich auf Geist bezieht) von einer reinen, puren Aktualität reden, wenn man auf Autopoiesis referiert, sondern nur von einer verschobenen Präsenz (das ist die Zeit der Sinnerwirtschaftung) *und* von einer völlig unfaßbaren Gegenwart dessen, was akut, was jählings, was als ein Ereignis geschieht, das nur ein Ereignis gewesen sein wird, wenn ein anderes Ereignis (für das dasselbe gilt) hatte angeschlossen werden können.[261]

Vielleicht trifft man das Gemeinte am ehesten, wenn man sich das autopoietische Operieren wie ein *Zählen* vorstellt, bei dem Zahlen herauskommen, die nicht das Zählen sind.[262] Zählen könnte man auffassen als das ›Einschießen‹ von Lücken in eine im Prinzip lückenlosen

- Ent-Aneignung. Vgl. Derrida, J., *Auslassungspunkte. Gespräche*, hrsg. von Peter Engelmann, Wien 1998, S. 280.

260 Ich beziehe mich hier unter anderem auf die Idee selbst-repräsentativer Systeme von Joshia Royce. Die Frage ist, wie eine Einheit in der Mannigfaltigkeit ergriffen werden könne, ohne durch die Operation dieses Ergreifens die Zahl der Elemente (Teile, particulars) unabsehbar und durch jede weitere Operation erneut zu vermehren. Es geht also um ein Unendlichkeitsproblem oder um die Unmöglichkeit, durch elementare Operationen eine Ganzheit zu erreichen. Wenn man diese logische Schwierigkeit überwinden wollte, müßte mindestens ein Element gefunden werden, das eine self-evident-unity wäre, »some case of an unity which develops its own differences out of itself.« Selbst-repräsentative Systeme wären entsprechend solche Systeme, die ein Element enthalten, das alle anderen Elemente des Systems vollständig spiegeln könnte. Siehe Royce, J., *The World and the Individual. First Series*, New York 1901 (1959). Vgl. auch einen Aufsatz von John C. Maraldo, der leider nur in japanischer Sprache erschienen ist (in: Shizuteru, U. (Hrsg.), *Nishida Tetsugaku e no toi* (Questioning Nishida's Philosophy), Tokyo 1990, S. 85-95) und deshalb von mir nach der englischen Manuskriptfassung zitiert wird: Maraldo, J., »Self-Mirroring and Self-Awareness: Dedekind, Royce and Nishida«.

261 Ich erinnere an den schönen Satz: »Das ist – weil es schon gewesen ist: So lautet das merkwürdigste Gesetz des Geistes.« (Valéry, P., *Cahiers/Hefte*, Bd. 3, Frankfurt am Main, 1989, S. 29.

262 Klages, L., *Der Geist als Widersacher der Seele*, Bonn 1981, S. 842 formuliert: »... Bewußtsein ist potentiell zählendes Bewußtsein.« Vgl. auch Baecker, D., »Rechnen lernen«, in: ders., *Wozu Soziologie?*, Berlin 2004, S. 293-330.

Welt.[263] Von Zahlen her (von diesen Resultaten aus) läßt sich ein Zählen, das sie erzeugt, schlußfolgern, ein Zählen, das aber nicht eine Zahl ist, sondern: Operation. Diese Operation wäre (jedenfalls solange wir der Einfachheit halber bei natürlichen Zahlen bleiben) die ›Verlückung‹ eines unendlichen Kontinuums. Umgedeutet auf Autopoiesis: Die Operation (als différance-basierte Synthese, sei sie psychisch, sei sie sozial) ist: Inzision in der metrischen Bedeutung dieses Wortes, ›Zäsurierung‹ oder Intervallproduktion, Synthese des Übergangs[264], Erzeugung von ›transients‹, das dann so, daß kein Synthese-Ereignis die ›Fülle des Seins‹ hat oder trägt oder gar Subjekt einer Kette von isolierbaren Ereignissen sein könnte.[265]

263 Vgl. Fuchs, P., *Die Metapher des Systems. Studie zur allgemein leitenden Frage, wie sich der Tanz vom Tänzer unterscheiden lasse,* Weilerswist 2001. Diese Lückenlosigkeit der Zeit ist eine uralte Idee. In schöner paradoxer Formulierung: »Zeit (kalah) ist nichts anderes als der Ablauf (adhvan) einer ununterbrochenen Reihenfolge von Momenten. Reihenfolge ist aber nur ein Begriff, keine Realität, denn nur ein einziges Moment ist gegenwärtig und real. Daher gibt es keine Zeit als reales Geschehen. sondern nur die Vorstellung eines Ablaufes, in dem der einzelne gegenwärtige Moment das Reale ist.« (Patanjali im Yoga-Sutram (200 vor Christus), zit. nach Scharf, J.-H., »Das Zeitproblem in der Biologie«, in: ders./Mayersbach, H. v. (Hrsg.), *Die Zeit und das Leben. Chronobiologie,* Nova Acta Leopoldina, Nr. 225, Bd. 46, 1977, S. 11-70, 27.) Fraglos ist die Erzeugung des Augenblicks auch zentraler Problempunkt in: Husserl, E., *Zur Phänomenologie des inneren Zeitbewußtseins* (1893-1917), hrsg. von Brehm, R., Den Haag 1966 (*Husserliana*, Bd. X); siehe dazu auch Bergmann, W./Hoffmann, G., »Selbstreferenz und Zeit: Die dynamische Stabilität des Bewusstseins«, in: *Husserl Studies* 6, 1989, S. 155-175.

264 Vgl. erneut Merleau-Ponty, M., *Phänomenologie der Wahrnehmung,* Berlin 1966, S. 481; siehe dazu auch Stoller, S., *Wahrnehmung bei Merleau-Ponty. Studie zur Phänomenologie der Wahrnehmung,* Frankfurt am Main 1995, S. 83 ff.

265 »Nur für unsere erinnernden Funktionen stellt sich das kontinuierliche Sich-Fortpflanzen der Schmerzqualität als *ein* Schmerz dar; es hat ihn aber als diesen einen nie gegeben. Dies Verhältnis zur Zeit muß einem zukommen, das eher den Charakter eines Ereignisses hat als den eines Gegenstandes. Es muß recht gewagt erscheinen, die verschwindend kurzen Realisationen einer bestimmten Struktur als Subjekt in Sätzen zu plazieren, in denen man über eines sagt, daß es sich ›hat‹, ›spürt‹, ›erlebt‹ oder ähnlich. Man hypostasiert damit die Ereignisse, aus denen der psychische Prozeß sich aufbaut, zu quasi gegenständlichen Einheiten, die für sich Bestand und eine gewisse Dauer haben.« (Pothast, U., *Über einige Fragen der Selbstbeziehung,* Frankfurt am Main 1971.S.78.

Die autopoietische Synthese (i. e. Operation) ist schlicht nicht registrabel. Sie ist – mit einem alten Wort gesagt –: *ineffabile*.[256] Man könnte sogar formulieren: Sie ist präzise ›metaphysisch‹.[267] Sie läßt sich, will das heißen, nicht ›physikalisieren‹, messen, abwiegen, sie kann nicht operationalisiert und empirischen Verfahren zugänglich gemacht werden. Und es trifft sich, daß die *différance* durch ebendiese Eigenschaft, keine Eigenschaft zu haben, definiert ist.[268] Die autopoietische Operation ist nicht erreichbar, sie ist durch den durchgehenden Zug der Nicht-Originalität gekennzeichnet.[269] Sie produziert ›Resultate‹ (zum

266 Vgl. zu diesem Ausdruck, bezogen auf das Individuum, Baeumler, A., *Das Irrationalitätsproblem in der Ästhetik und Logik des 18. Jahrhunderts bis zur Kritik der Urteilskraft*, Darmstadt 1967, S. 4. Natürlich hängt unsere Darstellung zusammen mit dem Umstand, daß die Zeitstellen unentwegt die Dinge verlassen, ohne dabei beobachtet werden zu können. Vgl. Luhmann, N., *Organisation und Entscheidung*, Opladen 2000, S. 152 ff.

267 Und wir schließen uns damit locker (und mit einer leichten Kontextänderung) der Auffassung an, der Mensch sei ein ›animal metaphysicum‹. Vgl. Schopenhauer, A., *Die Welt als Wille und Vorstellung, I und II*, nach den Ausgaben letzter Hand hrsg. v. Lütkehaus, L., München 2002 (2. Aufl.), Bd. 2, S. 185.

268 Die Nuer haben für diese bezeichnete Unbezeichenbarkeit die Bezeichnung »kwoth«. Vgl. dazu Schäfer, A., *Unbestimmte Transzendenz. Bildungsethnologische Betrachtungen zum Anderen des Selbst*, Opladen 1999, S. 161. Baecker, D., »Die Kunst der Unterscheidungen«, in: Ars Electronica (Hrsg.), *Im Netz der Systeme*, Berlin 1990, S. 7-39, 17, formuliert: »Derridas différance … ist exakt diese Unterscheidung, die sich selbst nie zu fassen bekommt, weil sie sich auf dem Umweg über das, was sie selbst bezeichnet, in der Tautologie, und auf dem Umweg über das, was sie ausgrenzt, in der Paradoxie verliert.«

269 »Der Begriff einer ›ursprünglichen Verspätung‹ ist paradox, aber notwendig. Gäbe es nicht vom Ursprung an … vom ›ersten Mal‹ an eine Differierung, so wäre das erste Mal nicht das ›erste Mal‹, denn ihm folgte kein ›zweites Mal‹; und wenn das ›erste Mal‹ das ›einzige Mal‹ wäre, so stünde es am Ursprung von gar nichts. In leicht dialektisch klingender Sprache müßte man sagen, daß der erste nicht der erste ist, wenn es nach ihm keinen zweiten gibt. Folglich ist der zweite nicht bloß ein Verspäteter, der nach dem ersten kommt, sondern er ist der, der dem ersten erlaubt, erster zu sein … Das ›zweite Mal‹ hat also einen gewissen Vorrang über das ›erste Mal‹, denn es ist vom ersten Mal an als notwendige Bedingung für den Vorrang des ersten Mals zugegen …, woraus folgt, daß das ›erste Mal‹ in Wirklichkeit das ›dritte Mal‹ ist.« Oder: »Im Anfang war die Wiederholung. ›Im Anfang war die Re-präsentation‹ und folglich gibt es nicht einmal *Repräsentation*, weil die *Präsentation* (an die jene Repräsentation erinnert) nie stattgefunden hat. Das Original ist

Beispiel: Vorstellungen oder Kommunikabilien), aber sie ist nicht: diese Resultativität. Sie kann auch nicht als Singularität gedacht werden, sie ist als Operation nur Operation in Konkatenation, und wir würden hier sagen: aus diesem Grund nur *systemisch* möglich. Nicht einmal das Wort ›Operation‹ trifft den Sachverhalt genau, denn es suggeriert einen Operateur[270], einen Täter, der die Operation tut, oder wenigstens einen Vorgang, der als Subjekt eines Satzes genommen werden könnte.

Soziale Systeme können die Besonderheit dieser Metaphysik nicht wahrnehmen noch (und aus dem gleichen Grunde) deren Resultate. Ebendeswegen setzen sie, wie wir sagten, wahrnehmende und zugleich sinnbefähigte Mitweltsysteme voraus, die ihrerseits registrieren können, daß sie die operative Konkatenation (ihrer selbst und der Sozialsysteme) nicht einsehen und nicht kontrollieren können. Wir wollen annehmen, daß der Ausdruck für diese Nichtkontrollierbarkeit ›Geist‹ ist: als das, was – wiewohl es an den Resultaten ablesbar ist – jede (sinnliche) Wahrnehmung transzendiert, ohne dabei in irgendeinem klassischen Verständnis transzendent oder gar transzendental zu sein. Wenn man ein altes Bild aufgreifen darf: Der Geist (den wir leider nur hypostasiert, als Subjekt schreiben können), ist das ›Wehen‹, das man nur an der Bewegung der Blätter erkennt. Es fügt sich, daß schon in der Antike dieses Bild zentral ist: Pneuma.[271] Wir wollen wie Kant diese Pneumatologie verwerfen, aber anders als er nicht die Vernunft an deren Stelle inthronisieren, sondern einfach nur sagen: Geist ist der sozial eingeführte Ausdruck (der Stellvertreter) für sinnbasierte Autopoiesis. Wenn man vom ›Geist des Menschen‹ als seinem Königszeichen spricht, so ist nichts weiter gemeint als diese spezielle Operativität. Die *via regia* zu einer Analytik des Geistes wäre entsprechend eine Zeitanalytik der Autopoiesis, für die im Augenblick noch nicht logisch hinreichend mächtige Instrumente zur Verfügung stehen.

Für unsere Zwecke genügt es, daß soziale Systeme sinnbasierte Autopoiesis in ihrer Mitwelt als Bedingung ihrer Möglichkeit voraussetzen. Die semantische Abbreviatur dafür: Geist.

---

bereits eine Kopie.« (Descombes, V., *Das Selbe und das Andere. Fünfundvierzig Jahre Philosophie in Frankreich 1933-1978*, Frankfurt am Main 1981, S. 172 (Derrida referierend).

270 Operateur, nicht: Operator. Mir scheint, man könnte tatsächlich von Operatoren sprechen etwa im Sinn der Boolschen Operatoren oder im Sinne mathematischer Funktionen oder vielleicht in dem Sinn, in dem in der Quantenphysik von Hamilton-Operatoren die Rede ist. In unserem Kontext wäre dann die Operation ausdrückbar als Operator, der ein ›und dann‹ erzeugt, das im Moment seiner Erzeugung das Zuvor für das ›und dann‹ (also für sich selbst) kreiert.

271 Und daß selbst der Heilige Geist *weht, wo er will.*

## b) Undinglichkeit zum zweiten: Die Metaphysik des Beobachters

Beobachtung ist eine Operation, die auf dem Abstraktionsniveau der Autopoiesis *beobachtet* wird.[272] Diese Formulierung ist *selbst-implikativ*, zirkulär, paradoxie-anfällig, insofern sie besagt, daß man über diese Operation nur dann etwas wissen kann, wenn man sie durchführt, sie also im genauen Sinne auf sich selbst anwendet.[273] Erschwerend kommt hinzu, daß das Abstraktionsniveau, auf dem der Begriff ›Autopoiesis‹ kalibriert ist, so hoch liegt, daß man, wie oben festgehalten wurde, von einer Art ›Zeitmetaphysik‹ ausgehen müßte, die nur um den Preis erheblicher Simplifikationen in die Nähe von etwas ›Empirisierbaren‹ überführbar wäre.

Ziel der Abstraktion des Beobachtens hin auf ein Unterscheiden und Bezeichnen (oder vielleicht genauer: auf ein Bezeichnen hin, das immer einen Unterschied markiert, der selbst durch eine Unterscheidung bezeichnet werden könnte), Ziel also dieser Abstraktion war es, *einen* Begriff für zwei empirisch vollkommen verschiedene Realisationen *derselben* Form zu haben, mithin psychische *und* soziale Operationen der Form nach als baugleich zu identifizieren. Es ist evident, daß die Psyche nichts Soziales herstellt oder reproduziert und das Soziale nichts an Psychischem. Der einfachste Ausdruck dafür ist: Psychische Systeme kommunizieren nicht, soziale Systeme nehmen nicht wahr (denken nicht).

Beide Systemtypen jedoch vollziehen, so die These, die Operation der Beobachtung – das aber nur in einer unterschiedlichen Medialität, die keine operativen Überlappungen zuläßt. Sie bezeichnen (also: unterscheiden) in einem fort: soziale Systeme durch Anschlußoperationen, die festlegen, *daß* und dann *wie* ein vorangegangenes Ereignis an wiederum voraufgegangene Ereignisse angeschlossen hat, psychische Systeme durch die Transformation von Gedanken in Vorstellungen[274] oder wie ich es sagen würde: durch Zitation.[275]

272  »Der Begriff Beobachtung ist auf dem Abstraktionsniveau des Begriffs der Autopoiesis definiert. Er bezeichnet die Einheit einer Operation, die eine Unterscheidung verwendet, um die eine oder die andere Seite dieser Unterscheidung zu bezeichnen.« (Luhmann, N., *Ökologische Kommunikation. Kann die moderne Gesellschaft sich auf ökologische Gefährdungen einlassen?*, Opladen 1986, S. 266.)

273  Vgl. Fuchs, P., *Der Sinn der Beobachtung. Begriffliche Untersuchungen*, Weilerswist 2004.

274  Vgl. zur Diskussion des Bewußtseins Luhmann, N., »Die Autopoiesis des Bewusstseins«, in: *Soziale Welt 36*, 1985, S. 402-446 (ebenfalls in: Hahn, A./Kapp, V. (Hrsg.), *Selbstthematisierung und Selbstzeugnis: Bekenntnis und Geständnis*, Frankfurt am Main 1987, S. 25-94); ders.,

Das dadurch gegebene Problem macht sich sprachlich bemerkbar. Es bereitet offenbar keine Schwierigkeit, die Systeme, die die Mitwelt sozialer Systeme ausmachen, als beobachtende Systeme aufzufassen, aber ersichtlich gewaltige Mühe, soziale Systeme (Kegelclubs, Hochzeitsgesellschaften, Organisationen oder gar die Gesellschaft) als beobachtende Systeme zu denken. Wahrscheinlich würden viele noch mitziehen, wenn gesagt würde: Soziale Systeme prozessieren Beobachtungen, sie beinhalten sie gleichsam, aber den nächsten Schritt würden nicht mehr so viele mitmachen, nämlich das Partizip ›beobachtend‹ adjektivisch an das Substantiv ›Sozialsystem‹ zu hängen. Man erträgt, daß das Wort Sozialsystem sprachlich in die Subjektposition rücken kann, aber nicht: daß es genommen wird wie die Bezeichnung eines, wenn man so sagen darf: Realsubjektes. Sozialsysteme können nichts tun, sie sind keine Agenten oder Akteure, und wenn man doch so verfährt, als ob es so wäre, bewegt man sich im Kontext von Konventionen oder sozial konzedierten Abbreviaturen, die nur in einer (vielleicht deswegen sogar anrüchigen) wissenschaftlichen Spezialsprache eine Funktion erfüllen, aber in keinem Fall so etwas wie ›eigentliche‹ Ausdrücke sind. Die ›eigentlichen‹ Beobachter, das sind die Leute, die Menschen; Sozialsysteme ließen sich, so der Tenor der Einwände, nur in einem ›Jargon der Uneigentlichkeit‹ zu Beobachtern stilisieren.

Die Weigerung, solcher Uneigentlichkeit beizupflichten, speist sich aber aus einer systemisch-systematischen Quelle. Sozialsysteme setzen (dies ist wiederum der Duktus unserer Untertunnelung), eine Mitwelt

»Wie ist Bewußtsein an Kommunikation beteiligt?«, in: Gumbrecht, H. U./Pfeiffer, K. L. (Hrsg.), *Materialität der Kommunikation*, Frankfurt am Main 1988, S. 884-905; Baecker, D., »Die Unterscheidung zwischen Kommunikation und Bewußtsein«, in: Krohn, W./Küppers, G. (Hrsg.), *Emergenz: Die Entstehung von Ordnung, Organisation und Bedeutung*, Frankfurt am Main 1992, S. 217-268; Bergmann, W./Hoffmann, G., »Selbstreferenz und Zeit: Die dynamische Stabilität des Bewusstseins«, in: *Husserl Studies 6*, 1989, S. 155-175; Fuchs, P., *Das Unbewußte in Psychoanalyse und Systemtheorie. Die Herrschaft der Verlautbarung und die Erreichbarkeit des Bewußtseins*, Frankfurt am Main 1998 (2. Aufl. 2006); ders., »The Modernity of Psychoanalysis«, in: *Germanic Review*, Vol. 74, Number 1, Winter 1999, S. 14-29; ders., »Die konditionierte Koproduktion von Kommunikation und Bewußtsein«, in: *Ver-Schiede der Kultur*, a. a. O. (Fn. 41), S. 150-175; ders., »Die Form der autopoietischen Reproduktion am Beispiel von Kommunikation und Bewußtsein«, in: *Soziale Systeme*, 8. Jg., 2002, H. 2, S. 333-351, ders., *Der Eigen-Sinn des Bewusstseins. Die Person, die Psyche, die Signatur*, Bielefeld 2003.

275 Vgl. Fuchs, P., *Die Psyche. Studien zur Innenwelt der Außenwelt der Innenwelt*, Weilerswist 2005.

voraus, die von re-entry-mächtigen, sinndeutungsbefähigten, volitions-, intentionalitäts- und freiheitsbegabten Prozessoren gebildet wird, die – und nur in dieser Form – als Ankerpunkte der Zurechnung auf mitteilende Instanzen dienen.[276] Was immer auch als Selektion der Mitteilung in der Kommunikation (via Anschlußselektivität) zustande kommt, es käme nicht zustande, wenn nicht mit dieser Selektion auch ›Mitteiler‹ ermittelt würden, durch Mitteilung Handelnde, die sich via Mitteilung mutuell aufeinander beziehen und genau in diesem Sinne Subjekte der Kommunikation zu sein scheinen. Dieses ›Ausflaggen‹ ist so alltäglich, so selbstverständlich, daß psychische Systeme kaum eine andere Chance haben, als sich dann tatsächlich auch als Handelnde (und nicht als solche, die gehandelt werden) zu begreifen. Damit aber gehandelt werden kann, muß beobachtet werden können, und genau in diesem Sinne projizieren soziale Systeme *Beobachter* so in die Umwelt, daß nur Beobachter die konstitutive Umwelt, also: die Mitwelt ausmachen.[277]

Prekär für einen klassischen Beobachter, der eine *universitas rerum* aufspannt, ist, daß die Theorie der Beobachtung *den* Beobachter nur in einer *transklassischen* Form zuläßt. Er ist keine ›Dichtigkeit‹, keine ›opacité‹.[278] Der Beobachter kann nur selbst unterschieden und bezeich-

---

276 Im Hintergrund steht hier selbstverständlich Attributionstheorie. Vgl. Jones, E.E./Nisbett, R.E., »The Actor and the Observer: Divergent Perceptions of the Causes of Behavior«, in: Jones, E.E. et al., *Attribution: Perceiving the Causes of Behavior*, Morristown N.J., 1971, S.79-94. Siehe auch Luhmann, N., »Erleben und Handeln«, in: ders., *Soziologische Aufklärung 3*, Opladen 1981, S.67-80. »Handlungen werden durch Zurechnungsprozesse konstituiert. Sie kommen dadurch zustande, daß Selektionen, aus welchen Gründen, in welchen Kontexten und mit Hilfe welcher Semantiken (›Absicht‹, ›Motiv‹, ›Interesse‹) immer, auf Systeme zugerechnet werden. Daß dieser Handlungsbegriff keine ausreichende Kausalerklärung des Handelns vermittelt, schon weil er Psychisches außer Acht läßt, liegt auf der Hand. Es kommt in der hier gewählten Fassung darauf an, daß Selektionen auf Systeme und nicht auf deren Umwelten, bezogen werden und daß auf dieser Grundlage Adressaten für weitere Kommunikation, Anschlußpunkte für weiteres Handeln festgelegt werden, was immer als Grund dafür dient.« (Luhmann, *Soziale Systeme*, S.228. Siehe im übrigen zum Begriff der Volition und seiner seltsamen Stellung zur Systemtheorie Ort, N. »Volition – zu einem nicht-empirischen operativen Zeichenbegriff«, in: Jahraus, O./Ort, N., *Theorie – Prozess – Selbstreferenz. Systemtheorie und transdisziplinäre Theoriebildung*, Konstanz 2003, S.261-280.

277 Diese soziale Evidenz macht es so schwer, plausibel zu machen, daß auch soziale Systeme als Beobachter beobachtet werden können.

278 Vor allem: kein EGO: »Zunächst stellen wir fest, daß es in diesem Bewußtsein keine Unterscheidung Subjekt/Objekt gibt. Daß es nicht von

net werden. Er taucht nicht als *er selbst* auf, sondern immer schon: als Bezeichnung.[279] Die zur Katachrese gewordene Metapher des ›blind spot‹ ist hier einschlägig.[280] Sie besagt, daß die Beobachtungsoperation *den* Beobachter verdeckt, *weil* sie ihn nur unterscheiden und bezeichnen kann.[281] Er ist, in einer etwas anderen Sprache gesagt, immer: *imago*, immer: *imaginär*. Er ist (ähnlich wie ein Medium) schlicht das Resultat von operativer Inferenz, mithin im weiter oben bezeichneten Sinne: *Unjekt*. Als Subjekt eines Satzes könnte er nur gebarrt notiert werden – B̶e̶o̶b̶a̶c̶h̶t̶e̶r̶.[282] Oder in paradoxer Formulierung: Der Beobachter *ist*

einem ›Ego‹ bewohnt wird, bedeutet wesentlich folgendes: Ein ›Ego‹ als Bewohner des Bewußtseins ist eine Dichtigkeit (opacité) im Bewußtsein; tatsächlich ist das Bewußtsein, wenn es auf der Ebene des Unmittelbaren und der Nicht-Reflexivität kein Ego hat, deshalb nicht weniger persönlich. Es ist persönlich, weil es trotz allem Verweis auf sich selbst ist. Was ist also diese Art von Sein, die einerseits nicht Präsenz eines Objektes für ein Subjekt ist und die andererseits der Verweis von etwas auf etwas anderes ist?« (Sartre, J. P., *Bewußtsein und Selbsterkenntnis. Die Seinsdimension des Subjekts,* Hamburg 1973, S. 33/34.

279 Deswegen ist es hier völlig gleichgültig, ob man dem ER noch ein SIE oder gar ein ES beifügt. Beobachter haben kein Geschlecht, sie ›haben‹ und sie ›sind‹ überhaupt nichts, das wie eine Substanz Attribute aufweisen könnte.

280 Vgl. zum Einsatz der Metapher »Blinder Fleck« James, W., »On a Certain Blindness in Human Beings«, in: ders., *Talks to Teachers and to Students on Some of Life's Ideals,* Neudruck, Cambridge Mass., 1983, S. 132-149; siehe zum Einsatz der Metapher im Blick auf Problemformulierungen Winograd, T./Flores F., *Understanding Computers and Cognition: A New Foundation for Design,* Reading Mass. 1986, S. 77.

281 Präziser gesagt: Es geht nicht um ein Verdecken, da jede Camouflage etwas Camoufliertes voraussetzt. Hier: steckt nichts dahinter. »In ... auf Wittgenstein zurückgehender Formulierung kann man ... sagen: Ein System kann nur sehen, was es sehen kann. Es kann nicht sehen, was es nicht sehen kann. Es kann auch nicht sehen, daß es nicht sehen kann, was es nicht sehen kann. Das verbirgt sich für das System ›hinter‹ dem Horizont, der für das System kein ›dahinter‹ hat. Das, was man ›cognized model‹ genannt hat, ist für das System absolute Realität. Es hat Seinsqualität, oder, logisch gesprochen: Einwertigkeit. Es ist, was es ist ...« (Luhmann, *Ökologische Kommunikation,* a. a. O., S. 52. Vgl. auch Luhmann, N., »Was ist der Fall, was steckt dahinter? Die zwei Soziologien und die Gesellschaftstheorie«, in: *Zeitschrift für Soziologie* 22, 1993, S. 245-260.

282 Zu erinnern ist erneut an die kreuzweise Durchstreichung des Seins durch Heidegger, M., *Einführung in die Metaphysik,* Tübingen 1953 oder an die Durchstreichungen bei Derrida, J., *Randgänge der Philosophie,* Wien 1988.

eine ›nonentity‹[283], ein *imaginärer Wert*, mit dem soziale Systeme rechnen können (im Sinne von Projektion).[284]

Die Situation verschärft sich, wenn man dazu übergeht, Systeme als Beobachter, Beobachter als Systeme zu konzipieren. Dann sieht man sofort, daß sinnbasierte Systeme ihre Einheit ebenfalls nur imaginär konstituieren können, da Systeme gar keine *Einheiten* sind, sondern: sich reproduzierende Differenzen, also ebenfalls: Unjekte. Die Mitwelt sozialer Systeme ist die Projektion psychischer (wahrnehmender und sinnverarbeitender) Systeme, also – genau besehn – die Projektion einer Differentialität, die sich ihrer selbst niemals ansichtig wird, es sei denn: als Konstruktion, die schon im Gedanken der Re-entry-Mächtigkeit impliziert ist.

Im Ergebnis: *Der* Beobachter ist ›meta ta physica‹. Er ist nicht angesiedelt in der Welt wie ein weiteres Ding, ein weiterer Zustand. Er ist nicht erreichbar, man kann ihn nicht ins Licht ziehen, ihn nicht ›aufklaren‹, geschweige denn: aufklären. Er ist – cum grano salis formuliert – *transzendental*, ein Apriori jeder sozialen und psychischen Operation, eine *aporía* oder, spielerischer gesagt: eine kognitiv und kommunikativ unumgängliche Ausweglosigkeit. Der Beobachter ist unfaßbar, die Chiffre für diese Unfaßbarkeit (und die damit verknüpfte Fassungslosigkeit) seit Olims Tagen: Geist.

c) Undinglichkeit zum dritten:
Die Metaphysik der singulären Allgemeinheit

Beobachten ist Bezeichnen im Rahmen einer Unterscheidung oder ein Bezeichnen, das von Beobachtern (eingeschlossen: Selbstbeobachtern) als eine Markierung aufgefaßt werden kann, an die sich durch weitere Operationen derselben Art Unterscheidungen heranassoziieren lassen. Jede Markierung ist nur Markierung, wenn sie als in einer Unterscheidung situiert aufgegriffen wird. In der kognitiv und kommunikativ

283 Vgl. zu diesem Ausdruck James, W., »Does Consciousness exist?«, in: *Journal of Philosophy, Psychology and Scientific Methods,* H. 1, New York 1904, S. 477-491. Die Antwort: »It is the name of a nonentity, and has no right to a place among first principles.« (S. 477)

284 Wir argumentieren parallel (und in einer analogen Manier) zu Spencer-Brown, G., *Laws of Form*, London 1969, S. 99: »The fact that imaginary values *can* be used to reason towards a real and certain answer, coupled with the fact, that they *are not* so used in mathematical reasoning today, and also coupled with the fact that certain equation plainly *cannot* be solved without the use of imaginary values, means that *there* **must** *be mathematical statements* (whose truth or untruth is in fact perfectly decidable) *which cannot be decided by the methods of reasoning to which we have hitherto restricted ourselves.«*

verfaßten Sinnwelt informieren Unterschiede als Unterscheidungen, die *seriatim* getroffen werden, und sie informieren ausschließlich, wenn sie die Sinnform aufweisen – also nur als selektive Verweisung. Pointierter: Sinnfreies Beobachten ist schon deswegen unmöglich, weil die Operation der Beobachtung nicht Unterschiede nutzt, sondern Unterscheidungen.[285]

Mit dem Medium ›Sinn‹, in das sich Bezeichnungen/Unterscheidungen einschreiben lassen, sind zwei seltsame Bewandtnisse verknüpft: Es ist nämlich *universal* und, wenn und insoweit es mit Zeichen verknüpft wird, *allgemein*.

Universal, das will (in tautologischer Formulierung) heißen, daß ausnahmslos alle Sinnsysteme dem Sinn nicht ausweichen können. Es gibt für sie keine sinnfreien Operationen, und selbst die Beobachtung, die sagt, etwas sei sinnlos, hat ersichtlich: Sinn.[286] Sinn ist »fundamentale Ordnungsform«[287], insofern er (in sich und für jede Applikation) immer Negation ermöglicht, nur nicht die *Negation seiner selbst*. Es ist keine Äußerung denkbar, die Sinn negiert – außer in der Form von Sinn, also paradox. Eine Formulierung Martin Heideggers variierend, ließe sich sagen: *Der Sinn ist das Haus des Seins.*[288] Es ist für Sinnsysteme ein absolut ›verrammeltes‹ Haus. Es hat keine Ausgänge.[289] Da ist keine Exit-Option.[290] Weder Körperbezug noch Gefühle machen eine Ausnahme: Auch dies alles ist Sinnsystemen nur als Sinn zugänglich.[291]

285 Diese Nutzung muß nicht explizit sein, wofür dann die Beobachtungsebene erster Ordnung einsteht im Unterschied zur Beobachtungsebene zweiter Ordnung, die auf die je eingesetzten Unterscheidungen explizit referiert.

286 Siehe dazu, daß selbst so scheinbar sinnlose Sätze wie »Farblose grüne Ideen schlafen wütend« in ihrer Sinnlosigkeit ›verstanden werden‹, indem andere Möglichkeiten ausgeschlossen werden (Traum, Scherz, Poesie, Codierte Nachricht etc.), Foucault, M., *Archäologie des Wissens*, Frankfurt am Main 1973, S. 131.

287 Luhmann, N., »Einfache Sozialsysteme«, in: *Soziologische Aufklärung 2*, Opladen 1975, S. 21-38, 22.

288 »Die Sprache ist das Haus des Seins.« (Heidegger, M., *Über den Humanismus*, Frankfurt am Main 1949, S. 5.)

289 Das kann natürlich die Intention wecken und in leidenschaftlichem Betrieb halten, solche Ausgänge, Durchtritte, Risse zu entdecken. Vgl. Fuchs, P., »Vom Unbeobachtbaren«, a.a.O. (Fn. 33); ders. (im Gespräch mit Markus Heidingsfelder), *Das Gehirn ist genauso doof wie die Milz*, Weilerswist 2005.

290 Ausgenommen ist der Tod. Sehr schön dazu: Spencer-Brown, G., *Laws of Form*, London 1971 (2. Aufl.), S. 194: »We do exactly the same with ourselves. When we die the self-boundary eventually disappears. Before it did so, we ascribed a huge value to what we called ›inside‹ of our-

Allgemeinheit von Sinn, das will heißen, daß jeder Sinn, der durch (einst stattgehabten oder aktuellen) Zeichengebrauch in's Spiel kommt, niemals *privater* oder *idiosynkratischer* Sinn ist. Wenn wir Bewußtsein begreifen als ein zeichenprozessierendes System (und das bedeutet auch: als ein beobachtendes System), dann stammt alles, womit es bezeichnen und unterscheiden kann, nicht von ihm selbst, sondern aus der Sozialität, die – via Kommunikation – alle Möglichkeiten der Bezeichnung und Unterscheidung anliefert. Das Bewußtsein ist ein durch und durch auf der Operation des *Zitierens* beruhendes System, das, wenn es erst einmal im Gange ist, schließlich auch die organisierte Wahrnehmung (i. e. das psychische System) in toto dazu nötigt, die Weltregistratur oder die Welterzeugung (das ›Welten‹) zitatförmig zu leisten.[292] Die alte Formulierung, daß der Mensch zur Freiheit verurteilt sei (Sartre), läßt sich variieren: Das psychische System ist zu Sinn verurteilt und damit: zur *Allgemeinheit von Sinn, zur Unmöglichkeit der Kommunikation von Einzigartigkeit, geknüpft an die Unmöglichkeit: einzigartig zu denken oder wahrzunehmen.*[293]

Der Beobachter (hier: Bewußtsein), den das Sozialsystem projizieren muß, insofern es Zitationsmaschinen benötigt, ist: der überaus paradoxe Fall einer *singulären Allgemeinheit*.[294] Er ist *komplette Alterität*.

selves, and comparativeley little value to what we called ›outside‹. The death experience is thus ultimatley the loss of the selective blindness to see both sides of every distinction equally. This by definition is absolute knowledge or omniscience, which is mathematically impossible except as equated with no knowledge at all. In the ascription of equal values to all sides, existence has ceased altogether, and the knowledge of everything has become knowledge of nothing.«

291 Vgl. als Fallstudien Fuchs, P., »Wer hat wozu und wieso überhaupt Gefühle?«, in: *Soziale Systeme*, 10. Jg., 2004, H. 1., S. 89-110; ders., »Die Form des Körpers«, in: Schroer, M. (Hrsg.), *Soziologie des Körpers*, Frankfurt am Main 2005, S. 48-72.

292 Vgl. Fuchs, P., *Die Psyche. Studien zur Innenwelt der Außenwelt der Innenwelt*, Weilerswist 2005.

293 Wir wollen hier nicht abmildern, aber wenn man es wollte, dann müßte man sagen, daß es keinen Weg gibt, Nicht-Allgemeinheit kommunikativ zu prozessieren, so daß jemand allenfalls nur intern idiosynkratisch oder privat sein könnte, aber eben daüber könnte man schlicht: nichts sagen. Vgl. zum Problem jedenfalls Luhmann, N./Fuchs, P., *Reden und Schweigen*, Frankfurt am Main 1989 (vor allem die Studie über Lyrik).

294 Die Suche müßte also einem Webfehler gelten. »Die Geister der Körbe, sagen die Pomos (in ihren Mythen, Kalifornien) müssen im Dekor (im Ornament, in der unendlichen Wiederholung) einen Webfehler haben, einen winzigen Fehler, durch den der Geist entwischen kann, wenn er stirbt. Die Frau, die vergißt, den Webfehler einzubauen, würde mit dem

Die Form *des* Menschen

Will man einen Ausdruck, den die soziale Welt für diesen Fall einer in Singularitäten prozessierten Allgemeinheit bereitstellt, so empfiehlt sich auch dafür der alte Ausdruck: Geist. Und es schickt sich an dieser Stelle, Georg Wilhelm Friedrich Hegel die schuldige Reverenz zu erweisen.[295]

d) Undinglichkeit zum vierten:
Die Metaphysik der Nicht-Berechenbarkeit

Es gibt überaus interessante Versuche, im Blick auf die eben diskutierten ›meta ta physica‹ dem Gehirn, das als die Infrastruktur (hardware) psychischer Prozesse aufgefaßt wird, ›Verfahren‹ nachzuweisen, die hinsichtlich der bekannten Physik und der bekannten Mathematik als *errechnende Nichtrechnungen* zu begreifen wären.[296] Sogar die Quantenphysik wird mit all ihren für den common sense so heftigen Bizarrerien bemüht, um irgendwie eine Zone für *causes uncaused* oder *computations uncomputed* zu identifizieren, die dann die Quellen für das wären, was man das Unphysikalische oder Unbiologische schlechthin nennen könnte, eben die Quellen für den Geist oder das Geistige, für – wenn man so sagen darf – die ›sprungbereite‹ Dämonie, die irgendwie von den Futteralsystemen der Mitwelt sozialer Systeme beherbergt wird und, wie wir gesehen haben, genau in dieser Form Projektion ist: vom Sozialen her beobachtet.[297]

<hr>

Geist zum Tode verurteilt (wobei der Demiurg einmal hat Gnade walten lassen.« /Lévi-Strauss, C., *Sehen, Hören, Lesen,* München/Wien 1995, S. 157.

295 Hegel, G.F.W., *Phänomenologie des Geistes,* hrsg. von Lasson, G., Leipzig 1991 (2. Aufl.). Daß mit diesen Überlegungen auch der Topos einer Vereinnahmung angespielt ist, dürfte deutlich sein. Siehe für einen anderen Kontext, in dem ebendies eine Rolle spielt: Siehe zur Andersheit als Struktur der Vereinnahmung (auch am Herr/Knecht-Beispiel Hegels) Wartenpfuhl, B., *Dekonstruktion von Geschlechtsidentität. Transversale Differenzen. Eine theoretisch-systematische Grundlegung,* Opladen 2000, S. 129.

296 Siehe nur zum Problem der Nichtberechenbarkeit des Bewußtseins Penrose, R., *Schatten des Geistes. Wege zu einer neuen Physik des Bewußtseins,* Heidelberg/Berlin/Oxford 1995 (*Shadow of the Mind,* New York 1994).

297 Wir benutzen ›Dämonie‹ in etwa so wie Tillich, P., »Das Dämonische. Ein Beitrag zur Sinndeutung der Geschichte«, in: *Sammlung gemeinverständlicher Vorträge und Schriften aus dem Gebiet der Theologie und der Religionsgeschichte 119,* 1926, S. 1-44. Für ihn ist das Dämonische eine »Form der Formwidrigkeit«, aber keine negative Formwidrigkeit, sondern ein »Gegen-Positives« (S. 6).

Es scheint fast als, als ginge es darum, im Ding ›Gehirn‹, in dieser ›Super-Verschaltung‹, ein nicht-dingliches Ding zu (er)finden, das sich gleichwohl (in welcher wissenschaftlichen Zukunft auch immer) der physiko-chemikalisch-biologischen Welt einordnen ließe, ein im Moment abenteuerliches Sonderding sozusagen, das aber im Fortschritt der hard sciences ent-abenteuert werden könne, ein Fortschritt, für den das ›Unbedingte‹ nichts sei, das sich aushalten lasse.[298] Das Reich der Freiheit, der Volition, der Intention und Intuition, des Ästhetischen, das Reich des Geistes also, das eines der a-kausalen Spielräume, der Indeterminiertheit wäre, wird dabei, wiewohl es sich in dieser Perspektive irgendwie entdinglicht findet, gleichwohl ›dingfest‹ gemacht. Die Psyche, das Bewußtsein, der Geist (mind) sind so eine Art ›Etwasse‹, die sich zwar den Beobachtungsmöglichkeiten klassischer Physik entziehen, etwa dem Prinzip der Stetigkeit oder dem der vollständig kausalen Bestimmtheit der Welt, ›Etwasse‹ aber, die durch die transklassische Physik (im wesentlichen Quantenphysik) neuen Interpretationen ausgesetzt werden können.[299]

298 Dagegen: Novalis (Friedrich von Hardenberg), *Fragmente und Studien. Die Christenheit oder Europa*, hrsg. von Paschek, Carl, Stuttgart 1984, S. 5: »Wir suchen überall das Unbedingte, und finden immer nur Dinge.« Siehe aber für modernes Problembewußtsein in dieser Hinsicht, daß nämlich Dinge, wie man in der Physik sagen könnte, Oszillatoren seien, Feynman, R.P. et al., *The Feynman Lectures on Physics*, Bd. 1, Mass. 1977, Abschnitte 23.1 f. »…Die ganze Welt ist nur ein Ding. Welt und Ich sind nur mehr oder weniger willkürliche Zusammenfassungen,« formuliert aber schon Mach, E., »Notizbuch 23« (26.1.1881), in: Haller, R./Stadler, F. (Hrsg.), *Ernst Mach – Werk und Wirkung*, Wien 1988, S. 178. Wir gehen hier natürlich auch nicht von so einer Art Ding aus und orientieren uns lieber an Überlegungen wie: »›Wir‹ erzeugen eine Existenz, indem wir die Elemente einer dreifachen Identität auseinandernehmen. Die Existenz erlischt, wenn wir sie wieder zusammenfügen. Jede Kennzeichnung impliziert Dualität, wir können kein Ding produzieren, ohne Koproduktion dessen, was es nicht ist, und jede Dualität impliziert Triplizität: Was das Ding ist, was es nicht ist, und die Grenze dazwischen.« (Spencer-Brown, G., *Gesetze der Form*, Lübeck 1997, S. xviii.)

299 Siehe zu Versuchen, auf der Basis transklassischer Physik ›Geist‹ erklären zu können: Eccles, J., *Wie das Selbst sein Gehirn steuert*, München 1994; Popper, K.R./Eccles, J., *Das Ich und sein Gehirn*, München 1997 (6. Aufl.); Stapp, H.P., *Mind, Matter, and Quantum Mechanics*, Berlin/Heidelberg 1993; Penrose, R., *The Emperor's New Mind. Concerning Computers, Minds, and the Laws of Physics*, Oxford 1989. Deutsch: *Computerdenken. Des Kaisers neue Kleider oder Die Debatte um künstliche Intelligenz, Bewußtsein und die Gesetze der Physik*, Heidelberg 1991.

Diese Physik kennt (probabilistische) ›Objekte‹, die nicht stetig sind, die also springen können, ohne daß es ein durchgehaltenes ›Verweilen‹ im Sprung, ein ›Während-des-Sprungs-Irgendwo-Sein‹ für sie gäbe.[300] Solche Objekte befinden sich in ›Unzuständen‹, insofern ihre Zustände definitionsgemäß nicht vollständig definiert sind, wenn und weil sie beobachtet werden, und schließlich: Sie scheinen der klassischen Weltkausalität nicht zu unterliegen (und mit ihr auch nicht: der klassischen Zeit).

Objekte dieses Typs, die – streng genommen – keinen Objektstatus haben und deswegen nur gebarrt notierbar wären, sind verführerisch, weil sie die Möglichkeit suggerieren, den Geist in seiner Unstetigkeit, Freiheit, Volatilität, in seiner Willenshaftigkeit *durcherklären* zu können. Das Verführerische daran ist, daß die Unstetigkeit, die ›Wolkigkeit‹, die ›Verschmiertheit‹, die systematische Unschärfe, die bei der Beobachtung jener ~~Objekte~~ im Spiel sind, ziemlich genau dem entsprechen, was man sich alltäglich unter Geist, Bewußtsein, Emotion (in Differenz zum Körper und seiner Determiniertheit) vorstellt. Die quantenphysikalische Beobachtung dieser ›Phänomene‹ wirkt wie der Versuch einer (letztlich ontologischen) Eingemeindung des *Ineffabile* in eine Physik, die mit mathematischen Mitteln auf die Linie jener Volatilität des Geistes einschwenkt[301] – etwa im Sinne eines: Der Alltagsmensch hat recht, wenn er den Eindruck hat, freier Geist zu sein, frei denken und entscheiden zu können, weil es in der Welt Freiheitsgrade und Unbestimmtheiten gibt, die es nahe legen, all dies auch in neuronale Systeme hineinzuvermuten, wenn man nur das bewunderungswürdige mathematisch-physikalische Auflösungsvermögen zugrundelegt, über das wir heute verfügen. Diese Analogien zu alltäglichen Einschätzungen sind berückend, weil sie gleichsam Durchtrittsstellen eröffnen für eine ›statistisch-probabilistische‹ (Im)Materialität, die sich nicht durchalgorithmisieren läßt. Die alte Rhetorik der Unfaßbarkeit des Geistes kann nun physikalistisch bedient werden mit dem Versprechen einer naturwissenschaftlich-mathematischen Entzauberung, die das ›Bezaubernde‹, eben die Indeterminiertheit und Nicht-Fixierbarkeit, beibehält.[302]

Es ist kaum zu leugnen, daß dieses Versprechen zu faszinieren vermag, aber es ist ebenso richtig, daß die hier verhandelte Systemtheorie

300 Ebendeswegen ist die Sprungmetapher zutiefst unscharf.

301 Besonders deutlich wird das am Fall des Erzplatonikers Roger Penrose.

302 Das Berückende drückt sich auch darin aus, daß es kaum einer der großen Physiker der Moderne ausgelassen hat, sich zu Fragen des Geistes zu äußern, ausgestattet mit dem Kredit, daß hinter diesen Äußerungen eine zwar gemeinhin unverständliche, aber doch eminent funktionstaugliche Mathematik stecke, die das Übertreten der Disziplingrenzen rechtfertigt. Man stelle sich nur vor, Systemtheoretiker kämen auf ähnliche Gedanken.

überhaupt nicht davon ausgeht, daß ihre ~~Objekte~~ (soziale und psychische Systeme) in den Kanon physikalischer Meß- und mathematischer Berechen- oder Unberechenbarkeiten eingerückt werden könnten. Soziale Systeme haben per definitionem keine Masse, kein Gewicht, keine Ausdehnung, keine Organe, keine Wahrnehmung. Sie sind keine Behälter, die membranartige Grenzen unterhalten, keine materialen Soliditäten oder Unsoliditäten, die sich der Physik (oder Chemie oder Biologie) der Welt unterordnen ließen. Sie leben, wie wir sagten, nicht einmal; aber sie leben auch nicht nicht.[303] Sie fallen nicht in irgendeine naturwissenschaftliche Kategorie, so sehr sie auf der Ebene ihrer Infrastruktur (der Subemergenz) an die Physik, die Chemie, die Biologie der Welt gebunden sind, an Unverzichtbarkeiten, ohne die sie nie zustandekämen, Unverzichtbarkeiten, die aber zugleich nicht Momente, Elemente oder Komponenten der autopoietischen Reproduktion von Sinnsystemen sind.

Kurz: Sozialsysteme lassen sich nicht als so eine Art ›Dinge‹ auffassen, insofern sie die Reproduktion und Stabilisierung einer Differenz darstellen: System/Umwelt, für die gilt, daß sie keinen ›Raum‹ bezeichnet mit einem ›Drumrum‹, kein Gebilde mit einer Umgebung, durch die sich spazieren ließe, bis man an eine Grenze käme, die das ›Drumrum‹ abrupt abbräche zugunsten eines ›Drinnen‹, das man nach dem Überschreiten einer Grenze betreten könnte wie eine eingezäunte Kuhwiese oder eine romanische Krypta. Es gibt, wenn man über die differentielle Konstitution sozialer Systeme spricht, kein ›Introite‹ und kein ›Introibo‹. Der deutlichste und bekannteste Ausdruck dafür ist, daß diejenigen, die als ›Grenzgänger‹ vorstellbar wären, die Leute, die Menschen, die Individuen etc., *niemals* irgendeine Grenze überschritten haben, um dann in die Sozialität einzurangieren. Sie sind immer diesseitig, und Sozialsysteme im Blick auf diese Diesseitigkeiten immer: transzendent und deswegen auch nicht besiedelbar.

Nun wäre dies alles kaum der Rede wert, wenn nicht im Zuge unserer Argumentation das, was für Sozialsysteme gilt (sie sind durch keine Physik erreichbar), auch seine Gültigkeit behielte für das, was wir Psyche, psychisches System, Bewußtsein nennen. Diese Art von System ist nicht minder die Reproduktion einer System/Umwelt-Differenz, nicht minder autopoietisch, nicht minder ausgestattet mit ephemeren, zeitflüchtigen Elementen, die sich an keiner Stelle des Systems aufhalten, eines Systems, das darüber hinaus keinen Raum, keine Stelle hat, an der es ein Ereignis beherbergen könnte. Reproduktion einer Differenz, das heißt auch (in der

303 Dieses Weder-Noch wird in der Logik als »Nicodscher Junktor« (aber auch als Peirce-Pfeil bzw. Scheffer-Strich) bezeichnet. Vgl. dazu Mann, Ch., »A universe comes into being«, in: *Mind & Logic, Colour, Vagueness, Semiotics. Acta Analytica 10,* 1993, S.93-120, 101, Anm.13.

sprachlichen Bizarrerie, die wir uns gönnen: Es ist ›Unjekt‹. Es läßt sich nicht beobachten, oder besser (wenn wir schon quantenphysikalische Analogien heranziehen): Es läßt sich nur ›aspekthaft‹ beobachten, nur so, daß das Scharfstellen eines Aspektes andere Aspekte ver-unschärft, vielleicht so ähnlich, wie es die Heisenbergsche Unschärferelation (1927) für mikrophysikalische Un-Einheiten behauptet.[304]

Ein Ausdruck für diese seltsame Unbeobachtbarkeit mag erneut ›Geist‹ sein.

### e) Undinglichkeit zum fünften: Die Metaphysik des Systems – konditionierte Koproduktion

> »Himmel und Erde
> entstehen mit mir zusammen.
> Das All wird mit mir Eins.«
> *Tschuang Tschou*

> »La natura è piena d'infinite
> ragioni che non furono mai in isperienza.«
> *Leonardo da Vinci*

Wenn man sagt, das System sei Differenz, sei die Einheit von System und Umwelt, läßt man sich auf höchst absonderliche Verhältnisse ein. Denn die Einheit einer solchen Differenz ist nicht die EINS des Systems, das, wie man leicht sehen kann, als Begriff, der definiert werden soll, in der Unterscheidung, die ihn definiert, wiederum auftaucht, ein logischer Fehler, wie es scheint, der das System, wie wir oben schon bemerkt haben, in's Imaginäre entschwinden läßt.[305] Ein Ding dieser Art kommt in der uns vertrauten Realität nicht vor.[306] Der schwierige Begriff, der darauf reagiert und den wir oben schon mehr oder minder allusiv eingeführt haben, ist *konditionierte Koproduktion*.[307]

304 Es fügt sich, daß der Ausdruck ›Scharfstellen eines Aspektes‹ genau bedeutet: Scharfstellen einer Wegsicht, einer Ab-Sicht. Vgl. Fuchs, P., »Das Fehlen einer Ab-SICHT« und »Vom Unbeobachtbaren«, a.a.O., (Fn. 33).

305 Es geht natürlich nur in einer klassischen Sicht um einen logischen Fehler, hier aber um die Form des re-entry, die Paradoxien geradezu erzwingt – nicht als das Vermeidbare, sondern als das Unvermeidbare, sobald ein Beobachter einen *entry* (i.e. eine erste Unterscheidung) erneut in sich selbst eintreten läßt.

306 Es ist wie das Subjekt bei Jacques Lacan ›Prozedur‹ im Reellen, also nicht zu erreichen. Vgl. noch einmal Bitsch, A., »*always crashing in the same car*«. *Jacques Lacans Mathematik des Unbewußten*, Weimar 2001, S. 14.

307 Spencer-Brown, G., *A Lion's Teeth. Löwenzähne*, Lübeck 1995, S. 20:

*Koproduktion* ist zunächst das Zentrum oder – vielleicht besser – die Schaltstelle der *Laws of Form* des George Spencer-Brown: »Der gesamte Text der *Laws* kann auf ein Prinzip reduziert werden, welches wie folgt aufgezeichnet werden könnte. Kanon Null (Koproduktion): Was ein Ding ist, und was es nicht ist, sind, in der Form, identisch gleich.«[308] Das ist die Behauptung der Einheit einer Zweiheit.[309] Diese Behauptung ist unmittelbar verknotet mit der Vorstellung, daß die Welt, die wir kennen, durch die Operation des Beobachtens entsteht. Denn dieser Satz bezieht sich nicht auf ein Universum, wie es *ist*, sondern auf das Universum und die Universa[310], die entstehn, wenn beobachtet, also

»How we, and all appearance that appears with us, appear to appear is by conditioned coproduction.« Vgl. auch Spencer-Brown, G., *Gesetze der Form*, Lübeck 1997, »Vorstellung der internationalen Ausgabe,« S. ix f.

308 Ebd., S. IX. »›Wir‹ erzeugen eine Existenz, indem wir die Elemente einer dreifachen Identität auseinandernehmen. Die Existenz erlischt, wenn wir sie wieder zusammenfügen. Jede Kennzeichnung impliziert Dualität, wir können kein Ding produzieren, ohne Koproduktion dessen, was es nicht ist, und jede Dualität impliziert Triplizität: Was das Ding ist, was es nicht ist, und die Grenze dazwischen.« (S. XVIII)

309 Sogar die Behauptung der Einheit einer Dreiheit. Zweiheit ist Dreiheit, ist »the co-genetic triad of components«, also eine Simplifikation der Triade x-Grenze-y. So jedenfalls Herbst, Ph. G., *Alternatives to hierarchies*, Leiden 1976, S. 90 f. Vgl. zum Zwei/Drei-Problem auch Venturi, R., *Komplexität und Widerspruch in der Architektur,* hrsg. v. Heinrich Klotz, Braunschweig 1978 (New York 1966), S. 136 f. Nach Gotthard Günther hätte man es überbietenderweise mit einer proemiellen Relation zu tun, mit einer Vierheit. Siehe etwa Köpf, D., »Der Christuslogos und die tellurischen Mächte. Eine kritische Würdigung emergenter kultureller Evolution«, in: Wägenbaur, Th., *Blinde Emergenz? Interdisziplinäre Beiträge zur Form kultureller Evolution,* München/Cambridge 2000, S. 286-327. Vgl. ferner unter dem Gesichtspunkt heterothetischen Denkens Rickert, H., »Das Eine, die Einheit und die Eins«, in: *Logos. Internationale Zeitschrift für Philosophie der Kultur,* Bd. II, 1911/1912, Tübingen 1912, S. 26-78, 36 f.

310 Dieser Plural verweist darauf, daß wir es – sobald Beobachtung/ Beobachter im Spiel sind – mit einem Pluriversum (gar mit Pluriversa) zu tun haben, damit dann auch mit einer Pluralität von Ontologien. Siehe etwa Rombach, H., *Welt und Gegenwelt. Umdenken über die Wirklichkeit: Die philosophische Hermetik,* Basel 1983. Siehe auch für den physikalischen Kontext Rohrlich, F., »Pluralistic Ontology and Theory Reduction in the Physical Sciences«, in: *Brit. J. Phil. Sci. 39,* 1988, S. 295-312. Daß die kaum faßbare Mehrweltentheorie in der modernen Physik ebenfalls mit Beobachtung und Beobachtern zu tun hat, ist bekannt. Aber auch phänomenologisch kann man darauf schließen, daß

unterschieden und bezeichnet wird. Der Einschub ›in der Form‹ referiert auf die Form der Form – das ist die Unterscheidung. »We take as given the idea of distinction and the idea of indication, and that we cannot make an indication without drawing a distinction. We take, therefore, the form of distinction for the form.«[311]

Wenn mithin in einer Beobachtung *Koproduktion* bezeichnet ist, wird die Form unterschieden von: Nichts.[312] Oder anders: Jede Unterscheidung unterscheidet sich als Form (i. e. als Unterscheidung) von Nichts.[313] Die Form der Unterscheidung ist die Unterscheidung selbst, gehalten gegen oder projiziert auf ›emptiness‹, auf den ›empty space‹.[314] Oder noch anders: Mit jeder Erzeugung einer Form wird das,

ein Beobachter ein Universum erzeugt. »Ich fülle meine Welt bis zum Rand aus: mein Gesichtsfeld als ›universales Seinsmilieu‹«, formuliert Merleau-Ponty, M., *Die Prosa der Welt,* München 1993, S. 151.

311 Spencer-Brown, G., *Laws of Form,* London 1969, S. 1.

312 Dafür gibt es eine scharfe Witterung in buddhistischen, taoistischen, aber auch in poetischen Kontexten. Als Beispiel:
»Dreißig Speichen treffen sich in einer Nabe:
Durch ihr Loch in der Mitte
wird das Rad brauchbar.
Forme Ton und bilde ein Gefäß:
Es ist die Leere, die es brauchbar macht.
Schneide Tür und Fenster aus, damit ein Raum entsteht:
Es sind die Löcher, die ihn brauchbar machen.
Also kommt Gewinn durch das, was da ist,
Brauchbarkeit durch das, was nicht da ist.«
Lao-Tse, zit. nach Watts, A., *Der Lauf des Wassers. Eine Einführung in den Taoismus. Die chinesische Weisheitsleere als Weg zum Verständnis unserer Zeit,* Bern/München/Wien 1976, S. 33, 48 f. In der Übersetzung von Victor von Strauss (Lao-Tse, *Tao Te King,* Zürich 1959, S. 68) ist »Leere« durch »Nicht-Sein«, und »das, was da ist« durch »Sein« übersetzt. Nelly Sachs dichtet (*Gedichte,* Zürich 1966, S. 359):
»Nichtstun
merkbar Verwelken
Meine Hände gehören einem fortgeraubten Flügelschlag
Ich nähe mit ihnen an einem Loch
aber sie seufzen an diesem offenen Abgrund – «

313 Kein neuer Gedanke. Die Operation ist das Unterscheiden des Ununterschiedenen. Vgl. dazu Sözer, Ö., »Selbstbewußtsein und Objekt bei Hegel und Husserl. Anhand des Strukturalismus von R. Jacobson«, in: *Hegel-Jahrbuch 1979,* hrsg. von Beyer, W. R. im Auftrag der Hegel-Gesellschaft e.V., Köln 1980, S. 424-434.

314 Ebendeswegen kann Spencer-Brown formulieren: »A Buddha is one, who is enlightened, that is, who *knows* that what appears is not anything.« (*A Lion's Teeth. Löwenzähne,* Lübeck 1995, S. 14) Vgl. dazu

118

was sie *nicht* ist, mitproduziert.[315] Konditionierte Koproduktion, das ist für Spencer-Brown der exakte Ausdruck dafür, »wie das scheinbare Universum sich selbst aus dem Nichts heraus konstruiert.«[316] Wann immer *etwas* beobachtet wird, ist im selben Zuge *etwas*, das es nicht ist, mit-produziert. Das Bezeichnete (das *Etwas*) gerät in die Sicht um den Preis einer ungeheuerlichen Ausblendung, die – indem sie eine Partikularität erscheinen läßt – den ›Rest‹ verschwinden macht: »Seine Partikularität ist der Preis, den wir für seine Sichtbarkeit bezahlen.«[317] Das ist der Sinn der berühmten Formulierung: »Existence is a selective blindness.«[318]

Wir müssen jedoch hier nicht den mystischen Abzweigungen folgen, die Spencer-Brown selbst nahegelegt hat, indem er den *Laws of Form* sechs chinesische Schriftzeichen vorausgehen läßt, die er aus dem *Dao de Jing* des Lao-Tse bezieht und die in etwa bedeuten: »Der Anfang von Himmel und Erde ist namenlos.«[319] Für uns wichtig ist allein, daß der Begriff der konditionierten Koproduktion geeignet erscheint, die Metapher des Systems aufzulösen, die – wenn man Kontakt aufgenommen hat mit jenem Begriff – plötzlich als Abbreviatur (im nahezu musikalischen Sinne dieses Wortes) begriffen werden kann.

Denn wenn das System (und wir reden hier immer über Sinnsysteme) Differenz *ist*, dann *ist* es: Nichts.[320] Dann hat es kein ›Sein‹. Dann ist es nichts ›Seiendes‹.[321] Wir können dann nicht mehr sagen, hier ist das eine, dort das andere System (so sehr uns die Sprache dazu nötigt), son-

Lau, F., »Eine Einführung in die Mathematik und Philosophie der *Laws of Form* von George Spencer Brown. Die Form der Paradoxie und der Beobachter«, Ms. Hamburg 2005, S. 172 ff.

315 Vgl. auch Herbst, Ph. G., *Alternatives to hierarchies*, Leiden 1976, S. 105, der von einem *original state* spricht, in dem sich *form* (is/is not) und *time* (before/after) erst einschreiben. Zuvor ist dieser state: »void of definable characteristics.«

316 Spencer-Brown, G., *A Lion's Teeth*, a.a.O., S. 13. Bekanntlich müßte man hier auch Hegel erwähnen, der das unbestimmte Unmittelbare des Seins mit dem Nichts identifiziert, insofern das Sein in das Nichts und das Nichts in das Sein umschlägt.

317 Spencer-Brown, G., *Gesetze der Form*, Lübeck 1997, S. 92.

318 Ebd., S. 191.

319 Vgl. Lau, a.a.O. (Fn. 314), S. 26.

320 In gewisser Weise verstoßen wir jetzt (und willentlich) gegen das Parmenidische Verbot. Vgl. Rosen, St., »Viel Lärm um Nichts«, in: *Allgemeine Zeitschrift für Philosophie*, Jg. 13, 1988, H. 2, S. 1-17, S. 1.

321 Darin sehe ich (wie idiosynkratisch auch immer) den tiefsten Sinn des Satzes: »Soll aber der Mensch noch einmal die Nähe des Seins finden, dann muß er zuvor lernen, im Namenlosen zu existieren.« (Heidegger, M., *Über den Humanismus*, Frankfurt am Main 1949, S. 9.)

dern nur, daß das System (als Wort[322]) dafür einsteht, daß ›etwas‹ weder hier noch dort ist, daß jede Bezeichnung eines ›hier‹, eines ›dort‹, eines ›hüben‹, eines ›drüben‹ die konditionierte Koproduktion *ver-einseitigt*, einschnürt und in gewisser Weise: vergewaltigt.[323] Und schlimmer noch: Der Beobachter, der diese *Ver-Einseitigung* vornimmt, ist selbst: Resultante desselben Prozesses, wenn und insoweit wir ihn als System denken. Er ist, wie wir oben sagten: ein ›Blindlings‹.[324] Das System ist, wenn man es als *eines* markiert, das, was es ist, *per exclusionem*: durch Ausschluß dessen, wodurch es ist, dessen also, was es nicht ist, obwohl dieses *Nicht-ist* kein *Nicht-ist* wäre ohne die Markierung, durch die es in einem Zuge (in der einen Beobachtung) hergestellt wird. Oder – we-

[322] »Pascal ist der erste Aphoristiker, der ausdrücklich auf die Problematik des Verhältnisses vom Einzelnem und Allgemeinen im engeren Erkenntniszusammenhang unter dem Aspekt der Sprache eingeht: mit dem Hinweis nämlich, daß ein Wort, ein Name zugleich das ›Einzelne‹ wie das ›Ganze‹ umfaßt: ›Tout est un, tout est divers‹ (Nr. 116). Wie später der Naturforscher Lichtenberg, so sieht auch Pascal das Problem unter dem Bild der sich verschiebenden Perspektiven von Nah- und Fernsicht. Für den Menschen als ein ›mittleres‹ Wesen…im Konflikt zwischen göttlicher und tierischer Natur stellt sich die Frage nach dem richtigen Erkennen und Verhalten unter dem Bild des ›mittleren‹ Abstandes…« (Neumann, G., *Ideenparadiese. Untersuchungen zur Aphoristik von Lichtenberg, Novalis, Friedrich Schlegel und Goethe*, München 1976, S. 57.

[323] In einer Metapher gesagt, die eigentlich keine Metapher ist: »Das Auge ist schon in den Dingen, ist Teil des Bildes, es ist die Sichtbarkeit des Bildes… Das Auge ist nicht die Kamera, es ist die Leinwand.« So jedenfalls Deleuze, G., *Unterhandlungen 1972-1990*, Frankfurt am Main 1993, S. 82. Natürlich kann man den Eindruck gewinnen, daß »nicht-Cartesischen Menschen« hier eine starke Intuition eignet. Ein Beispiel für viele:
»Die graue Maus will Erde aus dem Loch scharren.
Diese Maus will Erde herausscharren.
Diese *luku-a*-Maus hat helle Flecken.
Diese *luku-a* hat helle Flecken.
Diesen Socabusch zernage ich,
Ich selbst zernage ihn.
Die feuchte Erde zermalme ich,
den Kopf auf das Kopfkissen gelegt zermalme ich sie.
Den cottor-bush zernage ich,
die an der Spitze befindlichen Blätter.«
(Lied der Aranda, zit. nach Bowra, C.M., *Poesie der Frühzeit*, München 1967, S. 183.

[324] Wir erinnern erneut an Schelling, F.W.J., *System der Weltalter*, a.a.O. (Fn 194), S 29.

niger sperrig: Tick ist nur Tick, wenn Tack ist, und Tack ist nur Tack, wenn Tick ist.[325] System ist nur System, wenn Umwelt ist, und Umwelt ist nur Umwelt, wenn System ist. Ohne einander sind beide: Nichts.[326] Aber auch das ›Ohne einander‹ führt in die Irre, denn das Korrelat wäre: ›Miteinander‹, und darin würde stecken: das *eine* und das *andere*. Aber es geht nicht um *dies* und dann *das*, nicht um zwei Begrenztheiten, die ›wechselwirken‹. »Ichi soku Issai« – All: das ist Einheit, so formuliert man Differenz und Einheit im Japanischen.[327] Übersetzt auf unsere Fragestellung: Setzt man Kommunikation auf Null, vernichtet man: Bewußtsein; setzt man Bewußtsein auf Null, vernichtet man Kommunikation.[328] Vielleicht kann man hier in einer alten Tradition von einer

325 Spencer-Brown, G., »Selfreference. Distinctions and Time«, in: *Teoria Sociologica 2-3*, 1993/94, S. 47-53, S. 52.

326 Mir scheint, multistabile Kippfiguren sind ein gutes Beispiel. Vgl. Hansch, D., »Psychoenergetik – Neue Perspektiven für die Neuropsychologie. Grundriß einer psychosynergetischen Theorie emotionaler und motivationaler Prozesse«, in: *Z. Psychol. 196*, 1988, S. 421-436, 422 f. Vgl. ferner Kruse, P., »Stabilität – Instabilität – Multistabilität. Selbstorganisation und Selbstreferentialität in kognitiven Systemen«, in: *Delfin XI*, Jg. 6, H. 3., Okt. 1988, S. 35-57. Hier muß auch noch auf Escher verwiesen werden (*The Graphic Works of M.C. Escher*, New York 1971), der dieses Kippen so zum Thema gemacht hat, daß der Versuch, moderne Theorienbildung zu überblicken, auf ihn so wenig verzichten kann wie auf Gödel oder Bach. Siehe jedenfalls Hofstadter, D.R., *Gödel, Escher, Bach. Ein Endloses Geflochtenes Band*, Stuttgart 1987.

327 »Der Ausdruck All-Einheit lautet im Japanischen: Ichi soku Issai. Ichi heißt ›Eins‹, sei es im Sinne des Ganzen, sei es im Sinne des Einzelnen. Issai heißt ›All‹. Der Bindestrich entspricht hier dem Wort ›soku‹. Es bedeutet: ›das ist‹. Ichi soku Issai könnte also übersetzt werden als: ›All: das ist Einheit.‹ Aber das genaue Verständnis des Wortes ›soku‹ ist nicht leicht. Denn es enthält die Identität und den Unterschied zumal. Es bindet die völlig verschiedenen, jede logische Beziehung ausschließenden Begriffe als unmittelbar identisch zusammen. Das ›soku‹ kann insofern als ›dialektisch‹ verstanden werden. Aber diese Dialektik enthält … keine Spur der Vermittlung und der dieser zugrundeliegenden Negativität.« (Nishitani, K., »All-Einheit als eine Frage«, in: Henrich, D. (Hrsg.), *All-Einheit, Wege eines Gedankens in Ost und West*, Stuttgart 1985, S. 13-21, 14/15.

328 Wir formulieren parallel zu Valéry, P., *Cahiers/Hefte*, Bd. 1, Frankfurt am Main 1991, S. 523, der sich auf Sprache bezieht. Man könnte einwenden, daß das Bewußtsein auto-agil sei, also auch ohne Kommunikation arbeiten würde, aber wir gehen ja davon aus, daß das Bewußtsein sich aus den Effekten seiner kommunikativen Methexis speist, also immer schon sozial konstituiert ist. Von sich aus ist es wiederum: Nichts.

*synousía* sprechen, einem ›abstandslosen Zusammensein‹.[329] Oder auch von einer operativen *Henosis* (Einung), der man dann nur beikommen könnte mit einer *Henologie*, die noch zu verfassen wäre.[330] Sie wäre aber zugleich eine ›Dyologie‹, insofern sie von ihrem ›Gegenstand‹ nur immer wie von etwas reden könnte, das der Fall ist, wenn etwas anderes der Fall oder nicht der Fall ist.[331] Jede Bezeichnung der einen Seite der Differenz ist nur möglich, wenn damit ein im Moment »verborgener Begleiter« entsteht, etwa in dem Sinne, daß ein Cent nur ein Cent ist, wenn es mehr gibt als nur den einen.[332]

329 Vgl. mit Blick auf Plotin Beierwaltes, W., »All-Einheit und Einung. Zu Plotins »Mystik« und deren Voraussetzungen«, in: Henrich, D. (Hrsg.), *All-Einheit, Wege eines Gedankens in Ost und West*, Stuttgart 1985, S. 53-72, 69. Mir scheint, daß das alte Wort *conscientia (Consciousness, conscience)* ein altes Wissen um dieses abstandslose Miteinander ahnen läßt.

330 Oder mit einer ›Keno-Grammatik‹ (nicht ganz im Sinne Gotthard Günthers). Denker der ›Henosis‹ ist im übrigen im europäischen Kontext vor allem Plotin. Vgl. Beierwaltes 1985.

331 Mit Bezug auf die Elemente eines Systems führt Luhmann (*Soziale Systeme*, S. 44) den Term ›konditioniert‹ auch ein: »Auf die Relation zwischen Elementen bezieht sich der systemtheoretisch zentrale Begriff der *Konditionierung*. Systeme sind nicht einfach Relationen (im Plural) zwischen Elementen. Das Verhältnis der Relationen zueinander muß irgendwie geregelt sein. Diese Regelung benutzt die Grundform der Konditionierung. Das heißt: eine bestimmte Relation zwischen Elementen wird nur realisiert unter der Voraussetzung, daß etwas anderes der Fall ist bzw. nicht der Fall ist. Wenn immer wir von ›Bedingungen‹ bzw. von ›Bedingungen der Möglichkeit‹ (auch im erkenntnistheoretischen Sinne) sprechen, ist dieser Begriff gemeint.« Schopenhauer, *Parerga und Paralipomena*, zit. nach Jung, C. G., *Synchronizität, Akausalität und Okkultismus*, München 1990, S. 16 f. formuliert: »Alle Ereignisse im Leben eines Menschen ständen demnach in zwei grundverschiedenen Arten des Zusammenhangs: erstlich, im objektiven, kausalen Zusammenhange des Naturlaufs; zweitens, in einem subjektiven Zusammenhange, der nur in Beziehung auf das sie erlebende Individuum vorhanden und so subjektiv wie dessen eigene Träume ist ... Daß nun jene beiden Arten des Zusammenhangs zugleich bestehen und die nämliche Begebenheit als ein Glied zweier ganz verschiedener Ketten, doch beiden sich genau einfügt, infolge wovon jedesmal das Schicksal des Einen zum Schicksal des Andern paßt und jeder der Held seines eigenen, zugleich aber auch der Figurant im fremden Drama ist, dies ist freilich etwas, das alle unsere Fassungskraft übersteigt und nur vermöge der wundersamsten harmonia praestabilita als möglich gedacht werden kann.«

332 Siehe zum Gedanken des »leeren, verborgenen Begleiters Tsujimura. K.,

Spencer-Brown formuliert: »Having decided that the form of every token called cross is to be perfectly continent, we have allowed only one kind of relation between crosses: continence. Let the intend of this relation be restricted so that a cross is said to contain what is on its inside and not to contain what is not on its inside.«[333] Das bedeutet, daß jede Unterscheidung, die ›perfekte Beinhaltung‹ darstellt, in einem Raum geschieht, durch den sie Teil einer weiteren Unterscheidung wird, die sie nicht beinhalten kann. Sie schreibt ein ›cross‹ mit, das sie nicht mitschreibt, eben ein: *unwritten cross*, und das mag dann eine gute Übersetzung jenes ›leeren, verborgenen Begleiters‹ sein. Überträgt man dieses Verhältnis auf das System, so würde jede Unterscheidung, die auf der Unterscheidungsseite des Systems vorgenommen wird (zum Beispiel: System/Element) die ›große Außenseite‹ dieser Unterscheidung *un-schreiben*.

Etwas anders ausgedrückt: Jeder Ausdruck, der in einem ›tiefen Raum‹ angetroffen wird, kann diesen Raum nicht mitunterscheiden, wiewohl er als Bedingung der Möglichkeit für den Ausdruck unverzichtbar ist. Allein im seichten Raum der Tiefe Null wird der Ausdruck ganz getroffen (System/Umwelt) und unterscheidet sich dann nur noch von: Nichts.[334] Will man also Systeme beobachten (genommen als die eine Seite der Differenz System/Umwelt), dann kann man nicht die Einheit der Unterscheidung im seichten Raum der Tiefe Null unterscheiden, denn wovon könnte man diese Einheit unterscheiden? Wie sollte man die Grenze zum Nichts überschreiten können? –

Die einzige Möglichkeit ist der berühmte *re-entry*, der Wiedereintritt der Unterscheidung in die Unterscheidung. Hier hieße das, daß auf der Seite der Unterscheidung System/Umwelt noch einmal System und Umwelt unterschieden werden, jetzt aber so, daß die Kopie der Ausgangs-

»Zur Differenz der All-Einheit im Westen und Osten«, in: Henrich, D. (Hrsg.), *All-Einheit, Wege eines Gedankens in Ost und West*, Stuttgart 1985, S. 22-32, S. 30 f. et passim (bezogen auf Hôzo).

333 Spencer-Brown, *Laws of Form*, London 1969, S. 6 f.

334 Vgl. Lau, a. a. O. (Fn. 314), S. 55. Vielleicht kann man hier Analogien aus der Quantenphysik heranassoziieren, und zwar diejenigen, die sich auf den Singulett-Zustand, also auf Zustandsverschränkungen beziehen. »Ich spreche daher von der Verschränkung der Zustände von zwei oder mehr physikalischen Systemen. Dabei sind die Zustände dieser Systeme in der Weise verschränkt, daß diese Systeme gar nicht je für sich einen Zustand im Sinne eines reinen Zustandes haben. Nur das Ganze, das aus diesen Systemen besteht, ist in einem reinen Zustand.« Esfeld, M., »Der Holismus der Quantenphysik: seine Bedeutung und seine Grenzen«, in: *Philosophia naturalis*, Bd. 36, H. 1, 1999, S. 157-185, S. 160. Der reine Zustand, das wäre dann die Tiefe Null. Ich komme sehr viel später darauf zurück.

unterscheidung in die Seite des Systems es gestattet, die so entstandenen Seiten zu kreuzen. Die bekannte Metapher dafür ist die des Tunnels.[335] Das System kann seine eigene Einheit nicht erfassen (bezogen auf die Tiefe Null), aber die Differenz kann gleichsam in es eingeschleust werden, und zwar so, daß das System sich in sich selbst von Nicht-es-selbst unterscheidet, *weil* es die Grenze ›intern‹ kreuzen kann, die es auf der Ebene seiner Einheit zu kreuzen nicht in der Lage ist. So entsteht ihm seine Zeit[336], so die Realität, in der es sich und anderes bezeichnen kann, und so das, was man die ›reale Dauer‹ genannt hat.[337] Das ist auch gemeint, wenn vom unhintergehbaren Schon-Sein-in-der-Welt die Rede ist.[338] Und natürlich: Auch *time-binding* ist nur möglich, wenn der re-entry stattgefunden hat, der die Zeit eröffnet.[339]

Was durch die Untertunnelung, dem re-entry, ausgelöst wird, ist die Blindstellung der konditionierten Koproduktion der Tiefe Null. Das System begegnet sich im Modus der *selective blindness*.[340] Es hat keinen Zugriff auf seine Einheit außer in der Weise einer Oszillation zwischen System und Umwelt – in sich. Es hat auch nicht, wie wir beiläufig, aber nicht ohne Ernst sagen wollen, irgendeine Möglichkeit, seine Einheit in der seichten Unterscheidung zu kontrollieren, zu steuern oder auch

335 Vgl.zum Untertunnelungsgedanken Spencer-Brown, G., *Laws of Form,* London 1971 (2. Aufl.), S.35, ferner: Junge, K., »Medien als Selbstreferenzunterbrecher«, in: Baecker, D. (Hrsg.), *Kalkül der Form,* Frankfurt am Main 1993, S.112-151, S.128ff. Schöne und heitere Illustrationen zu diesem Problem in verschieden dimensionalen Welten finden sich in Abbot, E.A., Flatland. *A Romance in Many Dimensions,* New York 1952 (6. Aufl.).

336 Ich erinnere noch einmal an die Formulierung: »Jedesmal wenn in unserem Geist Dualität auftritt, erscheint Zeit. Zeit ist der generische Name für alles, was Dualität und Differenz betrifft.« Valéry, P., Cahiers/Hefte, Bd.4, Frankfurt am Main, 1990, S.21.

337 »Reale Dauer ist jene, die sich in die Dinge einbeißt und ihnen das Mal ihrer Zähne zurückläßt. Ist aber alles in der Zeit, dann wandelt sich auch alles von innen her, und die gleiche konkrete Wirklichkeit wiederholt sich nie. Wiederholung also ist nur im Abstrakten möglich: was sich wiederholt, ist diese oder jene Ansicht, die unsere Sinne und mehr noch unser Verstand eben darum von der Wirklichkeit ablösen ...« Bergson, H., *Schöpferische Entwicklung,* Jena 1912, S.53.

338 Zu »Schon-bei-der-Welt-sein« und »In-der-Welt-Sein« vgl. Heidegger, M., *Sein und Zeit,* Tübingen 1993(17), S.52ff.

339 Siehe zum Begriff des Time-Binding Korzybski, A., *Science and Sanity. An Introduction to Non-Aristotelian Systems and General Semantics,* New York 1948(3), Kap.VII, S.372ff.

340 Ein alltäglicher Ausdruck dafür ist: »Human kind cannot bear very much reality« (T.S. Eliot: *Murder in the Cathedral*).

nur irgendwie zu beeinflussen.[341] Konditionierte Koproduktion ist nicht erreichbar. Sie ist dem Zugriff entzogen, wenn im re-entry die zugängliche, aber gerade nicht vollständige Welt inszeniert wird. Versucht man dennoch, das System *oder* seine Umwelt zu beobachten, ist eine Beschreibung gleichsam nur als ›improper mixture‹ möglich, als ›uneigentliche Mischung‹.[342]

In einer ganz anderen, sehr mächtigen Philosophie-Sprache ausgedrückt, zieht die Untertunnelung den Schleier der Mâyâ auf.[343] In unserer Diktion: Die Metaphysik des Systems ist keine Chimäre, sie ist die Referenz auf die Unterscheidung der Tiefe Null, auf konditionierte Koproduktion, auf diese Zugriffsentzogenheit, der man in der Tradition die verschiedensten Namen gegeben hat, auch den des *Geistes*.[344] Klar dabei ist, daß *der* Mensch auf der Ebene der Tiefe Null nicht vorkommt (nicht beobachtet werden kann); aber er wird – klassisch – begriffen als das Wesen, das Anteil hat an dieser fundamentalen Bedingung der Möglichkeit von Unbeobachtbarkeit.

## F Transit zur Moderne *des* Menschen

### *1. Die Frage nach einer anderen Erzählung des Menschen*

Auf dem bislang zurückgelegten Weg haben wir den Versuch unternommen, die Form *des* Menschen zu bestimmen. Zentral war dabei, daß nach Vorspielen im Blick auf die einfachste Unterscheidung *des* Menschen (*der* Mensch/die Menschen) und im Blick auf Menschheit als Deklarationsmedium ausprobiert wurde, ob sich – sozusagen quintessentiell – noch etwas über *den* Menschen ausmachen lasse. Dabei sind wir trickreich verfahren. Wir haben nicht mehr gefragt, was *der* Mensch *sei*, sondern wie das, was wir alltäglich ›Mensch‹ nennen, von Sozial-

341 Das ist der Ausgangspunkt der Skepsis gegenüber Intervention in Fuchs, P., *Intervention und Erfahrung*, Frankfurt am Main 1999. Wenn ich gelegentlich sage (wie etwa in: Heidingsfelder, M./Fuchs, P., *Das Gehirn ist genauso doof wie die Milz*, Weilerswist 2005), die Welt sei unheilbar, dann ist das auf diesem Abstraktionsniveau formuliert. Ich denke mir übrigens, daß das Funktionsproblem der Religion und das der Kunst über diese Abstraktion noch einmal tiefer gelegt werden könnte.
342 Esfeld 1999, a.a.O., (Fn. 334), S. 161 f.
343 Vgl. Zimmer, H., *Philosophie und Religion Indiens*, Frankfurt am Main 1973, S. 30 ff. et passim.
344 Der dann weht, wo und wie er will. Diese kleine Referenz auf die Bibel verweist darauf, daß von hier aus ein Abzweig möglich ist zur Konstruktion eines Letztproblems der Religion.

systemen als Moment der relevanten Umwelt (als Mitwelt) konstruiert werden *muß*.

Entscheidend ist dabei dieses ›Müssen‹, die Anzeige der Notwendigkeit, des ›So und nicht anders‹. Man könnte sagen: Wann immer es darum geht, die relevanten Prozessoren in der Umwelt sozialer Systeme zu bestimmen (und natürlich solcher sozialer Systeme, wie wir sie bis dato kennen[345], von denen wir also annehmen, daß sie im Betriebsmodus der Kommunikation arbeiten), wird eine Mitwelt logisch erzwungen, deren Prozessoren intransparent sind in ihrer Eigen-Operativität, eine Mitwelt, die sich aus Futteralsystemen zusammensetzt, die als ›Außenheiten‹ auf unzugängliche ›Innenheiten‹ durchschließen lassen.[346] Solche Systeme müssen zu einem Modus der Verlautbarung fähig sein, die gerade nicht das ›Innere‹ laut werden läßt. Sie müssen ferner in der Lage sein, dabei Verlautbarungsformate zu wählen, die kommunikativ anschlußfähig sind, und ebendeshalb kann es sich nur um Systeme handeln, die das Spiel der *différance*, die Zeit der Autopoiesis beherrschen.

Da soziale Systeme selbst nicht wahrnehmen und erleben, projizieren sie, wie wir sagten, wahrnehmende (erlebende) Systeme als gleichsam punktuelle Mitweltkonstituenten, die vor allem über *erlebende* Sinnverarbeitung[347] verfügen, die daher anders ›sinnmächtig‹ sind als soziale Systeme, deren Autopoiesis Sinnmöglichkeiten nur ausstreut, verteilt, offeriert, disseminiert, proliferiert, ramifiziert. Und insoweit vorausgesetzt werden kann, daß Operieren auf Sinnbasis immer Selektion bedeutet, bleibt keine Wahl: als jene Um- oder Mitweltpunktualitäten als zur Volition begabte Einheiten zu begreifen, die – post festum beobachtet – immer anders hätten agieren können, als sie agiert haben, Einheiten, die man auch arbitraritätsbefähigt, kontingenzstark, dämonisch oder kurzum: *frei* nennen könnte.

Als ausgesprochen schwierig erwies es sich dann, die Projektion ›Geist‹ zu verstehen, die nahezu immer in Verbindung mit der Thematisierung *des* Menschen auftaucht und die die Projektion eines ›Undinglichkeitsregisters‹ ist, in das die Zeit der Autopoiesis, die Imaginarität des Beobachters, die Paradoxie der singulären Allgemeinheit, die Nicht-Berechenbarkeit und – absolut: meta ta physica – konditionierte Koproduktion eingehängt sind. Die Geistmetaphern des Volatilen, des Pneumatischen, des Un-Faßbaren erwiesen sich in gewisser Weise als ›präzise‹ Metaphern, die jenes Undinglichkeitsregister bezeichnen, durch das *dem* Menschen unterstellt wird, er sei als bloßer Körper (plus

---

345 Die Einführung von Telepathie beispielsweise würde einen Großteil unserer Argumentation hinfällig machen.

346 So gesehen, ist die ›Ineinandersteckwelt‹, die wir eingangs erwähnt haben, durch und durch: funktional bedingt.

347 Darauf komme ich umfangreich zurück.

in ihm residierenden und ihn regierenden, computerhaften Gehirn) unterbestimmt. Er sei immer: mehr als nur das, mehr als nur eine intelligente (anpassungsfähige) somatische Maschinerie.

Auch hier wollen wir uns (so sehr uns dieser Gesichtspunkt gefällt) nicht ontologisch oder onto-semantisch festlegen. Wir haben nicht untersucht, was *der* Mensch *ist*, oder gar, was *die* Menschen *sind*. Von Interesse war, welche Merkmale für beliebige Prozessoren unverzichtbar sind, wenn sie als signifikantes Moment der relevanten Umwelt sozialer Systeme gelten sollen, und wie von ungefähr hat sich gezeigt, daß die klassischen Bestimmungsstücke des Menschen (Sinn, Freiheit, Geist, Dämonie etc.) diesem Anforderungsprofil entsprechen.

Man kann dann mit einigem Recht fragen, warum wir – soweit gekommen – nicht einfachhin festlegen, daß es *der* Mensch mit diesen klassischen Attributen sei, der als Um- und Mitwelt sozialer Systeme fungiert. Nichts wäre leichter, aber, wie wir sagen wollen, nichts wäre auch riskanter. Abgesehen davon, daß dann sofort ein ethisch grundiertes Problem aufträte, nämlich, daß Menschen, die einiger dieser Attribute ermangeln, aus der ›Mitweltschaft‹ ausgeschlossen würden (darauf läuft mutatis mutandis das Habermas-Projekt hinaus[348]), abgesehen davon also, würde der Blick verstellt auf die Möglichkeit einer Analyse, die prüft, ob sich die Prozessualität der Mitwelteinheiten unter dem Druck der Moderne nicht massiv verändert hat. Oder in einer weniger mechanistischen Diktion gefragt: Wenn sich Sozialsysteme (und hier insbesondere: die Gesellschaft) auf eigentümliche Weise durch Evolution ändern, müßte sich dann nicht die Mitwelt, die Menschen, die Leute, diese *McGuffins* sozialer Systeme, auf dem Wege der Kovariation, Koevolution (bedingt durch: konditionierte Koproduktion) mitverändern?

Fragt man so, wird erkennbar, daß der Gang der bisherigen Analysen, die von einer – sagen wir: durchschnittlichen – Soziologie kaum als wirklich soziologisch eingeschätzt werden könnten – eine verwickelte Problemkonstruktion darstellt. Erst jetzt läßt sich sehen, daß die Rekonstruktion dessen, was sozial als relevante Umwelt beobachtet wird, dem Zweck dient, auf die Spur jener Kovariation zu kommen und damit das Terrain vorzubereiten für die eigentlich interessante Frage. Anfangs hieß es, es gehe darum, welche besondere Erzählung diese Theorie aus dem Zusammenhang ihrer Begriffe generieren könnte, wenn sie gefragt würde: Wie hältst du es aber mit *dem* Menschen?

---

348 Vgl. dazu Fuchs, P., »Soziale Zukunft: heute – (Re)Visite bei Habermas«, in: *Merkur. Deutsche Zeitschrift für europäisches Denken,* Jg. 55, H. 9/ 10, Sonderheft *Zukunft denken – Nach den Utopien,* Sept./Okt. 2001, S. 835-846.

Nun aber wird dieser Anfangsfrage erweitert: Wie hälst du es aber mit *dem* Menschen – heute? Und natürlich: Eine tentative Antwort darauf wird kaum ohne weitere Theoriekomplikationen auskommen.

## 2. Das Kontingenzproblem

»Das steinerne Wasserbecken, moosbedeckt, daneben Blumen.
Morgentlicher Ärger verflüchtigt sich von selbst.
Bei einer Mahlzeit für zwei ganze Tage gegessen.
Auf der Insel Schneewind aus dem Norden.
Am Abend Aufstieg zum Bergtempel, um Lichter anzuzünden.«
*Bashô*

Wir wissen nicht, was ein *moderner* oder gar *postmoderner* Mensch ist, schon deswegen nicht, weil wir ja auch nicht wissen, was man sich unter einem *prämodernen* oder etwa einem *alteuropäischen* Menschen vorstellen soll, und wir verwerfen diese Frage auch aus dem Grund, weil wir überhaupt vermeiden wollen, in modernitätstheoretische Irrungen und Wirrungen zu fallen.[349] Es geht ferner nicht darum, verschiedene Vorfahren und Typen *des* Menschen auf einer Zeitachse aufeinander zu beziehen und miteinander zu vergleichen, wie man es etwa mit dem Sahelanthropus tschadensis, dem Australopicethus afarensis, dem Kenyanthropus platyops, dem Homo erectus und dem Homo sapiens sapiens zu tun pflegt.

Unser Tunnelbau hat dahin geführt, daß wir das Modell *des* Menschen anders als anthropo-ontologisch entwickelt haben: nämlich als Projektionsnotwendigkeit sozialer Systeme, als ›McGuffin‹ der Sozialität, und die Frage ist jetzt, ob Verschiebungen der sozialen Tektonik diese Projektion in gewisser Weise stauchen, sie einer Dislokation (im geologischen Sinne) oder einer Distorsion (im medizinischen und optischen Verständnis) unterziehen.

Die Schlüsselprojektion scheint *Kontingenz* zu sein. Den relevanten Prozessoren der Umwelt sozialer Systeme muß unterstellt werden (und ebendies erzwingt deren ›Futteralität‹, deren Intransparenz, und ein Medium wie Sprache, das gerade nicht den Durchblick in die Innenwelt des Psychischen erlaubt, sondern ihn durch ihre Nicht-Privatheit systematisch verdeckt), diesen Prozessoren muß unterstellt werden, daß sie Einheiten sind, die intern ›ent-notwendigt‹ operieren, zwischen Möglichkeiten unterscheiden und zwischen ihnen wählen können und nicht unerbittlich eingeschweißt sind in eine deterministische Welt wie

349 Siehe etwa Derrida, J., *Einige Statements und Binsenweisheiten über Neologismen, New-Ismen, Post-Ismen, Parasitismen und andere kleine Seismen,* übersetzt von Susanne Lüdemann, Berlin 1997.

etwa die des Pierre Simon de Laplace.[350] Gerade hier ist es wichtig, im Gedächtnis zu halten, daß wir über Projektionen reden und nicht: über eine ›ent-notwendigte Faktizität‹ innerhalb der Physik, Chemie und Biologie von Menschen.[351]

Die Projektion, daß Menschen (und uneinsehbar im Blick auf ihre Motive) anders handeln könnten, als sie es tun, und anderes denken könnten, als sie es vorgeben, ist in nuce identisch mit dem Problem sozialer Ordnung überhaupt.[352] Es wird heute geführt unter dem Problemtitel der *doppelten* Kontingenz, der ja schon das Intransparenz- oder Futteraltheorem zugrundeliegt, das – wenn man so will – Sozialität erzwingt im Sinne einer sozialen Systemik, die die Risiken doppelter (gar: doppelter doppelter) Kontingenz abfängt und als Reduktion von Komplexität aus genau diesem Grunde begreifbar ist.[353] Systeme

350 »Every fact may be seen as contingent: the objective world, the concrete self with its biography, conscious life, decisions and expectations and other persons with their experiences and choices. Contingency is a universal but it nevertheless presupposes a subjective point of view. It can be applied to all facts, but not independently of a subjective potential to negate and conceive other possibilities.« Luhmann, N., ›General Media and the Problem of Contingency«, in: Loubser, J.J. et al. (Hrsg.), *Explorations in General Theory in Social Science. Essays in Honor of Talcott Parsons*, New York 1976, Bd. 2, S. 508.

351 Weiter unten werden wir aber doch einen Anlauf unternehmen, mehr darüber auszumachen.

352 Klassischer Ort hier Hobbes, Th., *Leviathan*, in: *Collected English Works of Thomas Hobbes* (Hrsg. W. Molesworth), Bd. 3, Aalen: Scientia 1966 (1651), Kap. 13, 14, 17.

353 Ganz fundamental: »Komplexität in dem angegebenen Sinne heißt Selektionszwang, Selektionszwang heißt Kontingenz, und Kontingenz heißt Risiko. Jeder komplexe Sachverhalt beruht auf einer Selektion der Relationen zwischen seinen Elementen, die er benutzt, um sich zu konstituieren und zu erhalten. Die Selektion placiert und qualifiziert die Elemente, obwohl für diese andere Relationierungen möglich wären. Dieses ›auch anders möglich‹ bezeichnen wir mit dem traditionsreichen Terminus Kontingenz. Er gibt zugleich den Hinweis auf die Möglichkeit des Verfehlens der günstigsten Formung.« (Luhmann, *Soziale Systeme*, S. 47. Viel später ergänzt Luhmann diesen Gesichtspunkt um den der Mikrodiversität, um den der Brownschen Bewegung des Sozialen. Vgl. Luhmann, N., »Selbstorganisation und Mikrodiversität: Zur Wissenssoziologie des neuzeitlichen Individualismus«, in: *Soziale Systeme*, 3. Jg., 1997, H. 1, S. 23-32, ausgehend von Mai, St. N./Raybaut, A., »Microdiversity and Macro-Order: Toward a Self-Organization Approach«, in: *Revue Internationale de Systémique 10*, 1996, S. 223-239. Ferner Fuchs, P., »Autopoiesis, Mikrodiversität, Interaktion«, in: Oliver Jahraus/Nina

sind strictissime Komplexitätsreduktoren und damit auch Kontingenz-blocker.[354]

Am Leitfaden des Kontingenzproblems kann man die Differen-zierungsformen der Gesellschaft durchprüfen auf die ihnen je eigene Weise, Widerlager gegen die Gefahr überbordender Kontingenz einzu-richten. Archaische Sozialsysteme federn Kontingenz anders ab als die stratifizierte Gesellschaft Europas, die Feudalgesellschaft Chinas oder das indische Kastensystem. Und prima facie sieht es so aus, als ob diese Differenzierungstypen Kontingenz weitaus rigider und oft grausamer eingeschränkt hätten, als wir es uns unter der Ägide funktionaler Differenzierung der Weltgesellschaft vorstellen können oder mögen.[355] Jedenfalls waren ersichtlich die Spielräume für individuelles Kontin-genzmanagement, für Individualismus, für abweichende Karrieren, für sozial idiosynkratisches Verhalten verschwindend gering, wohingegen zumindest die im Blick auf funktionale Differenzierung stark entwi-ckelten Kernzonen der modernen Weltgesellschaft geradezu ›wilde‹ Kontingenz ermöglichen und die Freiheit der individuellen Lebens-gestaltungsmöglichkeiten zelebrieren.[356]

Ort (Hrsg.), *Bewußtsein – Kommunikation – Zeichen. Wechselwirkun-gen zwischen Luhmannscher Systemtheorie und Peircescher Zeichenthe-orie,* Tübingen 2001, S. 49-69.

354 »Der Krieg ist ein Gebiet des Zufalls. In keiner menschlichen Tätigkeit muß diesem Fremdling ein solcher Spielraum gelassen werden… Er vermehrt die Ungewißheit aller Umstände und stört den Gang der Ereig-nisse. Jene Unsicherheit aller Nachrichten und Voraussetzungen, diese beständigen Einmischungen des Zufalls machen, daß der Handelnde im Kriege die Dinge unaufhörlich anders findet, als er sie erwartet hatte…« formuliert Clausewitz, C. v., *Vom Kriege,* hrsg. v. Hahlweg, W., Bonn 1952, S. 132, und, genau besehn, hat er damit gesagt, daß ebendies die scharfen Strukturen und Prozesse des Sozialsystems ›Krieg‹ austreibt, Extremreduktionen, die nur noch Feind oder Freund unterscheiden.

355 Wenn man den ›Masterplänen‹ des Al-Quaeda-Terrorismus (oder den Mutmaßungen darüber) glaubt, werden die islamische Reconquista und die Einrichtungen eines islamischen Kalifats genau auf die altbekannten Formen von (blutigen) Kontingenzblockaden hinauslaufen. Vgl. zu einer funktionalen Rekonstruktion dieser Vorgänge Fuchs, P., »Kein Anschluß unter dieser Nummer oder Terror ist wirklich blindwütig«, in: Baecker, D./Krieg, P./Simon, F. B. (Hrsg.), *Terror im System. Der 11.September und die Folgen,* Heidelberg 2002, S. 223-238; ders., *Das System »Ter-ror«. Versuch über eine kommunikative Eskalation der Moderne,* Biele-feld 2004.

356 Von ›wilder‹ Kontingenz spreche ich in Anlehnung an das Wort von der ›wilden Semiose‹. Vgl. dazu Assmann, A., »Die Sprache der Dinge. Der lange Blick und die wilde Semiose«, in: Gumbrecht, H. U./Pfeiffer,

Die moderne Gesellschaft differenziert jedenfalls aus durch, mit und in der Erzeugung von Funktionssystemen[357] wie etwa Wirtschaft, Religion, Recht, Wissenschaft, Erziehung, Kunst, Politik etc., die autonom – wiewohl, um einen Leibniz'schen Begriff zu nennen, kompossibel mit den je anderen Funktionssystemen – kommunikative ›Eigenwelten‹ aufbauen, die um eine jeweils zentrale binäre Codierung gravitieren, um Haben/Nicht-Haben (Zahlung/Nicht-Zahlung), Immanenz/Transzendenz, Recht/Unrecht, wahr/unwahr, bestanden/nicht-bestanden (vermittelbar/nicht-vermittelbar), um schön/häßlich oder Innehaben-von-Ämtern/Nicht-Innehaben von Ämtern.[358]

Jedes dieser Systeme *totalisiert* seine Welt, monopolisiert seine Operationen, spannt eine binär orientierte Bühne auf, und wieder müssen wir sagen, daß die Sprache in die Irre leitet, wenn gesagt wird, daß solche Systeme dies alles *tun*; denn sie haben so wenig wie die Gesellschaft eine originäre Quelle oder Adresse, sie haben keine Ansprechstelle, keinen Ort ihrer Repräsentation, an den man sich quasi postalisch wenden könnte und von dem es her handeln würde.[359] Funktionssystem, das ist der Ausdruck für sich spezifisch reproduzierende Kommunikationen, für eine sich selbst isolierende operative Konkatenation, für eine eigentümliche asketische Sortierleistung, die im Begriff des Codes formuliert wird und im Begriff der Autopoiesis, der ja im Prinzip nur besagt, daß Ereignisse durch passende oder einschlägige Anschlüsse (also as usual: danach) so formiert werden, daß sie einem und nur einem System zugerechnet werden, nicht von irgend jemanden, sondern durch diese Anschlüsse selbst.[360]

Man kann demnach nicht sagen, daß solche Systeme räumlich zu denkende Areale seien, die aus ihren elementaren Einheiten so erbaut sind wie ein Haus aus Steinen. Ein Funktionssystem besteht so wenig

K.L. (Hrsg.), *Materialität der Kommunikation*, Frankfurt am Main 1988, S. 237-251, 238f. Vgl. auch dazu, wie Identität und Individualität im Übergang zur Moderne ›erzählt‹ werden, Schlette, M., *Die Selbst(er)findung des Neuen Menschen. Zur Entstehung narrativer Identitätsmuster im Pietismus*, Göttingen 2005.

357 Ausdrücklich: Sie entsteht selbst in dieser Ausdifferenzierung. Sie ist nichts, wovon man zuvor hätte reden können. Ich komme am Ende dieser Arbeit darauf zurück.

358 Vgl. vor allem Luhmann, N., *Die Gesellschaft der Gesellschaft*, Frankfurt am Main 1997; Fuchs, P., *Die Erreichbarkeit der Gesellschaft. Zur Konstruktion und Imagination gesellschaftlicher Einheit*, Frankfurt am Main 1992.

359 Vielleicht darf man daran erinnern, daß Einsteins allgemeine Relativitätstheorie eine Pointe darin hat, jeden möglichen Täter der Gravitation zu eliminieren.

360 Ich komme auch darauf zurück.

wie ein Bewußtsein aus ›Körnigkeiten‹, aus denen es sich aufbaut, und insofern ist etwa die Annahme, die Wirtschaft sei zusammengesetzt aus Zahlungen, aus abgrenzbaren Ereignissen, die sich im Effekt zählen ließen, falsch – oder zumindest: eine äußerst fahrlässige Simplifikation.[361] Es gibt schlicht nicht die *eine* Operation, die man aufzeichnen und archivieren könnte. In der autopoietischen Zeit, die wir diskutiert haben, sind Ereignisse immer nur ›gewesen‹, wenn ein aktuelles Ereignis sie beobachtet als Dazugehörigkeiten, und auch für das (diese Dazugehörigkeit ermittelnde) Ereignis gilt das Nämliche: Es kann, was es ist, nur gewesen sein, und es kommt in die Gewesenheit nur hinein, wenn ein Anschluß es post festum komplettiert, eine Vervollständigung, die aber nichts Vollständiges herstellt, wenn sie nicht selbst (wieder aus der Zukunft) vervollständigt würde, etc. pp.

Es bedarf zweier (zusammenhängender) Theorie-Exkurse, um die Konsequenzen dieser Annahme auszuloten und das Problem der Kontingenz tiefer zu legen.

### 3. Die Eventualität autopoietischer Operationen und die Faktizität von Kontingenz

»... in eime ougonblicke, also schiere so ein ouge uf und zuo ist getan ...«
*Wackernagels Altdeutsche Predigten* 12/74

»... Augenblicke – An den Augenblick ist unser Netz geknüpft ...«
*Walter Höllerer*

Es klingt bizarr, aber wir wollen sagen, daß die ›Realität‹ eines sozialen (und wir würden sagen: auch eines psychischen) Elementarereignisses entsteht, wenn beobachtet (angeschlossen) wird – und wenn nicht, dann nicht. Eine nicht-beobachtete Kommunikation (ein nicht beobachteter Gedanke) ist im selben ›Unzustand‹ wie die *Schrödinger Katze*. Vielleicht können wir sagen, daß über Ereignisse, die nicht beobachtet werden, nicht entschieden ist – oder: daß sie nicht entschieden *sind*. Sie

361 Die ›Körnigkeit‹ muß hergestellt werden. Das ist das Problem, auf das das Theorem der Autopoiesis reagiert. Noch nicht tiefenscharf, aber vorausahnend konnte formuliert werden: »Die Wirklichkeit ist prozessual ... Die Wirklichkeit ist diskret und heterogen, keineswegs kontinuierlich und homogen-identisch, sie ist gekörnt und in Zellen eingeteilt, deren Besetzungszustand jeweils definiert werden muß; ... Die Wirklichkeit ist lokal und keineswegs global überschaubar, sie ist jeweils nur örtlich – an den Orten möglicher Beobachtung strukturiert ...« (Eisenhardt, P./Kurth, D./Stiehl, H., *Du steigst nie zweimal in denselben Fluß. Die Grenzen der wissenschaftlichen Erkenntnis*, Hamburg 1988, S. 80/81.

liegen nicht vor wie gleichsam kleine, abgrenzbare, temporal isolierbare ›Erstreckungen‹, nicht als Realitäten in irgendeinem klassischen Verständnis. Sie sind nicht – gewissermaßen an sich – ›pinpointed‹. Sie imponieren nicht als Wirklichkeiten, die auch unbeobachtet in gewisser Weise ›da‹ wären und eben nur nicht die Chance gehabt hätten, in so etwas wie ein Gedächtnis erinnerungsfähig eingestellt zu werden.[362]

Wir verschärfen diese Bizarrerie, wenn wir ausdrücklich behaupten, daß dies alles nicht formuliert wird in einem nur metaphorischen Duktus, in einem Als-Ob-Modus, sondern: daß es wortwörtlich gemeint ist. Es gibt für autopoietische Systeme kein unbeobachtetes Ereignis, und wenn man sagt, es habe da doch ersichtlich einmal ein kommunikatives Ereignis gegeben, sagt man dies schon: als Beobachter, ist es wiederum die Beobachtung (eine weitere utterance, ein weiterer Gedanke), die das (irgendwann) vorangegangene Ereignis erzeugt oder ›hinbeobachtet‹. Das soziale Universum, auf das wir uns im Augenblick beschränken wollen, hat keinen ›Bestand‹, keine Persistenz – ohne Beobachtung. Seine Ereignisse werden in gewisser Weise im Sprung erzeugt: Beobachtung läßt sie in die (prekäre) ›Existenz‹ springen. Sie sind vorher nichts. Sie sind nur als ›Sprung‹- oder ›Vorüberheiten‹ oder, wie wir oben schon gesagt haben: als *transients*.

Es ist wichtig, daß es hier nicht um eine paradoxe Ontologie einer Nicht-Ontologie geht, nicht darum, die Frage zu entscheiden, ob sich die Maus in der dunklen Ecke meines Arbeitszimmers herumdrückt – auch dann, wenn ich nicht (und niemand sonst) sie sieht. In Übereinstimmung mit der quantentheoretischen Coolness im Blick auf solche Fragen ist unentscheidbar, ob eine nicht-beobachtete Maus existiert oder nicht; aber für Sinnsysteme ›materialisiert‹ sie im Moment ihrer sinnförmigen Bezeichnung.[363] Erst ab dann kann mit ihr ›gerechnet‹ werden, aber eben nur dann, wenn ›gerechnet‹, mithin: angeschlossen wird.

Die Annahme, daß diese besonderen (autopoietischen) Ereignisse ihren ›Ursprung‹, ihren ›Aufsprung‹ (ihre *déshiscence*[364]) nicht *haben* wie ein Ding eine Eigenschaft, sondern nur sind, was sie (gewesen) sein werden, begründet letztlich die Rede von ihrer *Ereignishaftigkeit*.[365]

362 Vgl. Berkeley, G., *Schriften über die Grundlagen der Mathematik und Physik*, übersetzt und eingeleitet von Wolfgang Breider, Frankfurt am Main 1969, S. 60 ff.

363 Für nicht-sinnförmige Wahrnehmung gibt es mit Sicherheit weder eine Maus noch das Matterhorn zu sehen. Vgl. dazu Fuchs, P., *Die Psyche. Studien zur Innenwelt der Außenwelt der Innenwelt*, Weilerswist 2005.

364 Vgl. zu diesem Ausdruck Lacan, J., »Das Spiegelstadium als Bildner der Ichfunktion«, a. a. O. (Fn. 105), S. 66.

365 Ich erinnere daran, daß das Wort ›Ereignis‹ noch in der Goethezeit ›Eräugnis‹ geschrieben wurde.

Und das begründet ferner, warum es vielleicht geboten sein könnte, dieses Wort durch *Eventualität*[366] zu ersetzen: Die Welt autopoietisch operierender Sinnsystemen ist im genauesten Sinne eine Eventual-Welt, die von Moment zu Moment, von *événement* zu *événement* sich fortspinnt, ohne daß irgendein *eventum* mit gleichsam an ihm unterscheidbaren Merkmalen verbunden und darin isolierbar und unterscheidbar wäre.[367] *Das* Ereignis ist beobachtet – oder für Sinnsysteme: nichts.[368] Auch *das* Ereignis der Operation kann nur gebarrt geschrieben werden: ~~Ereignis~~.

Wenn das so ist, dann kann man einerseits immer noch sagen, daß Kontingenz durch die Unterscheidung eines Beobachters zustande kommt, der das weder Unmögliche noch Notwendige bezeichnet; andererseits hätte man die Chance (jedenfalls ist es nicht verboten, so zu denken), von Sinnsystemen und in der Manier einer Paradoxie zu behaupten, sie seien *faktisch* oder *natural* oder *essentiell* kontingent[369], da jede Operation in die Operativität springt aus der immer unbestimmten Zukunft heraus.[370] Wenn wir behaupten, daß Beobachtung eine Opera-

366 Und wenn man in ›Eventualität‹ Potentialität mithört, dann wird deutlich, daß sich diese Überlegungen wundersam elegant kombinieren lassen mit der Sinntheorie.

367 Das Ereignis ist augenblickshaft. »Denn das Augenblickliche scheint dergleichen etwas anzudeuten, daß von ihm etwas übergeht in eins von beiden … dieses wunderbare Wesen, der Augenblick, liegt zwischen der Bewegung und der Ruhe als außer aller Zeit seiend.« (Eigler, G. (Hrsg.), *Platon. Phaidros, Parmenides, Briefe,* Stuttgart 1983, S. 289.)

368 Auch aus diesem Grund vertrat Niklas Luhmann die Auffassung, Kommunikation sei nicht beobachtbar. Sie begegne nur als Simplifikation, als Handlung: »Erst durch Handlung wird die Kommunikation als einfaches Ereignis an einem Zeitpunkt fixiert. Auf der Basis des Grundgeschehens Kommunikation und mit ihren operativen Mitteln konstituiert sich ein soziales System demnach als Handlungssystem. Es fertigt in sich selbst eine Beschreibung von sich selbst an, um den Fortgang der Prozesse, die Reproduktion des Systems zu steuern. Für Zwecke der Selbstbeobachtung und Selbstbeschreibung wird die Symmetrie der Kommunikation asymmetrisiert, wird ihre offene Anregbarkeit durch Verantwortlichkeit für Folgen reduziert. Und in dieser verkürzten, vereinfachten, dadurch leichter faßlichen Selbstbeschreibung dient Handlung, nicht Kommunikation, als Letztelement.« (Luhmann, *Soziale Systeme,* S. 227/228.)

369 Das paßt zu Luhmanns Einschätzung, daß es Systeme gibt, und auch zu meiner Vorstellung, daß die Einführung eines Beobachters eine Minimalontologie erzeugt. Vgl. etwa Fuchs, P., »Theorie als Lehrgedicht«, in: Pfeiffer, K. L./Kray, R./Städtke, K. (Hrsg.), *Theorie als kulturelles Ereignis,* Berlin/New York 2001, S. 62-74.

370 Die Frage ist also, ob Gott allwissend ist, also auch weiß, was geschehen wird, woraus folgen würde, daß alles, was geschieht, determiniert wäre.

tion sinnbasierter Systeme sei, behaupten wir also zugleich, daß Beobachtung fundamental kontingent sei, weil man sie nicht anders denken könnte außer als Erzeugtheit (Komplettiertheit) aus der Zukunft, die im Moment ihres Geschehens ebenfalls auf Vervollständigung angewiesen ist, die wiederum aus der Zukunft kommt, etc.[371]

Dabei ist intrikaterweise die Zukunft kein Ort, an dem die Komplettierungen parat lägen und in Bewegung gesetzt werden könnten auf eine Gegenwart hin, die sie sozusagen in Empfang nimmt wie von einem temporalen Fließband. Wir haben schon oben Niklas Luhmanns Vorstellung zitiert, daß die Zeitstellen die Dinge unbemerkt verlassen[372], und sehen jetzt, daß dies zugleich bedeutet, daß der Zukunft kein Ort beigemessen werden kann, nichts an Räumlichkeit, Ausgedehntheit, Erstreckung.[373] Wenn ein Musikstück gespielt wird, erklingt kein Ton

Wenn ja, würde alles, was passiert, sub specie aeternitatis nicht-kontingent, also notwendig sein. Das kosmische Drama wäre dann eine Inszenierung, die nur funktioniert, weil wir nicht Gott sind und deshalb die Zukunft nicht kennen. Oder Gott müßte um diese Theoriefigur wissen und sich im Blick auf Zukunft selektiv erblinden lassen, aber dann wüßte er auch nicht, wie das Drama ausgeht. Jedenfalls wäre er nun auch nicht mehr allwissend, nachdem ihm die Allmacht abhanden gekommen zu sein scheint, jedenfalls seitdem man sich erkundigen kann, ob Gott einen Stein zu schaffen in der Lage sei, den zu heben für ihn unmöglich wäre. »Die mittelalterliche Philosophie war an theologischen Interessen orientiert, und in ihnen spielte das eschatologische Problem eine dominierende Rolle. Damit aber war das Problem der Zukunft, das Aristoteles von seiner Theorie der Logik ferngehalten hatte, von höchster Aktualität. Es tritt jetzt auf als das Problem der *futura contingentia* ... Boethius stellte fest, daß, wenn der Satz vom ausgeschlossenen Dritten auf die *futura contingentia* nicht anwendbar ist, dann die Lehre von der göttlichen Allwissenheit hinfällig wird.« (Günther, G., *Beiträge zur Grundlegung einer operativen Dialektik*, Bd. 3, Hamburg 1980, S. 75.) Interessant ist, daß das ältere Latein ursprünglich nur zwischen Präsens und Perfekt als Zeitbestimmungen zu unterscheiden wußte. Das Futur kam später ins Spiel, vermutlich auf der Basis des Konjunktivs: Was möglich ist, ist das, was noch geschehen wird.

371 Wir haben damit eine ähnliche Problematik am Wickel wie die Quantentheorie, für die sich auch die Frage stellt, ob die phsyikalische Welt der kleinsten Kleinheiten und der größten Massen selbst probabilistische Eigenschaften habe oder ob der Beobachter nur mit probabilistischen Wellenfunktionen arbeiten könne, die Welt selbst aber durchgängig bestimmt sei.

372 Luhmann, N., *Organisation und Entscheidung*, Opladen 2000, S. 152 ff. Die Metapher ist schön, aber es kann nicht schaden festzuhalten, daß hier niemand jemanden verläßt.

373 Zu beachten ist erneut, daß jetzt von Sinnsystemen und deren Zeit die

außerhalb der Gegenwart und kein Ton steckt in einer Warteschleife.[374] Kein Ton *ist* irgendwie im Modus der Möglichkeit; der Beleg seiner Möglichkeit ist seine Gegenwärtigkeit, weil (in der alten Tradition des Kontingenzbegriffes) seine Tatsächlichkeit zeigt, daß er auch nicht hätte sein können. Aber seine Gegenwärtigkeit bedeutet nichts ohne einen weiteren Ton (oder eine Generalpause oder einen schrillen Abbruch etc.).[375]

Zukunft ist, wenn wir von Sinnsystemen reden, der genaue Ausdruck für Kontingenz.[376] Solche Systeme *sind* kontingent in dem Verständnis, daß sich ihre Realität von Moment zu Moment erzeugt, eine Realität, die insofern unverankerbar ist, als daß alles, was jemals geschehen zu sein scheint, durch Anschlüsse verändert werden kann – sogar über Zeitabgründe hinweg. Was die Schlacht von Salamis war, wird in Sinnsystemen entschieden, wenn über sie gesprochen wird, immer nur dann und immer wieder und niemals anders. Die soziale (und psychische) Beobachtung legt aktuell fest, was jene Realität gewesen ist, und es exis-

Rede ist. Daß – physikalisch gesehen – Raum, Zeit und Energie zusammenhängen, ist bekannt auf einem anderen Tanzplatz, von dem ich im Stillen hoffe, er lasse sich eines Tages mit dem verbinden, auf dem wir tanzen.

374 Wir referieren hier auf das Aristotelische ›Jetzt‹ oder ›Nun‹, könnten uns aber auch beziehen auf Formulierungen in anderen Traditionen wie etwa: »Moment ist der Zeitraum, den ein Atom der Materie zur Ortsveränderung braucht. Zeit (kalah) ist nichts anderes als der Ablauf (adhvan) einer ununterbrochenen Reihenfolge von Momenten. Reihenfolge ist aber nur ein Begriff, keine Realität, denn nur ein einziges Moment ist gegenwärtig und real. Daher gibt es keine Zeit als reales Geschehen. sondern nur die Vorstellung eines Ablaufes, in dem der einzelne gegenwärtige Moment das Reale ist.« (Patanjali im Yoga-Sutram, a.a.O. (Fn. 263), S. 27.) Eben das erzwang im Blick auf das Aristotelische ›Nun‹ Vorstellungen über ausgedehnte Gegenwarten. Der Begriff ›specious present‹ findet sich bei James, *Principles of Psychology*, Bd. 1, London 1890, S. 609 ff. Prominent in diesem Kontext natürlich: Husserl, E., *Zur Phänomenologie des inneren Zeitbewußtseins* (1893-1917), hrsg. von Brehm, R., Den Haag 1966 (*Husserliana*, Bd. X). Vgl. dazu auch Bergmann, W./Hoffmann, G., »Selbstreferenz und Zeit: Die dynamische Stabilität des Bewusstseins«, in: *Husserl Studies* 6, 1989, S. 155-175.

375 Das macht es so dringlich, Endpunkte musikalisch auszuarbeiten. Vgl. dazu Fuchs, P., »Vom Zeitzauber der Musik. Eine Diskussionsanregung«, in: Dirk Baecker et al. (Hrsg.), *Theorie als Passion*, Frankfurt am Main 1987, S. 214-237.

376 Deswegen wird schon früh Kontingenz und Futur zusammengebracht (de futuris contingentibus), etwa im Aristotelischen *Organon*, 9. Kapitel, Peri Hermeneias.

tiert kein Mittel jenseits von Beobachtung, an die wirkliche wirkliche Realität von Salamis heranzukommen.[377] Die Frage nach den historisch variierenden Spielräumen für Kontingenz ist mithin die Frage nach der sozialen Verbindlichkeit, Rigidität und Dauerhaftigkeit solcher Festlegungen. Die These ist nicht, daß ältere Differenzierungsformen der Gesellschaft weniger kontingent gewesen seien, sondern eher, daß sie sich über Ereignisse reproduzierten, die auf der Ebene ihrer Thematizität (ihrer Kommunikabilien) als nicht-kontingent beobachtet wurden, obwohl jedes Ereignis sozialer Systeme unseren Überlegungen zufolge kontingent fällt. Die Scholastik, wenn wir uns auf das Mittelalter beziehen, zollte dieser Mixtur von Kontingenz und Inkontingenz raffiniert Tribut. Sie begreift Kontingenz als *Möglichkeit, nicht zu sein*. Diese Möglichkeit ist der metaphysischen Instanz, dem Gott, geschuldet, dem unbegrenzt Freiheit zugesprochen wird, weil er nicht anders als absolut gedacht werden kann. Gott hat die Welt nicht schaffen müssen, und nichts in ihr ist notwendig so, wie es ist. Kontingenz hängt also ab (!) vom freien Willen Gottes, der durch nichts eingeschränkt ist. Glaube an einen liebenden Gott heißt danach auch: glauben, daß Gott die unzuträglichen Möglichkeiten, Welt zu sein, nicht verwirklicht (deswegen später die Virulenz des Theodizeeproblems[378]) und stattdessen die beste aller möglichen Welten inszeniert.[379]

377 Und die wirkliche wirkliche Realität von Salamis ist angesichts dieser Überlegungen ein Nonsense.

378 Epikurs Formulierung des Theodizee-Dilemmas, zit. nach Günter, H., *Das Erdbeben von Lissabon*, Berlin 1994, S. 30: »Wenn er es will und nicht kann, ist er unfähig, was für Gott nicht zutrifft;/wenn er kann und nicht will, ist er bösartig, was Gott auch fern liegt;/wenn er weder will noch kann, ist er sowohl bösartig als auch unfähig/und deshalb nicht Gott;/wenn er aber will und kann, was allein Gott zukommt, woher kommt dann das Übel?/Oder warum behebt er es nicht?« Vgl. zur Leibnizschen Theodizee (Optimismusformel) Weinrich, H., »Literaturgeschichte eines Weltereignisses: Das Erdbeben von Lissabon«, in: ders., *Literatur für Leser: Essays und Aufsätze zur Literaturwissenschaft*, Stuttgart u. a. 1971, S. 64-76.

379 Vgl. dazu und zum weiteren Luhmann 1976, a. a. O. (Fn. 350), S. 508 ff. Bekanntlich spricht auch Leibniz von der besten aller möglichen Welten, worauf dann Voltaires herb-ironische Replik ›Candide ou l'optimisme« reagiert. Es ist übrigens interessant, daß Thomas von Aquin wiederum die Notwendigkeit (Nicht-Kontingenz) Gottes zu beweisen sucht: im sogenannten Kontingenzbeweis. Nicht minder spannend finde ich, daß es auch in der modernen Physik wieder Vielweltentheorien gibt, wenn auch eingeschränkt, soweit ich es verstehe, auf quantentheoretische Zusammenhänge.

Im Augenblick, in dem diese Idee nicht mehr überzeugt, daß hinter oder über der Welt ein großer Gott herrscht, der diese Welt exzellent gut erschuf, *säkularisieren* Philosophien wie die von Descartes und von Hobbes das Kontingenzproblem. Sie wechseln, wenn man das so sagen darf, die metaphysisch-kosmisch installierten Regulatoren von Kontingenz aus: Descartes durch eine Theorie »of individual and cognitive processes« und Hobbes durch eine Theorie »of social-political and normative processes«.[380] Sie setzen Kontingenz frei, und das mag dann wiederum der Ausdruck dafür sein, daß die Umstellung des Gesellschaftssystems von Stratifikation auf funktionale Differenzierungen unter anderem dahin führt, daß die sozialen Spielräume für Kontingenz auf eigentümliche Weise extrem eingeschränkt werden und sich dadurch (!) explosiv erweitern: durch die De-Präzisierung aller Anschlußmöglichkeiten. Wir wollen dieses Problem unter dem Stichwort *Poly-Eventualität* behandeln.

### 4. Die Poly-Eventualität der modernen Gesellschaft: Das ›eine‹ Ereignis als pluraler Report

Es ist zunächst merkwürdig, wenn man sagt, daß die funktionale Differenzierung der Gesellschaft, durch die die Moderne gekennzeichnet ist, nicht, wie man erwarten könnte, gegenüber rigiden (etwa stratifikatorischen) Differenzierungsformen mehr Kontingenz freisetzt, *sondern sie eigentümlich und in einer bis dahin nicht gekannten Radikalität beschneidet.* Die Verwunderung rührt daher, daß die Hierarchie, die geheiligte Ordnung stratifizierter Ordnung, eine äußerst prägnante Form der Kontingenzvernichtung darstellt[381], wohingegen der Blick auf die Gesellschaft heute (sagen wir: allein ein ›Zappen‹ durch alle Kanäle des Vormittagsprogrammes etwa des Deutschen Fernsehens genügt, um sich dessen zu vergewissern) auf Anhieb eine kaum zu begreifende Vielheit der Lebensdeutungs- und Lebensrealisierungsmöglichkeiten vorführt: Es scheint nichts zu geben, was ausgeschlossen wäre.[382]

380 Luhmann, a.a.O., S. 509, mit deutlicher Kritik: »Not yet sociologists, they dit not reflect on the interdependence of individual and social processes; nor could they pay sufficient attention to the fact that the problem of contingent selection became urgently relevant in connection with evolutionary changes in the social system of society.«

381 Am Rande ist zu erwähnen, daß diese Form der Kontingenzvernichtung in die Organisationen der Moderne hineinkopiert wird, die ebendeshalb funktional sind: als Kontingenzabsorptionsmaschinen.

382 Man kann das, wenn man will, mit der Inklusionsdrift erklären, die sich dem Legitimitätsprinzip funktionaler Differenzierung verdankt oder jedenfalls ihr unmittelbarer Ausdruck ist.

Macht man sich jedoch deutlich, daß funktionale Differenzierung als Begriff nicht diese Pluralität individueller Lebenszuschnitte bezeichnet, sondern strictissime gearbeitet ist unter Referenz auf soziale Systeme, denen nicht Individuen, Subjekte, Leute zugrunde liegen, sondern die nichts weiter sind als unentwegte Reproduktionen von spezifischen (oder besser: operativ spezifizierten) Kommunikationen, ändert sich die Situation. Hauptkennzeichen dieser Spezifikation ist, wie oben schon angedeutet, *binäre Codierung*. Dieser Begriff ist der Ausdruck für nachgerade drakonisch-spartanische Sortierleistungen, durch die Funktionssysteme ihren Einzugsbereich ordnen.

Codes sind zweiwertige Beobachtungsschemata, die eine – klassisch interpretiert – nur einmal gegebene, im Prinzip ›eineindeutige‹ Welt, die so ist, wie sie ist, die so geschieht, wie sie geschieht, mit Bewertungen beobachtet, die immer zugleich den genau entgegengesetzten Wert als Komplement mitaufrufen.[383] Solche Schemata negieren mit der einen Seite, die bezeichnet wird, die Gegenseite, so daß jede *indication* Kontingenz produziert, insofern sie von Moment zu Moment auf ihren (auch möglichen) Gegenwert verweist, der sie negiert. So gesehen, erzeugen Codes ›totalisierende Nicht-Totalitäten‹. »Die Totalisierung als Bezug auf alles, was im Code als Information behandelt werden kann, führt zu einer *ausnahmslosen Kontingenz aller Phänomene*. Alles, was erscheint, erscheint im Licht der Möglichkeit des Gegenwertes: als weder notwendig noch unmöglich. Etwaige Notwendigkeiten oder Unmöglichkeiten müssen im Gegenzuge wiedereingeführt werden – etwa zur Entparadoxierung des Codes ... – und bleiben deshalb bezweifelbar.«[384] Einerseits formieren Codes eine Welt, die ausschließlich durch das jeweilige binäre Schema definiert ist. Es läßt sich nur die eine oder andere Seite aktuell ansteuern mitsamt der leichtgängigen Möglichkeit des *crossings* auf die andere Seite. Andererseits ist die Weltkonstruktion, die dabei zustande kommt, nur im Binnenbereich totalisierend, insofern sie sich der gesellschaftlichen Kommunikation einschreibt, die andere, ebenso totalisierende Beobachtungsschemata nicht nur verkraften kann, sondern simultan prozessiert.

Setzt man diese Überlegung um auf unser Kontingenzproblem, dann ist Kontingenz im Einzug- oder Ordnungsbereich *eines* Codes radikal gehemmt. Dort sind die Codewerte *All-Werte*, die die ›heranflutenden‹ Kommunikationen aufsplitten auf die eine oder andere Schemaseite und dabei (gleichsam im Rücken dieses Spaltens) Unzugehöriges wie im Nebeneffekt aussortieren. Das wäre ein ordentliches, ein gleichsam

---

383 Vgl. dazu Luhmann, N., *Ökologische Kommunikation. Kann die moderne Gesellschaft sich auf ökologische Gefährdungen einlassen?*, Opladen 1986, S. 77.
384 Ebd., S. 79.

›kontingenzgehemmtes‹ Bild, da jene Sortierleistung in ihrer Domäne nur zwei Werte ›verwaltet‹ und den Rest – schweigen läßt. Eine Domäne dieses Typs kann man in lockerer Anlehnung an Gotthard Günther eine ›Kontextur‹ nennen.[385] Wenn man dann den Fall vor Augen hat, daß es eine Domäne dieser Domänen gibt (die Gesellschaft), in der eine Mehrheit codeförmig binarisierter Systeme ihr Eigenspiel spielt, dann empfiehlt es sich, diesen Befund mit dem Ausdruck ›Polykontexturalität‹ zu belegen.[386] Eine polykontexturale Welt (hier: Gesellschaft) ist eine Welt inkompatibler Beobachtungsperspektiven, sie ist keine Hierarchie, sondern eine Heterarchie.[387] Sie hat nicht *einen* (heiligen) Grund, aus dem sie sich speist, sondern mehrere (heilige) Gründe.[388]

385  »Eine KONTEXTUR ist ein universaler Leerbereich, in dem das bereichsspezifische tertium non datur unrestringierte Gültigkeit hat, eine basale Qualität, eine Quelle im metaphorischen und kategorientheoretischen Sinne. Kontextur ist dasjenige, das dem abendländischen Denken … verborgen bleiben mußte, da sie sich in deren Inhaltlichkeit verloren hat. Eine Kontextur ist in ihrer Einzigkeit absolut universal und zugleich doch nur eine Einzelne unter Vielen. Das Konzept der Kontextur ist nur sinnvoll im Zusammenspiel mit qualitativer Vielheit, also nur als Polykontexturalität. Kontextur ist nicht Kontext; die unbegrenzte Vielfalt der Kontexte, Sorten, Schichten, Bereiche, Regionen usw. sind intra-kontexturale Konzepte. Logozentrisches Denken erweist sich, trotz der Vielfalt der Kontexte, als monokontextural.« (Ditterich, J./Helletsberger, G./Matzka,R./Kaehr, R. (Projektteam), »Organisatorische Vermittlung verteilter Systeme«. Forschungsprojekt im Auftrag der Siemens-AG, München/Berlin 1985 (Manuskript Forschungsstudie), S. 114.)

386  Vgl. grundlegend Günther, G., »Life as Poly-Contexturality«, in: *Beiträge zur Grundlegung einer operationsfähigen Dialektik*, Bd. II, Hamburg 1979, S. 283-306. »It is obvious that the alternative between Being and Nothingness is the absolute widest that our thinking may conceive and we shall call … a domain which is characterized by an absoluteley uniform background and whose limits are determined by an absolutely generalized TND [tertium non datur] an ontological contexture or contexturality.« (S. 286) »We are now ready to see the deep ontological assumption which lies behind the epistemology of Aristotle. It can be formulated as follows: The universe is, logically speaking, ›mono- contextural‹. Everything there is belongs to the universal contexture of objective Being. And what does not belong to it is just Nothingness.« (S. 287)

387  »Heterarchie bestimmt die Beziehung zwischen (hierarchischen) Systemen unter der Maßgabe, daß diese sich nicht hierarchisieren lassen. Heterarchie ist also negativ bestimmt als eine Architektur komplexer Systeme, die sich nicht hierarchisieren läßt. Ein heterarchisches System läßt sich nicht ohne Verlust wesentlicher Bestimmungen auf ein hierarchisches System abbilden. Positiv bedeutet Heterarchie, daß verschiedene zueinander disjunkte Systeme miteinander verkoppelt werden kön-

Polykontexturalität bedeutet also auch, daß die Gesellschaft, die diese Form annimmt, nicht mehr ›letztbegründet‹ ist. Sie kennt keinen generalisierbaren *locus observandi*, sie läßt sich durch niemanden und nichts in Gänze vertreten.[389] Sie hat keine Instanz der Übersicht, der *supervisio*, sie verfügt nicht über intern ausgezeichnete Arrangements, von denen aus sie sich als Einheit, die durch diese Arrangements repräsentiert wäre, beobachten ließe.[390] Und: Sie kann dann auch nicht mehr als ›Taten tuende Täterin‹ begriffen werden. Sie ist handlungsunfähig, insofern (anders als bei Leuten, Organisationen, juristischen Personen etc.) keine *repraesentatio identitatis*, durch sie vertreten wäre, vorkommt, ein Schicksal, das sie, die nur gebarrt ausgeschrieben werden könnte, mit ihren primären Subsystemen teilt, die allesamt kein Zentrum haben, das ansprechbar oder zurechnungsfähig wäre.

Eine andere Konsequenz von Polykontexturalität ist aber für unsere Argumentation wichtiger, der Umstand nämlich, daß alle Ereignisse in einer so formatierten Gesellschaft (sozusagen: habituell) mehrfach beobachtbar sind. Schärfer und genauer ausgedrückt: Es finden sich keine *Einmal-Ereignisse*, sondern nur: *Mehrfachereignisse*. Was immer geschieht (berichtet wird), ist von vornherein ein *pluraler Report und Rapport*, und zwar nicht in dem Sinne, daß *ein* (gleichsam ontisches) Ereignis nur verschieden kolportiert wird, sondern in dem Sinne, daß das *eine* Ereignis, die eine Vorlage, das eine Original nicht existiert als wiederholte Ansteuerbarkeit *Desselben*.[391] *Ein* Ereignis wäre »void of

nen und so zu kooperativer Einheit gelangen, ohne die Autonomie der Teile einem übergeordneten Meta-System abgeben zu müssen. Zwischen den Konstrukten Hierarchie und Heterarchie herrscht jedoch nicht wieder eine Hierarchie ... Vielmehr besteht zwischen beiden ein komplexes Wechselspiel, dessen Regeln selbst nicht wieder hierarchisch oder heterarchisch strukturiert sind, sondern die Bedingungen der Möglichkeit der beiden Grundbestimmungen aller Systeme überhaupt angeben ...« (Ditterich et al., a.a.O. (Fn. 385), S. 96.
388 Vgl. dazu und zum weiteren Fuchs, P., *Die Erreichbarkeit der Gesellschaft. Zur Konstruktion und Imagination gesellschaftlicher Einheit*, Frankfurt am Main 1992.
389 Ebendeshalb ist sie nicht steuerbar.
390 Ich komme darauf unter dem Stichwort ›Adressenformular‹ wieder zurück.
391 »Ein dauernd vorhandener ›Inhalt‹, der in periodischen Intervallen vor den Rampenlichtern des Bewußtseins auftaucht, ist ein ebenso sagenhaftes Wesen wie der ewig wandernde Ahasver.« (James, W., *Psychologie*, Leipzig 1920, S. 155 [im Original gesperrt]). Historisch gesehen, ist der berühmte hermeneutische Zirkel (diese Spirale) ein unmittelbarer Ausdruck dafür, daß kein Sinnereignis in seiner wahren und wirklichen Identität erreicht werden kann.

definable characteristics.«[392] Es wird, wie wir sagten, durch Beobachtung (durch Sinnsysteme) gleichsam hinbeobachtet, und es ist nur diese Beobachtung. Und wenn wir von einer funktional differenzierter Gesellschaft ausgehen (also von Polykontexturalität), dann ist es nicht diese *eine* Beobachtung, sondern der multiple Effekt einer Pluralität von ›Beobachtungsströmen‹. Es ist niemals feststellbar: das *eine* Ereignis.[393]

Natürlich lassen sich Ereignisse referieren wie der Fall der Berliner Mauer, das Krokodil im Baggersee, der Beginn des Irakkrieges, die Überflutung von New Orleans etc., aber jedes dieser Ereignisse ist Ereignis für die Massenmedien, für die Wirtschaft, für das Recht, für die Politik, für die Wissenschaft, für die Kunst, für die Erziehung, für die Religion, es ist jeweils – ein anderes.[394] Unter polykontexturalen Bedingungen begegnet nicht das eigentliche, das wesenhafte, das wirkliche Ereignis. Es hätte keine Form. Es ist weder archimedisch noch cartesisch beobachtbar. Es ist (sozusagen als es selbst) schlicht: unbeobachtet.[395]

Diesen Befund wollen wir festhalten mit dem Begriff der ›Poly-Eventualität«. Er besagt auch, daß das zentrale Kontingenzproblem der Moderne in genau dieser Hinsicht anders geschnitten ist als in prämodernen Zeiten.[396] Poly-Eventualität ist der Ausdruck für dieses Problem

392 Vgl. zu dieser Formulierung Herbst, Ph. G., *Alternatives to hierarchies,* Leiden 1976, S. 105.

393 Es gibt keine Synthese. »…the foremost paradox of the frantic search for communal grounds of consensus is that it results in more dissipation and fragmentation, more heterogeneity. The drive to synthesis is the major cause of endless bifurcations. Each attempt at convergence and synthesis leads to new splits and divisions … All efforts to solidify loose life-world structure produce more fragility and fissiparousness. The search for community turns into a major obstacle to its formation.« So formuliert (auf anderen Theoriegrundlagen) Baumann, Z., »Philosophical affinities of postmodern sociology«, in: *The Sociological Review*, Vol. 38, No. 3, 1990, S. 411-444, 436.

394 Man hat gesagt: »Zeit entsteht durch die Kodifizierung von Ereignissen.« Schaltenbrand, G., Bewußtsein und Zeit, Studium Generale 22, 1969, S. 455-472, S. 466. Aber man könnte auch sagen: Das Ereignis entsteht durch die Codifizierung von Zeit, und wenn wir hier unseren Code-Begriff ansetzen, dann entsteht durch Codifizierung: Poly-Eventualität.

395 Vgl. Fuchs, P., »Vom Unbeobachtbaren«, a.a.O. (Fn. 33). Ontologie wäre dann eine Theorie dessen, was ohne Beobachter existiert. Vgl. Krippendorff, K., »Wenn ich einen Stuhl sehe – sehe ich dann wirklich nur ein Zeichen?«, in: *Form*, Bd. 5, H. 2., 1998, S. 98-106, 98, Fn 2.

396 Ahnungsvoll: Schopenhauer, A., *Parerga und Paralipomena,* zit. nach Jung, C. G., *Synchronizität, Akausalität und Okkultismus,* München 1990, S. 16 f.: »Alle Ereignisse im Leben eines Menschen ständen dem-

und bezeichnet zugleich eine Art Manko, nämlich die Unmöglichkeit *einer* auf Ontologie beruhenden Weltbeobachtung zweiter Ordnung.[397] Ereignisse sind keine ›Dinge‹, die *sind*.[398] Wir wollen (quasi spielerisch) davon ausgehen, daß die Mitwelt einer polykontexturalen Gesellschaft sich diesem Symptom der Poly-Eventualität anbequemt. Das psychische System, so die These, wird verändert. Es wird: *listenförmig*.[399]

> nach in zwei grundverschiedenen Arten des Zusammenhangs: erstlich, im objektiven, kausalen Zusammenhange des Naturlaufs; zweitens, in einem subjektiven Zusammenhange, der nur in Beziehung auf das sie erlebende Individuum vorhanden und so subjektiv wie dessen eigene Träume ist … Daß nun jene beiden Arten des Zusammenhangs zugleich bestehen und die nämliche Begebenheit als ein Glied zweier ganz verschiedener Ketten, doch beiden sich genau einfügt, infolge wovon jedesmal das Schicksal des Einen zum Schicksal des Andern paßt und jeder der Held seines eigenen, zugleich aber auch der Figurant im fremden Drama ist, dies ist freilich etwas, das alle unsere Fassungskraft übersteigt und nur vermöge der wundersamsten harmonia praestabilita als möglich gedacht werden kann.«

397 Erforderlich ist allenfalls die Einsicht in eine Pluralität von Ontologien. Siehe etwa Rombach, H., Welt und Gegenwelt, Umdenken über die Wirklichkeit: Die philosophische Hermetik, Basel 1983. Das ist auch nicht unerheblich für die Physik und ihre Vorstellung einer großen einheitlichen Welttheorie (die nun auch noch mit Vielwelten-Theorien zu kämpfen hat). Vgl. Rohrlich, F., »Pluralistic Ontology and Theory Reduction in the Physical Sciences«, in: *Brit.J.Phil.Sci. 39*, 1988, S. 295-312. Anders gesagt: Es gibt keinen Essenzenkosmos mehr und keine ontologisch deutbaren Letztelemente. Vgl. auch Glanville, R., »The Nature of Fundamentals Applied to the Fundamentals of Nature«, in: Klir, G.J. (Hrsg.), *Applied General Systems Research: Recent Developments and Trends*, New York 1978, S. 401-409. Daß es schon früh möglich war, die Vielfalt möglicher Beobachtungsstandorte zu thematisieren, nämlich als Einsicht in die »variedad de los gustos« (Gracian), ist bekannt. Vgl. etwa Schümme, F., »Die Entwicklung des Geschmackbegriffs in der Philosophie des 17. und 18. Jahrhunderts«, in: *Archiv für Begriffsgeschichte*, Bd. 1, Bonn 1955, S. 120-141.

398 Es ist nahezu überflüssig zu erwähnen, daß wir auch nicht von *Dingen* ausgehen, die sind. ›Seiend‹ wären sie nicht einmal für die Physik. Dinge sind, wie man in der Physik sagen könnte, Oszillatoren. Vgl. Feynman, R.P. et al., *The Feynman Lectures on Physics*, Bd. 1, Mass. 1977, Abschnitte 23.1 f.

399 Vorwegnehmend und als angenehme Unterbrechung: Es wird zutatenförmig wie die Suppe der Hexen: »3RD WITCH: Scale of dragon, tooth of wolf,/Witches' mummy, maw and gulf/of the ravined salt-sea shark,/Root of hemlock digged i' the dark,/Liver of blaspheming Jew,/Gall of goat and slips of yew/

Slivered in the moon's eclipse, / Nose of Turk and Tatar's lips, / Finger of birth-strangled babe / Ditch-delivered by a drab, / Make the gruel thick and slab. / Add thereto a tiger's chaudron, / For the ingredients of our caldron. / ALL: Double, double toil and trouble, / Fire burn and caldron bubble. / 2ND WITCH: Cool it with a baboon's blood, / Then the charm is firm and good.« (*Macbeth*, IV, 1)

# IV. Die Listenförmigkeit *des* Menschen

»[...] als einer jener scheinbar abseitigen und abstrakten Gedanken, die in seinem Leben oft so unmittelbare Bedeutung gewannen, fiel ihm ein, daß das Gesetz dieses Lebens, nach dem man sich, überlastet und von Einfalt träumend sehnt, kein anderes sei als das der erzählerischen Ordnung! Jener einfachen Ordnung, die darin besteht, daß man sagen kann: ›Als das geschehen war, hat sich jenes ereignet!‹ Es ist die einfache Reihenfolge, die Abbildung der überwältigenden Mannigfaltigkeit des Lebens in einer eindimensionalen, wie ein Mathematiker sagen würde, was uns beruhigt; die Aufreihung alles dessen, was in Raum und Zeit geschehen ist, auf einen Faden, eben jenen berühmten ›Faden der Erzählung‹, aus dem nun also auch der Lebensfaden besteht. Wohl dem, der sagen kann ›als‹, ›ehe‹ und ›nachdem‹! Es mag ihm Schlechtes widerfahren sein, oder er mag sich in Schmerzen gewunden haben: sobald er imstande ist, die Ereignisse in der Reihenfolge ihres zeitlichen Ablaufes wiederzugeben, wird ihm so wohl, als schiene ihm die Sonne auf den Magen. Das ist es, was sich der Roman künstlich zunutze gemacht hat: der Wanderer mag bei strömenden Regen die Landstraße reiten oder bei zwanzig Grad Kälte mit den Füßen im Schnee knirschen, dem Leser wird behaglich zumute, und das wäre schwer zu begreifen, wenn dieser ewige Kunstgriff der Epik, mit dem schon die Kinderfrauen ihre Kleinen beruhigen, diese bewährteste ›perspektivische Verkürzung des Verstandes‹ nicht schon zum Leben selbst gehörte. Die meisten Menschen sind im Grundverhältnis zu sich selbst Erzähler. Sie lieben nicht die Lyrik, oder nur für Augenblicke, und wenn in den Faden des Lebens auch ein wenig ›weil‹ und ›damit‹ hineingeknüpft wird, so verabscheuen sie doch alle Besinnung, die darüber hinausgreift: sie lieben das ordentliche Nacheinander von Tatsachen, weil es einer Notwendigkeit gleichsieht, und fühlen sich durch den Eindruck, daß ihr Leben einen ›Lauf‹ habe, irgendwie im Chaos geborgen. Und Ulrich bemerkte nun, daß ihm dieses primitiv Epische abhanden gekommen sei, woran das private Leben noch festhält, obgleich öffentlich alles schon unerzählerisch geworden ist und nicht einem ›Faden‹ mehr folgt, sondern sich in einer unendlich verwobenen Fläche ausbreitet. Als er sich mit dieser Erkenntnis wieder in Bewegung setzte, erinnerte er sich allerdings, daß Goethe in einer Kunstbetrachtung geschrieben hat: ›Der Mensch ist kein lehrendes, er ist ein lebendes, handelndes und wirkendes Wesen!‹«

*Robert Musil*[1]

---

1 *Der Mann ohne Eigenschaften*, Hamburg 1952, S. 649-650.

# A Die Formkatastrophe

Worum es nun gehen wird, das ist der besondere Effekt, den die Umstellung der Gesellschaft auf funktionale Differenzierung für die Projektion *des* Menschen zeitigt, eine Projektion, von der wir annehmen, daß sie erhebliche Auswirkung hat auf das psychosomatische Umwelt-Ensemble von Prozessoren, das für soziale Systeme die relevante Umwelt darstellt, die wir *Mitwelt* genannt haben.

Dafür, daß sich eine tiefgreifende Veränderung ergeben hat und sich fortwährend tiefgreifende Veränderungen ergeben, deren Folgen wenig berechenbar sind, spricht (es verlohnt kaum der Mühe, dies ein weiteres Mal festzuhalten), daß niemand, der einigermaßen Kontakt hat mit den geistesgeschichtlichen Entwicklungen der letzten 150 Jahre, sich guten Gewissens noch klammern kann an tradierte Bilder *des* Menschen, an Hoheits- und Souveränitätsideen, an Vorstellungen darüber, daß er gleichsam subjektförmig der Welt zugrunde liege[2], daß es noch *eine* Erzählung[3] *des* Menschen und seiner Welt geben könne, in der er das Königszeichen des Universums trage.[4]

*Der* Mensch erscheint stattdessen als geballte Orientierungslosigkeit, die nicht mehr von einer metaphysischen Ordnung, von einer *chain*

2 Stattdessen wird das Subjekt zum Epiphänomen symbolischer Konfigurationen. Vgl. mit den einschlägigen Referenzen Vgl. Dolar, M., »Das Cogito als Subjekt des Unbewussten«, in: Trinks, J. (Hrsg.), *Bewußtsein und Unbewußtes*, Wien 2000, S. 42-74, 44.

3 Das berühmte Verdikt: »Le grand récit a perdu sa crédibilité, quel que soit le mode d'unification qui lui est assigné: récit spéculatif, récit de l'émancipation.« Lyotard, J.-F., *La Condition postmoderne*, Paris 1979, S. 63.

4 Man hält diese Befunde im allgemeinen unter dem Titel der *Postmoderne* versammelt. Vgl. Siehe zur soziologischen Beobachtung der Postmoderne Scherr, A., »Postmoderne Soziologie – Soziologie der Postmoderne? Überlegungen zu notwendigen Differenzierungen der sozialwissenschaftlichen Diskussion«, in: *Zeitschrift für Soziologie*, Jg. 19, H. 1, 1990, S. 3-12. Vgl. als einen generellen Versuch, die Nebelschwaden um diesen (Un)begriff zu lichten, Welsch, W., *Unsere postmoderne Moderne*, Weinheim 1987. Vgl. ferner Baumann, Z., »Is there a Post-modern Sociology?«, in: *Theory, Culture and Society*, Vol. V, Nr. 2-3, 1988, S. 217-237. Vgl. Als Vorläufer Mannheim, K., »The Problem of the Intelligentsia. An Inquiry into its Past and Present Role«, in: ders., *Essays on the Sociology of Culture*, London 1956. Siehe aber zu den terminologischen Problemen des Ausdrucks ›Postmoderne‹ Derrida, J., *Einige Statements und Binsenweisheiten über Neologismen, New-Ismen, Post-Ismen, Parasitismen und andere kleine Seismen*, übers. von Susanne Lüdemann, Berlin 1997.

*of being*[5] getragen ist; er ist un-förmig wie eine ›Molluske‹ und damit etwas, das nur noch funktional definiert werden kann.[6] Oder einfach nur eine tragische Figur, vergleichbar der des Gründers von Korinth, des Sisyphus, der Zeuge der Entführung Aiginas durch Zeus wurde und deshalb nun im Tartarus alle Mühen (und Wonnen, traut man Albert Camus) der Vergeblichkeit durchlebt.

Diese Beschreibungen – und es sind häufig wirklich nur Beschreibungen – kann man theoretisch grundieren, wenn man sagt, sie seien Ausdruck und Symptom einer *Formkatastrophe*.[7]

## 1. Der Hiatus von Form zu Form

Wir haben bislang schon umfangreich vom Begriff ›Medium‹ Gebrauch gemacht. Er steht (blickt man auf die Heidertradition zurück) für eine lose gekoppelte Menge von gleichartigen Elementen, in die striktere Kopplungen derselben Elemente eingeschrieben werden können, die dann als Formen in dem Medium gelten, in dem sie sich wieder ›auflösen‹ können. Die Form/Medium-Unterscheidung ist heute (in ihrem Aufgriff durch Niklas Luhmann) zu einem primär heuristischen Instrument geworden, da sie relativ freistellt (nur eingeschränkt durch begriffliche Konsistenzanforderungen), was jeweils als Medium, was als Form in den Blick genommen wird.

Die Leichtgängigkeit dieser Heuristik, die den klassischen Gegenstandsbezug der Wissenschaft ersetzt, hat allerdings dazu verführt, gewissen Grundlagenproblemen der Unterscheidung nicht tiefengenau nachzuspüren. Eines dieser Probleme besteht darin, daß wir ›Form-Beobachter‹ sind, also auch dann, wenn wir auf Medien achten, immer nur Formen vor uns haben. Drückt man dies beobachtungstheoretisch aus, dann zeigt sich, daß Beobachtung an einer *Bezeichnung* im Rahmen einer *Unterscheidung* hängt, daß mithin immer bezeichnet/unterschieden wird, wenn Beobachtung im Spiel ist, und nicht nicht-unterschieden,

5 Vgl. Lovejoy, A. O., *The Great Chain of Being: A Study of the History of an Idea*, Harvard 1970.

6 »If there is any definition of the nature or ›essence‹ of man, this definition can only be understood as a functional one, not a substantial one. Man's outstandig characteristic, his distinguishing mark, is not his metaphysical or physical nature – but his work. It is his work, it is the system of human activities, which defines and determines the circle of ›humanity‹« Cassirer, E., *An Essay on Man. An Introduction to a Philosophy of Human Culture*, New Haven 1944, S. 67.

7 Siehe als einen Versuch, mit diesem Begriff zu arbeiten, Fuchs, P./Fuchs, M.-Ch., »Ein Grinsen ohne Katze – Anmerkungen zu Mann und Frau und sex und gender«, Ms. Travenbrück/Oxford 2005.

nicht nicht-bezeichnet. Beobachtung erzeugt immer Form, nie Nicht-Form, nie das Ungeschlachte, Formlose, Amorphe.[8] Man darf sich hier daran erinnern, daß Unterscheidungen selbst *Zwei-Seiten-Formen* sind, deren Außenseite nur diffus (als unmarked state) bezeichnet wird.

Der Beobachter kann, wenn er sich im Zuge der soziokulturellen Evolution kultiviert und raffiniert hat, Ausdrücke für Nicht-Formen finden (zum Beispiel den Ausdruck: Medium), aber solche Ausdrücke sind selbst: Bezeichnungen von Formen, die sich nur als Formen (und nicht als Medium) überprüfen lassen – anhand anderer Formen (nicht anderer: Medien). Ich kann im Kontext ›Stricken‹ *Nicht-Masche* sagen, aber kaum auf die Nicht-Masche zeigen.[9]

Das Problem ist, wie man Form überhaupt als Begriff etablieren kann, wenn der Gegenbegriff (die Gegenseite) *nur* aus der Seite der Form lebt, aber damit die Form auch nur aus der Seite des Mediums. Die Sache sieht ganz nach einem hermetischen *In-Sich-Begriff*, einem *innigen* Begriff aus, der die Zusatzfrage aufwirft, wie man überhaupt sagen kann, daß wir Form-Beobachter seien, wenn die Gegenseite, die Nicht-Form nicht gesehen werden kann.

Vielleicht kommt man aber weiter, wenn man der Frage ein anderes Format zuweist: Wie kann es überhaupt geschehen, daß ein empirischer Beobachter nicht nur Formen identifiziert, sondern auch Medien, in die sich die Form einschreibt? Die erste und sehr einfache Antwort: Er sieht, wie *etwas aus etwas gemacht wird*, beispielsweise Statuen aus Sand oder Eis.[10] Er gewahrt dann (als vollkommen evident im rhetorischen Sinne), wie Sand zu Formen gepresst und geglättet oder Eis in glitzernde Formen getrieben wird, und auch: wie die Formen durch Regen, Wind oder Wärme so angegriffen werden, daß sie sich irgendwann auflösen in das Substrat, woraus sie bestanden. Wenn man allerdings sehr sorgfältig

---

8 Jeder Versuch, die Nicht-Form zu beobachten, würde die Form löschen: »›Wir‹ erzeugen eine Existenz, indem wir die Elemente einer dreifachen Identität auseinandernehmen. Die Existenz erlischt, wenn wir sie wieder zusammenfügen. Jede Kennzeichnung impliziert Dualität, wir können kein Ding produzieren, ohne Koproduktion dessen, was es nicht ist, und jede Dualität impliziert Triplizität: Was das Ding ist, was es nicht ist, und die Grenze dazwischen.« (Spencer-Brown, G., *Gesetze der Form*, Lübeck 1997, S. xviii.)

9 Vor allem, weil die Nicht-Masche ein unendlicher Horizont der Masche ist, der Rest der Welt, aus dem sie sich herausstrickt. Es ist übrigens bezeichnend, daß ich in das Stichwortverzeichnis meines Buches *Die Erreichbarkeit der Gesellschaft* das Wort ›Stricken‹ aufgenommen habe, das dann von einem der überaus sorgfältigen Lektoren wieder klammheimlich herausgestrichen wurde.

10 Schön zu sehen bei der Sand-World in Travemünde (Priwall) oder bei der Ice-World in Lübeck.

argumentiert, erkennt man schnell, daß der Beobachter zwischen den Formen (Statuen, Gebäude etc.) und den Formen (Sand, Eis), die er als Medien bezeichnet (!), oszilliert.[11]

Die Entdeckung des Mediums wäre demnach, wie wir schon weit oben festgestellt haben, ein *Inferenz*-Phänomen. Es würde indirekt erschlossen.[12] Man hätte jedoch wenig Anlaß, in jener Oszillation (die leicht geht und keinerlei Kopfzerbrechen macht) auf ein Medium durchzuschließen, es sei denn, jemand reserviert Sonderaufmerksamkeiten für oszillatorische Prozesse.[13] Anders sieht das alles aus, wenn man sozusagen aus Störungsgründen heraus gezwungen wird, einen Formzerfall zu erleben, und sich dann genötigt sieht, den Übergang zwischen Form und Form zur Errechnung des (ja immer virtuellen) Mediums zu benutzen. Genau diesen Formzerfall wollen wir, wenn er beobachtet wird, eine *Formkatastrophe* nennen, die (faßt man sie phänomenologisch auf) sich in einem Transit zwischen Form, Erosion der Form und anderer Form begibt.[14] Man kann sich etwa das Bild eines allmählich langsamer abgespielten Films machen, der – ehe er bei der Form (!) des Einzelbildes anlangt, also bei dem, was der Film als Form nicht ist – in ein ›Ruckeln‹ gerät, das noch zeigt, daß es um einen Film geht, der sich aus Einzelbildern zusammensetzt, die *nicht* der Film sind.[15]

Unseren Ausgangsannahmen folgend, haben wir es aber nicht mit einem Blick auf das Medium zu tun, sondern mit einer Art ›Verwischung‹ oder ›Verschleifung‹, die selbst eine sehr kurze Form ist, die aber nahe-

11  Dinge sind, um dies noch einmal zu zitieren, Oszillatoren. Vgl. Feynman, R.P. et al., *The Feynman Lectures on Physics*, Bd. 1, Mass. 1977, Abschnitte 23.1 f. Man könnte sie auch als waves auffassen. Bei Herbst, Ph.G., *Alternatives to hierarchies*, Leiden 1976, S. 10, ist von wave im selben Zusammenhang die Rede: »A wave form is a process moving continuously between alternative states.«

12  »Things are noise, the medium is noiseless«, formuliert Heider, F., *The Notebooks,* ed. By Marijana Benesh-Weiner, Vol. 1, *Methods, Principles and Philosophy of Science,* München/Weinheim 1987, S. 229.

13  Die Leichtgängigkeit verweist hier wie immer darauf, daß etwas sehr wahrscheinlich ist und deswegen mit Unwahrscheinlichkeit aufgepumpt werden muß, damit es sich als Problem begreifen läßt.

14  Wir nehmen das Wort ›Katastrophe‹ also in seinen Ursprungssinn als Wende-Stelle in einem Drama.

15  Die Katastrophe tritt auch bei Beschleunigung auf oder in anderen Kontexten bei ständiger Wiederholung: a rose is a rose is a rose is a rose … Eine besonders schöne Analyse im Blick auf Musik bietet Heinrich, J., »Schlüsselmomente in Werken der Instrumentalmusik«, in: Holländer, H./Thomsen, Ch.W. (Hrsg.), *Augenblick und Zeitpunkt. Studien zur Zeitstruktur und Zeitmetaphorik in Kunst und Wissenschaft,* Darmstadt 1984, S. 493-510.

legt (oder es kaum vermeidbar macht), angesichts des beobachteten Transits das Medium (und damit auch: dessen Form) zu errechnen. Wir gehen davon aus, daß solche Formkatastrophen laufend daran beteiligt sind, Aufmerksamkeit auf die Inferenz des Mediums zu lenken, wobei sicherlich von ausschlaggebender Bedeutung ist, daß die Beobachter von Kurzfristphänomenen wie diesem Transit Zeit binden können, etwa in der Form eines zumindest minimalen Gedächtnisses.

Bezieht man die phänomenologische Sicht, die eben eingenommen wurde, auf Beobachtung, dann kommt man (in Anlehnung an den Lacanschen Jargon) auf die Formulierung, daß im Moment der Bezeichnungsleistung das Signifikat zu ›rutschen‹ beginnt, mit ihm das Bezeichnende und mitunter die gesamte Zeichenkette. Eine Variante des Bezeichneten gleitet in die Position des (quasi hauptamtlichen) Signifikats. Dadurch gerät der Signifikant für einen Beobachter in eine Unschärfe hinein, die sich auf die zugrundeliegende Unterscheidung bezieht, die nicht mehr einen sicheren Rahmen für die Bezeichnungsleistung darstellt. Diese Unschärfe kann als Augenblick des Mediums, als Momentum, in dem das Medium seine Epiphanie, seine Ekstasis hat, begriffen werden, oder prosaischer: als Transit, in dem sich das Nicht-Errechenbare des Mediums zeigen, also doch errechnen läßt.[16]

Das ist – zum Glück – nichts, was unbeobachtet geblieben wäre. Unter Titeln wie Kairos, Momentum, wie Plötzlichkeit, wie Choc ist es Jahrtausende hindurch ventiliert worden. Wir wählen aber hier (und in loser Anspielung auf Walter Benjamin) nur ein Beispiel aus für diese seltsame Entstellung/Verstellung, die ihre kurze Epiphanie im Transit von Form zu Form hat.

## Exkurs – Ein seltsamer Blick des Auges

Um das Problem noch einmal zu skizzieren: Im Prinzip kann keine Beobachtungsoperation, insofern sie eine bezeichnende (und nicht eine nicht-bezeichnende) Operation darstellt, auf die Seite des Mediums kreuzen, ohne an der Stelle des Mediums auf die *Form* des Mediums zu stoßen.[17] Das ist nicht weiter verwunderlich, insofern die Beobachtung selbst nur als Form arbeitet und – wo immer sie im Einsatz ist – Formen (i. e. Unterscheidungen) projiziert und niemals: Nicht-Formen. Seit das Zeichen ›Medium‹ zur Verfügung steht, kann es als Bezeichnung im Rahmen der Unterscheidung Form/Medium genutzt werden, aber in

---

16 Schöner Beispielfall bei Molière: daß jemand erstaunt sein kann, daß er schon immer Prosa gesprochen hat.

17 Ich bin sehr sicher, daß sich von hier aus ein Neuzugang zum platonischen Problem der *Chora* ergäbe. Vgl. *Timaios* 52 a 8 – b 1.

*»Gegenstand der Zerstörung« Man Ray 1932, Abb. 1*

einer Art Camouflage des Umstandes, daß jenes Crossing nicht direkt
auf ein Medium trifft, sondern es, wie man es vielleicht sagen müßte,
im Crossing selbst, im Vorübergehen errechnet – an Störungen des
Kreuzens selbst.

Hans Holländer hat in einer Miniatur den Vorgang anhand der Collage »Gegenstand der Zerstörung« (Man Ray 1932, Abb. 1) vorgeführt.
Die Anweisung Rays lautet: »Schneide das Auge aus der Photographie
eines Menschen, den du liebst, aber nicht mehr siehst. Bringe es am
Pendel eines Metronoms an und reguliere das Gewicht entsprechend
dem gewünschten Tempo. Versuche, mit einem einzigen, wohlgezielten
Hammerschlag den Gegenstand zu zerstören.«[18] Das Ergebnis ist ein
Gegenstand, der – in raffinierter Polysemie – mit der Differenz von Augenblick und Zeitmessung (bzw. Zeitpunkt) und mit einer mehrfachen,
zuletzt scheinbar endgültigen (Zer)Störung spielt.[19] Ein blickendes
Auge, das aber nicht selbst ein Auge ist, sondern nur ein Ausschnitt
aus einem Bild, wird mit einer Büroklammer, also sehr nachlässig, am

18 Zit. nach Holländer, H., »Augenblick und Zeitpunkt«, in: ders./Thomsen,
Ch. W. (Hrsg.), *Augenblick und Zeitpunkt. Studien zur Zeitstruktur und
Zeitmetaphorik in Kunst und Wissenschaft*, Darmstadt 1984, S. 7-21, 7,
der seinerseits Herta Wescher zitiert, die Man Ray zitiert. Für Liebhaber
von Spencer-Brown sei noch erwähnt, daß Man Ray ebenfalls eine Anweisung erteilt.

19 Am Ende wurde die Anweisung zur Zerstörung befolgt, aber danach noch
Repliken des Objektes hergestellt.

Zeiger eines Metronoms, eines Apparats zur Taktvorgabe, befestigt. Es ist der ›Augenblick‹ eines geliebten Menschen, den man nicht mehr trifft und der im Bild des Auges nicht (oder nur in absentia) präsent ist, wobei die nachlässige Anklammerung durch eine Büroklammer darauf verweist, daß es um eine Abheftung, Ablegung von im Moment nicht mehr benötigtem Text geht.

Dieser Augenblick (der kein Augenblick ist) wird an einem Apparatus befestigt, der die Zeit in kleine Portionen ›zertickt‹. Der Augenblick wird zu einem gependelten Blick des Auges (das kein Auge ist), und zugleich evoziert er den Augenblick (der kein Blick ist) als Ausdruck für eine nicht scharf ausmeßbare Zeitspanne. Der Augenblick (Blick aus diesem Auge, das nicht sieht, kein Auge ist) wird in eine zeittechnische Oszillation getrieben, fast so, als ginge es um eine Simulation von Stereoskopie, bei der das Auge von Moment zu Moment seine Position wechselt.

Darüberhinaus zeigt der Augenblick (als physischer Gegenstand) eine Störung des Zeitmaßes, das durch das Metronom gesetzt ist. Es könnte aus dem Zeitruder laufen, selbst unscharf werden wie der Augenblick, der als Ausdruck für ein unscharfes Zeitmaß fungiert und sich der »Stereotypie von Zeitmessungen entzieht«.[20] Das Auge (ein Fragment), genommen als Augenblick, stört den Gang des Apparats, die Referenz auf den Augenblick stört die Idee einer getakteten (und taktierfähigen) Zeit. Der ›Gegenstand der Zerstörung‹ ist Gegenstand einer vielfältigen reziproken Störung, anhand derer das Bewußtsein (konfrontiert mit dieser kühn und kühl in Dingen formulierten Erkenntnis) das Medium Zeit entdeckt in der Doppelform des Augenblicks und des Metrons, das der Zeit mechanisch ihr Maß gibt.

Die Anweisung (die tatsächlich befolgt wurde), das Objekt zu zerstören, läßt dann ihrerseits die Zeit (einen Augenblick) hereinbrechen in das kalkulierte Spiel der Differenz, und wiederum: als Aufdeckung des Mediums (Kunstwerk) durch das Undenkbare seiner Zerstörung. Das Zerschlagen in einem Augenblick macht für den Moment sichtbar, daß die Kollision von Augenblick und tickender Zeit mit ihren reziproken Sabotierungen *medial* zustandekommt, obwohl die ganze Zeit hindurch der Beobachter nur Formen sieht: Auge, Blick, Zeiger, Metronom… und schließlich Trümmer.

Das Man Raysche Metronom (dieser Gegenstand der Zerstörung) ist die exquisite Inszenierung einer Mehrheit von Formkatastrophen.

---

20 Holländer, »Augenblick und Zeitpunkt«, a. a. O. (Fn. 18), S. 8.

## 2. Die Katastrophe der In(kom)mensurabilität

>»Der Fisch bemerkt erst am Ufer, daß er _m Wasser war.«
>*Englisches Sprichwort*

Wir wollen unter Katastrophe anders als üblich nichts Negatives verstehen, sondern nur eine tiefgreifende ›Umwendung‹ oder ›Umdrehung‹.[21] Eine Form verliert, das ist der Ausgangsgedanke, ihr ›Gedrechseltes‹, ihre Kontur – im Übergang zu einer anderen Form. Und ebendies, daß das, was die Form *des* Menschen gewesen ist, sich aufgelöst hat oder aufzulösen beginnt in eine andere Form hinein, ist die Annahme, die wir (zunächst wenig originell vor dem Hintergrund so vieler einschlägiger Diagnosen) verfolgen.

Dabei kommt es hier wie immer auf die Vermeidung eines voreiligen Essentialismus an. Da *ist* nichts gewesen, das die Form *des* Menschen hatte und nun ersetzt wird durch eine andere Form *desselben.* Form, wir haben es erörtert, ist der Ausdruck für die Einheit des Unterscheidens. »We take as given the idea of distinction and the idea of indication, and that we cannot make an indication without drawing a distinction. We take, therefore, the form of distinction for the form.«[22]

Das war der Grund dafür, zu behaupten, daß alle Beobachtung (Bezeichnung im Rahmen einer Unterscheidung) Formen (er)findet und nicht Nicht-Formen. Dem haben wir sehr weit oben vorausgeschickt, daß jede Form (in diesem Sinne) als Unterscheidung unterscheidbar sein muß, daß also die ›Vollform‹ der Form immer in einem Horizont erscheint, der sie nicht ist, aber vor dem sie sich (wie im Zusammenspiel mit einem leeren Begleiter) profiliert. Die Frage nach der Form war also die Doppelfrage nach der Unterscheidung, die durch die Bezeichnung ›der Mensch« aufgeblendet wird, und nach dem, wovon sich diese Unterscheidung unterscheidet. Die nur scheinbar triviale Antwort: Die Unterscheidung, die durch *der* Mensch aufgemacht wird, ist ›der Mensch/die Menschen‹, und das, was durch diese Unterscheidung ausgeschlossen wird, ist: ›ein Mensch‹.

Wir sind im Gang der Argumentation dann den soziokulturellen Konditionierungen *des* Menschen nachgegangen und haben geprüft, was sie für *die* Menschen (die Leute) bedeuten. Der nächste (und so ungewöhnliche wie gewöhnungsbedürftige) Schritt war es, einen Tunnel unter den altbekannten anthropologischen Spielwiesen hindurchzugraben mit Hilfe einer Heuristik, die nicht mehr danach suchte, was *der* Mensch

---

21 Im Griechischen verweist das ›kata‹ auf ein ›Hinunter‹ des ›stréphein‹ (wenden).
22 Spencer-Brown, G., *Laws of Form*, London 1969, S. 1.

ist, sondern danach, wie er von sozialen Systemen vorausgesetzt werden
muß, und dabei zeigte sich, daß die klassischen Bestimmungsstücke des
Menschen wie Geist, Freiheit, Sprache etc. für Sozialsysteme quintessentielle Projektionen sind.

Aber eines haben wir bei alledem noch ausgelassen, nämlich, daß
in unserer Formbestimmung ›*der* Mensch/die Menschen//ein Mensch‹
zweimal ein Singular auftaucht: *der* Mensch und *ein* Mensch. *Der*
Mensch, das ist ein Kollektivsingular[23], für den es anders, als die rechte
(innere) Seite der Unterscheidung suggeriert, keinen Plural gibt. Der
Plural ›die Menschen‹ ist die Mehrzahl von ›ein Mensch‹, womit dann
die Vollform der Unterscheidung *des* Menschen sich als eigentümlich
verschachtelt (und als nicht im mindesten trivial) erweist.

Wir greifen zunächst nur die Spur auf, die in diesem doppelten (und
logisch doch verschiedenen) Singular vorgezeichnet ist. Niemand *ist*,
wir haben es festgehalten, *der* Mensch. Der Begriff *des* Menschen ist
nicht: ›ontofizierbar‹. Er läßt sich nicht reifizieren oder hypostasieren.
Aber alle Menschen (die Leute) sind im Plural nur möglich, wenn sich
eine Summe bilden läßt aus Einheiten (Einzelmenschen), die nicht
grenzunscharfe, ontologisch gleichsam verschmierte Einheiten sind,
sondern: grenzscharfe Kompaktheiten, die nicht unentwegt zerfallen,
sondern adressabel bleiben.

Das wird auf den ersten Blick garantiert durch die Menschen-Körper,
die einerseits ähnlich, andererseits bis in die verwickelten Tiefen der
DNA hinein verschieden sind und sich (wenn auch wachsend, alternd,
schrumpfend) in der Zeit für eine knapp befristete Weile so durchhalten,
daß sie im Normalfall als Identitäten (sozusagen personalausweisfest)
behandelt werden können.[24] Damit wird zugleich ermöglicht, daß der
Körper als dasjenige genommen wird, was das Bewußtsein, das Ich,
die Psyche spazierenführt und von diesen ›Instanzen‹ spazierengeführt
wird.[25] Der Körper ist es, der die numerische EINS eines Menschen und

23 Vgl. zum Begriff des Kollektivsingular Koselleck, R., Art. »Geschichte«,
   in: *Geschichtliche Grundbegriffe. Historisches Lexikon zur politisch-so-
   zialen Sprache in Deutschland*, hrsg. von Otto Brunner, Werner Conze,
   Reinhart Koselleck, Bd. 2. Stuttgart 1975, S. 595.

24 Darin sehen wir (neben der Gewährleistung von Intransparenz) eine
   weitere Funktion des Körpers, der im übrigen und natürlich beobachteter Körper ist. Vgl. Fuchs, P., »Die Form des Körpers«, in: Schroer, M.
   (Hrsg.), *Soziologie des Körpers*, Frankfurt am Main 2005, S. 48-72. Im
   weiteren achten wir jetzt nicht darauf, daß es heute möglich ist, identische
   Körper zu reproduzieren (Klonen), sondern nur davon, daß in diesen Fällen (wie bei ein-eiigen Zwillingen) der jeweilige Körper zumindest durch
   die Raumstelle, die er besetzt, singularisiert ist.

25 »Ich gehe mit meinem Bewußtsein spazieren, der Leib ist sein Träger,
   von dessen jeweiligem Standort der Ausschnitt und die Perspektive des

damit das Konzept ›Person‹ plausibel macht:»Was sich der numerischen Identität seiner selbst in verschiedenen Zeiten bewußt ist, ist sofern eine Person.«[26] Und die Bedingung der Möglichkeit zu dieser Identität ist fraglos der Körper. Nur er ist zählbar, vorweisbar und abgegrenzt.[27] An ihm scheint diese Identität ›vertäut‹ wie die soziale Adresse am Eigennamen.[28] Was ein (konkreter) Mensch ist, leuchtet sozial nachgerade evident ein: anhand der (ähnlichen) Körper.[29]

Bewußtseins abhängen; und ich gehe in meinem Bewußtsein spazieren, und der eigene Leib mit seinen Standortveränderungen erscheint als Inhalt seiner Sphäre« Plessner, H., *Lachen und Weinen* (1941), in: ders., *Philosophische Anthropologie*, hrsg. und mit einem Nachwort versehen von Dux, G., Frankfurt am Main 1970, S. 11-171, 44. Der Körper leistet ebenfalls eine Art Mehrfachbestätigung:»Die Körperidentität wird auch dadurch für das Gehirn konstituiert, daß Zustände verschiedener sensorischer Modalitäten hinsichtlich der Körperbewegungen miteinander in Einklang stehen. So wird eine selbstinduzierte Kopfbewegung zugleich vom visuellen System, vom Gleichgewichtssystem und den Muskel- und Gelenkrezeptoren des Halsbereichs gemeldet. Der Körper kann durch diese Mehrfachbestätigung verläßlich Eigen- und Umweltbewegungen unterscheiden, was mit einer Sinnesmodalität allein, z. B. dem Gesichtssinn nicht möglich ist.« Roth, G.,»Erkenntnis und Realität: Das reale Gehirn und seine Wirklichkeit«, in: Schmidt, Siegfried J. (Hrsg.), *Der Diskurs des Radikalen Konstruktivismus*, Frankfurt am Main 1988 (2.. Aufl.), S. 229-255, 237.»Schon vor Jahren haben Held und Hein an jungen Katzen nachgewiesen, daß zur Konstitution einer Wahrnehmungsumwelt die aktive visuomotorische ›Eroberung‹ der Welt notwendig ist. Werden die Katzen nur passiv in ihrer Umwelt umherbewegt, so verhalten sie sich später wie blind.« (Ebd.)

26 Kant, I., *Kritik der reinen Vernunft, transzendentale Dialektik*, 2. Buch, 3. Paralogismus.

27 Daß hier sich Änderungen abzeichnen, liegt auf der Hand und ist vielfach thematisiert worden. Der Körper wird inszenierbar, es gibt mittlerweile »techno-imaginäre Inszenierungen« und den Cyber-Leib als »größte(s) denkbare erotische Organ«, als »Vollendung der Kultur‹. Vgl. Böhme, H.,»Enträumlichung und Körperlosigkeit im Cyberspace und ihre historischen Vorläufer«, in: *MLN 115*, 2000, S. 423-441, 441.

28 Vgl. zur Metapher des Vertäuens Benjamin, W., Goethes *Wahlverwandtschaften*, in: ders.: *Gesammelte Schriften*, Bd. I, hrsg. v. Tiedemann, R./Schweppenhäuser, H., Frankfurt am Main 1980, S. 291. Natürlich argumentieren wir aus einer typisch europäischen Perspektive heraus, ausgehend davon, daß die funktionale Differenzierung hier ihren Ausgang genommen hat. Siehe aber zu dem Versuch, andere Perspektiven einzubeziehen, die Studie über japanische Kommunikation in Fuchs, P., *Die Umschrift. Zwei kommunikationstheoretische Studien*, Frankfurt am Main 1995.

Das ist nicht der Fall mit dem Kollektivsingular und Einheitsbegriff *des* Menschen. Er läßt sich nicht einbeziehen in diese *reductio ad corporem.* Symptom dafür ist unter anderem die explosionsartige Vermehrung möglicher Einheitsbegriffe: Man denke nur an die Menge der Homo-Formeln: homo sapiens, homo sapiens sapiens, homo faber, homo symbolicus, homo symbioticus, homo oecologicus, homo integralis, homo militans, homo viator, homo patiens, homo optionis, homo necans, homo oeconomicus, homo politicus, homo sociologicus, homo ludens, homo compensator, homo psychologicus, homo fanaticus, homo rhetoricus etc.[30] In solchen Formeln taucht immer ›homo‹ auf, aber so diversifiziert, daß dieses Wort nicht mehr als Einheitsbegriff der Unterscheidung *des* Menschen fungieren kann. Er ist sogar, alten paulinischen Unterscheidungen folgend, in sich selbst different: homo exterior/homo interior.[31]

29 Alltäglich ist das, denke ich, bis auf Grenzfälle unproblematisch, aber bekanntlich ist die einheitsstiftende Funktion des Körpers in intellectu-philosophischen Kontexten alles andere als geklärt. Er fungiert wie eine Art ›Dauerbrenner‹ im Diskurs über die ›Fraglichkeit‹ des Menschen in der Moderne. Man sieht das unter anderem daran, daß es im Blick auf den Körper ein exorbitantes Interesse (bzw. eine exorbitante Verdrängung) seiner Entstellungsmöglichkeiten gibt. Vgl. etwa Benthien, C., »Häutungen. Folter – Enthüllung – Gestaltwandel. Zur Kulturgeschichte einer ›Entdeckung‹«, in: *Paragrana 6,* 1997 (1), S. 197-217. Vgl. ferner Hagner, M., *Der falsche Körper. Beiträge zu einer Geschichte der Monstrosität,* Göttingen 1995, und: Lachmund, J., *Der abgehorchte Körper. Zur historischen Soziologie der medizinischen Untersuchung,* Opladen 1997. Natürlich kann nicht bestritten werden, daß das Interesse am Monströsen, wenn es um die Menschen geht, schon früh einsetzte. etwa in den De-Monstris-Kapiteln der Enzyklopädien. Vgl. Hilka, A. (Hrsg.), *Eine altfranzösische moralisierende Bearbeitung des LIBER DE MONSTRU- OSIS HOMINIBUS ORIENTIS* (nach der einzigen Handschrift: Paris, Bibl. nat. fr.15106), in: *Abhandlungen der Akademie der Wissenschaften in Göttingen,* 3. Folge, Bd. 7, 1911. Die Körperbezogenheit der Moderne spiegelt sich auch im feministischen Kontext. Siehe nur Butler, J., *Das Unbehagen der Geschlechter,* Frankfurt am Main 1991; dies., *Körper von Gewicht. Die diskursiven Grenzen des Geschlechts,* Berlin 1995.

30 Vgl. Kopperschmidt, J., »Was weiß die Rhetorik vom Menschen?« (Thematisch einleitende Bemerkungen), in: ders. (Hrsg.), *Rhetorische Anthropologie. Studien zum Homo rhetoricus,* München 2000, S. 7-37, 22. Daß wir hier eine Liste bilden, hat schon direkt mit unserem Thema zu tun. Die Liste ist selbst: symptomatisch.

31 Röm 7,22; 2 Kor 4,16. Vgl. Keller, H. E., »înluogen. Blicke in symbolische Räume an Beispielen aus der mystischen Literatur des 12.-14. Jahrhunderts«, in: Michel, P. (Hrsg.), *Symbolik von Ort und Raum* (Schriften zur Symbolforschung, Bd. 11), Berlin u. a. O. 1997, S. 353-376, 353.

Es ist jedenfalls überdeutlich, daß es in einer polykontexturalen Beobachtungswelt keine Ereignisse und Sachverhalte gibt, die sich nicht als pluraler Report oder polyvalenter Rapport darstellen lassen. Dem entspricht die Annahme, daß es in einer derartigen Welt vielleicht und irgendwie ›vollzählig‹ zugeht[32], aber daß es kein Verfahren mehr fertigbringt, jene Ereignisse und Sachverhalte so zu behandeln, als unterlägen sie dabei nicht der Form von Beobachtung.[33] Man kommt nicht umhin, zu konstatieren, daß in der funktional differenzierten Gesellschaft keine Aussage über *den* Menschen eine Aussage über eine zugrundeliegende ›Einheit‹, über die ›Eins‹ *des* Menschen ist, sondern immer nur: ein gegenbeobachtbares Sinnangebot oder ein pluraler Report. Anders und klassischer ausgedrückt: *Der* Mensch fungiert nicht mehr als gemeinsamer Nenner.[34] Der *homo-mensura-Satz* ist (außer in Festreden, die ihn als Pathosformel aufgreifen können) bedeutungslos, weil das, was als ›Maß aller Dinge‹ gelten soll, kaum mehr als wohldefinierte Maßeinheit gelten kann.[35] Und auch das, was mit ihm gemessen werden sollte, entzieht sich (in der Form von Polykontexturalität und Poly-Eventualität) der Möglichkeit des Gemessen-Werdens, der ›Eineindeutbarkeit‹ klassischer ›Mensurabilität‹. Es ist: *inkommensurabel.* Oder anders: Die Frage nach *dem* Menschen läßt sich nicht mehr stellen, wenn es darum geht, die EINS des Menschen zu erfragen.[36] Eine Katastrophe ist geschehen.[37]

32 »Die Welt ist vollzählig.« So jedenfalls Rilke, R. M., Briefe an Gräfin Mirbach-Geldern-Egmont 1918-1924, hrsg. und kommentiert von Hildegard Heidelmann, Würzburg 2005, Brief 37, 89.

33 Wir müßten genauer sagen, daß es kein redliches wissenschaftliches Verfahren fertigbringt, insofern es im Alltag unentwegt möglich ist, Ereignisse und Dinge identitär zu stellen – auf der Beobachtungsebene erster Ordnung.

34 Deswegen kann formuliert werden: »Aber selbst in Summa genommen reicht dieses Angebot zur Bestimmung ... nicht aus, weil das, was alles eint, auf einer anderen Ebene liegt, weil das, was ein gemeinsamer Nenner sein könnte, gleichzeitig im Zähler eines Bruches erscheint, der seit jeher und für immer den Menschen von allen anderen Kreaturen trennt, eines Bruches, der tiefe Spaltung von Natur und Kultur kennzeichnet, wobei das, was zählt und nennt, Sprache ist.« Ruhs, A., »Zur Materialität des psychoanalytischen Gegenstandes«, in: ders./Nagl, L. (Hrsg.), *Philosophie und Psychoanalyse*, Frankfurt am Main 1990, S. 79-90, 80.

35 Vielleicht auch niemals hat wirklich gelten können. Das legen jedenfalls unsere Überlegungen zum *Deklarationsmedium der Menschheit* nahe.

36 »Die menschliche Natur ist die Gesamtheit ihrer Delegierten und Repräsentanten, ihrer Gestalten und Boten.« (Latour, B., *Wir sind nie modern gewesen. Versuch einer symmetrischen Anthropologie*, Frankfurt am Main 1998 [Paris 1991], S. 185.) Sehr schön auch: Der Mensch sei ein

Sie hat zu tun mit der Umstellung des prämodernen Adressenformulars auf das Adressenformular funktionaler Differenzierung.

## 4. *Das Adressenformular*

Die soziale Adresse ist die soziale Struktur, die – entlang der kommunikativen Konstruktion des durch Mitteilung Handelnden – als regulatives Sinnschema, sei es rollenförmig oder personförmig, jeweils festlegt, als wer oder was und wie jemand als Moment der Mitwelt für die Beteiligung an Kommunikation in Frage kommt.[38] Insofern ist die soziale Adresse ein Spielraum von Kombinationsmöglichkeiten für Ereignisse, die im Zusammenhang mit *einem* Menschen als passend bzw. nicht-passend (eben anhand dieses Spielraumes) diskriminiert werden. Klassisch gesprochen: Die Adresse *eines* Menschen ist eine soziale ›Erwartungscollage‹, die, wie wir annehmen wollen, in ihrer Form kovariiert mit der jeweiligen Differenzierungsform der Gesellschaft.

Diese Kovariation hat ihre ›Transmission‹ oder ›Gelenkstelle‹ in dem, was wir in Ermangelung eines besseren Ausdruck das *Adressenformular* nennen könnten, eine Metapher, durch die das allgemeine Schema der sozialen Adresse bezeichnet werden soll, oder anders: der Rahmen oder der ›logische‹ Ort, in den sich die konkreten (auf bestimmte Menschen bezogenen) Adressen einschreiben lassen. In diesem Sinn ist das Adressenformular der Ausdruck für eine *Struktur von Strukturen*, für das organisierende Prinzip der Adressenkonstruktion oder für einen *großen Regulator*, durch den – sozusagen: epochengebunden – festgelegt wird, welche Einschreibungen, wenn es um konkrete Adressen geht, in einer Zeit möglich, welche unmöglich sind. Unter Rekurs auf andere Traditionen ließe sich sogar von einem *Archetyp* sprechen.[39]

»Gebräu von Morphismen« (a. a. O., S. 183). In diesen Zusammenhang gehört wie von selbst Friedrich Nietzsche und sein ›letzter‹ Mensch. Vgl. dazu Heidegger, M., *Was heißt denken?*, Tübingen 1997 (5. Aufl.), S. 27 ff.

37 Vgl. auch Kurzweil, R., *Homo S@piens – Leben im 21. Jahrhundert – Was bleibt vom Menschen?*, Köln 1999.

38 Siehe zur Adressabilitätstheorie Fuchs, P., »Adressabilität als Grundbegriff der soziologischen Systemtheorie«, in: *Soziale Systeme*, 3. Jg., H. 1., 1997, S. 57-79; als Detailstudie ders., »Weder Herd noch Heimstatt – Weder Fall noch Nichtfall. Doppelte Differenzierung im Mittelalter und in der Moderne«, in: *Soziale Systeme*, 3. Jg., 1997, H. 2, S. 413-437; ders., »Moderne Identität – im Blick auf das europäische Mittelalter«, in: Hahn, A./Willems, H. (Hrsg.), *Identität und Moderne*, Frankfurt am Main 1999, S. 273-297.

39 »Eine Struktur ist eine operationale Menge mit undefinierter Bedeutung

Man könnte sich auch das Bild machen, daß das Format jenes Formulars dasjenige, was ihm eingetragen wird, *assimiliert*, also sich und seiner Struktur ›anähnelt‹[40], etwa so, wie ein Textverarbeitungsprogramm in Texte einzufügende Inhalte dem je eingestellten Format anpaßt, wenn man das nicht durch Sonderbefehle verhindert.[41] In noch anderer Weise ließe sich auch sagen, daß das Adressenformular die *Form des Mediums der Adressenbildung* definiert, mithin (um ferne Anklänge aus der platonischen Philosophie zu nennen) wie ein ›Receptaculum‹[42] arbeitet, das allerdings nur limitierte Bedingungen der Aufnahmebereitschaft für Einschreibungen bietet und insofern als Strategie der Möglichkeitsverknappung begriffen werden kann.

Das generelle Adressenformular ›beinhaltet‹ als conditio sine qua non jene Unverzichtbarkeiten, die die fundamentale Projektion der Mitwelt sozialer Systeme ausmachen.[43] Die ›Stellen‹ der Verlautbarungsfähigkeit, der Sinnerlebensmöglichkeit, der Freiheit und des Geistes können, so die These, nicht unbesetzt bleiben.[44] Aber wie die entsprechenden ›Rubriken‹ ausgefüllt werden, hängt an dem jeweiligen Differenzierungszustand der Gesellschaft. So darf man annehmen, daß das Mittel-

(während ein Archetyp eine konkrete Menge mit überdefinierter Bedeutung ist), die beliebig viele, inhaltlich nicht spezifizierte Elemente und eine endliche Zahl von Relationen zusammenfaßt, deren Natur nicht weiter spezifiziert ist, für die jedoch die Funktion und gewisse Auswirkungen auf die Elemente definiert sind. Wenn man nun die Elemente inhaltlich bestimmt und die Art der Relationen festlegt, erhält man ein Modell (ein Paradigma) dieser Struktur. Diese Struktur ist dann das formale Analogon sämtlicher konkreter Modelle, die sie organisiert.« Serres, M., *Hermes I. Kommunikation,* Berlin 1991, S. 39 f.

40 Einschlägig hier natürlich Piaget, J., *Das Erwachen der Intelligenz beim Kinde,* Stuttgart 1973 (2. Aufl.). Das Komplettschema ist Assimilation/Akkommodation.

41 Die Text- und Einschreibemetaphern sind nicht zufällig. Wie wir weiter unten sehen werden, übernimmt die moderne Form der Adresse die Schriftform der Liste.

42 Vgl. dazu, daß das Receptaculum Platos nicht mit einem Spiegel verwechselt werden sollte, Kung, J., »Why the Receptacle Is Not a Mirror«, in: *Archiv für Geschichte der Philosophie,* Bd. 70, 1988, S. 167-178. Die Referenzstelle: Plato, *Timaios* 52 a 8 – b 1.

43 Vgl. Kapitel III, Abschnitt E. Wichtig ist hier, daß ausgegangen wird vom Adressenformular *des* Menschen. Instruktiv vergleichbar damit wären etwa die Formulare, die die sozialen Adressen von Organisationen, Familien, juristischen Personen etc, ermöglichen.

44 Man kann, wenn man im Bild bleibt, nicht diese Rubriken löschen, wiewohl die konkreten Einträge negativ möglich sind, wie wir aus einer in dieser Hinsicht furchtbar grausamen Geschichte sehr genau wissen.

alter im Blick auf Freiheit nicht den Eintrag der *Individualität* vorsah. Das individuelle Selbst, wie wir es heute vielleicht nennen würden, war nichtig gegenüber der Superrepräsentanz Gottes.[45] Sozialstrukturell gesehen, beruhte die stratifizierte Gesellschaft auf Lebenskomplettführung in Schichten, denen man eingeboren war und die in einer Art Prästabilisierung immer schon festgelegt hatten, wie das jeweilige Leben zu führen war: nicht anders als anderes Leben, sondern wie anderes vergleichbares Leben in, wie man weiß, hoch typisierter Form, die individuelle Abweichung nur als das kannte, was prekär für diese Ordnung und deshalb auszusortieren war. Dem entsprach auch die alte Konzeption des In-Dividuums, des A-tomos, des Unzerteilbaren, dessen Individualität nicht in der Unvergleichbarkeit lag, sondern in dem, was man die Verwechslungsmöglichkeit mit anderen Individuen nennen könnte, deren Gleichartigkeit also: Jemand ist Individuum, weil er so ist wie die anderen (nicht weiter auflösbaren) Teile einer Population.

Individualität als Rubrik des Adressenformulars taucht auf als Begleiterscheinung funktionaler Differenzierung im Kontext eines zunehmenden Interesses an dem, was sich der Stratifikation, die langsam zusammenbricht, nicht fügt, ablesbar daran, daß die typisch schematisierten Legenden des Mittelalters durch artikulierte Selbstreferenz im sich ausdifferenzierenden biographischen Genre ersetzt werden.[46] Mit

45 Vgl. zur Figur, daß Gott die Superrepräsentanz des Seins ist, der gegenüber das individuelle Ich verschwindet, Haas, A., »› …das Persönliche und eigene Verleugnen‹. Mystische vernichtigkeit vnd verworffenheit sein selbs im Geiste Meister Eckharts, in: ders., *Mystik als Aussage. Erfahrungs-, Denk- und Redeformen christlicher Mystik*, Frankfurt am Main 1996, S. 310-335.

46 Vgl. etwa Weiand, Ch., »*Libri di famiglia« und Autobiographie in Italien zwischen Tre- und Cinquecento, Studien zur Entwicklung des Schreibens über sich selbst*, Tübingen 1993. Ferner: Schulze, W., »Vorüberlegungen für die Tagung über ›EGO-DOKUMENTE‹«, in: ders. (Hrsg.), *Ego-Dokumente: Annäherung an den Menschen in der Geschichte*, Berlin 1996, S. 17. Vgl. auch Fuchs, P., »Individualisierung im System«, in: Kron, Th. (Hrsg.), *Individualisierung und soziologische Theorie*, Opladen 2000, S. 69-87. Für den Kulturraum des europäischen Mittelalters gilt das Portrait des Königs von Frankreich, Johann II. (der Gute) als eine der ersten, wenn nicht als die erste individualisierende Darstellung im nicht-religiösen und nicht an Bücher gebundenen Bereich, entstanden um 1360, Schule von Paris, aus der Sammlung Gagnières 1717, Louvre, R.F. 2490. Zu bedenken ist auch, daß Selbstbeschreibungen im Kontext von kaufmännischen Lebensbilanzierungen zwischen dem 14. und 16. Jahrhundert abgreifbar werden. Vgl. dazu Brosziewski, A., »Lebensbilanzierung und Moral im autobiographischen Schreiben von Kaufleuten und Unternehmern«, in: *BIOS. Zeitschrift für Biographieforschung und Oral*

dem Ausbau dieses Interesses kommt es mehr und mehr dahin, daß das Individuum nicht mehr als Teil der Gesellschaft erscheint, sondern als etwas, das ihr extern ist.[47] Mit der Romantik spätestens ist Individualität soviel wie die (paradoxe, weil inkommunikable) Anzeige von Einzigartigkeit.[48] Wenn es um die Rubrik Freiheit, aber auch um die des Geistes geht, so darf man davon ausgehen, daß das Adressenformular der (europäisch geprägten) Stratifikation die Transparenz des Bewußtseins für sich selbst zugrundelegte, sozusagen eine interne Überschaubarkeit des eigenen Denkens mit der Ausnahmestelle der Seele, die nur Gott beobachten kann, und der anderen Ausnahmemöglichkeit der Besessenheit durch die finsteren Dämonen der Hölle, der aber abzuhelfen war: durch den Exorzismus, den die katholische Kirche noch heute anwendet, wenn die Selbstverfügbarkeit des Geistes dämonisch unterbrochen wird. Die Freiheit des Menschen war die Bedingung der Möglichkeit seines Schuldig-Werdens, des Verdammt-Werdens, aber auch: der *contritio*, der reuevollen Zerknirschung.

Auch dieses Segment des Adressenformulars verändert sich im Zuge der Individualisierung, die nun am Menschen nicht nur das entdeckt, worin er für die Gesellschaft nicht verfügbar ist, sondern auch das,

*History*, Jg. 8, H. 2, 1995, S. 170-183. Einschlägig auch Schlette, M., *Die Selbst(er)findung des Neuen Menschen. Zur Entstehung narrativer Identitätsmuster im Pietismus*, Göttingen 2005. Daß die Beichte im Prozeß der Individualisierung vor allem in der Gegenreformation eine entscheidende Bedeutung hatte, ist bekannt. Vgl. Hahn, A., »Beichte und Biographie«, in: Sonntag, M. (Hrsg.), *Von der Machbarkeit des Psychischen. Texte zur historischen Psychologie II*, Pfaffenweiler 1990, S. 55-76; ders., »Beichte und Therapie als Formen der Sinngebung« (zus. mit Willems, H./Winter, R.), in: Jütte, G. et al. (Hrsg.), *Die Seele. Ihre Geschichte im Abendland*, Weinheim 1991, S. 493-512.

47 Das Individuum wird »wortlos, begrifflos, alogisch; individuum est ineffabile.« So etwa Baeumler, A., *Das Irrationalitätsproblem in der Ästhetik und Logik des 18. Jahrhunderts bis zur Kritik der Urteilskraft*, Darmstadt 1967, S. 4. Dilthey, W., *Über das Studium der Geschichte der Wissenschaften vom Menschen, der Gesellschaft und dem Staat*, in: *Gesammelte Schriften*, Bd. 5,, 1957 (2. Aufl.), S. 63, spricht dagegen vom Individuum als ›Kreuzungspunkt‹.

48 Vgl. Luhmann, N./Fuchs, P., *Reden und Schweigen*, Frankfurt am Main 1989. Luhmanns ›ökologische Differenz‹, das Skandal der Separierung psychischer und sozialer Systeme ist ein später wissenschaftlicher Ausdruck für das Problem. Daß Individualität nicht oder noch nicht weltweit eine ›Zeile‹ des Adressenformulars darstellt, läßt sich leicht anhand Japans zeigen. Vgl. die Studie über Japan in Fuchs, P., *Die Umschrift. Zwei kommunikationstheoretische Studien*, Frankfurt am Main 1995.

worin er sich selbst nicht zugänglich, in welchen Hinsichten er für sich selbst und systematisch unbeobachtbar ist.[49] Der Effekt ist die psychische Reizbarkeit der modernen Gesellschaft, wesentlich initiiert durch das Werk Sigmund Freuds, und – bezogen auf das Adressenformular – die Notwendigkeit, bei jeder konkreten sozialen Adresse nun auch miteinzubauen, daß der Adressat über Areale der Selbstunverfügbarkeit definiert ist.

Diesen Skizzen der evolutionär sich einspielenden Variationen der generellen Adresse des Menschen ließen sich weitere anschließen. Wir gehen aber hier und experimentell davon aus, daß die Formkatastrophe *des* Menschen an einer nicht nur partiellen Veränderung, sondern an einer fundamentalen Umstellung des Adressenformulars liegt.

49 Siehe etwa Fuchs, P., »The Modernity of Psychanalysis«, in: *Germanic Review*, Vol.74, Number 1, Winter 1999, S. 14-29. Zum Großsyndrom der Unbeobachtbarkeit vgl. ders., »Vom Unbeobachtbaren«, in: Jahraus, O./Ort, N. (Hrsg. unter Mitwirkung von Schmidt, B. M.), *Beobachtungen des Unbeobachtbaren*, Weilerswist 2000, S. 39-71.

# B Die Adresse *des* Menschen: eine streifenförmige Digression

## Inventur

Dies ist meine Mütze,
dies ist mein Mantel,
hier mein Rasierzeug
im Beutel aus Leinen.

Konservenbüchse:
Mein Teller, mein Becher,
ich hab in das Weißblech
den Namen geritzt.

Geritzt hier mit diesem
kostbaren Nagel,
den vor begehrlichen
Augen ich berge.

Im Brotbeutel sind
ein Paar wollene Socken
und einiges, was ich
niemand verrate,

so dient er als Kissen
nachts meinem Kopf.
Die Pappe hier liegt
zwischen mir und der Erde.

Die Bleistiftmine
lieb ich am meisten:
Tags schreibt sie mir Verse,
die nachts ich erdacht.

Dies ist mein Notizbuch,
dies ist meine Zeltbahn,
dies ist mein Handtuch,
dies ist mein Zwirn.

*Günter Eich (1947*

»… beau comme la rencontre fortuite
d‹un parapluie et d‹une machine à coudre
sur une table d‹opération«
*Isidore Ducasse, Comte de Lautréamont*

Wir haben weiter oben überlegt, ob das, was man die Formkatastrophe *des* Menschen nennen könnte, auf den Verlust der EINS zurückzuführen ist, auf den Ruin *der* Einheit *des* Menschen, die nicht mehr erfragbar sei, weil jede Antwort gleichsam aufschlage auf die unverwechselbaren Körper *der* Menschen, auf die Leute und ihre Eigennamen, und weil diese Referenz in ihrer Konkretion gerade nicht der abstraktiven Referenz auf *den* Menschen entspreche.

Was wir stattdessen vermuten, ist, um es vorab und gedrallt zu sagen, daß das Wort ›der Mensch‹ nur noch als Einheitsformular für mögliche Aufzählungen dient. *Der* Mensch, so die These, ist ein Ausdruck für eine besondere *Listenbildung, für ›eine streifenförmig, leistenförmig geschriebene‹[50]Digression.* Er wäre dann nicht einmal, um eine weitere

50 Kluge, F., *Etymologisches Wörterbuch der deutschen Sprache*, Berlin u.a.O. 1999 (23. erw. Aufl., bearbeitet von Elmar Seebold), S. 525.

Homo-Formel heranzuziehen, der *homo absconditus*, denn dies würde immer noch eine fundamentale Abwesenheit voraussetzen, eine zentrale Verborgenheit, an der sich wenigstens minimal Maß nehmen ließe, und sei es nur im Sinne einer (gleichsam schlanken) Pathosrhetorik.

Wenn man dennoch (sozusagen unverzagt) an der Frage *des* Menschen interessiert bleibt, so bietet sich zunächst die Möglichkeit an, *den* Menschen in der Moderne der funktionalen Differenzierung als Name eines kommunikativ prozessierten Adressenformulars aufzufassen, das unabschließbare Listen der Beschreibung *des* Menschen enthält, ergo: als Titel eines Registers von unbegrenzter Aufnahmefähigkeit.[51] Die Einheit solcher Formulare, die nicht nur Listen, sondern auch Listen von Listen aufnehmen könnten, wäre die schiere Aufzählbarkeit, die ›Lektüre‹ eines Formulars dieser Art demnach wie das Lesen eines Buches, bei dem auf jede Handlung verzichtet wurde und sogar: auf einen einheitsstiftenden Autor[52], der der Lektüre einen Plan, einen Zusammenhang, eine Situierung unterlegt.[53] Sogar der Versuch, zu konsensuellen Grundlagen zu kommen, führt in die Fragmentarität.[54]

51 Vgl. dazu, daß solche ›listenförmigen‹ Beobachtungen von Menschen im Fall ›wilder‹ Kulturen durch die Wissenschaft schon früh möglich waren, Goody, J., The *Domestication of the Savage Mind*, Cambridge 1977, S. 53 ff.

52 Es läßt sich vorab nur andeuten, aber in unmittelbaren Zusammenhang damit ließe sich verstehen, warum der Literatur die ›auctoritas‹ weitgehend verlorengegangen ist und warum es merkwürdig anrührend ist, wenn man Romane liest, die noch einen orientierungsstiftenden Autor, eine Instanz der Übersicht suggerieren. Daß die Listenbildung auch breites Interesse finden kann, läßt sich an folgendem Besteller ablesen: Schott, B., *Schotts Sammelsurium*, Berlin 2004, ein Buch, für das es einen sehr ähnlichen Vorläufer gibt: Lexikon-Institut Bertelsmann (Hrsg.), *Ich sag dir alles. Ein praktisches Nachschlagebuch*, Gütersloh 1953, 1965.

53 Wofür dann schon die Romantik eine scharfe Witterung hatte: »Die Romantik ist subjektivierter Occasionalismus, weil ihr eine occasionelle Beziehung zur Welt wesentlich ist, statt Gottes aber nunmehr das romantische Subjekt die zentrale Stelle einnimmt und aus der Welt und allem, was in ihr geschieht, einen bloßen Anlaß macht.... Jetzt erst [nach dem Ausfall von Formeln wie Gott, Staat] entfaltet das Occasionelle die ganze Konsequenz seiner Ablehnung jeder Konsequenz. Jetzt erst kann wirklich alles zum Anlaß für alles werden und wird alles Kommende, alle Folge in einer abenteuerlichen Weise unberechenbar... Aus immer neuen Gelegenheiten entsteht eine immer neue, aber immer nur occasionelle Welt, eine Welt ohne Substanz und ohne die Abhängigkeit des Funktionellen, ohne feste Führung, ohne Konklusion und ohne Definition... geführt nur vor der magischen Hand des Zufalls, the magic hand of chance.« Schmitt, C., »Romantik«, in: Prang, H. (Hrsg.), *Begriffsbestimmung der Romantik*,

## Die Adresse *des* Menschen: eine streifenförmige Digression

Sucht man für diese Form Begriffe, so bietet sich zunächst an, von einem *heterotopen* Adressenformular zu reden[55], von einer heterarchen Struktur, einer nicht hierarchisierbaren, insofern paradoxen Taxonomie, die zusätzlich hyperkomplex wird im Augenblick, in dem die Einsicht in die Listenförmigkeit der sozialen Adresse Moment der Listenkonstruktion selbst wird.[56] Ein anderer Ausdruck dafür wäre, daß das Adressenformular der Moderne mehr und mehr ›Dividualität‹ auszeichnet, daß es also einem extrem lose gekoppelten Medium zu gleichen beginnt.[57] Es muß nicht eigens erwähnt werden, daß wir an-

Darmstadt 1968, S. 73-92, 90/91. All dies kann dann zu kompensationstheoretischen Einschätzungen führen. Vgl. Pikulik, L., *Romantik als Ungenügen an der Normalität. Am Beispiel Tiecks, Hoffmanns, Eichendorffs*, Frankfurt am Main 1979. Am Rande sei erwähnt, daß auch die Titel von Aphorismensammlungen seit der Romantik Titel von Listen sind: *Sporaden* (Hilsbecher), *Blütenstaub* (Novalis), *Splitter* (Jellinek und Bukofzer), *Brocken* (Hamann), *Späne* (Goethe), Grillen (Hamann), *Lichtstrahlen* (Bruno), *Apokryphen* (Seume), *Senker* (Novalis), *Fingerzeige* (Jean Paul), *Ideenwürfel* (Jean Paul), *Sprikker* (Wilhelm Busch), *Minima Moralia* (Adorno), *Fermente* (Novalis und Baader), *Hobelspähne* (Vierordt), *Funken* (Ritter), *Monogramme* (Adorno). Vgl. Neumann, G., *Ideenparadiese. Untersuchungen zur Aphoristik von Lichtenberg, Novalis, Friedrich Schlegel und Goethe*, München 1976, S. 37/38.

54 »...the foremost paradox of the frantic search for communal grounds of consensus is that it results in more dissipation and fragmentation, more heterogeneity. The drive to synthesis is the major cause of endless bifurcations. Each attempt at convergence and synthesis leads to new splits and divisions... All efforts to solidify loose life-world structure produce more fragility and fissiparousness. The search for community turns into a major obstacle to its formation.« formuliert Baumann, Z., »Philosophical affinities of postmodern sociology«, in: *The Sociological Review*, Vol. 38, No. 3, 1990, S. 411-444, 436.

55 Vgl. zum Begriff der Heterotopie (bezugnehmend auf Michel Foucault) Brauns, J., »Heterotopien«, in: *Wissenschaftliche Zeitschrift. Hochschule für Architektur und Bauwesen ›Weimar‹*, H. 3/4, 1992, S. 163-169.

56 Man könnte sagen, daß genau darin die ›Postmodernität‹ der sozialen Adresse heute liegt. Es gäbe dann nicht mehr die *eine* Erzählung der Adresse. Das berühmte Verbot würde dann auch hier gelten: »Le grand récit a perdu sa crédibilité, quel que soit le mode d'unification qui lui est assigné: récit spéculatif, récit de l'émancipation.« Lyotard, J.-F., *La Condition postmoderne*, Paris 1979, S. 63.

57 Luhmann (*Soziale Systeme*, S. 625) bezeichnet Geld als das »Dividuum par excellence, das sich jeder In-dividualität anpassen kann.« Ebendies ist symptomatisch, wenn man hinzufügt, daß gerade auf diese Weise die Individualität dividual wird, wenn man diese Anpassung in Gegenrichtung liest. Angedeutet werden kann hier nur, daß Einsicht in die Vielfalt

# Die Listenförmigkeit *des* Menschen

nehmen wollen, diese Form der Adressenkonstruktion sei an die polykontexturale, poly-eventuale, heterarche und hyperkomplexe Form der
Gesellschaft geknüpft[58], eine These, die auf der Hypothese beruht, das
psychische System sei im Blick auf die Gesellschaft immer *konventionell*
(i.e. adaptiert) und gerade deshalb, weil es über die je fungierenden
Adressenformulare und die ihnen einpaßbare Adressenkonstruktionen
formatiert wird.[59]

## 1. Die sinn-kappende Form der Liste

Wir sagten schon, eine Liste sei eine streifen- oder leistenförmige Digression. Sie gehört, rhetorisch gesehen, in die Liste der ›Ausschweifun-
gen‹ und Aufzählungen, zu denen auf lockere Weise auch Parallelismus,
Anapher, Amplificatio, Correctio, Enumeratio, Accumulatio, Klimax,
Hyperbel, aber auch Suada und dispacci zu rechnen sind. Die großen
heiligen Texte der Menschheit sind bekanntlich mit Listen, mit Aufzählungen durchsetzt. Zu denken ist an den Schiffskatalog der Ilias,
an die Genaologien der Bibel, an die Bhagavadgita, die Sumerische
Königsliste.

»Und da wir beim Aufzählen sind, mögen auch einige von dessen
Spielarten auf eine Liste gesetzt sein: Neben dem Inventar wovon auch
immer stehen darauf die Litanei, das Abecedarium, der Stammbaum,
die Vokabelliste, die Grundreihe für Permutationen, das Inhaltsver-
zeichnis, die Kaskade der Schimpfwörter, das Rezept, die Gesetzestafel,
die Agenda, das Rätsel, die enumerative Beschreibung, der Hymnus,
die Deklinationstafel, das Curriculum Vitae, das Personenverzeichnis,
der Fragebogen, das Begriffsregister, der Abzählvers, der Index des
Verbotenen, die Bilanz, das Defilee der Namen und Titel, die Assoziati-
onsketten, die Chronik, die Anthologie, die Jeremiade, die Speisekarte,
die Selektionsliste, das Manifest…«[60]

möglicher Beobachtungsstandorte sich schon bei Gracian findet, nämlich
als Einsicht in die »variedad de los gustos«. Vgl. dazu Schümme, F.,
»Die Entwicklung des Geschmackbegriffs in der Philosophie des 17. und
18. Jahrhunderts«, in: *Archiv für Begriffsgeschichte*, Bd. 1, Bonn 1955,
S. 120-141.

58 Siehe umfangreicher zu diesen Begriffen Fuchs, P., *Die Erreichbarkeit
der Gesellschaft. Zur Konstruktion und Imagination gesellschaftlicher
Einheit*, Frankfurt am Main 1992.

59 Vgl. Fuchs, P., *Die Psyche. Studien zur Innenwelt der Außenwelt der
Innenwelt*, Weilerswist 2005. Theoretisch betrachtet, sind die Schlüssel-
mechanismen dieser Formatierung strukturelle Kopplung und Interpenetration.

60 Mainberger, S., *Die Kunst des Aufzählens*, Berlin/New York 2003, S. 2.

Unter all den Formen von Aufzählungen, Häufungen, Reihungen ist die Sonderform der Liste geknüpft an das Medium der *Schrift*.[61] Das althochdeutsche *lista*, das mittelhochdeutsche *lîste* bezeichnet eine Strategie der Visualisierung, die Vorstellung eines schriftorganisierenden Streifens, einer entsprechend gearteten Leiste[62], Kolumne etc., die das Aufzählbare auf- und anordnet, bisweilen in der Weise einer Häufung, bisweilen nach bestimmten Prinzipien wie beim Katalog oder bei einer Tabelle. Listen sind jedenfalls nur im Medium der Schrift denkbar, und gesprochene Listen sind ebendeshalb rezitierte Listen.[63]

Das Besondere der Schriftlichkeit der Liste liegt darin, daß sie zunächst sehr abstrakt ist. Sie entspricht nicht der ›Ordnung der Dinge‹.[64] Die Liste kann nur gelesen werden, wenn man von den sinnhaften Verbindungen des Aufgezählten absieht, wenn man gelernt hat, auf möglichen Sinn, der die Alltagswahrnehmung strukturiert, zu verzichten. Mainberger[65] nennt als schlagendes Beispiel das Telephonbuch, dessen organisierendes Prinzip das Alphabet ist und darüber hinaus: nichts, so daß man es nur benutzen kann, wenn die Verbindungen zwischen den Namen nicht als selbst sinnhaltig aufgenommen werden. Die Liste als Schriftliste appräsentiert eine Vielheit, in der jedes Element mit jedem anderen in einer nicht-hierarchischen Beziehung steht, in keinem Ableitungsverhältnis, das über den Zufall von Nachbarschaften hinaus-

Wir verdanken Mainbergers brillanten und materialreichen Überlegungen für diesen Teil unseres Textes soviel Anregung, daß wir das nicht an jeder Stelle einzeln nachweisen können.

61 Vgl. zur Technik des Auflistens (einer wesentlich assoziativen Technik) als mutmaßlich startend mit Schrift Goody, J., *The Domestication of the Savage Mind*, Cambridge 1977, S. 68. Dazu passend der Gedanke, daß Listen, Tabellen, Schemata die Komplexität oraler Gesellschaften nicht einfangen, S. 70.

62 Buchstäblich: eines ›Kerbholzes‹. Diesen Hinweis habe ich von Manfred Müller, dessen akribischer Lektüre dieses Textes ich auch sonst sehr viel zu verdanken habe.

63 Ich habe in einer anderen Arbeit (*Die Metapher des Systems. Studie zur allgemein leitenden Frage, wie sich der Tanz vom Tänzer unterscheiden lasse*, Weilerswist 2001) darauf aufmerksam gemacht, daß die Form der ›Durchlüftung‹ der Schrift mit Intervallen zwischen Wörtern entscheidenden Einfluß auf die Selbstbeschreibung des Bewußtseins als eines, das Gedanken (mit Lücken dazwischen) prozessiert. Ganz ähnlich denke ich hier: Die Erfindung der Liste als Erfindung in der Schrift dürfte präfigurierend für die Form der modernen sozialen Adresse gewesen sein.

64 Kein Zufall also, daß Foucault, M., *Die Ordnung der Dinge. Eine Archäologie der Humanwissenschaften*, Frankfurt am Main 1971, in der Einleitung eine abenteuerliche Liste von Borges zitiert.

65 Ebd., S. 8.

geht.[66] Eine Liste dieses Typs ist demnach hoch voraussetzungsvoll, insofern sie Kommunikation und Kognition zwingt, unendlich möglichen Verbindungssinn zu kappen – in der Einförmigkeit der Aufzählung, die im Prinzip nur starre, isolierte, zweckgebundene Operationen der Selektion zuläßt.

Zweifelsfrei können Aufzählungen Elemente enthalten, die logisch oder metaphorisch oder der Sache nach zusammengehören (wie etwa eine Geneaologie oder ein Speiserezept), aber sucht man nach der Form, durch die jede Liste ausgezeichnet ist, so ist es die Form des *Asyndetons* (rhetorisch: der nicht durch Konjunktionen verbundenen Aufzählung), die das gleichsam minimale Organisationsprinzip jeder Liste darstellt.[67] Listen dienen also sowohl der Aufzählung des logisch (oder anschaulich) Verknüpfbaren wie auch der Auflistung heterogener Elemente, aber immer sind sie – ob kohärent oder inkohärent – zutiefst: asyndetisch. Jeder Einkaufszettel ist so gut wie jede beliebige Tageszeitung[68] in dieser Hinsicht Anschauungsmaterial ebenso wie ein Spaziergang durch die Naturalienabteilungen naturkundlicher Museen.[69]

66 Ausdrücklich sei darauf hingewiesen, daß es viele Listen gibt, die hierarchisiert oder nach sonst einem Ordnungsprinzip verfaßt wurden. Aber die Listenbildung selbst erfordert dies alles nicht.

67 Mainberger, *Die Kunst des Aufzählens,* a. a. O., S. 7, Anm. 10.

68 »Das Lesen einer Zeitung gleicht der Lektüre eines Romans, dessen Autor jeden Gedanken an eine zusammenhängende Handlung aufgegeben hat.« (Anderson, B., *Die Erfindung der Nation. Zur Karriere eines erfolgreichen Konzepts,* Frankfurt am Main – New York 1988, S. 169, Anm.40.)

69 Siehe etwa diese wunderschöne Liste:
»Blessed one,
I think of you hundreds of miles away, and of our dear green innocent Vermont and reconcile myself with difficulty to these torrid streets. If it were not for Faith, for my earnest Belief that Spirit is All and the ALL THINGS REAL proceed from it, I think I should find Business unbearable. My love, I am alone among the Sadducees.
It is to preserve my ideals in this Egypt that I've taken to playing Moses and have drawn up a set of Tablets which, my dearest wife, I am eager to share with you that you may be better instructed in my simple ways.

Eschews – Engage in
Late Hours – Early Bed ...
Stuffy Rooms – Daily Exercise
White bread – Brown Bread
Animal Food... – Raw Vegetables
Alcohol – An Occasional Pipe (for me)
Gossip – Philosophy
Novels – Mercy
Expense – Baths

# Die Adresse *des* Menschen: eine streifenförmige Digression

Entscheidend ist, daß Listen nicht dazu zwingen, Sinn in die Lücken zwischen den Listenelementen einzufüllen. Listen sind (und wir kommen später darauf zurück) nicht nur Sinnverknappungsinstrumente im Dienst des Gedächtnisses oder einer schnellen Orientierung. Die Bedingung der Möglichkeit ihrer Funktion ist: das Kappen von Sinnbezügen zwischen ihren Elementen. Das für uns Interessante liegt darin, daß hier offenbar eine Technik exerziert wird, die *informationsraffend* wirkt[70], die mithin – wie wir vorab sagen wollen – ausgezeichnet paßt zum Prinzip der Autopoiesis, das in nuce nichts anderes darstellt als eine operativ asyndetische Reihung, die durch Strukturalität für Beobachter ›verstellt‹, daß sie dies ist: schiere Seriation.[71]

I am pleased to say I have been successful in keeping to this regime, and feel the better for having eaten nothing but vegetable food this past week.« (Anne Stevenson, *Correspondences*, 1973, zit. nach Goody, J., *The Domestication of the Savage Mind*, Cambridge 1977, S. 52. Meine schönste Liste ist das Pitt-Rivers-Museum in Oxford.

70 Vgl. Günther, G., »Bewußtsein als Informationsraffer«, in: *Grundlagenstudien aus Kybernetik und Geisteswissenschaften 10*, 1969, S. 1-6.

71 Dies ein wenig verdeckend: »Autopoietische Reproduktion heißt... nicht, daß eine bestimmte Handlung in geeigneten Fällen wiederholt wird (etwa daß man jedesmal, wenn man eine Zigarette anzünden will, zum Feuerzeug greift). Wiederholbarkeit muß zusätzlich noch durch Strukturbildung sichergestellt werden. Reproduktion heißt nur: Produktion aus Produziertem; und im Falle der autopoietischen Systeme besagt sie, daß das System sich mit der gerade aktuellen Aktivität nicht beendet, sondern weitermacht. Dies Weitermachen ist aber darin angelegt, daß Handlungen (mit Absicht oder gegen ihre Absicht) Kommunikationswert haben.« (Luhmann, *Soziale Systeme*.)

## 2. *Die Zeitformen der Liste*

> »Manchmal wenn man einem Gespräch zuhört,
> das sehr wichtig ist für zwei Männer, für zwei Frauen,
> für zwei Männer und zwei Frauen,
> manchmal ist es dann eine wunderbare Sache
> wie jeder ständig alles wiederholt was sie sagen
> und jedesmal in der Wiederholung hat das,
> was jeder sagt mehr Bedeutung für jeden von ihnen
> und so machen sie weiter und weiter und weiter
> und weiter mit der Wiederholung…«
> *Gertrude Stein*

Das zentrale Zeitmoment der Listenbildung ist die *Wiederholung*.[72] Dabei geht es nicht darum, daß aufgezählte Elemente der Liste repetiert werden, sondern um den operativen Vorgang der Repetition, um die (produzierende oder rezipierende) Wiederholung der Operation ›Hinzufügen eines weiteren Elementes‹. Ähnlich wie bei der eben diskutierten Sinnverknappung geht es auch hier um eine Abstraktionsleistung, die nicht selbstverständlich ist, nämlich darum, daß es schlicht keine Wiederholungen gibt, oder besser: daß das Konstatieren von Wiederholungen die Operation eines Beobachters ist, der Ähnlichkeiten registriert zwischen Ereignissen, die niemals *dieselben* Ereignisse sein können, und sei es nur, weil sie an einer anderen Zeitstelle vorkommen und zumindest in dieser Hinsicht verschieden sind.[73] Die Listenbildung

72 Mainberger, *Die Kunst des Aufzählens*, a.a.O., S. 9.
73 »Ist aber alles in der Zeit, dann wandelt sich auch alles von innen her, und die gleiche konkrete Wirklichkeit wiederholt sich nie. Wiederholung also ist nur im Abstrakten möglich: was sich wiederholt, ist diese oder jene Ansicht, die unsere Sinne und mehr noch unser Verstand eben darum von der Wirklichkeit ablösen…«, formuliert schon Bergson, H., *Schöpferische Entwicklung*, Jena 1912, S. 52. Und kurz darauf (S. 53): »Reale Dauer ist jene, die sich in die Dinge einbeißt und ihnen das Mal ihrer Zähne zurückläßt. Ist aber alles in der Zeit, dann wandelt sich auch alles von innen her, und die gleiche konkrete Wirklichkeit wiederholt sich nie. Wiederholung also ist nur im Abstrakten möglich: was sich wiederholt, ist diese oder jene Ansicht, die unsere Sinne und mehr noch unser Verstand eben darum von der Wirklichkeit ablösen…« Daß Ereignisse nicht dieselbe Zeitstelle noch einmal besetzen können, heißt auch, daß die Zeitstellen nicht wieder zu den Ereignissen zurückkehren. Die Nicht-Zurückkehrbarkeit von Zeitstellen hat dann entscheidende Bedeutung für das Konzept der Kausalität. Siehe Heylighen, F., »Causality as Distinction Conservation: A Theory of Predictability, Reversibility and Time Order«, in: *Cybernetics and Systems: An International Journal*, 20, 1989, S. 361-

kann von Ähnlichkeit zwischen den aufgezählten Elementen absehen, nicht aber von der Wiederholung des Hinzufügens, von der paradoxen Form der Wiederholung, die nichts: wieder holt.[74] In anderen Worten: Listenbildung und Listenrezeption setzen einen eigentümlichen Umgang mit Zeit voraus, in gewisser Weise ein Ausnutzen der Sequentialität der Sprache durch den Einbau von Iterations-Sequenzen, die Zeit dehnen, takten, rhythmisieren, monotonisieren etc.[75]

Unterscheidbar sind dann die Listen nach Kriterien, die mit ihrer Abschließbarkeit oder Unabschließbarkeit zu tun haben.[76] Es gibt prinzipiell endliche Listen, deren Elemente in ihrer Anzahl vorab bekannt sind (wie die Liste der Wochentage, der Namenstage von Heiligen etc.), ferner prinzipiell unendliche Listen wie die Zahlenreihe, die nur abgeschlossen werden kann durch ein Signal, das für die Nichtabschließbarkeit einsteht, beispielsweise: *etc., usw., ad infinitum …* Schließlich finden sich Reihen, die der Sache nach an ein Ende kommen könnten, aber deren Elemente gleichsam empirisch oder praktisch nicht auszählbar sind: Wassertropfen im Meer, Sandkörner am Strand, Sterne am Himmel.[77] Auch für sie gilt, daß die in der Liste genannten Elemente nur exemplarisch aufgezählt werden können, synekdochisch funktionieren: für ein ungeheures Darüberhinaus der Zahl der Elemente.

Alle diese Listentypen können mit einem *usw., etc.* ein uneigentliches Ende (und ein implizites Weiter der Wiederholung) inszenieren. Dabei können diese Markierungen sowohl bedeuten, daß eine abschließbare Reihe gleichsam abgekürzt wird (Montag, Dienstag, Mittwoch etc.) oder unabschließbare (bzw. die Praxis des Aufzählens überfordernde) Reihen gestoppt werden, weil es sonst immer auf die gleiche Weise weiterginge.[78] Auch hier wollen wir vorwegnehmend sagen, daß es diese

384. Vgl. zur Zeitstellen/Raumstellen-Theorie auch Luhmann, N., *Organisation und Entscheidung*, Opladen 2000, S. 152 ff.

74 Siehe (sozusagen topologisch) zum Gedanken der Wiederholung und Iteration Kierkegaard, S., *Die Wiederholung*, Hamburg 2000; vgl. zu Wiederholung als Formprinzip Meyer, E., »Die Form der Wiederholung,« in: *Kunstforum 114*, 1991, S. 148-154. Überflüssig ist es, zu sagen, daß die Wiederholung zentrales Thema der Geistesgeschichte von Sigmund Freud bis zu Jacques Derrida ist.

75 Mainberger, a.a.O., S. 9.

76 Vgl. Mainberger, a.a.O., S. 10 f.

77 Mainberger, S. 10, Anm. 12, nennt noch die ›wachsende Reihe‹, bezeichnet also mit Boolos, G. S./Jeffrey, R. C., *Computability and Logic*, Cambridge 1999(3) noch die Differenz zwischen enumerablen und nicht enumerablen unendlichen Reihen. Sterne zum Beispiel wären eine wachsende Reihe, wenn es stimmt, daß noch immer neue Sterne entstehen.

78 Vgl. zu den unterschiedlichen Funktionen des *usw.* Wittgenstein, L., *Philosophische Grammatik*, Frankfurt am Main 1993 (5. Aufl.), S. 280 f.

Differenzen zwischen den *et ceteras* sind, die dabei helfen werden, die Differenz zwischen dem prämodernen und dem modernen Adressenformulars zumindest metaphorisch zu artikulieren.

## 3. *Die Dekontextualisierung der Liste*

Listen unterscheiden sich vom ›ordentlichen‹ Gebrauch der Sprache dadurch, daß sie das, was sie auflisten, aus Ursprungskontexten herauslösen und damit *dekontextualisieren*. Listenbildung ist diese Entnahme von etwas aus seinem Bedeutungszusammenhang und seine Einfügung in eine andere (sinn-kappende) Form, ebendie der Liste, für die deswegen gilt, daß sie ein »*per definitionem*« dekontextualisierendes Medium ist.[79] Das wird besonders deutlich, wenn Listen in Texten die Sequentialität der Schrift durch Vertikalisierung der Aufzählung sprengen, wenn sie zu sich aufdrängenden ›Räumlichkeits-Einsprengseln‹ in ansonsten ruhig fließenden Texten werden.

Die Dekontextualisierung erzwingt, wenn Listen verstanden werden sollen, *Rekontextualisierung*. Wenn Listen in kommunikativem Einsatz sind, läßt sich die Differenz zwischen der Mitteilungsselektion (Liste) und der Selektion dessen, was mitgeteilt werden soll (Information), nicht immer schlagartig und anschlußsicher ermitteln.

Ein Beispiel:

Sporaden
Blütenstaub
Splitter
Brocken
Späne
Grillen
Lichtstrahlen
Apokryphen
Senker
Fingerzeige
Ideeenwürfeln
Sprikker
minima moralia
Fermente
Hobelspähne
Funken
Monogramme[80]

---

79 Vgl. Mainberger, a. a. O., S. 19 f. auch für die weiteren Überlegungen.
80 Es geht um die Auflistung der Titel von Aphorismensammlungen, die ich weiter oben schon zitiert habe.

# Die Adresse *des* Menschen: eine streifenförmige Digression

Oder:

>»Its universality: its democratic equality and constancy to its nature
in seeking its own level: its vastness in the ocean of Mercator's pro-
jection: its unplumbed profundity in the Sundam trench of the Pacif-
ic exceeding 8000 fathoms: the restlessness of its waves and surface
particles visiting in turn all points of its seaboards: the independence
of its units: the variability of states of sea: its hydrostatic quiescence
in calm: its hydrokinetic turgidity in neap and spring tices: its sub-
sidence after devastation : its sterility in the circumpolar icecaps,
arctic and Antarctic: its climatic and commercial significance: its
preponderance of 3 to 1 over the dry land of the globe: its indisput-
able hegemony extending in square leagues over all the region below
the the subequatorial tropic of Capricorn...«[81]

Oder:

Sanduhr
Fliegenklatsche
Japanische Stempelfarbe (lackrot)
Christiane Vulpius (Photo eines Gemäldes)
Tintenfaß
Hutnadel
Falzbein (Perlmutt)
Graugrüner Stein (von der Wiesenkirche in Soest)
Siemensmikrophon (1942)
Muschel
Lupe (2)
Messinguhr
Reinbeker Klosterbergquelle (1)
Espressotasse
Knopfschere (1920)...[82]

Die Aufzählung in ihrer Verschriftlichung ist, wie man deshalb sagen
konnte, von der Form her »notorisch unterbestimmt« und »elliptisch«.[83]

81 James Joyce: Blooms ›waterhymn‹, zit. nach Mainberger, a a.O., S. 330.
82 Gegenstände auf meinem Schreibtisch (Auswahl), das dann in Referenz
   auf Perec, G., »Anmerkungen hinsichtlich der Gegenstände, die auf
   meinem Schreibtisch liegen«, in: ders., *In einem Netz gekreuzter Linien*,
   Bremen 1996, S. 15-20.
83 Mainberger, a.a.O., S. 20. Vielleicht ist es angezeigt, auch eine persönliche Bemerkung darüber zu verlieren, wie die Idee, das Adressenformular
   des Menschen sei ›listenförmig‹, sich entwickelt hat. Ursächlich war wohl
   der (durchgehaltene) Kontakt mit der Literatur des 19./20. Jahrhunderts,

## 4. *Das abschließbare Adressenformular*

Im Blick auf die eben skizzierten Prämissen der Listenbildung läßt sich nun ein Modell bauen, das besagt, das soziale Adressenformular der Prämoderne sei einer im Kern abschließbaren Liste zu vergleichen. Das Usw. oder Etc. bezeichne nicht ein Und-so-weiter oder Et-cetera, das nicht enden kann, sondern nur eine prinzipielle ›Komplettheit‹, die sich mit einigen Aufzählungspunkten in der Weise der Abbreviatur einer Gesamtheit andeuten lasse. Das soll nicht bedeuten, daß die Autopoiesis der psychischen Systeme, die in gewisser Weise immer die fortwährende Wiederholung eines ›*das kommt noch dazu*‹ realisieren, ausgeschaltet gewesen wäre. Dieses Ausschalten geschieht einzig durch die ultimate Exklusion, den Tod. Sondern nur, daß das, was als Mensch adressabel war, scharfen Restriktionen unterlag, die sich aus der zentralen Differenzierungstypik der prämodernen Gesellschaft, aus der Stratifikation nämlich, ergaben.[84]

Man könnte auch von einer ›flachen‹ Adresse sprechen, die keine extrem hohen Verstehensaufwände nach sich zieht und kein Ausloten unberechenbarer Selbstreferenz erfordert. Ausnahmen gab es selbstverständlich, so etwa das hohe Interesse der Mystik an der ›Verifikation‹ des mystischen Erlebens[85], die Hochblüte mittelalterlicher Individuali-

bei dem sich mir die Vorstellung aufdrängte, daß eines ihrer deutlich vorspringenden, formalen Merkmale mehr und mehr Aufzählungen, Reihungen, Häufungen, kurz: Listen seien. Da ich solche Merkmale nicht isoliert, sondern nur immer im Zusammenhang mit Umstellungen sozialer und psychischer Art sehen kann, die tief eingreifen in das, was künstlerisch, was literarisch und in der Rezeption noch überzeugen kann, und da ich ferner literarische und künstlerische Arbeiten immer auch als Reflexe tektonischer Veränderungen der Gesellschaft auffasse – ein sehr einfacher, aber deshalb praktischer Gesichtspunkt –, schien es mir, daß die Praxis der Listenbildung (nicht nur in der Literatur, aber dort eben besonders auffällig) ein Syndrom bezeichne, das für die Frage nach dem Menschen in der Moderne ein mächtiges Instrument liefere.

84 Ebendeshalb konnte die Debatte darüber entbrennen, wer oder was Mensch oder Noch-Mensch oder nur Monster sei. Vgl. noch einmal Hilka, A. (Hrsg.), *Eine altfranzösische moralisierende Bearbeitung des LIBER DE MONSTRUOSIS HOMINIBUS ORIENTIS*, a.a.O. (Fn.29). Vgl. ferner Koch, J., »Sind die Pygmäen Menschen? Ein Kapitel aus der philosophischen Anthropologie der mittelalterlichen Geschichte«, in: *Archiv für Geschichte der Philosophie*, 40, 1931, S.194-213.

85 Dieses Interesse wird seinerseits gespeist aus der paulinischen homo interior/homo exterior-Unterscheidung (Röm 7,22; 2 Kor 4,16), die ihrerseits auf ähnliche antike Unterscheidungen zurückgreifen kann. Vgl.

Die Adresse *des* Menschen: eine streifenförmige Digression

sierung zur Zeit von Abélard und Héloïse oder die eben in diese Zeit fallende Aufmerksamkeit für Abweichungen oder Marginalisierungen, das zu einem *preadaptive avdance* der Individualisierung wurde.[86] Aber es war alles in allem nicht notwendig, ›Tiefen‹ und ›Komplikationen‹ der Selbstreferenz in die Adresse auszubauen.

Sie war weitgehend determiniert durch das Stratum, in dem sie eingesetzt wurde, und – bezogen auf die stratifizierte Ordnung im Ganzen – durch eine Ordnungsidee, die jeden Menschen in die *chain of being* einpaßte, in den durch die metaphysische Instanz garantierten (dienend/beherrschenden) und nur diabolisch korrumpierbaren Zusammenhang von allen Menschen mit allen Menschen und von allem, was überhaupt geschaffen war, mit allem, was überhaupt geschaffen war.[87]

Eine Besonderheit lag dann darin, daß die soziale Adresse im europäischen Mittelalter auch vorsah, daß der Tod nicht als ultimate Exklusion (nicht als Adressentilgung) aufgefaßt wurde, sondern als Durchtrittstor in eine Ewigkeit (Zeitfreiheit), durch die die Adressabilität – nun durch Gott oder seine diabolischen Gegenmächte – erhalten blieb.[88] Dem einmaligen Leben *eines* Menschen wurde die ungeheure Last eines *Ein-für-allemal* aufgebürdet.[89] Das erklärt die eminente Bedeutung einer ›intakten‹, ›flachen‹ (im genauen Sinne: heilen) und im Blick auf Komplexität entschlackten, sozialen Adresse, die eminent wichtige Rolle der christlichen Soteriologie und die Angst der Menschen des Mittelalters, aus der Ordnung der Stratifikation herauszufallen und damit aus der göttlichen Ordnung selbst – hinaus auf die Straßen und hinein in die Wälder zu Lebzeiten, und in die Hölle: post mortem.[90]

zu diesem Hinweis Keller, H. E., înluogen, Blicke in symbolische Räume an Beispielen aus der mystischen Literatur des 12.-14. Jahrhunderts, in: Michel 1997, a. a. O. (Fn. 31), S. 353-376, 353.

86 Vgl. Boiadjiev, T., »Die Marginalisierung als principium individuationis des mittelalterlichen Menschen – am Beispiel Abelaerds«, in: Aertsen, J. A., in: Aertsen, J. A./Speer, A. (Hrsg.), *Individuum und Individualität im Mittelalter* (Bd. 24 der Miscellanea Mediaevalia), Berlin/New York 1996., S. 111-123.

87 Vgl. Lovejoy, A. O.,*The Great Chain of Being: A Study of the History of an Idea*, Harvard 1970.

88 Explizit: »Fürchte dich nicht, denn ich habe dich ausgelöst, / ich habe dich beim Namen gerufen, / du gehörst mir.« (Jes 43,1).

89 Und gerade nicht die Chance der Wiedergeburt, wie sie aus anderen religiösen Kontexten bekannt ist. Es gibt im christlichen Mittelalter nur eine Wiedergeburt, die der Taufe. Im Römerbrief deutet der Apostel Paulus die Taufe als Mitsterben und Mitauferstehen in Christus (Röm 6,4-5) – eine Einmaligkeitsangelegenheit.

90 Vgl. Fuchs, P., »Weder Herd noch Heimstatt – Weder Fall noch Nichtfall. Doppelte Differenzierung im Mittelalter und in der Moderne«, in: *Soziale*

# Die Listenförmigkeit *des* Menschen

Es ging auch aus diesem Grunde um die lebensermöglichender Strategie irdischer Überschaubarkeit der immanenten Adresse, die das Unüberschaubare, Unzugängliche, direkt nicht Ansteuerbare an die ›Seele‹ delegierte, an eine *nicht-immanente Immanenz* (an eine *extime* Intimität[91]).

Die nicht-passenden, die devianten Ereignisse wurden an Obsessionen geknüpft, die sich Dämonen verdankten, Besessenheiten, die als *Formwidrigkeiten* im Blick auf die Normalform des Adressenformulars begriffen werden können, als vorklinischer Wahnsinn mit all seinen Ausschließungen – vom Narrenschiff bis zum Narrenturm.[92] Praktiziert wurden dann bekanntlich Ordnungsumkehrungen – bis hin zum befristeten Adressenaustausch (der Bettler als Kardinal), aber dies nur aus Anlaß für solche Inversionen vorgesehener Feste (etwa dem der *unschuldigen Kinder*), die sich in der Form des Karnevals mehr oder weniger intensiv oder exzessiv erhalten haben.[93] Aber die Bedingung der Möglichkeit dieser Exzesse war, daß sie nicht als Alternativen zur geltenden Ordnung der Stratifikation aufgefaßt oder erlebt wurden.

Dies alles besagt nicht, daß die abschließbare Adresse der Stratifikation primitiver gewesen sei als die, mit der wir heute zu tun haben.

*Systeme*, 3.Jg., 1997, H.2, S.413-437. Raffiniert dann, daß die Unberechenbarkeit Gottes noch minimale Chancen eröffnet. Wer die Ersten und wer die Letzten sein werden, ist nicht oder kaum immanent entscheidbar. Deshalb können in der *Divina Comedia* Dantes allerlei Leute in der Hölle schmoren, von denen man dies niemals erwartet hätte.

91 Vgl. dazu Fuchs, P., *Die Metapher des Systems. Studie zur allgemein leitenden Frage, wie sich der Tanz vom Tänzer unterscheiden lasse,* Weilerswist 2001. Ohne das hier belegen zu können, wollen wir annehmen, daß es deshalb kaum Gespräche gab, in denen die ›Seele‹ zirkulieren konnte. Vgl. zu dieser Formulierung Cocteau, J., *Die Schwierigkeit zu sein. Kritische Poesie III,* Frankfurt am Main 1988 (Paris 1947), S.23.

92 Vgl. Tillich, P., »Das Dämonische. Ein Beitrag zur Sinndeutung der Geschichte«, in: *Sammlung gemeinverständlicher Vorträge und Schriften aus dem Gebiet der Theologie und der Religionsgeschichte,* 119, 1926, S.1-44. Das Dämonische als »Form der Formwidrigkeit«, als ein ›Gegen-Positives« findet sich auf S.6, die Tiernähe (die entsprechende Verzerrung im Dämonischen) auf S.13. Es ist ›Untergeistig‹. Zu erinnern ist hier an das Biblische Vorbild des Besessenen von Gerasa (Markus 5,1-16), dessen böse Geister in die zufällig in der Gegend befindlichen Schweine getrieben werden, die dann zu ertrinken haben. Im Blick auf den vorklinischen Wahnsinn ist es unvermeidbar, Foucault, M., *Folie et Déraison. Histoire de la folie à l'âge classique,* Paris 1961, zu erwähnen.

93 Vgl. für viele Mezger, W., *Narrenidee und Fastnachtsbrauch. Studien zum Festleben des Mittelalters in den europäischen Festkulturen,* Konstanz 1991. Nach wie vor einschlägig ist Bachtin, M., *Literatur und Karneval. Zur Romantheorie und Lachkultur,* München 1969.

Sie hatte ihre eigenen Risiken, ihre eigene Komplexitä:. Sie war nur anders.

## 5. *Das unabschließbare Adressenformular*

Es ist klar, wir wollen darauf hinaus, daß in der Moderne (die wir bezeichnen durch: funktionale Differenzierung) das Adressenformular *des* Menschen auf Unabschließbarkeit hin getrimmt wird. Das Et-cetera, das Und-so-Weiter ändert seinen Verweisungssinn. Es verweist nicht mehr auf eine prinzipielle Komplettheit (und sei es nur: sub specie aeternitatis), sondern auf ein Nicht-Enden des ›Und‹.[94]

Allerdings wäre es zu einfach, die Form des modernen Adressenformulars nur darauf abzustellen, daß sie schlicht und einfach die eine Liste sei, die für endlose und beliebige Eintragungen (im Kontext der Konstruktion konkreter sozialer Adressen) als schiere Unendlichkeit zur Verfügung stehe. Man würde damit nur die Unendlichkeit autopoietischer Systeme auf die Adresse spiegeln, eine Unendlichkeit, die sich ergibt aus der Zeitform der différance, die wir oben diskutiert haben, aus dem einfachen Umstand also, daß solche Systeme weder letzte noch erste Elemente kennen können.[95] Oder anders ausgedrückt: Autopoietische Maschinen sind endliche Maschinen, die gleichwohl Unabschließbarkeit realisieren.[96]

94 Siehe allerdings zu diesem »und« als »schöpferische(m) Stottern« Deleuze, G., *Unterhandlungen 1972-1990,* Frankfurt am Main 1993, S. 67 f. Es ist bezeichnend, daß die Systemtheorie (in ihrer bisherigen Form) dem »und so weiter« jeden Sinns zutraut, Weltgesellschaft als Begriff zu plausibilisieren. Siehe Stichweh, R., »Zur Theorie der Weltgesellschaft«, in: *Soziale Systeme,* 1. Jg., 1995, H. 1. S. 29-45.

95 Passend dazu: Hegel, G. F. W. (hrsg. von Georg Lasson), *Phänomenologie des Geistes,* Leipzig 1991, (2. Aufl.), S. 109f: »Sie [die einfache Unendlichkeit oder der absolute Begriff] ist sichselbstgleich, denn die Unterschiede sind tautologisch; es sind Unterschiede, die keine sind. Dieses sichselbstgleiche Wesen bezieht sich daher nur auf sich selbst. Auf sich selbst: so ist dies ein Anderes, worauf die Beziehung geht, und das Beziehen auf sich selbst ist vielmehr das Entzweien, oder eben jene Sichselbstgleichheit ist innerer Unterschied. Diese Entzweiten sind somit an und für sich selbst, jedes ein Gegenteil – eines Anderen, so ist darin schon das Andere mit ihm zugleich ausgesprochen; oder es ist nicht das Gegenteil eines Anderen, sondern nur das reine Gegenteil; so ist es also an ihm selbs: das Gegenteil seiner.«

96 Siehe zum Topos von der gleichsam maschinellen Endlichkeit der Maschine und der Unendlichkeit, die sie produziert (Allsätze etc.) Günther, G., *Idee und Grundriß einer nicht-Aristotelischen Logik. Die Idee und ihre philosophischen Voraussetzungen,* Hamburg 1978 (2. Aufl.), S. 217.

Adressen sind aber gerade nicht autopoietische Maschinen, sondern soziale Strukturen, die (wie alle Strukturen) definiert sind durch Möglichkeitsverknappung, durch die Einschränkung von im Moment zugelassenen Ereignismöglichkeiten.[97] Strukturen sind, wenn man so will, die Widerlager gegen entropische, gegen schlechte Unendlichkeit. »Struktur leistet ... die Überführung unstrukturierter Komplexität in strukturierte Komplexität. Unstrukturierte Komplexität wäre entropische Komplexität, sie würde jederzeit ins Unzusammenhängende zerfallen. Die Strukturbildung *benutzt diesen Zerfall*, um *daraus* Ordnung aufzubauen.«[98] Strukturen sind, anders gewendet, definiert durch Limitation, durch Begrenzung, nicht durch Entgrenzung, Bodenlosigkeit, Abgründigkeit.

Wenn mithin die These ist, daß das Adressenformular der Moderne durch Unabschließbarkeit gekennzeichnet sei, kann es sich nicht um Gesichtspunkte einer unendlichen Aneinanderreihung drehen. Unabschließbarkeit muß anderes meinen als nur dies: eine endlose (paradoxe) Ergänzung.

## a) Das monokontexturale Adressenformular

Unter Bedingungen der Stratifikation resultiert, wie wir sagten, eine ›flache‹ Adresse. Sie bietet wenig Spielraum für Abweichungen und unterstellt den psychischen Systemen nur sehr ›maßvoll‹ so etwas wie intrikat-komplexe Selbstreferenz. Sie ist Strukturmoment hoch integrierter Sozialverhältnisse, wenn man unter Integration ›Reduktion von Freiheitsgraden‹ versteht, also auch: eine geringe Alternativität im Blick auf die Optionen, die die Leute, die *restriktiv* adressiert werden, noch wahrnehmen können.[99] Die ›flache‹ Adresse fixiert gleichsam eine

---

97 Bündig: »Eine Struktur besteht also, was immer sie sonst sein mag, in der *Einschränkung der im System zugelassenen Relationen*. Diese Einschränkung konstituiert den Sinn von Handlungen, und im laufenden Betrieb selbstreferentieller Systeme motiviert und plausibilisiert der Sinn einer Handlung dann natürlich auch das, was als Verknüpfbarkeit einleuchtet.« (Luhmann *Soziale Systeme*, S. 384.

98 Ebd., S. 383. Wir sehen im Augenblick davon ab, daß Strukturen Möglichkeitsverknappungen für (Selbst)Beobachter darstellen, die irritabel sind durch Störungen.

99 Damit ist noch nichts ausgesagt über die Binnenkomplexität psychischer Systeme. Wir gehen davon aus, daß die sozialen Adressen (gleich zu welcher Zeit und in welcher Kultur) die Psychen immer nur ›fragmentarisch‹, immer nur in Verkürzung und Simplifikation erreichen, im übrigen wohlvertrauter soziologischer Gedanke. Vgl. nur Parsons, T., »Systematische Theorie in der Soziologie. Gegenwärtiger Stand und Ausblick«, in: Jonas, F., *Geschichte der Soziologie*, Bd. IV, Hamburg 1969,

farbarme Palette[100] im Blick auf die Möglichkeit von Ereignissen, die im Zusammenhang mit Menschen sozialen Sinn machen können. Wenn man mitsieht, daß Inklusionschancen durch soziale Adressen reguliert werden, könnte man auch formulieren, daß die ›flache‹ Adresse über Inklusion und Exklusion ›holzschnittartig‹ entscheidet.[101] Oder andersherum ausgedrückt: Die Inklusions/Exklusions-Modi der Stratifikation treiben die Adressen in ein starres Relief.[102]

S. 246-260, 253 ff. Siehe für den weiteren Zusammenhang auch Parsons, T., »Durkheim's Contribution to the Theory of Integration of Social Systems«, in: ders., *Sociological Theory and Modern Society*, New York 1967, S. 3-34, 7 f. Im Blick auf Integration muß man erinnern an die Unterscheidung Sozialintegration/Systemintegration. Vgl. etwa Giddens, A., *The Constitution of Society: Outline of the Theory of Structuration*, Berkely 1984, S. 28. Hier allerdings kommt es nur auf den Begriff selbst an: Integration ist – auf's Abstrakteste genommen – immer: Freiheitsbeschneidung.

100 Auch das soll wieder nicht heißen: ärmlich. Schöne Beispiele für die Komplexität, die sich einstellt, wenn die Adressenwelt flach geordnet wird (hier im Blick auf archaische Sozialsysteme) offeriert Behrend, H., *Die Zeit geht krumme Wege. Raum, Zeit und Ritual bei den Tugen in Kenia*, Frankfurt/New York 1987.

101 So schon in Hinsicht auf die Stadt: »Wer von Natur und nicht bloß aus Zufall außerhalb der Polis lebt, ist entweder schlecht oder mehr als ein Mensch.« Aristoteles PI 1253a3.

102 Vgl. grundsätzlich zum Schema Inklusion/Exklusion Luhmann, N., »Inklusion und Exklusion«, in: ders., *Soziologische Aufklärung 6. Die Soziologie und der Mensch*, Opladen 1995, S. 237-264. (Auch – in unautorisierter Fassung in: Berding, H. (Hrsg.), *Nationales Bewußtsein und kollektive Identität. Studien zur Entwicklung des kollektiven Bewußtseins der Neuzeit 2*, Frankfurt am Main 1994, S. 15-45); Stichweh, R., »Inklusion in Funktionssysteme der modernen Gesellschaft«, in: Mayntz, R. et al., *Differenzierung und Verselbständigung: Zur Entwicklung gesellschaftlicher Teilsysteme*, Frankfurt am Main – New York 1988, S. 261-293; Fuchs, P./Buhrow, D./Krüger, M., »Die Widerständigkeit der Behinderten. Zu Problemen der Inklusion/Exklusion von Behinderten in der ehemaligen DDR«, in Fuchs, P./Göbel, A. (Hrsg.), *Der Mensch – Das Medium der Gesellschaft*, Frankfurt am Main 1994, S. 239-263; Fuchs, P./Schneider, D., »Das Hauptmann-von-Köpenick-Syndrom. Überlegungen zur Zukunft funktionaler Differenzierung«, in: *Soziale Systeme*, 1. Jg., 1995, H. 2, S. 203-224. Vgl. auch Lehmann, M., Inklusion, Beobachtungen einer sozialen Form am Beispiel von Religion und Kirche, Frankfurt am Main 2002. Zum Zusammenhang von Adressabilität und diesem Schema vgl. erneut Fuchs, P., »Adressabilität als Grundbegriff der soziologischen Systemtheorie«, in: *Soziale Systeme*, 3. Jg. 1997, H. 1., S. 57-79, als Detailstudie ders., »Weder Herd noch

Legt man sich diese Verhältnisse noch abstrakter zurecht, so kann man auch sagen, die Adresse unter Stratifikationsbedingungen sei *monokontextural.* Sie erweise sich als ein regulatives Sinnschema, das sich einpaßt in eine Welt, die ihren Sinn als *eine* Welt oder in *einer* Welt produziert, deren weiteste Alternative die von *Sein* und *Nichts* ist.[103] Es gibt, was es gibt, und es gibt nicht, was es nicht gibt. Die Welt ist als die geschaffen, als die sie geschaffen ist. Sie entspricht einem generalisierten *Tertium non datur*.[104] Sie ist ein in dieser Hinsicht absoluter und einheitlicher Hintergrund, dem sich nichts entzieht.[105] Immer dann, wenn von einem »absolutley generalized TND« ausgegangen werden kann, bietet sich der Ausdruck einer »ontological contexture or contexturality« an.[106] Und insofern es eine (weiteste) Unterscheidung[107] ist, durch die eine Kontextur aufgespannt wird, läßt sich von ›Mono-Kontexturalität‹ reden: »Everything there is belongs to the universal contexture of objective Being. And what does not belong to it is just Nothingness.«[108]

Das Besondere der Mono-Kontexturalität liegt darin, daß sie keine Außenseite hat, insofern sie sich nur dann wie von außen sehen könnte, wenn sie ihr spezifisches *Tertium non datur* transzendieren würde.[109] Die Welt, heißt das, wird auf der Innenseite der Kontextur ausgearbeitet. Die Kontextur ist nichts als »eine basale Qualität, eine Quelle im metaphorischen und kategorientheoretischen Sinne. Eine KONTEXTUR ist ein universaler Leerbereich, in dem das bereichsspezifische tertium non

Heimstatt – Weder Fall noch Nichtfall. Doppelte Differenzierung im Mittelalter und in der Moderne«, in: *Soziale Systeme*, 3.Jg., 1997, H. 2, S.413-437; ders., »Moderne Identität – im Blick auf das europäische Mittelalter«, in: Hahn.A./Willems, H. (Hrsg.), *Identität und Moderne*, Frankfurt am Main 1999, S.273-297.

103 Wir formulieren an Günther, G., »Life as Poly-Contexturality«, in: *Beiträge zur Grundlegung einer operationsfähigen Dialektik*, Bd.II, Hamburg 1979, S.283-306, entlang.

104 Ebd., S.286.

105 Ebd. Auch Götter und Dämonen entziehen sich nicht: Es gibt sie – unsichtbar.

106 Ebd.

107 Man kann darüber nachdenken, ob diese weiteste Unterscheidung der seichtesten Unterscheidung Spencer-Browns entspricht, die wir oben unter dem Gesichtspunkt konditionierte Koproduktion diskutiert haben.

108 Günther, G., »Life as Poly- Contexturality«, a.a.O., S.287.

109 Man müßte die Sphäre des Sinns verlassen und in einen präsignativen Raum eintreten. Vgl. dazu Ditterich, J./Kaehr, R., »Einübung in eine andere Lektüre. Diagramm einer Rekonstruktion der Güntherschen Theorie der Negativsprachen«, in: *Philosophisches Jahrbuch*, 2, 86, 1979, S.386.

datur unrestringierte Gültigkeit hat, eine basale Qualität, eine Quelle im metaphorischen und kategorientheoretischen Sinne. Kontextur ist dasjenige, das dem abendländischen Denken ... verborgen bleiben mußte, da sie sich in deren Inhaltlichkeit verloren hat.«[110] Adressenkonstruktion unter monokontexturalen Bedingungen läßt (relative) Vielheit zu, aber eben: intrakontextural – als Pluralität-im-Rahmen *einer* zweiwertig schematisierten Welt, die als die *eine* Welt imponiert und zu dieser Welt keine Alternativen kennt.[111] Diese Welt ist das »universale Weltmilieu«.[112] Oder anders: Die Welt kennt keinen Plural.[113] Wer immer als Mensch lebt, ist schon »in der Welt«, »bei der Welt«[114] – und zwar in dieser *so beschaffenen, weil so geschaffenen* Welt. Oder noch anders, er ist: Teil einer *vollzähligen* Welt.«[115] Und er ist Mensch, weil er *Teil* ist.

Ebendies ändert sich mit der funktionalen Differenzierung der Gesellschaft.

110 Ditterich, J./Helletsberger, G./Matzka,R./Kaehr, R. (Projektteam), »Organisatorische Vermittlung verteilter Systeme«. Forschungsprojekt im Auftrag der Siemens-AG, München/Berlin 1985 (Manuskript Forschungsstudie), S. 114. Wir vermuten, daß Kontextur in diesem Verständnis nahe am Platonischen Chora-Begriff gearbeitet ist.
111 Insofern ist das abendländisch logozentrische Denken perfekt adaptiert.
112 Siehe zu diesem Wort Merleau-Ponty, M., *Die Prosa der Welt,* München 1993, S. 151.
113 Sobald der Plural ins Spiel kommt, zerbricht Monokontexturalität, wird eine Mehrheit von Ontologien denkbar. Siehe etwa Rombach, H., *Welt und Gegenwelt. Umdenken über die Wirklichkeit: Die philosophische Hermetik,* Basel 1983. Solche Überlegungen sind auch nicht unwichtig, wenn man an die Versuche der transklassischen Physik denkt, eine einheitliche Welttheorie zu schaffen. Vgl. Rohrlich, F., »Pluralistic Ontology and Theory Reduction in the Physical Sciences«, in: *Brit.J.Phil.Sci. 39,* 1988, S. 295-312.
114 Zu »Schon-bei-der-Welt-sein« und »In-der-Welt-Sein« vgl. Heidegger, M., *Sein und Zeit,* Tübingen 1993 (17), S. 52 ff.
115 »Die Welt ist immer vollzählig.« Rilke, R. M., *Briefe an Gräfin Mirbach-Geldern-Egmont 1918-1924,* hrsg. und kommentiert von Hildegard Heidelmann, Würzburg 2005, Brief 37, 89.

## b) Das polykontexturale Adressenformular

»Ein Alcahest scheint über die Sinne der Menschen ausgegossen zu sein.
In diesem von den Alchimisten gesuchten Universal-Lösungsmittel
verlieren die Sinne ihre Schärfe, ohne ihre Einheit zu gewinnen –
die Natur ›schwimmt‹ vor den ›Blicken‹ der Menschen.«
*Novalis*

In dieser Theorie wird Gesellschaft aufgefaßt als das umfassende Sozialsystem, in dem alle Ereignisse nur Unterschiede machen als Kommunikation und darin dann keinen Unterschied.[116] Insofern sie der Ausdruck
ist für die Totalität des Sozialen, könnte man sie auch begreifen als den
›Großmandatar‹ der Sinnreproduktion[117] oder als Instituierung der
Bedingungen der Möglichkeit von Sinnproduktion überhaupt. Die Differenzierungsform der Gesellschaft ist damit auch grundlegend für die
Inszenierung des regulativen Sinnschemas der sozialen Adresse, für das,
was wir oben das *Adressenformular* genannt haben, das – wenn man
so will – der Name für das zeit- oder epochentypische *Receptaculum*
ist, durch dessen Eigentümlichkeiten die Eintragsmöglichkeiten für je
konkrete Adressen limitiert werden.

Eben hatten wir diskutiert, daß das Adressenformular des (europäischen) Mittelalters *monokontextural* gerahmt gewesen sei. Die These
ist nun, daß der Übergang zur funktionalen Differenzierung diese
Monokontexturalität auflöst zugunsten einer Polykontexturalität, der
die kommunikativ anwählbaren Zentraldomänen der Gesellschaft (die
Funktionssysteme) als *binär codierte* Einheiten zugrunde liegen. Diese
Einheiten lassen sich als bereichsspezifische, als *fungierende* Ontologi-
en auffassen, durch die die soziale Welt ontologisch pluralisiert wird.
Jedes dieser Systeme generiert einen exklusiven Weltzugriff. Es sieht
von seiner Codierung nur, was diese Codierung zu sehen gestattet.[118]

116 »Mithin besteht die Gesellschaft aus dem Zusammenhang derjenigen
Operationen, die insofern keinen Unterschied machen, als sie einen
Unterschied machen.« Luhmann, N., *Die Gesellschaft der Gesellschaft*,
Frankfurt am Main 1997, Bd. 1, S. 91.
117 In Anlehnung an Nietzsche, F., *Nachgelassene Fragmente*, in: Friedrich
Nietzsche, *Sämtliche Werke*, Kritische Studienausgabe in 15 Bänden,
hrsg. von Giorgio Collo und Mazzino Montinari, München/Berlin/New
York 1980, Bd. 13, S. 599.
118 »In … auf Wittgenstein zurückgehender Formulierung kann man … sagen: Ein System kann nur sehen, was es sehen kann. Es kann nicht sehen,
was es nicht sehen kann. Es kann auch nicht sehen, daß es nicht sehen
kann, was es nicht sehen kann. Das verbirgt sich für das System ›hinter‹
dem Horizont, der für das System kein ›dahinter‹ hat. Das, was man
›cognized model‹ genannt hat, ist für das System absolute Realität. Es

Damit fällt ein weltdurchgängiger ›Essenzenkosmos‹ aus.[119] Und mit ihm jede weltdurchgängige Ontologie, die sich beobachtungsfrei stellen wollte, also davon ausginge, daß es etwas Unbeobachtetes ›bestimmt‹ ›gebe‹.[120] In anderen Worten: Die moderne Gesellschaft hat es nicht mit *einer* Kontextur zu tun, innerhalb derer sie ihre Mannigfaltigkeit und Vielheit ausarbeiten könnte, sondern mit einer Pluralität von Kontexturen (i.e. Polykontexturalität), die sich nicht auf *einen* Nenner bringen lassen, auf eine arché, auf einen Quell- oder Spiegelpunkt, in dem sie sich spiegeln, sich selbst sich selbst repräsentieren könnte.[121] Ihre Einheit ist einzig *operativ* definierbar, immer geht es: um Kommunikation, und niemals: um etwas anderes.[122] Eine *unitas multiplex* der differenten Kontexturen jedoch ist nicht absehbar oder allenfalls markierbar durch den Totali-

hat Seinsqualität, oder, logisch gesprochen: Einwertigkeit. Es ist, was es ist…« (Luhmann, N., *Ökologische Kommunikation. Kann die moderne Gesellschaft sich auf ökologische Gefährdungen einlassen?*, Opladen 1986. S. 52.

119 Ein Ausfall, der bewirkt, daß nicht mehr von Letzteinheiten ontologischer Art ausgegangen werden kann. Der Begriff der elementaren Einheit der Welt wird systemrelativ. Vgl. schon früh Glanville, R., »The Nature of Fundamentals Applied to the Fundamentals of Nature«, in: Klir, G.J. (Hrsg.), *Applied General Systems Research: Recent Developments and Trends*, New York 1978, S. 401-409.

120 Ontologie also als Theorie dessen, was ohne Beobachter existiert. Vgl. Krippendorff, Klaus, »Wenn ich einen Stuhl sehe – sehe ich dann wirklich nur ein Zeichen?«, in: *Form*, Bd. 5, H. 2., 1998, S. 98-106, 98, Anm. 2. Dazu (und im Vorgriff) paßt die Annahme, Ontologien entstünden auf dem »Boden der zerstörten Naivität. Die Tiefen der direkt gegebenen Wirklichkeit werden nur durch ein Erdbeben enthüllt, welches eine zu selbstverständliche Oberfläche aufreißt.« (Peursen, C.A.v., »Die Phänomenologie Husserls und die Erneuerung der Ontologie«, in: *Zeitschrift für philosophische Forschung*, 16, 1962, S. 489-501, 489. Das Erdbeben: funktionale Differenzierung.

121 Wenn man diese logische Schwierigkeit überwinden wollte, müßte mindestens ein Element gefunden werden, das eine self-evident-unity wäre, »some case of an unity which develops its own differences out of itself.« Selbst-repräsentative Systeme wären entsprechend solche Systeme, die ein Element enthalten, das alle anderen Elemente des Systems vollständig spiegeln könnte. Siehe Royce, J., *The World and the Individual. First Series*, New York 1901 (1959).

122 Ebendies ist der Grund, auch epistemologisch von Einheit auf Differenz umzustellen. Siehe etwa Vgl. mit stark philosophischer Diktion Clam, J., *Was heißt, sich an Differenz statt an Identität orientieren? – Zur De-Ontologisierung in Philosophie und Naturwissenschaft*, Konstanz 2002.

tätsbegriff der Gesellschaft, der dann aber nur besagt: ›Tout est un, tout est divers‹.[123]

Dem entspricht der Befund, daß eine polykontexturale Gesellschaft keine ›Super-Kontextur‹ einrichten kann, keine Instanz der gleichsam legalen Beobachtung ihrer ›Ganzheit‹. Es ist deshalb bezeichnend, daß die Selbstbeobachtung/Selbstbeschreibung dieser Gesellschaft nicht von einem Zentrum her erfolgt, sondern von einem weiteren Funktionssystem aus, ebendem der Massenmedien, das heißt: disloziert, code-gesteuert und in dieser Hinsicht im selben Maße monokontextural verfahrend wie die anderen Mono-Kontexturen (Funktionssysteme) der Gesellschaft auch.[124] Diese tief eingreifende Veränderung wird nach und nach entdeckt. Oder besser: Im Zuge ihrer evolutionären Durchsetzung fallen Symptome an, die bemerkt werden.[125]

123 Pascal zit. nach Neumann, G., *Ideenparadiese. Untersuchungen zur Aphoristik von Lichtenberg, Novalis, Friedrich Schlegel und Goethe*, München 1976, S. 57. Unter dieser Voraussetzung reüssieren soziale und kognitive Strategien, die nicht mehr auf Deduktion setzen. »In diesem Organ [der *discrezione*] erkennt man all jene Verfahren wieder, die zwischen Einzelnem und Allgemeinen vermitteln, ohne sich des logisch-subsumptiven Verfahrens zu bedienen: Pascals ›esprit de finesse‹, Chamforts ›sensibilité‹, Lichtenbergs ›Witz‹, die ›argutia‹ der Apophtegmenliteratur …« (Neumann, a. a. O., S. 51, Anm. 194.)

124 Vgl. Luhmann, N., *Die Realität der Massenmedien*, Opladen 1996.

125 Nur impressionistisch wiedergebbar, zum Beispiel damit, daß Menschen nun als Kommunikationswesen begriffen werden müssen. Vgl. etwa für die Epoche des Enlightments Bödeker, H. E., »Aufklärung als Kommunikationsprozeß«, in: Vierhaus, R. (Hrsg.), *Aufklärung als Prozeß*, Hamburg 1988, S. 89-111, 89. Mit diesem Begreifen wächst auch ein Bewußtsein einer umfassenden Kommunikationskrise heran, in der der alte *horror vacui* ersetzt wird durch die Angst vor der Überfülle, den *horror plenitudinis*. Vgl. etwa Frühwald, W., »Die Idee kultureller Nationenbildung und die Entstehung der Literatursprache in Deutschland«, in: Dann, O. (Hrsg.), *Nationalismus in vorindustrieller Zeit*, München 1986, S. 129-141, 130 ff. Der EINE Sinn wird empirisch nicht mehr erreichbar. Er muß – so Novalis – gesetzt werden. Siehe Utz, P., *Das Auge und das Ohr im Text. Literarische Sinneswahrnehmung in der Goethezeit*, München 1990, S. 217 et passim. Ironie wird früh zum Signum dieser Moderne. Vgl. Vico, G., *Die neue Wissenschaft von der gemeinschaftlichen Natur der Nationen*, hrsg. v. Fellmann, F., Frankfurt am Main 1981, S. 72; ferner Oesterreich, P. L., »Thesen zum homo rhetoricus und zur Neugestaltung der Philosophie im 21. Jahrhundert«, in: *Rhetorica: A Journal of the History of Rhetoric*, Bd. 20, H. 3, 2002, S. 289-298, S. 293 et passim. Das Individuum wird ›Kreuzungspunkt‹ der verschiedensten Kommunikationsströme. So schon Dilthey, W., *Über das Studium der Geschichte der Wissenschaften vom Menschen,*

Die Adresse *des* Menschen: eine streifenförmige Digression

Dies vorausgesetzt, steht zu erwarten, daß das Adressenformular unter Bedingungen der Polykontexturalität nicht mehr als *eine* Einheit zirkuliert. Noch immer würde gelten, daß der an einem Körper ›vertäute‹ Eigenname es ermöglicht, eine ›minimale‹ Einheit konkreter Adresskonstruktionen zu fixieren. Es gäbe (in unserer Metapher) den logischen Ort für diesen Eintrag, aber das Formular läßt ansonsten (sozusagen parallel zur Poly-Eventualität der Gesellschaft) keine ›nicht-gegenbeobachtbaren‹ Inskriptionen mehr zu. Es konzipiert Menschen nicht als Einheiten, die sich aus *einem* Grund speisen, sondern aus einer Mehrheit von ›Gründen‹, oder anders: Es de-hierarchisiert die Beobachtung von Menschen und produziert damit eine *heterarche* Struktur, in der verschiedene Komponenten zusammenspielen, aber gerade nicht so, daß sich eine Meta- oder Kontrollebene finden ließe, die die Determinierungen der Komponenten im Sinne *einer* Identität bündeln könnte.[126] Unabschließbarkeit der Adresse bedeutet also tatsächlich nicht: Endlosigkeit der Aufzählung. Sondern nur: *daß durch das polykontexturale (heterarche) Prinzip die Form des Adressenformulars in die einer Liste*

der Gesellschaft und dem Staat, in: Gesammelte Schriften, Bd. 5, 1957 (2. Aufl.), S. 63. Nietzsche wird mit seinem aphoristischen Denken der diagnostische Vollstrecker dieser Prozesse. Vgl. Wellner, K., »Nietzsches Standpunkt ›jenseits von gut und böse‹«, in: Concordia, 26, 1994, S. 41-71. Die Romantik ist einschlägig. Ich zitiere noch einmal: »Die Romantik ist subjektivierter Occasionalismus, weil ihr eine occasionelle Beziehung zur Welt wesentlich ist, statt Gottes aber nunmehr das romantische Subjekt die zentrale Stelle einnimmt und aus der Welt und allem, was in ihr geschieht, einen bloßen Anlaß macht ... Jetzt erst [nach dem Ausfall von Formeln wie Gott, Staat] entfaltet das Occasionelle die ganze Konsequenz seiner Ablehnung jeder Konsequenz. Jetzt erst kann wirklich alles zum Anlaß für alles werden und wird alles Kommende, alle Folge in einer abenteuerlichen Weise unberechenbar ... Aus immer neuen Gelegenheiten entsteht eine immer neue, aber immer nur occasionelle Welt, eine Welt ohne Substanz und ohne die Abhängigkeit des Funktionellen, ohne feste Führung, ohne Konklusion und ohne Definition ... geführt nur vor der magischen Hand des Zufalls, the magic hand of chance.« (Schmitt, C., »Romantik«, in: Prang, Helmut (Hrsg.), Begriffsbestimmung der Romantik, Darmstadt 1968, S. 73-92, 90/91.) Daß dies alles in die ›Postmoderne‹ ausläuft, ist bekannt. Siehe zur soziologischen Beobachtung der Postmoderne Scherr, A., »Postmoderne Soziologie – Soziologie der Postmoderne? Überlegungen zu notwendigen Differenzierungen der sozialwissenschaftlichen Diskussion«, in: Zeitschrift für Soziologie, 19.Jg., 1990, H. 1, S. 3-12. Vgl. auch Welsch, W., Unsere postmoderne Moderne, Weinheim 1987. Und natürlich: Lyotard, J.-F., La Condition postmoderne, Paris 1979, S. 63.
126 Ditterich et al. 1985, a.a.O. (Fn. 110), S. 96.

*getrieben wird, in der alle möglichen Einträge ohne die Einheit eines identitäts-stiftenden Nenners stattfinden.* More theoretico: In dieser Liste kann kein Eintrag (mit Ausnahme des Namens) in seiner Bedeutung fixiert werden, weil jede Bedeutung sich polykontexturalen (polyeventualen) Sinnzumutungen ausgesetzt findet. Das soziale Adressenformular der (funktional differenzierten) Moderne ist demnach: eine multiple Observation, eine Wolkigkeit[127] oder eine hingegossene Öl-Lache.[128] Es ist nicht mehr auf ein *Subjekt* reduzierbar, das in irgendeiner Weise antreffbar oder markierbar wäre.[129] Das Subjekt wird eine (unter anderen) symbolischen Konfigurationen.[130] Es wird (spitzentheoretisch im Hochidealismus) zu einer beobachtungstechnisch kuriosen Selbstverdoppelung.[131] Nicht einmal das ›eine Sprache sprechen‹ ist typenfester Bestandteil des Repertoires jenes Adressenformulars. Wir erinnern daran:»Die Sprache spricht.«[132] Was dem Formular dann als ›ich‹, als ›du‹ eingetragen werden kann, ist schiere Konvention, ist kulturell abhängige Praxis.[133]

---

127 Ein nicht-cartesischer Kontext, könnte man sagen. Cartesianismus ist dann wie eine»Stütze aus Holz, von der cartesianischen Philosophie hergeleitet. Allgemein zur Unterstützung der Zartheit weicher Strukturen eingesetzt.« (Salvador Dali, zit. nach Descharnes, R./Néret, G., *Dali: Das malerische Werk, 1904-1989*, Köln 1997, S. 198.

128 Vgl. zu diesem Bild Deleuze, G./Guattari, F., *Tausend Plateaus. Kapitalismus und Schizophrenie,* Berlin 1997 (*Mille plateaux,* Paris 1980), S. 41.

129 Siehe zu dieser Formulierung Bitsch, Annette,»*always crashing in the same car«. Jacques Lacans Mathematik des Unbewußten,* Weimar 2001, S. 14.

130 Vgl. Dolar, M.,»Das Cogito als Subjekt des Unbewussten«, in: Trinks, J. (Hrsg.), *Bewußtsein und Unbewußtes,* Wien 2000, S. 42-74, 44.

131 Vgl. dazu Günther, G., *Idee und Grundriß einer nicht-Aristotelischen Logik. Die Idee und ihre philosophischen Voraussetzungen,* Hamburg 1978 (2. Aufl.), S. 54 ff.

132 Heidegger, M., *Unterwegs zur Sprache,* Pfullingen 1979, S. 12.

133 Nun kann man entdecken:» ›Ich‹ ist ein zirkelhaft definierter Begriff, die Eigenschaft also, die man angeben muß, um ihn zu beschreiben, enthält ihn selbst wieder. Auf diese Weise kann man niemals wirklich sagen, was ein Ich ist, selbst wenn man versuchen wollte, sich durch eine Unendlichkeit von ineinander eingesetzten Definitionsformeln hindurchzubewegen. Das hat zur Folge, daß man niemanden mit Sicherheit in diesem Sinne ansprechen kann, weil die Prüfung der Berechtigung ins Unendliche führt.« (Pothast, U., *Über einige Fragen der Selbstbeziehung,* Frankfurt am Main 1971, S. 46/47.) Wittgenstein, L., *Tractatus logicophilosophicus,* Frankfurt am Main 1988, Nummer 5.631 (S. 67), formuliert apodiktisch:»Das denkende, vorstellende Subjekt gibt es nicht.«

# Die Adresse *des* Menschen: eine streifenförmige Digression

Daß wir hier schließlich sagen können, dieses Formular sei einer Liste vergleichbar, hat seine Rechtfertigung im oben diskutierten Listenmerkmal der *Sinnverknappung*, also darin, daß die Eintragungen in eine Liste nicht wechselseitig *sinnerhellend* sein, daß sie nicht in einer hierarchischen Beziehung stehen müssen, durch die der Zusammenhang des Disparaten (des Auflistbaren) gewährleistet wäre.[134] Einträge, die sich auf die Kontextur der Wirtschaft, der Religion, der Wissenschaft, der Kunst etc. beziehen, benötigen keine *Konnexität*, so sehr sie in einem Verhältnis der *Kontiguität* stehen mögen. Jede Buchung im Adressenformular ist nolens volens fragmentarisch, sinnverknappt und damit auch im erörterten Sinn de-kontextualisiert.[135] Diese Liste reiht, wenn man so will: *cetera imparia*.[136]

Aber wie ließe sich auf der Basis der Idee, das Adressenformular *des* Menschen in der Moderne sei eine Liste von *cetera imparia*, sei polykontextural, heterarch (gar: hyperkomplex im Moment, in dem dies alles

134 Selbst wenn dies noch möglich wäre, schließt die Form der modernen Gesellschaft aus, daß solche Listen Inskriptionen enthielten, die nicht als kontingent beobachtbar wären.

135 Ebendeshalb avanciert das Fragment zu einem ästhetischen Leitbegriff der Moderne. Vgl. Ostermann, E., »Der Begriff des Fragments als Leitmetapher der ästhetischen Moderne«, in: Behler, E. et al. (Hrsg.), *Atheräum. Jahrbuch für Romantik*, 1. Jg., 1991, Paderborn/Wien/München/Zürich 1991, S. 189-205. Siehe auch Fuchs, P., »Die Form romantischer Kommunikation«, in: Ernst Behler et. al. (Hrsg.), *Athenäum. Jahrbuch für Romantik*, 3. Jg., Paderborn, München/Wien/Zürich 1993, S. 199-222. Ferner: Neumann, G., *Ideenparadiese, Untersuchungen zur Aphoristik von Lichtenberg, Novalis, Friedrich Schlegel und Goethe*, München 1976; Mennemeier, F., »Fragment und Ironie beim jungen Friedrich Schlegel. Versuch der Konstruktion einer nicht geschriebenen Theorie«, in: Peter, K. (Hrsg.), *Romantikforschung seit 1945*, Königstein/Ts. 1980, S. 229-250. Dort findet sich auch eine Auflistung dessen, was für das literarische Fragment entscheidend ist: 1. Gehalt wird nicht entfaltet; 2. keine genetisch historische Erklärungen; 3. Gegeben werden nur die reinen Fakta der Reflexion; 4. Geringschätzung formaler Logik; 5. Präferenz für die analoge Schlußart; 6. Form des Enthymemons (Besonderheit: Obersatz als das Ganze Wissen, das kein einzelner Satz fixieren kann. Man fängt also in der Mitte von etwas an wie ein episches Gedicht); 7. Aleatorik; 8. Reproduktion des Chaos; 9. Verflüssigung des Buchstabens; 10. Semantische Mannigfaltigkeit; 11. Ironie. (S. 235 f.)

136 So die Form der Konstruktion von Texten in der romantischen Wirtschaftslehre, die die ceteris-paribus-Analyse durch die »Suche nach ›cetera imparia‹« ersetzt. Vgl. Brinkmann, C., »Romantische Gesellschaftslehre«, in: Steinbüchel, Th., *Romantik. Ein Zyklus Tübinger Vorlesungen*, Tübingen/Stuttgart 1948, S. 177-194, 194.

mitgeteilt wird), sei eine fungierende Sinnverknappung und Dekontextualisierung, wie ließe sich auf dieser Basis überhaupt noch von *einem*
Adressenformular reden, das doch – zumindest als Wort – suggeriert, es
gehe um eine Struktur, die wie eine Eintragsfläche fungiere, wie *ein* Ort
der Einschreibung für das, was kommunikativ die Weise formiert, in der
›Leute‹ kommunikativ angesteuert werden können?

## c) Die Sprengung des Formulars

Wenn man die Dinge so wie eben zuspitzt, ergibt sich, daß das Adressenformular der Moderne Adressabilität als eine kommunikative
Struktur installiert, die die Metapher des Formulars, die bislang hilfreich war, um sich die Verhältnisse zurechtzulegen, weitgehend sprengt.
Polykontexturalität und Heterarchie sind ›Eigenschaften‹ transklassischer Strukturen, es geht nicht nur um ›verfaltete‹ Netzwerke, nicht
um Mehrfach-Determinationen von Gipfel- oder Knotenpunkten, nicht
um Austauschbarkeit von Regionen, um Äquipotenz, Äquivalenz, Äqui-
finalität. Das Adressenformular der Moderne, wenn wir dieses Bild
noch einmal aufgreifen, ist nicht zwei- oder drei- oder n-dimensional
abbildbar. Es gleicht eher einem Schachbrett, dessen Anlage für jedes
mögliche Spielarrangement für jede Figur in jeder Position eine unterschiedliche Bedeutung erzeugt, so daß man niemals quasi-ontologisch
festschreiben kann, welche Funktion die Figur auf ihrer Position – sozusagen ein- für allemal – bedient.[137]
Diese Struktur ist ein ›Unding‹[138], insofern sie (darf man sagen:
intern?) nicht mit singulären (auszählbaren) Bestandteilen zu tun hat
und deswegen auch nicht mit einer einfachen Pluralität solcher Elemente. Vielleicht könnte man von einer Art *Struktur-Verschränkung* und
erneut von einer *improper mixture* sprechen in dem Sinne, wie es die
Physik mit physikalischen Systemen tut.[139] Es gäbe dann keinen ›reinen‹

137 »Wenn aber jeder Gipfel [in einem Netzwerk] mehrfach determiniert ...
sein kann, das heißt, wenn er als Schnittpunkt oder Zusammenfluß von
Linien oder Wirkungen unterschiedlichster Art verstanden werden kann,
von Wirkungen, die unter anderem auch in einem relativen oder absoluten Widerspruch zueinander stehen mögen ... , dann ist es unmöglich,
für diese Punkte *Äquivalenz* – das heißt *Äquipotenz* – zu postulieren ...
Deshalb läßt sich dieses Netz recht gut mit einem Schachbrett vergleichen.« Serres, M., *Hermes I. Kommunikation*, Berlin 1991, S. 14.
138 Mit dem »Unding« wird äußerst locker Maimons Auseinandersetzung
mit Kant zitiert. Vgl. dazu Hartmann, N., *Die Philosophie des deutschen
Idealismus, I.Teil, Fichte, Schelling und die Romantik*, Berlin/Leipzig
1923, S. 20 f. Ich erinnere auch daran, daß wir weiter oben eine ganze
Palette von ›Undinglichkeiten‹ diskutiert haben.
139 Esfeld, M., »Der Holismus der Quantenphysik: seine Bedeutung und sei-

Die Adresse *des* Menschen: eine streifenförmige Digression

Zustand der *einen* Struktur und ihrer Substrukturen. Sie wäre nicht auszählbar, die Substrukturen nicht ortsgebunden und weder mit einer Kardinalzahl noch mit einer Ordinalzahl versehbar. Es wäre nicht mehr möglich, gleichsam locker von einem Ereignis im Rahmen der Adresse auf ein anderes durchzuschließen.[140] Und ebendiese Form haben wir unter dem Gesichtspunkt *Poly-Eventualität* diskutiert.

Es klingt bizarr, aber stimmt mit der Idee zusammen, daß Kommunikation (die ebenfalls nicht auszählbar ist) eine transklassische Prozeßform darstellt: Sie arbeitet, wie wir oben skizziert haben, im Zeitmodus der *différance*. Keines ihrer Elemente ist identitär, die Operation der Kommunikation eine zeitkomplexe Verkettung, und die Systeme, die sie reproduziert (und dieselbe Form gilt für die Psyche), haben wir als ›Unjekte‹ metaphorisiert, als Nicht-Subjekte, Nicht-Objekte, die sich selbst – epochenbezogen – in bestimmten Selbstbeschreibungen ›dingfest‹ machen (lassen), zum Beispiel als Hierarchie, aber unter funktionalen Differenzierungsbedingungen beginnen, ihre phantastisch-phantasmatischen Eigenbewandtnisse für die Etablierung von Strukturen bereitzustellen, die zwar immer noch als Selektivität von Selektionen wirken, aber nun auf eine andere, mit unseren Sprachmitteln kaum noch darstellbare Art.

Jene Eigenbewandtnisse sind daran geknüpft, daß Strukturen typisch als Kombinationsspielräume von *Ereignissen* aufgefaßt werden, die – als Ereignisse – zeitflüchtig und deswegen (sozusagen: an sich) nicht identitär sind. Ihre Identität wird in Zeitzügen erwirtschaftet, die (post festum, im Modus der Nachträglichkeit) festlegen, was *das* oder was *ein* Ereignis gewesen ist. Diese Erwirtschaftung benötigt mithin so etwas wie ›Memorabilität‹, wie Abstraktion vom Passageren, und sei es nur, weil das strukturtypische Diskriminieren je passender/unpassender Ereignisse voraussetzt, daß Ereignisse separabel und zumindest befristet als Identitäten beobachtet werden können.

Diese ›typisierende‹ Beobachtung ist unter monokontexturalen Bedingungen möglich. Sie ist geradezu eines ihrer Leitmerkmale und gestattet die Parallelisierung aller Beobachter im Blick auf richtiges/

ne Grenzen«, in: *Philosophia naturalis*, Bd. 36, H. 1, 1999, S. 157-185, S. 160.

140 »Unter diesem Gesichtspunkt wird Strukturbildung auch als Erzeugen von Redundanz aufgefaßt. Das heißt: Die Beschreibung eines Systems erfordert dann nicht, daß jedes Element in seinem jeweiligen konkreten Zustand ermittelt wird, sondern man kann aus einer Beobachtung auf die andere schließen (wenn das Wasser läuft, ist der Wasserhahn nicht ordentlich zugedreht oder undicht).« (Luhmann *Soziale Systeme*, S. 386.) Und was wir behaupten ist, daß das Beispiel nicht mehr trifft, wenn man über die spezifische Struktur der sozialen Adresse in der Moderne spricht.

falsches Beobachten.[141] Was sich ihr nicht fügt, kann aussortiert werden – als aus dem Dämonischen, dem Formwidrigen zugespielt und nicht eigentlich hinzu- und hierhin gehörig, so wie auch das Unschickliche, das sozial Anrüchige (wie etwa die *Inapta* der rhetorischen Tradition), das Rothaarige, das Grünäugige, das Bucklichte, das Jüdische, das Streunende, das Ketzerische sozial ausgesondert wird in einer Geste der Immunisierung, die das Typische und damit Repräsentative wie Bürger, Bauer, Edelmann absichert: im Gefüge der *einen* Welt, die umgriffen ist von einer letztlich bergenden, metaphysischen Instanz, die erst am Ende der Zeiten noch einmal eine apokalyptische Sortierung durchführt: in's Himmlische, in's Höllische – je nachdem.

Das Adressenformular der Prämoderne schmiegt sich diesen Verhältnissen an. Die Kommunikation ist im Blick auf die Leute, wie man sagen könnte, weitgehend bündig orientiert und orientierend. Der Zusammenbruch der Ordnung, die dies ermöglichte, sprengt das überkommene Formular, die Adresse wird zur polykontexturalen Un-Struktur. Dabei wird man konzedieren müssen, daß die alte Form der Adressenkonstruktion nachwirkt etwa im Sinne einer *longue durée*[142], daß also die alltägliche Orientierung noch immer weitgehend so funktioniert, als seien die Adressen typenscharf umrissen.[143] Vielleicht ist es aber so, daß gerade der Riß zwischen diesem Nachdauern oder Nachleuchten der alten Form und der ›Faktizität‹ polykontexturaler Adressenbildung vielfältige Probleme, Entwicklungen, Turbulenzen der Moderne erklärt. Wir gehen jedenfalls tentativ davon aus, daß jene alte Form – gemessen an den Strukturen und Prozessen funktionaler Differenzierung – zutiefst morbide, zutiefst Relikt und zutiefst deren Anforderungen nicht mehr gewachsen ist.

---

141 Das Präsens hier ist erforderlich, weil wir in der Moderne (und zunehmend) Fundamentalismen registrieren, die wieder mit typensicheren Beobachtungen arbeiten, offenbar weil ent-typisierte Beobachtung im Blick auf Lebensorientierung schwer erträglich zu sein scheint. In gewisser Weise ist die Entscheidung zwischen monokontexturalen und polykontexturalen Weltentwürfen eminent politisch. So lebensfern die Überlegungen sind, die wir gerade durchspielen, so sehr stehen sie im eigentlich strategischen Zentrum der Entscheidung zwischen Beobachtungsökonomien, wie sie radikaler verschieden kaum gedacht werden können.

142 Vgl. Braudel, F., »Histoire et sciences sociales. La longue durée«, in: *Annales*, E.S.C. 13, 1958, S. 725-753.

143 Dieses ›noch immer‹ stellen wir uns so vor wie das Noch-immer-in-Weiß-heiraten und Ewige-Treue-Schwören – gegen alle Evidenzen, die das massive Überwiegen der Möglichkeiten zu scheitern belegen.

## d) Das Medium *des* Menschen – Adressabilität

Wir haben weit oben die Idee diskutiert, daß das Medium *des* Menschen, die Menschheit, als *Deklarationsmedium* konzipiert werden könne und nicht mehr zu begreifen sei als eine relativ homogene Menge chromosomatisch ähnlicher, durch Sprach- und Geist- und Freiheitsgebrauch einzigartiger Sondertiere. Wer Mensch ist, was Menschen sind, ab wann und ab wann nicht mehr jemand als Mensch gelten darf, wer mithin ›richtig‹ Mensch ist und wer Mensch ›im Ungefähren‹, darüber wird offenbar sozial entschieden. Allerdings ist das zumindest für die Soziologie eine recht triviale Einschätzung. Sie wird enttrivialisiert, wenn man den Mechanismus der Deklaration offenlegt, der (jedenfalls nach dem bislang begangenen Denkweg) auf dem Vorgang des ›Adressierens‹ beruht, auf der Erzeugung einer kommunikativ inszenierten und wirksamen Struktur oder Konfiguration, die – mitunter dauerhaft, mitunter von Moment zu Moment – festlegt, wie und in welchem Umfang jemand von Kommunikation erreicht wird, wie und in welchem Umfang jemand in Frage kommt, relevant ist, partizipieren kann, wann er also überhaupt ›jemand‹ ist und nicht ›Niemand‹.[144]

Diese Überlegung gestattet es, die anfangs als Hilfskonstruktion genutzte Idee des Deklarationsmediums zu präzisieren. Sagt man es nämlich unumwunden, gilt, daß sich von den Menschen nicht sinnvoll sprechen läßt, wenn man nicht hinzufügt, daß sie adressabel sein müssen, um ›Jemande‹ zu sein. Ohne Adressabilität: schlicht kein Mensch, keine Menschen, nicht ein Mensch.[145] Das ist – natürlich – ein anderer Ausdruck dafür, daß es keinen Sinn macht, von Menschen zu reden, ohne Kommunikation als conditio sine qua non dieses Redens aufzufassen.[146] An Kommunikation beteiligt sein, heißt jedoch und allererst

144 Es ist wichtig, anzumerken, daß Partizipation hier nicht als positiver Leitbegriff aufgefaßt wird. Inklusion/Exklusion ist ein raffiniert verschachtelbares Schema und auf beiden Unterscheidungsseiten: re-entry-fähig. Oder einfacher: Auch *dezidierte* Nicht-Inklusion ist immer noch: Inklusion.

145 Man kann sich das auch daran verdeutlichen, daß alles, was in die Nähe von Adressabilität rückt, anders behandelt, anders geschützt wird als in dieser Hinsicht nicht-Adressables. Tiere, die Berta oder Hans heißen, lassen sich viel schwerer töten als Tiere, die in der Anonymität hausen: als Schweine in Lastwagen, Rinder in Schlachthöfen, Hühner in Massenhaltung etc. Die mit dem Namen kann man sich leidensfähig vorstellen; die ohne Namen dafür zu halten, ist eine Abstraktionsleistung.

146 Das gilt auch im ›Als-ob-Modus‹. Beispiele wären Säuglinge, schwerst Mehrfachbehinderte, Koma-Patienten. Zu Tode zitiert ist hier die Re-

(und sei es dem Prinzip nach): adressabel sein. Aber dieses ›Sein‹ ist nicht Eigenschaft, nicht eine A-priori Ausstattung der Mitwelt sozialer Systeme, sondern Effekt von Kommunikation selbst, die, wie wir sagten, im Kontext der Konstruktion der Mitteilung den Mitteilungshandelnden ermittelt und dabei die Struktur ›sedimentiert‹, die relativ typenfest als ›Rolle‹ imponieren, aber auch die Form der Person annehmen kann, die Form individuell konstellierter (zugerechneter) Verhaltenseinschränkungen, die ebenfalls eine Form der sozialen Adresse ist.

Von diesen Grundannahmen aus ist es ein kleiner Schritt zur These, daß das Medium *des* Menschen *Adressabilität* sei, die Beimeßbarkeit oder Einschreibbarkeit von Adressen, von Strukturen der Ansteuerbarkeit (oder Ansteuerbarkeitsverweigerungs- bzw. Limitationen), die im Medium der Kommunikation ausgefällt werden. Das Medium wäre auch in diesem Zusammenhang und wie immer ein ›Inferenzmedium‹, das aus Anlaß von Formkatastrophen errechnet würde, hier – wie wir sagen würden – aus Anlaß des Verlustes (oder der Bedeutungsausdünnung) der monokontexturalen Adresse, aus Anlaß des Zusammenbruches der EINS der sozialen Adresse, aus Anlaß ihrer Heterarchisierung. Das Adressenformular der Moderne gibt keine durchgehende Auskunft oder strukturelle Orientierung darüber, *wer* jemand ist oder schlimmer noch: ob da *einer* oder *eine* jemand ist.[147] Es ›errechnet‹ einen *Multiplex* oder einen *Implex*.[148] Die Sehnsucht nach der *unitas multiplex* im Hinblick auf die soziale Adresse (und dann auch: ihres psychosomatischen Widerlagers) wäre danach nur ein Nachtraum, ein Nachglanz alteuropäischer Monokontexturalität und der Orientierungssicherheit, die sie gewährte.[149]

ferenz auf die Experimente, die die Ursprache zum Vorschein bringen sollten. Man kann an Pharao Psammetich (664-610) denken, der zwei Kinder ohne Sprache aufziehen ließ, natürlich an Friedrich II von Hohenstaufen (1300), dessen Probanden starben, an James IV von Schottland oder überhaupt an den Topos der ›wilden Kinder‹.

147 Im Zweifelsfall nur noch jemand »ohne Eigenschaften« (Robert Musil) oder einfach nur ein K. oder das Fluidal-Amorphe von Mollys innerem Monolog.

148 Vgl. erneut etwa Glass, J. M., *Shattered Selves. Multiple Personality in a Postmodern World,* Ithaka/London 1993; Hewitt, J. P., *Dilemmas of the American Self,* Philadelphia 1989. Siehe dazu, welche Problemlösungen im japanischen Kontext auftreten, die einschlägige Studie in Fuchs, P., *Die Umschrift. Zwei kommunikationstheoretische Studien,* Frankfurt am Main 1995. Zur Figur des Implex vgl. Valéry, P., *Cahiers/Hefte,* Bd. 3, Frankfurt am Main 1989, S. 349 et passim.

149 Wer will, mag die Klage hören, die sich durch Schuberts Winterreise zieht, oder sich an Hölderlins kalt klirrende Fahnen erinnern. Wer technischer gesonnen ist, wird den immensen Aufwand assoziieren, der

## Die Adresse *des* Menschen und die Schrift

Nun könnte man meinen, dies sei ein geradezu typisches Problem für zeitfrei gesetzte (müßiggängerische) Intellektuelle und Artisten. Der Alltag tue sich dergleichen nicht an, er beharre auf robuster Adressabilität. Man könne durch die Lebenswelt spazieren, und da würde man kaum auf polykontexturale, heterarche, gar hyperkomplexe Adressenverhältnisse stoßen. Man wisse im allgemeinen, wen man heirate oder beerdige, bei wem man Kalbfleisch kaufe, wer der Versicherungsvertreter sei, der Hausfreund, die Friseurin etc. Und sehr selten sei man im Zweifel, ob jemand überhaupt ein Mensch sei, und wenn, so gehe es im wesentlichen um Grenzfälle wie Klone, wie vorgeburtliche Unsicherheiten oder terminale Erkrankungen, Fälle also, für die es dann entsprechende (Ethik)Kommissionen und Experten gebe mit dem erwartbaren Zubehör an massenmedialer Aufgeregtheit, die aber doch wenig belangvoll sei für die klar geschnittene Welt, in der man üblicherweise residiere und sein Leben friste.

Mag sein, mag sein. Aber die soziokulturelle Evolution (so einfach ihre grundlegenden Mechanismen sind) geht eigene und verschlungene Pfade.

## C Die Adresse *des* Menschen und die Schrift

»Geschriebene Küsse kommen nicht an ihren Ort,
sondern werden von den Gespenstern auf dem
Wege ausgetrunken.«
*Kafka (Brief an Milena)*

Als wir schon im Blick auf die Listenförmigkeit der sozialen Adresse (und ebenso hinsichtlich des Adressenformulars) von der Schriftmetapher Gebrauch gemacht haben, bedienten wir uns des Umstandes, daß es heute möglich ist, die Metapher der Schrift und des Textes (des Kontextes, der Textur und Kontextur etc.) erweitert einzusetzen.[150] Das funktioniert, weil Schrift als Metapher nicht einfach nur einer beliebigen Topologie entnommen ist, einem Thesaurus von Vergleichs- und Beziehungs- und Metonymiemöglichkeiten, wie sie etwa der Alltag, die Wissenschaft, die Poesie nutzen können, sondern unmittelbar mit Kommunikation zusammenhängt: Schrift ist zugleich das Kommunikationsmedium, in das jene Metaphorik sich ›einschreibt‹. An diese

heute mit der Identifizierung von Personen betrieben wird, an Grenzübergängen, bei Paßkontrollen, aber auch *post mortem*.
150 Sogar im Blick auf die Psyche, die sich nicht mehr textfrei darstellen läßt. Siehe Derrida, J., *Die Schrift und die Differenz*, Frankfurt am Main 1989 (2. Aufl.), S. 306 et passim.

Autoreferentialität oder Autologie der Schriftmetapher lassen sich bekanntlich seit Plato brillante Analysen anschließen.[151] Für unsere Zwecke genügt aber die Einsicht, daß mit der Einführung der Schriftlichkeit Kommunikation von den Bewandtnissen der Interaktion dispensiert werden kann:»Wenn die Kommunikation den Kreis der Anwesenden überschreitet, wird das Verstehen schwieriger und das Ablehnen leichter; es fehlt die Deutungshilfe und der Annahmedruck der konkreten Interaktion. Diese Probleminterdependenz wirkt ihrerseits selektiv auf das, was als Kommunikation durchkommt und sich bewährt. Sobald alphabetisierte Schrift es ermöglicht, Kommunikation über den zeitlich und räumlich begrenzten Kreis der Anwesenden hinauszutragen, kann man sich nicht mehr auf die mitreißende Kraft mündlicher Vortragsweise verlassen; man muß von der Sache selbst her argumentieren. Dem scheint die ›Philosophie‹ ihren Ursprung zu verdanken. Sie ist ›sophia‹ als das Geschick, das erforderlich ist, um in einer so angespannten Lage doch noch ernsthafte, bewahrenswerte und, auf die Reichweite des Alphabets bezogen, universelle Kommunikation zu ermöglichen.«[152] Entscheidend im Duktus unserer Argumentation ist dieses Überschreiten der Zone der Anwesenheit.[153] Während in der mündlich geführten Kommunikation die Rede (die Mitteilungsform) und das Gesagte (die Information) zu verschmelzen scheinen oder jedenfalls in hoher Verdichtung oder in einer Art Dispersion auftreten[154], wird mit

151 Siehe nur die berühmten Einwände Platos gegen die Schrift in *Phaidros* 274c-278b. Vgl. dazu Ferber, R., *Die Unwissenheit des Philosophen oder warum hat Plato die »ungeschriebene Lehre« nicht geschrieben?*, St. Augustin 1991, S. 23 ff.

152 Luhmann, *Soziale Systeme*, S. 219/220. Vgl. zur Form der Interaktion Kieserling, A., *Kommunikation unter Anwesenden. Studien über Interaktionssysteme*, Frankfurt am Main 1999.

153 Mit untrüglicher Witterung hat Plato, *Phaidros* 274c-278b, genau die Effekte dieser Überschreitung in seine Schriftkritik eingebaut, so etwa, daß die Abwesenheit des Schreibers den Text gleichsam allein und unkommentiert läßt, ferner, daß man nicht wissen kann, wer den Text liest und also auch nicht, wie der Adressat angemessen anzusprechen sei, schließlich, daß die Abwesenheit des Autors ihn davon entbinde, für das, was er lehrt, verantwortlich einzustehen.

154 »Was trotz aller Störbarkeit und selektiven Empfindlichkeit im Interaktionssystem so gut wie immer zustandekommt, ist jener Doppelprozeß von Wahrnehmung und Kommunikation, bei dem die Lasten und Probleme teils auf dem einen, teils auf dem anderen Vorgang liegen und laufend umverteilt werden je nachdem, wie die Situation aufgefaßt wird und wohin die ablaufende Systemgeschichte die Aufmerksamkeit der Beteiligten lenkt. Auch hier gilt: daß soziale Systeme nur durch Kom-

der Einführung von Schrift die Differenz *Mitteilung/Information* erst
›scharf‹.[155] Schrift legt die Beobachtung dieser Differenz nahe, sie läßt
keine ›Verschleifung‹ dieser Selektionen zu. In gewisser Weise kann man
formulieren (und Niklas Luhmann hat es so getan[156]), daß die Schriftlichkeit Kommunikation *kommunikativer* mache, indem sie die Erfahrung aufzwinge, daß Information und Mitteilung verschieden seien.

Konfrontiert mit Texten, wird es für Rezipienten unvermeidbar (und
für Produzenten unmöglich), nicht damit zu rechnen, daß Texte ›Sinn-
zutaten‹ erfordern, die in ihnen nicht ›geschrieben‹ sind[157], und auch
nicht damit: daß der Text jemand bestimmt Anwesenden voraussetzt.[158]

---

munikation zustandekommen. Die Art, wie in der Interaktion unter Anwesenden Kommunikation erzwungen wird, hält aber zugleich eine Art
›interner Umwelt‹ zugänglich, durch die der Betrieb der Kommunikation
ermöglicht, genährt und gegebenenfalls korrigiert wird. Wahrnehmung
und Kommunikation können sich dann...wechselseitig entlasten. Auf
diese Weise ist innerhalb von Interaktionssystemen eine Intensivierung
der Kommunikation möglich, für die es außerhalb von Kommunikation
keine Äquivalente gibt.« (Luhmann, *Soziale Systeme*, S. 563.

155 »Mündliches Sprechen in Interaktion unter Anwesenden und die späte-
re Hochstilisierung dieses Sprechens zum oratorisch gewandten Reden
setzen zwar einen Gegenstand der Rede voraus (und, wie man in den
Rhetorik-Schulen lehrte: Sachkunde in Bezug auf diesen Gegenstand),
aber sie können Mitteilung und Rede zur Wirkungseinheit verschmelzen
...buchstäblich keine Zeit lassend für Zweifel. Erst die Schrift erzwingt
eine eindeutige Differenz von Mitteilung und Information, und der
Buchdruck verstärkt dann nochmals den Verdacht, der sich aus der Son-
deranfertigung der Mitteilung ergibt: daß sie eigenen Motiven folgt und
nicht nur Dienerin der Information ist. Erst Schrift und Buchdruck legen
es nahe, Kommunikationsprozesse anzuschließen, die nicht auf die Einheit von Mitteilung und Information reagieren, sondern gerade auf ihre
Differenz: Prozesse der Wahrheitskontrolle, Prozesse der Artikulation
eines Verdachtes...« (Luhmann, *Soziale Systeme*, S. 223.)
156 Ebd., S. 224.
157 Merleau-Ponty, M., *Die Prosa der Welt*, München 1993, S. 51 f. Kommunikation gelingt nach Merleau-Ponty, wenn der Andere (der Hören-
de) das, was er hört, vervollständigt, eine Sinnzutat macht, eine Art
von Erweiterung. (ebd., S. 51) Sie gelingt insofern als Überschreitung.
Aber gerade dies wird auffällig mit dem Schriftgebrauch, von dem aus
retrospektiv Kommunikation sich als immer schon in dieser Hinsicht
schriftförmig erweisen kann, das eigentliche Thema Jacques Derridas,
und als ironisch: »Der Sinn liegt jenseits des Buchstabens, der Sinn ist
immer ironisch.« (ebd., S. 52).
158 Ein Brief ist demnach einer alten rhetorischen Tradition zufolge ein *ser-
mo absentis ad absentem*.

Was ersichtlich im Schriftgebrauch ausfällt, ist die Kopräsenz der Mitwelt, das ›Beisammensein« von Leuten in der Zone wechselseitiger
Wahrnehmung.[159] Die Beobachtung des Textes, die den Text ›macht‹,
wird in eine zeitlich und räumlich dislozierte Umwelt verlagert.[160]
Die Entzerrung von Information und Mitteilung hat aber, worauf
seltener geachtet wird, dramatische Folgen für die Ausarbeitung der
sozialen Adresse. In Interaktionskontexten (sagen wir etwa in archa-
ischen Sozialsystemen[161]) haben wir es mit face-to-face-Adressen zu

159 »Eine solch schnelle und konkrete Kombination von Wahrnehmung
und Kommunikation kann sich nur auf engem Raum vollziehen. Sie ist
natürlich an die Grenzen des Wahrnehmbaren gebunden. Aber das reicht
nicht, denn nicht alles, was wahrgenommen wird, ist deshalb schon sozial relevant. Die zu erwartende Kommunikation dient als zusätzliches
Selektionsprinzip, man tastet das Wahrnehmbare im Hinblick darauf ab,
was möglicherweise Einlaß in die laufende Kommunikation finden oder
doch für deren Verlauf bedeutsam werden könnte. Man benutzt ... vor
allem die Sozialdimension des wahrnehmbaren Sinnes als Selektor, und
das führt zu einer engeren Bestimmung der Grenzen des Systems. In diesem Sinne ist Anwesenheit das Konstitutions- und Grenzbildungsprinzip von Interaktionssystemen, und mit Anwesenden ist gemeint, daß ein
Beisammensein von Personen die Selektion der Wahrnehmungen steuert
und Aussichten auf soziale Relevanz markiert.« (Luhmann *Soziale Systeme*, S. 563/564.)
160 Natürlich gibt es Ausnahmen, etwa, daß man sich die Briefe vorliest,
die man zu schreiben gedachte, beispielsweise in Empfindsamkeits- oder
Liebeskontexten, oder daß man, wie ich es kürzlich erlebte, jemandem
einen Brief gibt, den Raum kurz verläßt und dann wieder hereinkommt,
um auf Direktreaktionen reagieren zu können, aber all dies setzt ja schon
den Normalfall der Verlagerung der Rezeption voraus.
161 Wir beziehen uns auf diese Form der Differenzierung, da nach der Einführung und Durchsetzung von Schrift auch Interaktion unter andere
Problemdrücke gerät. Schrift wird, wie man gesagt hat, so mächtig, daß
die sozialen Folgen den interaktiven Alltag (sogar magisch) durchdringen und konturieren. Vgl. etwa Chartier, Roger, »Macht der Schrift,
Macht über die Schrift«, in: Gumbrecht, H. U./Pfeiffer, K. L. (Hrsg.),
*Schrift*, München 1993, S. 147-156. Sehr viel später kann dies alles dann
entdeckt und selbst in den Kontext der Kunst (Literatur) überführt werden. Federführend war wohl die Romantik. Vgl. Oesterle, G., Arabeske,
»Schrift und Poesie in E. T. A. Hoffmanns Kunstmärchen ›Der goldene
Topf‹«, in: Behler et al. (Hrsg.), 1991, a. a. O. (Fn. 135), S. 69-107, ferner Kittler F. A., *Aufschreibesysteme 1800-1900*, München 1985. Siehe
zur radikalen These, daß die Romantik ihre Besonderheit gegenüber
allen anderen literarischen Bewegungen in ihrem Schriftgebrauch habe,
Ong, W. J., »From Mimesis to Irony. Writing and Print as Integuements
of Voice«, in: ders., *Interfaces of th Word. Studies in the Evolution of*

tun, die die Kommunikation ad hoc führen, ›ad saturationem‹, wie man vielleicht sagen könnte, also in einem hohen Grad an Präsenzsättigung und wechselseitiger Bekanntheit, in einer Hypertrophie des Gegenwärtigen[162], die psychisches Gedächtnis voraussetzt, das dann (in fortlaufender Evolution) auch an Insignien, bedeutsame Orte, Grabstellen etwa geknüpft werden kann, anhand derer sich Geschichten erzählen lassen.[163]

Diese Ausarbeitungsmöglichkeiten der sozialen Adresse ändern sich massiv mit der Einführung und evolutionären Durchsetzung von Schriftlichkeit.

## 1. Wer steckt dahinter?

Der Kerngedanke war, daß Schriftlichkeit die Selektionen der Mitteilung und der Information entkoppelt. Das theoretische Problem dabei

*Consciousness and Culture*, Ithaka N.J., 1977, S. 272-302. Diese Entdeckungen mögen ihrerseits ihre Ursache in der aufkommenden Periodik der Zeitschriften haben, die der Romantik voranging. Diese Periodik stellt zugleich ein Bindeglied zwischen intensiven und extensiven Lesegewohnheiten dar und steht im Großkontext einer fundamentalen Umorientierung des Zeitempfindens. Vgl. Engelsing, R., *Zur Sozialgeschichte deutscher Mittel- und Unterschichten*, Göttingen 1978(2), S. 133 f. Zur Ausdifferenzierung von Öffentlichkeit und zu den Organisationsformen, die sich hierbei bewährten oder scheiterten, vgl. als kleine Auswahl angesichts der Vielzahl darauf bezogener Arbeiten Habermas, J., *Strukturwandel der Öffentlichkeit. Untersuchungen zu einer Kategorie der bürgerlichen Gesellschaft*, Darmstadt 1983 (14.Aufl.); Kirchner, J., *Das deutsche Zeitschriftenwesen, seine Geschichte und Probleme*, 2 Bde., 1958; Lindemann, M., *Deutsche Presse bis 1815*, Berlin 1969; zur anspruchsvolleren literarischen Öffentlichkeit Bürger, C. (Hrsg.), *Aufklärung und literarische Öffentlichkeit*, Frankfurt 1980.

162 Vgl. zu diesem Ausdruck Esposito, E., *Soziales Vergessen. Formen und Medien des Gedächtnisses der Gesellschaft*, Frankfurt am Main 2002, S. 87 ff.

163 Natürlich sind solche Sozialsysteme weitaus komplexer, als es in dieser knappen Darstellung zu schildern möglich ist. Zum Beispiel sind ›Geschichten‹ ja schon eine hoch voraussetzungsvolle Form. Spannendes Material bietet Behrend, Heike, *Die Zeit geht krumme Wege. Raum, Zeit und Ritual bei den Tugen in Kenia*, Frankfurt/New York 1987. Vgl. als Beispiele für Komplexität die Passagen zur Struktur der Altersklassendifferenzierung bei den Tugen S. 41 ff. oder die Passagen zur zyklischen Zeit, zur Synchronisation des Ungleichzeitigen, zur Herstellung von Gleichzeitigkeit S. 58 f.

ist, daß diese Entkopplung schon sehr stark vom Mitteilungshandelnden her gedacht wird. Die Formulierung legt nahe, daß da jemand ist,
der die Mitteilung fabriziert, jemand, der jeder Kommunikation zuvor
ist, ein Produzent der Äußerung, dem die *utterance* sozusagen gezielt
›entfällt‹, klassisch gesagt: ein Dominierendes, ein Subjekt, das die
Kommunikation aufzieht bzw. ihr unterliegt.

Übersehen wird dabei, daß (jedenfalls hier) Kommunikation nicht
als agenten-durchpunkteter Ereignisraum aufgefaßt wird, sondern daß
diese ›Punktierung‹ selbst schon Resultat und Artefakt kommunikativer
Prozesse ist. Die Mitwelt ist – so haben wir es ausführlich dargelegt
– die *Projektion* sozialer Systeme.[164] Bezogen auf schriftliche Verlautbarungen, bedeutet dies, daß hinter dem Text (hinter dieser Form der
*utterance*) keineswegs jemand steht, der ihn verantwortet, ausgelöst
oder lanciert hat. Das kann man sich zwar denken, aber eben: *denken*,
und wir hatten erläutert, daß Denken, Vorstellen, Wahrnehmen etc.
nichts mit der Operativität von Kommunikation zu tun haben. Der
Text enthält ersichtlich nichts von seinem Produzenten.[165] Und wenn er
nur gelesen wird und seine Rezeption im rein Psychischen verbleibt, ist
er nicht operatives Moment von Kommunikation gewesen.[166] Das wäre
er nur dann (und wiederum: gewesen), wenn mit Mitteln der Kommunikation angeschlossen worden wäre (zum Beispiel mit weiteren Texten),
also im Zeitzug der *différance*, die die psychische Aneignung, sobald es
um Kommunikation geht, ent-aneignet.[167]

Es ist mithin der Anschluß, der den Text gleichsam beobachtungstechnisch in die Mitteilung einer Information zerlegt und damit die seltsame

164 Siehe oben Kapitel III, Abschnitt E.
165 Manchmal findet man Lippenabdrücke, Haare, Tränenspuren, Fett-
flecken, aber all das ist geradezu im Kontrast zur Schriftlichkeit, ist als
eine Art nichtschriftlicher Authentifikation beigefügt und in der Com-
putermoderne ohnehin nur bedingt möglich, weswegen Liebesbriefe
plötzlich genötigt sind, sich in einem Medium der Ironie zu behaupten.
Vgl. als kleine Glosse dazu Fuchs, P., »Zwischen den Zeilen. Die Schriftlichkeit der Liebesbriefe«, in: *Neue Gespräche 3*, 2000, S. 19-21.
166 Schließlich: »Immer aber muß die Mitteilung als Selektion, nämlich als
Selbstfestlegung einer Situation mit wahrgenommener doppelter Kontingenz interpretierbar sein. Es fehlt daher an Kommunikation, wenn beobachtetes Verhalten nur als Zeichen für etwas anderes aufgefaßt wird.
Rasches Gehen kann in diesem Sinne als Zeichen für Eile beobachtbar
sein … es kann aber auch als Demonstration von Eile, Beschäftigtsein,
Unansprechbarkeit usw. aufgefaßt und mit der Absicht, eine solche
Auffassung auszulösen, auch produziert werden.« (Luhmann, *Soziale
Systeme*, S. 208/209.)
167 Vgl. Derrida, J., *Auslassungspunkte. Gespräche* (hrsg. von Peter Engelmann), Wien 1998, S. 280.

Verdopplung leistet, die aus *einem* ›Ding‹ zwei Momente extrahiert (oder besser: auf es projiziert), die Mitteilung *und* die Information.[168] Das Besondere ist dann im Medium der Schriftlichkeit, daß die Konstruktion der durch Mitteilung Handelnden in die *absolute Abstraktion* verlagert wird, in den im Wortsinn ›perfektionierten Absentismus‹. In gewisser Weise läßt sich plötzlich unmittelbar sehen, daß Kommunikation geradezu darauf angewiesen ist, daß sie von niemandem (außer durch sich selbst) betrieben wird. Sie ist Moment eines autopoietischen Systems und deswegen nicht allopoietisch ›fingierbar‹.

Das ist selbstverständlich eine sehr späte, retrospektiv gearbeitete Formulierung, die sich darauf bezieht, daß sich mit der Schrift (und der Normalisierung ihres Gebrauches) jedenfalls das ›Ausflaggen‹ der Mitteilungshandlung und damit die Konstruktion des Mitteilenden nicht mehr leichtgängig oder problemfrei unter der Bedingung wechselseitiger Wahrnehmung vollzieht, sondern – gleichsam – vom Unsichtbaren zum Unsichtbaren.[169] Die Adresse wird ›ent-konkretisiert‹. Es geht nicht mehr um ein ›Zuwinken‹ oder ›Zuflaggen‹, deren rhetorischer Pate noch immer die (aktuelle) Referenz auf Leute ist, die dies tun: Zuwinken, Zuflaggen. Diese Leute verschwinden im Einsatz der Schrift, sie können nur noch psychisch imaginiert werden. Man könnte auch sagen: Die Schrift führt Kommunikation ›leute-frei‹ vor. Oder anders gewendet: Wer schreibt/liest, begegnet dem Schreiber/Leser nicht mehr, sondern

---

168 Luhmann formuliert: »Die Mitteilung muß die Information duplizieren, sie nämlich einerseits draußen lassen und sie andererseits zur Mitteilung verwenden und ihr eine dafür geeignete Zweitform geben, zum Beispiel eine sprachliche (und eventuell lautliche, schriftliche, etc.) Form… Soziologisch wichtig ist vor allem, daß auch dies eine Ausdifferenzierung der Kommunikationsprozesse bewirkt. Ereignisse müssen nun in codierte und nichtcodierte unterschieden werden. Codierte Ereignisse wirken im Kommunikationsprozeß als Information, nichtcodierte als Störung…« (*Soziale Systeme*, S. 197) Aber diese Wendung ist zumindest mißverständlich, insofern sie die Duplikation an die Mitteilung (wie an einen Akt) delegiert und nicht berücksichtigt, daß die Mitteilung immer ›danach‹ zustande kommt und damit auch die Verdoppelung.

169 Ebendeswegen scheinen mir die frühen Möglichkeiten archaischer Sozialsysteme, mit unsichtbarer Selbstreferenz (Göttern, Dämonen, Elfen etc.) umzugehen, direkte preadaptive advances der Schriftlichkeit zu sein. Vgl. dazu, daß Text schon sehr früh als etwas begriffen wird, das nicht an die Kopräsenz von Akteuren geknüpft ist (stattdessen an die Verfügbarkeit von Boten), Ehlich, K., »Text und sprachliches Handeln. Die Entstehung von Texten aus dem Bedürfnis nach Überlieferung«, in: Assmann, A./Assmann, J./Hardmeier, Ch. (Hrsg.), *Schrift und Gedächtnis. Beiträge zur Archäologie der literarischen Kommunikation*, München 1993, S. 24-43.

Abstraktionen, die irgendwie in das Medium der Zeichen ›eingeschrieben‹ sind. Da steht einem nichts mehr gegenüber, das sich anschaun, anschreien, anfassen oder sich akustisch vernehmen ließe. Man hat es nicht mehr mit einer *viva vox* zu tun. Das Gegenüber unter Schriftbedingungen ist und kann nichts anderes sein als: *Verallgemeinerung.*[170] Es ist eine *fungierende De-Individualisierung.*[171]

Mit dieser Verallgemeinerung allerdings stellt sich erst die Frage ein, wer und ob jemand hinter dem steckt, was schriftlich als der ›Fall‹ ausgegeben wird.[172] Die De-Individualisierung der an Schriftlichkeit orientierten, sozialen Adresse löst ihr eigenes Gegenteil aus: Sie stimuliert das Ausloten des imaginierten Gegenübers auf *Selbstreferenz* hin.[173] Wenn wir unter ›flachen‹ Adressen Strukturen verstehen, die Selbstreferenz nicht oder kaum zu berücksichtigen brauchen, dann startet mit der Schrift die allmähliche Ausarbeitung der ›tiefen‹ Adresse.[174]

170 Schließlich: »Wir denken ausschließlich in Zeichen.« (Peirce, Charles Sanders, *Semiotische Schriften*, Bd. 1, (1865-1903), hrsg. und übers. von Ch. Kloesel und H. Pape, Frankfurt am Main 1986. S. 200. Vgl. auch Fuchs, P., *Die Psyche. Studien zur Innenwelt der Außenwelt der Innenwelt*, Weilerswist 2005. Siehe auch Jahraus, O./Ort, N. (Hrsg.), *Bewußtsein – Kommunikation – Zeichen. Wechselwirkungen zwischen Luhmannscher Systemtheorie und Peircescher Zeichentheorie*, Tübingen 2001. Die Verallgemeinerung hat auch eine zeitliche Dimension: Man kann etwas hinterlassen (sedimentierte Äußerungen) und so an der Menschheit anteilnehmen, ohne zu leben. »Die letzte Aufgabe unsres Daseins: dem Begriff der Menschheit in unsrer Person, sowohl während der Zeit unseres Lebens als auch noch über dasselbe hinaus, durch die Spuren des lebendigen Wirkens, die wir zurücklassen, einen so großen Inhalt als möglich zu verschaffen, diese Aufgabe löst sich allein durch die Verknüpfung unsres Ich mit der Welt zu der allgemeinsten, regesten und freiesten Wechselwirkung.« (Humboldt, W. v., *Schriften zur Anthropologie und Bildungslehre*, hrsg. von Flitner, A., Düsseldorf/München 1956, S. 28/29.

171 Oder – wie man technischer sagen könnte – effiziente Informationsraffung. Vgl. Günther, G., »Bewußtsein als Informationsraffer«, in: *Grundlagenstudien aus Kybernetik und Geisteswissenschaften 10*, 1969, S. 1-6.

172 Die Schrift nötigt diese Frage auf, der Luhmann, N., »Was ist der Fall, was steckt dahinter? Die zwei Soziologien und die Gesellschaftstheorie«, in: *Zeitschrift für Soziologie*, 22. Jg., 1993, S. 245-260, sich am Ende seines offiziellen Beruflebens dann eindringlich stellt.

173 Jetzt gibt es Anlaß, nach und nach das individuelle und das soziale Selbst voneinander zu separieren. Vgl. maßgebend Mead, G. H., *Mind, Self and Society*, Chicago 1934.

174 Wir sehen also die (Schrift)Keime des dann neuzeitlichen Individualismus (individuum est ineffabile) schon weit früher gepflanzt als Baeumler,

Drückt man diesen Sachverhalt theoretischer aus, dann ist diese ›Ausarbeitung‹ geknüpft an die *Intensivierung* und neuartige Modulierung des Problems *doppelter Kontingenz*, das bis zur Einführung von Schrift fast ausschließlich auf der (phänomenologisch abgreifbaren) Ebene interaktiver (reflexiver) Wahrnehmung installiert war. »In der Sinnhaftigkeit allen menschlichen Erlebens liegt begründet, daß alles Wahrgenommene als Selektion aus anderen Möglichkeiten ... erlebt wird. Diese Selektivität alles bestimmt Erlebten potenziert sich, wenn man andere Personen wahrnimmt und deren Erleben miterlebt. Tritt dasselbe auch bei anderen Personen ein, entsteht aus *doppelter Kontingenz* die *Nichtbeliebigkeit* von Systemstrukturen.«[175]

Dieses ›Mit-Wahrnehmen‹ bzw. ›Mit-Erleben‹ fällt aus.[176] An seine Stelle tritt die psychische Imagination eines schreibenden/lesenden ›Prozessors‹, über den man noch Vorstellungen hegen kann, später und mit unabsehbar evolutionären Folgen die Möglichkeit, sich an ein Publikum zu adressieren, an eine Anonymität der Rezeption, aus der unberechenbare Rückadressierungen erfolgen können ohne jede Chance der antizipierenden Kontrolle dessen, was Geschriebenes auszulösen imstande ist.

Erst auf diese Weise kann – by the way – aus einer Vorstellung vom Sozialen, die sich an einer ›Ge-saal-schaft‹ (am Beisammensein von Leuten in einem Saal) orientiert, die Realabstraktion ›Gesellschaft‹ werden, also die Idee eines sozial fungierenden und funktionierenden Zusammenhangs von Kommunikationsströmen, die nicht an die Kopräsenz bestimmter Akteure/Autoren gebunden sind.[177] Damit dies möglich wird, muß *doppelte Kontingenz* ein anderes Format annehmen.

A., *Das Irrationalitätsproblem in der Ästhetik und Logik des 18. Jahrhunderts bis zur Kritik der Urteilskraft,* Darmstadt 1967. Im übrigen sind hier Assoziationen mit der Theorie des seichten Raumes und der Tiefe Null von Spencer-Brown erwünscht.

175 Eine vergleichsweise frühe Formulierung: Luhmann, N., »Einfache Sozialsysteme«, in: *Soziologische Aufklärung 2,* Opladen 1975, S. 21-38, 22.

176 Es ist auffällig, daß dieser Ausfall in der Dramenliteratur wieder einkopiert werden muß: als Monolog.

177 So wird die ›Weite‹ der Gesellschaft möglich, und: Differenzierung. »Die hohe Zeitabhängigkeit der Interaktion läßt ihr schließlich wenig Freiheit für die Wahl von Formen der Differenzierung. Interaktionen haben wenig Möglichkeiten, simultan operierende Subsysteme zu bilden. Sie gliedern sich zeitlich in Episoden. Für Gesellschaftssysteme gilt das Gegenteil. Ihre Weite erfordert geradezu Differenzierung in Subsysteme, während ihnen für Episodebildung und vor allem für den Episodenwechsel die konkreten Anhaltspunkte einer Gesamtumstellung fehlen.« (Luhmann, *Soziale Systeme,* S. 566.)

## 2. Die Zeit der Schrift-Kommunikation
### und die versagende Intransparenzmetapher

Anders als in der dichten Präsenz der Interaktion mit ihren geringen Zeitbindungsmöglichkeiten[178] wird im Falle schriftlicher Kommunikation Zeit auf eine Weise eingebaut, die durch ›Dehnung‹, durch Dilation vorher kaum gekannte Reflexionschancen eröffnet. Legt man die formale Unterscheidung Alter/Ego zugrunde[179], so ist Alter in der Position des Schreibenden (der aber auch liest, was er schreibt) in der Lage, in Ruhe zu überlegen, *wem* er da schreibt, und vor allem, *wie* er ihm schreibt, *worum* es jeweils auf der Informationsebene geht. Er kann – sozusagen gelassen – die Information von der Form der Mitteilung trennen *und* aufeinander beziehen, also unter Zeitentlastungsbedingungen die Differenz der Selektivitäten beider Selektionen ›erleben‹ und experimentell handhaben, insofern er verschiedene Versionen der Mitteilungsform erprobt, ohne befürchten zu müssen, daß jemand (außer ihm selbst) diese Versuche beobachtet.[180]

178 Vgl. zum Begriff Korzybski, A., *Science and Sanity. An Introduction to Non-Aristotelian Systems and General Semantics*, New York 1948 (3.Aufl.), Kap.VII, S.372 ff.»Vornehmlich aktualisiert sich die Sozialdimension darin, daß Kommunikationen als sichtbares Handeln die Teilnehmer mehr oder weniger binden. Das heißt: daß sie mit Kommunikationen auch über sich selbst etwas aussagen, über ihre Meinungen, ihre Einstellungen, ihre Erfahrungen, ihre Wünsche, ihre Urteilsreife, ihre Interessen. Kommunikation dient auch dem Sichpräsentieren, dem Sichkennenlernen; und sie kann dann im Effekt dazu führen, daß man in eine Form gezwungen wird und daß man schließlich zu sein hat, als was man in der Kommunikation erschienen war … « (Luhmann, *Soziale Systeme, S.*215.)

179 In jener Drehung, die Luhmann vornimmt:»Der seit Shannon und Weaver übliche Informationsbegriff macht es leicht, dies zu formulieren. Information ist nach heute geläufigem Verständnis eine Selektion aus einem (bekannten oder unbekannten) Repertoire von Möglichkeiten. Ohne diese Selektivität der Information kommt kein Kommunikationsprozeß zustande … Ferner muß jemand ein Verhalten wählen, das diese Information mitteilt. Das kann absichtlich oder unabsichtlich geschehen. Entscheidend ist, daß die dritte Selektion sich auf eine Unterscheidung stützen kann, nämlich auf die Unterscheidung der Information von ihrer Mitteilung. Da dies entscheidend ist und Kommunikation nur von hier aus verstanden werden kann, nennen wir (etwas ungewöhnlich) den Adressaten Ego und den Mitteilenden Alter.« (Luhmann, *Soziale Systeme, S.*195.)

180 Wir wissen, daß diese Fähigkeit heute im Deutschunterricht gelehrt wer-

Er kann dabei einkalkulieren, wie der Text ›drüben‹ und ›später‹ von Ego auf analoge Art entschlüsselt und eine Antwort (eine Reaktion) angefertigt wird, die die Differenz (Information/Mitteilung) nicht minder berücksichtigt, und im selben Zug kann er (Alter) feststellen, daß er dies (was da drüben, später geschieht) zu imaginieren, zu antizipieren in der Lage ist, und: daß auch Ego dazu befähigt ist, sich vorzustellen, was Alter dachte, glaubte, plante, erhoffte etc., als er seine Information so und nicht anders mitteilte. Und beides kann auf beiden Seiten gewußt und einkalkuliert werden.

Doppelte Kontingenz wird dadurch seltsam modifiziert. Üblicherweise ist sie konzipiert als basales, Kommunikation auslösendes und permanent katalytisch stimulierendes Problem, das aus der Kopräsenz nicht-trivialer, kontingenzbegabter Maschinen resultiert, deren Innenbewandtnisse blickdicht und zugriffsfest abgeschottet sind. Es geht also um die simultane (gleichwohl sequentielle) Konfrontation von *Intransparenzen*, deren approximative ›Aufhellung‹[181] in der Interaktion wahrnehmungstechnisch geleistet wird, etwa durch den Blick auf Gesichtsausdruck, Körperhaltung, das Achten auf den Tonfall und die Lautstärke, die Wortwahl etc., kurz: durch die ständig mitlaufende Berücksichtigung der analogen Dimension einer informationell digitalisierten, sozialen Situation.[182]

Sobald Schrift in das Spiel kommt, trägt jedoch die Metapher der Intransparenz nicht mehr weit.[183] Es geht mit dem Einsatz von Schrift nicht mehr um die Riskanz des Umgangs mit intern kontingenten Undurchsichtigkeiten in actu, sondern um ein (in seiner Aufwendigkeit heute nur schwer nachvollziehbares[184]) Verfahren der *Manipulation*

den sollte, aber zumindest meine leidgeprüfte Erfahrung sagt: daß dies nicht immer erfolgreich geschieht.

181 Zur Metapher des ›Aufhellens‹ vgl. Glanville, R., »The Form of Cybernetics – Whitening the Black Box«, in: *Procs. 24th Annual SGSR/AAAS Meeting, Houston*, Louisville, SGSR, 1979.

182 Einander benachbarte Äußerungen werden in akuten sozialen Situationen als ›related‹ aufgefaßt. Wir sind gewohnt, ›adjacent utterances‹ als verbundene, aufeinander bezogene zu hören. Siehe zu diesem »fundamental ordering principle for conversation« (Sacks referierend, Heritage, J., *Garfinkel and Ethnomethodology*, Cambridge 1984, S. 261.) Sobald Schrift auftaucht, muß diese ›relatedness‹ aufeinander bezogener Äußerungen hergestellt werden.

183 Vgl. zur Intransparenz auch oben den Abschnitt über ›Futteralsysteme‹.

184 Die Proto-Schrift war deshalb auch nicht in eigentlich kommunikativer Funktion. Sie war Wirtschaftsschrift (Zählsteine), deren Reichweite an die Dauer der Dinge geknüpft war, die sie notierte. Vgl. Ehlich, K., »Text und sprachliches Handeln. Die Entstehung von Texten aus dem Bedürfnis nach Überlieferung«, in: Assmann, A./Assmann, J./Hardmeier,

*und zeittechnischen Verschränkung von Abwesenheiten.*[185] Während man in der Interaktion die Abwesenheit wählen muß, um Kommunikation zu vermeiden[186], ist die Bedingung der Möglichkeit schriftlicher Kommunikation gerade: Abwesenheit, oder anders gesagt: die Vermeidung von Anwesenheit.

Nirgends zeigt sich deutlicher, daß die (alltägliche) Erfahrung der ›satten‹ Interaktions-Präsenz die eigentümliche Nicht-Präsenz der Kommunikation verstellt.[187] Sinnbasierte autopoietische Systeme sind nicht eingespult in das, was man die *Naturzeit* nennen könnte; auch die Zeitreihen McTaggerts lassen sich keineswegs umstandslos auf sie beziehen.[188] Stattdessen kann man am Exempel schriftlicher Kommunikation schnell verstehen, *daß diese Form der Kommunikation keine Gegenwart hat.* Denn sie kann ihre Funktion nur erfüllen, wenn die Prozessoren der Mitwelt – von der Kommunikation her gesehen – systematisch nacheinander füreinander abwesend sind, obwohl sie in einer ›Naturzeitwelt‹ gleichzeitig existieren mögen.[189] Nach wie vor

Ch. (Hrsg.), *Schrift und Gedächtnis. Beiträge zur Archäologie der literarischen Kommunikation,* München 1993, S. 24-43.

185 Genau das ist einer der wesentlichen (und unfaßbar präzisen) Punkte der Kritik Platos an der Schrift: die Abwesenheit des Autors und die Abwesenheit des Rezipienten für den Autor etc.

186 So à la Watzlawick Luhmann, *Soziale Systeme,* S. 561/562.

187 Wir würden dasselbe übrigens für die Psyche behaupten, also für jedes sinnbasierte autopoietische System. Im Falle der Psyche ist es die Kompaktheit der Wahrnehmung, die die Präsenz herstellt, die die De-Präsenz der psychischen Autopoiesis ›verdeckt‹. Vgl. Fuchs, P., *Die Psyche. Studien zur Innenwelt der Außenwelt der Innenwelt,* Weilerswist 2005.

188 Vgl. dazu Bergmann, W., *Die Zeitstrukturen sozialer Systeme. Eine systemtheoretische Analyse,* Berlin 1981, S. 31. Eine Vorstellung von Naturzeit, die hier gemeint ist, wäre: »Die Zeit ist also die Ordnung aller unterscheidbaren, einander ausschließenden Elemente, der Raum die Ordnung aller unterscheidbaren temporalen Elemente. (Diese Definition sagt …, daß man manche Elemente von Raum und Zeit eindeutig bezeichnen kann. Sie besagt zweitens, daß einander nicht ausschließende Zustände *gleichzeitig* sind, also einander ausschließende hintereinander ›aufgereiht‹ sein müssen – auf einem Zeitstrahl. Und sie besagt drittens, daß die gleichartigen Zustände nebeneinander in jeder Form angeordnet sein können, also raumartig sind.« (Eisenhardt, P./Kurth, D./Stiehl, H., *Du steigst nie zweimal in denselben Fluß. Die Grenzen der wissenschaftlichen Erkenntnis,* Hamburg 1988, S. 157.

189 Wobei wir über diese Gleichzeitigkeit nichts ausmachen können, spätestens seit Einstein nicht. Ebendies ist der Anlaß dafür, sich soziologisch für die Strategien der Herstellung von Gleichzeitigkeit, von Synchronie zu interessieren. »In order for 1 Object to observe another … both

würde gelten, daß Kommunikation auch unter den Bedingungen dieses Anwesenheits/Abwesenheits-Chiasmus ohne Bewußtseinsbeteiligung nicht zustandekäme, aber es kommt nicht mehr darauf an, wessen Bewußtsein mit welchem anderen Bewußtsein in der Um- und Mitwelt *in praesentia* beteiligt ist.[190]

Ferner muß darauf geachtet werden, daß das Produzieren von Texten in einer ›Zeitversetztheit‹ stattfindet, in der die zukünftige Gegenwart der Rezeptionssituation nur imaginiert (bzw. schriftlich inszeniert) werden kann, wohingegen die Rezeption es mit einer vergangenen Produktionssituation zu tun bekommt, in der die Vergangenheit der Produktion gleichfalls nur als Imagination zu haben ist. Die ›wirkliche‹ Zukunft, die ›wirkliche‹ Vergangenheit ist im Kommunikationsprozeß nur virtuell repräsentiert, als Projektion, als Thema, als Schilderung, aber niemals unter der Kontrolle der gleichzeitigen Wahrnehmung *Desselben*.[191] Wenn man das derridadesk ausdrücken will, ist die Gegenwart der Rezeption/Produktion nur als ›Spur‹ einer Vergangenheit, als immer schon gespurte ›Vor-spur‹ einer Zukunft, mithin nur als Bezug auf eine Abwesenheit möglich.[192]

Alles in allem: Unter solchen Voraussetzungen ist doppelte Kontingenz nicht mehr hinreichend erfaßt, wenn man sie, ausgehend vom Exempel der Interaktion, als den Effekt von Intransparenzen begreift, deren (interne) Kontingenzen nicht beliebige Systemstrukturen erzwingen, die die Gegenwart der Kommunikation dirigieren. Sobald Schrift auf den evolutionären Plan tritt, werden Sozialsysteme genötigt, die Prozessoren ihrer Umwelt nicht mehr nur als ›Futteralsysteme‹ zu projizieren. Die Gleichzeitigkeit ihrer Mitwelt tritt in Differenz zu einer zeitlichen Komplexität, die – in gewisser Weise – die Prozessoren im

self-times must be (temporarily) synchronised.« (Glanvile, R., »Consciousness and so on«, in: *Progress in Cybernetics VII,* 1980, 303-307, S. 303. Vgl. auch Luhmann, N., »Gleichzeitigkeit und Synchronisation«, in: ders., *Soziologische Aufklärung 5. Konstruktivistische Perspektiven,* Opladen 1990, S. 95-130, und mit Blick auf die Konturen einer mit dieser Differenz zu entwickelnden Gdächtnistheorie Fuchs, P., »Wie lernen autopoietische Systeme und Wie ändert sich dieses Lernen, wenn sich die Zeiten ändern«, in: *Soziale Wirklichkeit. Jenaer Blätter für Sozialpsychologie und angrenzende Wissenschaften,* Jg. 1(2)/1997, S. 119-134.

190 Es kommt ersichtlich nicht einmal darauf an, ob der Produzent eines Textes noch lebt, wenn sein Text in Prozesse der Kommunikation eingespeist wird.

191 Eben deshalb werden Mittel der Rhetorik zentral, die im Medium der Schrift Kontrollierbarkeit suggerieren.

192 Vgl. etwa Descombes, V., *Das Selbe und das Andere. Fünfundvierzig Jahre Philosophie in Frankreich 1933-1978,* Frankfurt am Main 1981, S. 175.

Anwesenheits/Abwesenheits-Chiasmus tilgt – bis hin zu der Möglichkeit, die Nicht-mehr-Lebenden kommunikativ zu involvieren.[193]
Zieht man das Theorem konditionierter Koproduktion heran, so ist es für die Kommunikation nach wie vor unabdingbar, daß sie sich in Koproduktion mit psychischen Systemen vollzieht, aber nun so, daß die mutualistische Mitwelt sich gleichsam in der Zeit ›aufreiht‹ oder ›aufschnürt‹ zu sequentiellen ›Kontaktnahmen‹ oder genauer: zu strukturellen (interimistischen) Kopplungen mit singularistisch produzierenden/rezipierenden Bewußtseinen: Sie tanzt sozusagen in weiten Schritten. Oder, wie wir lieber sagen würden: Sie ist nun konzise *lückenkonfiguriert*.[194]
Und genau dies ist es, was die Ausarbeitung der Adresse in eine folgenreiche Bifurkation treibt. Doppelte Kontingenz ist nicht mehr nur ein Ad-hoc-Problem der Interaktion.

193 Sicher gibt es dazu preadaptive advances. Wir erwähnten schon den vorschriftlichen Umgang mit unsichtbarer Selbstreferenz, wir könnten frühe Ahnenkulte zitieren, und im übrigen behaupten, daß hier ein reiches Feld für empirische Forschung läge, die sich der Frage annimmt, wodurch die Extremkomplexität des Schriftgebrauchs vorbereitet wurde.
194 Siehe für einen vergleichbaren Ansatz im Blick auf das Bewußtsein James, W., *Psychologie*, Leipzig 1920, S. 156 ff. Vgl. auch Fuchs, P., *Die Metapher des Systems. Studie zur allgemein leitenden Frage, wie sich der Tanz vom Tänzer unterscheiden lasse*, Weilerswist 2001. Dort geht es darum, daß die Verschriftlichung der Sprache die ›Lücken‹ zwischen die Wörter treibt, so daß (also wiederum über Schriftgebrauch) die Idee elementarer Einheiten der Sprache entstehen kann und im Anschluß dann die ›Selbstverlückung‹ des Bewußtseins. Vgl. »Paul Saenger on Space between Words: The Origins of Silent Reading«. Interview mit Jill Kitson, 4. 1. 2000, Radio National, lingua franca. Vgl. ferner Saenger, P., »Silent Reading: Its Impact on Late Medieval Script and Society«, in: *Viator 13*, 1982, S. 367-414; ders., »The Separation of Words and the Order of Words. The Genesis of Medieval Reading«, in: *Scrittura e Civilta 14*, 1990, S. 49-74. Siehe für die weitreichende Übernahme der Saengerschen Thesen Chartier, R., »The Practical Impact of Writing«, in: ders. (Hrsg.), *A History of Private Life, III, Passions of the Renaissance*, Cambridge (Mass.) 1989, etwa S. 125 et passim. Siehe detailliert zur Geschichte des Mediums im Mittelalter Petrucci, A., »Writers and Readers in Medieval Italy«, in: *Studies in the History of Written Culture*, New-Haven/London 1995.

## 3. *Das doppelte Verstehen und die soziale Adresse*

Die Erfindung und Durchsetzung der Schrift als Medium der Kommunikation hat außerordentliche Folgen für die soziokulturelle Evolution
gezeitigt. Das Interesse gilt hier aber zunächst allein der Frage, was
die eben diskutierte, durch Schrift ausgelöste Modulation doppelter
Kontingenz für die Ausarbeitung sozialer Adressen bedeutete (und
bedeutet). Oben wurde ja schon angedeutet, daß die Errechnung der
Konturen oder des Profils des Mitteilungshandelnden in der Zeit gleichsam gestreckt wird, daß es also plötzlich möglich und mehr und mehr
unvermeidlich wird, so etwas wie *Adressenreflexion* zu verschärfen
– auf der Seite der Produzenten und der Rezipienten.
Anders ausgedrückt: Die Differenz von Information und Mitteilung
wird *lesbar*.[195] Aber genau dies, die Beobachtung der Differenz von
Information und Mitteilung, ist die dritte Selektion der Kommunikation: das *Verstehen*. Kommunikative Anschlüsse reagieren nicht mehr
nur auf die Einheit der Unterscheidung (die mitgeteilte Information),
sondern auf die durch sie aufgespannte Differenz.[196] Man könnte fast
sagen, daß Schriftlichkeit in ein ›Verstehen des Verstehens‹ treibt, in ein
Verstehen zweiter Ordnung.[197]
Was damit gemeint ist, erschließt sich, wenn man davon ausgeht,
daß unter Interaktionsbedingungen nahegelegt wird, daß das Verstehen
dessen, was gesagt wird, anhand dessen, wie es gesagt wird, sozusagen
›schlageinheitlich‹ geschieht und deshalb die Suggestion ermöglicht,
jede Äußerung sei tatsächlich eine Ek-Stasis, eine Ent-Äußerung, ein
Nach-Außen-Bringen eines (psychischen) Innenzustandes. Verstanden
wird: jemand von jemandem – in interaktiver Reziprozität. Dazu ist es
nicht nötig, eine elaborierte Innen/Außen-Semantik zur Verfügung zu
haben. Man kann sich vorstellen, daß jemand einfach dasjenige ist, was
er und wie er es sagt, und daß kompliziertere Deutungsprozesse erst im
Umgang mit der unsichtbaren Selbstreferenz numinoser Instanzen und
ihren zumeist undeutlichen Äußerungen erforderlich werden.[198] Mit

195 *Lisible* und *scriptible*, müßte man sagen. Diese Unterscheidung stammt
  von Roland Barthes. Ich zitiere sie hier nach Culler, J., *Dekonstruktion.
  Derrida und die poststrukturalistische Literaturtheorie*, Hamburg 1988,
  S. 34.
196 Luhmann, *Soziale Systeme*, S. 223.
197 Vgl. zu dieser reflexiven Formulierung Krippendorff, K., »Wenn ich
  einen Stuhl sehe – sehe ich dann wirklich nur ein Zeichen?«, in: *Form*,
  Bd. 5, H. 2., 1998, S. 98-106, S. 106.
198 Vielleicht auch dann, wenn jemand zu lügen oder zu täuschen scheint,
  so daß man in harten Torturen herausholen muß, was in Wirklichkeit im
  Deliquenten drinsteckt. Mein Eindruck ist, daß man die Geschichte des

einem anderen Ausdruck: Die soziale Adresse wird festgezurrt auf der Beobachtungsebene erster Ordnung.

Mit Schrift (also mit der Entzerrung von Information und Mitteilung und der temporalen Dislokation der relevanten Umwelt) wird es möglich, einerseits (und eben zeitentlastet) die Differenz von Mitteilung und Information zu beobachten, andererseits einen Anschluß zu produzieren, der (schon in der Produktion) ebenfalls auf diese Differenz hin beobachtet wird, und schließlich: mitzubeobachten, daß der Anschluß dasjenige ist, wodurch das Vorereignis zu einem sozial *spezifisch* verstandenen Ereignis wird.[199] Der Anschluß spezifiziert, was sozial (also kommunikativ) der Fall gewesen ist, und der Anschluß wird selbst (sozusagen mit der heranrollenden Zukunft) in derselben Weise spezifiziert.

Die Konsequenz ist, daß zwei Weisen des Verstehens (nicht begrifflich, aber pragmatisch) unterschieden werden können, das psychische *und* das soziale Verstehen.

Man kann zum einen darüber nachdenken, wer und wie das (abwesende) Gegenüber ist, wie es mit sich selbst umgeht, ein Nachdenken, das ein Beobachten im Blick auf die Selbstreferenz des Beobachteten ist (i. e. formal: Verstehen) – anhand von Texten, die sich auf die Differenz von Selbst- und Fremdreferenz durchmustern lassen auf die Frage hin, warum jemand, was er schreibt, so schreibt, wie er es schreibt, was er sich dabei gedacht haben mag, was er an Persönlichem durchscheinen läßt, worin seine Strategie erkennbar wird, mit der er sein Anliegen (seine Sinnofferte) durchzusetzen sucht etc.

Aus dieser Perspektive wird die soziale Adresse das, was wir ›tief‹ genannt haben, ein Ansteuerpunkt, der vorgestellt werden muß als ›Jemand-mit-einem-(Ver)Schweigen-in-sich-drin‹, eine soziale Struktur, mit der umzugehen, Antizipation und Antizipation von Antizipationen erfordert, also auch: das (psychische) Verstehen von Verstehen. Wir würden heute sagen, daß diese Beobachtungsform die Ebene der *second order cybernetics* erreicht[200], und ferner vermuten, daß dieser Typ der (psychischen) Adressenreflexion (die sich ihrerseits wieder in

Folterns auch aus dieser Perspektive beobachten müßte. Man kann im übrigen auch an ›Besessenheiten‹ denken, die als Zustände erscheinen, die man irgendwie anders, irgendwie tiefer verstehen muß.

199 Dieses ›Mitbeobachten‹ wird man, so die These, empirisch abgreifen können an Texten, die sich mit der Überraschung durch Textwirkungen befassen, also mit der (schon platonischen) Einsicht in die Unkontrollierbarkeit dieser Wirkungen: Habent sua fata libelli, heißt es seit Olims Tagen.

200 Und weitaus früher, als man das gemein annimmt: schon mit der Rhetorik und ihrer Verschleifung mit der Schrift. Rhetorik ist: Beobachtung zweiter Ordnung.

Texten äußert) hineinkopiert wird in die Ebene der Interaktion, also zu aufwendigeren Kommunikationsprozessen führt in Hinsicht auf die Konstruktion der sozialen Adresse – bis hin zur ›psychischen Erregbarkeit‹ der modernen Gesellschaft.[201] Andererseits – und im Kontrast dazu – wird erfahrbar, daß sich Texte und Texte, die auf Texte folgen, nicht in ihrer Selektivität decken mit der psychischen Interpolation des Autors, der Autoren *dahinter*, sondern eine *eigene Realität der Bezugnahmen*, eine eigene Anschlußselektivität erzeugen, die durch immer weitere Bezugnahmen ausgedeutet, umgedeutet, um-kontextiert wird, ein unabschließbarer Prozeß, der sich jeder psychischen Beobachtung, die gleichsam komplett sein will, entzieht. Sie kann nur überrascht werden vom, so seltsam es klingt, *Ineffabile*, vom *Arreton* der Konkatenation schriftlicher Äußerungen, von der Unkontrollierbarkeit der Dissemination von Schriftsinn, der nicht mehr nur ein psychischer Sinn ist. Die These ist demnach, daß sich mit dem Schriftgebrauch dieses doppelte (psychische und soziale) Verstehen entwickelt, und, daß die Beobachter eines ›Zuvor‹ der Schrift schon mit dieser Differenz arbeiten.[202]

Die Installation der Schriftlichkeit trennt, wenn man so will, *das Psychische* von *dem* Sozialen und richtet ein Weltetablissement ein, in dem die soziale Adresse (dieses Formular) Einträge vorsieht, die dieser Separation Tribut zollen, indem sie die Selbstreferenz der Adressierten und Adressierenden ausdrücklich markieren als dasjenige, was ebenfalls verstanden werden muß, wenn Texte verstehbar sein sollen. Im Zuge der Evolution wird mehr und mehr ausgeschlossen, daß Etwas-ohne-Selbstreferenz Moment der relevanten Umwelt (der Mitwelt) sozialer Systeme sein oder – in älterer Diktion – Methexis, Partizipation, Teilnahme oder Teilhabe realisieren könne.[203] Oder im Blick auf unser Leit-

201 Eine besonders anregende Analyse hierzu Wegmann, N., *Diskurse der Empfindsamkeit: Zur Geschichte eines Gefühls in der Literatur des 18. Jahrhunderts*, Stuttgart 1988.

202 Wir teilen damit die Auffassung Jacques Derridas: Im Anfang war die Schrift, oder besser: Sie ist immer schon gewesen.

203 Im Falle schwerster geistiger Behinderung tritt das Problem auf, daß man dann (sozusagen kontrafaktisch) betroffenen Individuen Autonomie, also Selbstreferenz im Als-ob-Modus unterstellen muß. Computer werden Mitwelt von Kommunikation, wenn ihnen Selbstreferenz angesonnen wird. Vgl. zu Konsequenzen Fuchs, P., »Kommunikation mit Computern? Zur Korrektur einer Fragestellung«, in: *Sociologia Internationalis*, Bd. 29, H. 1, 1991, S. 1-30. Siehe zu dieser Technik des Ansinnens Young, R. M., »The Machine Inside the Machine: User's Models of Pocket Calculators«, in: *International Journal of Man-Machine Studies 15*, 1981, S. 51-85. Vgl. zu den Grundzügen einer Partizipationstheorie Markowitz, J., *Verhalten im Systemkontext. Zum Begriff des sozialen*

thema formuliert: Mit der Einführung von Schrift beginnt die Karriere *des* Menschen als Ausdruck für ein Wesen *neben* der Sozialität mit einer eigenen (irgendwann nicht mehr auslotbaren, letztlich inkalkulablen, aber unentwegt vorauszusetzenden) Innenwelt.[204]

## D Die stroboskopische Adresse: Das Benutzerprofil[205]

Wir haben versucht zu zeigen, wie durch Schriftgebrauch ein auf Tiefe angelegtes Adressenformular entsteht. Es ließe sich hinzufügen, daß mit der Schrift nicht nur die Differenz von Information und Mitteilung verschärft beobachtbar wird, sondern auch die Differenz von Ablehnung/ Annahme der je mitgeteilten Sinnofferte. Auch sie wird ausgekoppelt aus der Präsenzdichte der Interaktion, sie wird (und wiederum wegen der Zeitentlastung schriftlichen Verkehrs) in gewisser Weise ›im Herzen‹ erwägbar. Akzeptanz und Abweisung werden sozial externalisiert, vom Interaktionsdruck befreit und auf diese Weise – sozusagen ablesbar – zur berühmten *vierten Selektion*, die nicht mehr innerhalb der Kommunikation stattfindet, sondern außerhalb: eben in jener externen Selbstreferentialität, die der Mitwelt unterstellt wird.[206]

Wahrscheinlich kann man ohne viele Umstände sagen, daß sich das Problem generalisierbarer Situationen, in denen die Übertragung von Sinnzumutungen unwahrscheinlich wird, in Deutlichkeit erst stellt, wenn Schriftlichkeit allenthalben zur Verfügung steht. Jetzt evoluieren nach und nach symbolisch generalisierte Kommunikationsmedien als Medien, die Selektion und Motivation kombinieren. Mit der Schrift

*Epigramms. Diskutiert am Beispiel des Schulunterrichts,* Frankfurt am Main 1986.

204  Eine Karriere, die es dann wieder schwer macht, dieses Inkalkulable auf das Soziale zurückzuführen. Vgl. Fuchs, P., *Die Psyche. Studien zur Innenwelt der Außenwelt,* Weilerswist 2005.

205  Die Idee, an dieser Stelle den term ›Benutzerprofil‹ einzuführen, stammt von Johannes Luppe.

206  »Begreift man Kommunikation als Synthese dreier Selektionen, als Einheit aus Information, Mitteilung und Verstehen, so ist die Kommunikation realisiert, wenn und soweit das Verstehen zustandekommt. Alles weitere geschieht ›außerhalb‹ der Einheit einer elementaren Kommunikation und setzt sie voraus. Das gilt besonders für eine vierte Art von Selektion: für die Annahme bzw. Ablehnung der mitgeteilten Sinnreduktion. Man muß beim Adressaten der Kommunikation das Verstehen ihres Selektionssinnes unterscheiden von Annehmen bzw. Ablehnen der Selektion als Prämisse eigenen Verhaltens.« (Luhmann, *Soziale Systeme,* S. 203.

wird der Blick möglich auf externe (dämonische) Selbstreferenz, die nicht mehr interaktiv domestiziert werden und in den verschiedensten Hinsichten anderes wollen können kann, als in der jeweiligen Sinnzumutungen gewollt und gesollt wird. Die Folge ist, wie wir oben diskutiert haben und hier nur noch summarisch festhalten wollen, die späte Entwicklung eines polykontexturalen Weltzuschnittes, der in the long run die sozialen Adressen heterarchisiert, multipel gestaltet, in's Listenförmige treibt, in den Verlust der EINS.

Was ebenso umstandslos festgehalten werden kann, ist, daß die soziokulturelle Evolution sich stimuliert an der Erfindung neuer Verbreitungsmedien, die die älteren Medien teils in sich aufheben, teils sie ersetzen. Buchdruck ist dafür das allfällige Beispiel. Als Verbreitungsmedium streut er Kommunikation auf eine nicht mehr kontrollierbare Weise.[207] Zentrale Effekte sind einerseits, daß Kommunikation als Realität sui generis noch stärker ›spürbar‹ wird, andererseits, daß die zunehmende Massenverbreitung die Adressatenschaft anonymisiert (Massenmedien – dann auch Hörfunk und Television – sind dafür Beispiele), so daß die Frage »Wer hört, wer liest, wer sieht?« nicht mehr über das Ausloten der ›tiefen Adresse‹ von Individuen beantwortet werden kann, sondern nur noch hoch schematisch. Der Leser wird zur Leserschaft, wird anonyme Fiktionalität, und dem Autor geht es ebenso: Er ist nicht mehr ER, sondern eine Konstruktion des Textes. Zuhörer, Zuschauer verwandeln sich in Zielgruppen und Adressatenkreise, Gedichte ›enthalten‹ ein ›lyrisches Ich‹, das gerade nicht das irgendeines Autors ist. Die auktoriale Erzählung wird zum bestaunten (belächelten) Sonderfall. Es geht nicht mehr um das Verstehen dessen, der ›dahintersteckt‹, sondern um das Verstehen des Textsinnes, der nicht durch Rückfragen an Schreiber oder Leser eruiert werden kann.[208]

207 ›Auf Grund von Sprache haben sich *Verbreitungsmedien*, nämlich Schrift, Druck und Funk entwickeln lassen. Sie beruhen auf einer inkongruenten Dekomposition und Rekombination von sprachlich nicht weiter auflösbaren Einheiten. Erreicht wird damit eine immense Ausdehnung der Reichweite des Kommunikationsprozesses, die ihrerseits zurückwirkt auf das, was sich als Inhalt der Kommunikation bewährt. Die Verbreitungsmedien seligieren durch ihre eigene Technik, sie schaffen eigene Erhaltungs-, Vergleichs- und Verbesserungsmöglichkeiten, die aber jeweils nur auf Grund von Standardisierungen benutzt werden können. Dadurch wird, verglichen mit mündlicher, interaktions- und gedächtnisgebundener Überlieferung, immens ausgeweitet und zugleich eingeschränkt, welche Kommunikation als Grundlage für weitere Kommunikation dienen kann.« (Luhmann, *Soziale Systeme*, S. 221.

208 Vieles bündelnd, wird man vermuten dürfen, daß im ›Rücken‹ dieser Entwicklung die Beobachtung der sozialen Adresse auf ›Tiefe‹ hin (zurück)verlagert wird in die Interaktion oder in interaktionsnahe Schrift-

Es sieht so aus, als habe sich evolutionär eine Bifurkation ausgemendelt, deren eine Zinke in Richtung ›tiefe‹ Adresse, Individualität, Selbstreferenz, Ausloten des Anderen, Konstruktion des (häufig emphatisierten) ›Du‹, kurz: in die Richtung des angestrengten Verstehens zeigt, deren andere Zinke aber auf eine merkwürdige Weise zurückverweist auf die ›flache‹ Adresse des Mittelalters, auf höchst eingeschränkte Spielräume für Selbstreferenz und Individualität (und darin eingefaltete Abweichungschancen) und auf Verstehensschematisierungen, die sehr genau festlegen, was es zu verstehen gibt und was nicht verstanden werden darf.

Nun wird man aber nicht sagen können, daß diese ›flache‹ Adresse dieselbe Form hat wie die, die wir für das Mittelalter (und summarisch) unterstellt haben. Das Problem läßt sich exponieren an einem sich ausdifferenzierenden neuen System: dem WorldWideWeb.[209] Es bedarf einiger theoretischer Umwege, wenn man verstehen will, was dieses System mit sozialen Adressen macht.

## 1. Das System des WorldWideWeb

Wenn das WWW ein Sozialsystem ist (und wir wollen von dieser Hypothese ausgehen[210]), dann müßte es auf eine zu klärende Weise auf die Form der Gesellschaft bezogen werden. Impliziert ist damit, daß wir gar

formen wie etwa den empfindsamen Brief , aber auch, daß sich die Hausse der Psychotherapie im weitesten Sinne dem gleichen Problem verdankt. Siehe erneut Wegmann, *Diskurse der Empfindsamkeit*, a. a. O (Fn. 201). Vgl. zum Phänomen emphatischer »Bund«-Bildung in der zweiten Hälfte des 18. Jahrhunderts Beck, A., *Der Bund ist ewig. Zur Physiognomie einer Lebensform im 18. Jahrhundert*, Erlangen 1982. Vgl. zu utopisch/poetischen Projekten eines solchen Bundes (Göttinger Hainbund), etwa zu dem, eine Auswanderung zu betreiben, um auf einer ›insularen Gegenwelt‹ eine optimale Nation zu gründen (1778), ebd., S. 128 ff.

209 Siehe als Vorstudie Fuchs, P., »Die world in der Welt des World Wide Web«, in: *Medien Journal 3*, 2001, S. 49-57; ders., »Realität der Virtualität – Aufklärungen zur Mystik des Netzes«, in: Andreas Brill, A./Vries, M. v. (Hrsg.), *Virtuelle Wirtschaft: virtuelle Unternehmen, virtuelle Produkte, virtuelles Geld und virtuelle Kommunikation*, Opladen 1998, S. 301-322.

210 Insofern gehe ich in aller Lockerheit von früher gemachten Annahmen aus, die nicht schon deswegen als zementiert und nicht revidierbar gelten sollten. Vgl. jedenfalls Fuchs, P., »Realität der Virtualität – Aufklärungen zur Mystik des Netzes«, in: Andreas Brill/Michael de Vries (Hrsg.), *Virtuelle Wirtschaft*, a. a. O., S. 301-322; ders., »Die world in der Welt des World Wide Web«, in: *Medien Journal 3*, 2001, S. 49-57.

nicht daran denken, das WWW als komplexe Technik zu behandeln. Sie wäre, wenn wir das System als Sozialsystem auffassen, so etwas wie eine Infrastruktur, vergleichbar dem neuronalen Netzwerk, das zum psychischen System im Verhältnis struktureller Kopplung steht, also Rahmenbedingungen setzt, die für das System des Bewußtseins nicht kontrollierbar sind. Technik ist, wenn es um das WWW geht, unverzichtbar, sie offeriert eine Welt der Konditionierungen, aber der Blick auf Technik eröffnet nicht ansatzweise den Blick auf das, was das WWW als Sozialsystem ausmacht.

Gesetzt also, das WWW könne als Sozialsystem beobachtet werden (und nur das würde ja die Einschaltung der Soziologie rechtfertigen), drängt sich die Frage auf, wodurch das ja offensichtlich prosperierende System evolutionär begünstigt wird. Das ist die Frage nach der *Funktion*, die im Rahmen der Systemtheorie aber nicht als Eigenschaft eines Systems dargestellt wird, sondern als »Vergleichsdirektive«, die zustandekommt durch die Konstruktion eines Systemproblems, im Blick auf das äquivalente Problemlösungen instruktiv vergleichbar werden.[211] Wenn die Annahme beibehalten wird, daß das WWW in gesellschaftlicher Referenz zu thematisieren wäre, dann müßte dieses Problem auf der Ebene der Form der Gesellschaft konstruiert werden.

Diese Form wird, um es kurz zu wiederholen, bezeichnet durch den Ausdruck *funktionale Differenzierung*, der im Prinzip bedeutet, daß die Gesellschaft so etwas ist wie der ›Horizont‹ einer Zerlegung von Kommunikationsprozessen in eine Reihe geschlossener, in sich zirkulierender Systeme wie Wirtschaft, Wissenschaft, Recht, Politik, Kunst, Religion, Erziehung, die autonom operieren in dem Sinne, daß sie ihre spezifischen Operationen (besondere Kommunikationen) im Medium gesellschaftlicher Kommunikation ausschließlich allein herstellen, also je für sich ein Reproduktionsprimat haben – eine Form, die aber nicht dazu führt, daß eines dieser Systeme gleichsam exzellente Primarität in Anspruch nehmen könnte, sondern nur dahin, daß sich das Bild einer Parallelität von Primaritäten ergibt, einer nicht-hierarchischen Struktur, die gewöhnlich als *Heterarchie* bezeichnet wird, in der kein Darüber/Darunter ermittelt werden kann, kein *heiliger (letzter) Grund*, *keine arché*, aber auch *kein heiliger (höchster) Abschluß*, durch die die Einheit dieser Ordnung zu garantieren wäre. Genau das ist mit dem Begriff *Polykontexturalität* ausgedrückt: Es gibt keine Repräsentation der Einheit der Gesellschaft und ihrer Funktionssysteme in der Gesellschaft oder in den Funktionssystemen.

---

211 Vgl. zu einer neueren Darstellung dieser Methode Fuchs, P., »Die Theorie der Systemtheorie – erkenntnistheoretisch«, in: Jetzkowitz, J./Stark, C. (Hrsg.), *Soziologischer Funktionalismus. Zur Methodologie einer Theorietradition*, Opladen 2004, S. 205-218.

Das hat zwei bemerkenswerte Konsequenzen. Die eine ist, daß die heterarche Anordnung der Funktionssysteme identisch ist mit der Unmöglichkeit sowohl der Beobachtung als auch der Selbstbeobachtung der Gesellschaft. Sie ist, beobachtungstechnisch gesehen, nicht einheitlich, sondern mannigfaltig verfaßt, sie ist eine *Disparatheit*, die es ausschließt, daß es eine Stelle, einen logischen Ort gäbe, von dem aus sich ein anderer als ein operativer Einheitsbegriff gewinnen ließe, der ja nichts weiter bedeutete als den Rekurs auf Kommunikationen, die Kommunikationen herstellen in einem Vernetzungswerk von Kommunikationen. Daraus folgt, daß es keinen legalen (auch keinen: legalisierbaren) Zentralbeobachter der Gesellschaft geben kann, damit auch keinen allseits anerkannten Direktivspender, der die Wege weisen könnte, die die Gesellschaft und ihre Funktionssysteme zu gehen hätten.

Die zweite Konsequenz, die unmittelbar damit zusammenhängt, ist, daß auf dieser Ebene der Systembildung keine *sozialen Adressen* ausgeprägt werden: Weder die Gesellschaft noch die Funktionssysteme sind adressierbar. Sie haben, wiewohl ihnen Bezeichnungen wie Recht, Politik, Wissenschaft etc. zugemutet werden, keine *Eigennamen*, bei denen sie sozial gerufen werden könnten.[212] Sie haben keine ansprechbaren *Mitten*. Man kann eher an das Christkind oder den Nikolaus schreiben als an *die* Gesellschaft, *die* Wirtschaft, *die* Erziehung.

Beide Konsequenzen zusammengenommen (die ja nur verschiedene Beobachtungseffekte unter der Bedingung von Polykontexturalität sind), ergibt sich, daß die Gesellschaft kein Bild von sich selbst gewinnen kann, das verbindlich wäre, sondern nur *Imaginationen* prozessiert, in denen über die Gesellschaft in der Gesellschaft kommuniziert wird. Sie ist *Imagination* in einer *Imagination*, in der unnachahmlichen (darf man sagen: schillernden?) Genauigkeit Niklas Luhmanns immer nur und ausschließlich: *Die Gesellschaft der Gesellschaft*. Sie ist als *Sein* und *Wesen* nicht erreichbar, sie ist ein *fungierendes Phantasma*.[213]

Das wäre jedoch nur ein Problem für einen Beobachter, der auf Seins- und Wesensbestimmungen insistiert. Gibt man diese epistemologischen Blockaden auf, wird das Problem interessant, warum in der Gesellschaft (und jetzt immer mitgemeint: in ihren Funktionssystemen) überhaupt *Imaginationen-ihres-Selbst* angefertigt werden sollten. Warum ist sie nicht einfach ›ätherisch‹?

Geht man davon aus, daß die operativ elementare Einheit der Ge-

---

212 Vgl. Luhmann, N., *Die Gesellschaft der Gesellschaft,* 2 Bde., Frankfurt am Main 1997, Bd. 2, S. 886.

213 Hinzuzufügen wäre: in einer Welt von Beobachtern, die nie etwas anderes kennen kann als Phantasmen der Beobachtung. Das nach wie vor unüberbietbare Bild dafür ist das platonische Höhlengleichnis.

sellschaft Kommunikation sei, zeigt sich sofort der Grund: Kommunikation unterscheidet, weil sie *etwas* unterscheidet, schlicht immer sich selbst mit. Sie ist so wenig wie die Operation des Bewußtseins selbstreferenzfrei denkbar, da die Anzeige dessen, worüber gesprochen, geschrieben, was gelesen, was gehört wird (eben: die Fremdreferenz), immer – wie minimal auch immer – die Anzeige mitlaufen läßt, daß das Gesprochene *mitgeteilt* und *verstanden* wird. Auf der Ebene der Operationen fällt unausweichlich die (interne) Kopie der System/Umwelt-Unterscheidung an. Das geschieht laufend und allenthalben, und damit wird die Möglichkeit geschaffen, über diese Differenz (Fremd/Selbstreferenz) Strukturmuster zu verdichten und der evolutionären Bewährung/Verwerfung auszusetzen. Etwas anders ausgedrückt: Die unentwegt mitgeführte Selbstbeobachtung auf der Ebene der Kommunikation kann zu Texten (Dokumenten jeder Art) gerinnen, die wir *Selbstbeschreibungen* nennen, die an Eigennamen gebunden sein können, aber nicht müssen.[214] Damit läßt sich die Vorstellung gewinnen, daß es nicht *eine*, gleichsam *komplette* und *maßgebliche* Selbstbeschreibung der Gesellschaft gebe, sondern eine Pluralität von konkurrenten Selbstbeschreibungen.

Überspringt man historische Formen der (in diesem Sinne) Selbstbeschreibungen der Gesellschaft, landet man in der unmittelbaren Moderne beim Funktionssystem der *Massenmedien*[215], das der vollendete Ausdruck jener Pluralität ist. Dieses Funktionssystem ermöglicht, daß das Medium der *öffentlichen Meinung* so geformt wird, daß ein unaufhörliches *Beobachten von Beobachtungen* entsteht, durch die die Welt (Fremdreferenz) der Gesellschaft (Selbstreferenz) kommunikative Konturen gewinnt: als Prozessieren von Differenzen, durch die sich *die* Gesellschaft irritieren läßt, ohne dabei auf einen Einheitsnenner gebracht zu werden.

Für unsere Überlegungen ist aber interessant, daß in diesen Modus (der sozusagen marktförmigen Beobachtung von Beobachtungen und Beobachtern) mindestens drei *Asymmetrien* eingebaut sind, die im System der Massenmedien strukturbildend arbeiten, damit aber auch die Beobachtung von Beobachtungen und Beobachtern entscheidend einschränken.[216] Die erste dieser Zuspitzungsrichtungen begünstigt in

214 Luhmann, *Die Gesellschaft der Gesellschaft*, S. 880 f. Er zeigt, daß Selbstbeschreibungen auch im Wege des Kontrastes ermittelt werden können. Ein modernes Beispiel: Westliche Zivilisation/islamistischer Fundamentalismus.

215 Vgl. Luhmann, N., *Die Realität der Massenmedien*, Opladen 1996 (2. Aufl.); vgl. ferner Heintz, P., *Die Weltgesellschaft im Spiegel von Ereignissen*, Diessenhofen 1982; Marcinkowski, F., *Publizistik als autopoietisches System: Politik und Massenmedien. Eine systemtheoretische Analyse*, Opladen 1993.

216 Luhmann, *Die Gesellschaft der Gesellschaft*, S. 1099 ff.

der Sachdimension *Quantitäten*, die als Zahlen ungewöhnliche Aufmerksamkeit auf sich ziehen, aber durch Reflexion nicht ohne weiteres mitkontrolliert werden. In der Sozialdimension wird die Zurechnung auf Personen (Ethnien, Staaten etc.) führend, also ein Welttheater inszeniert, in dem die Dramen weniger auf Strukturen als auf ›handelnde‹ Einheiten reduziert werden. In der Zeitdimension kommt es auf den Neuigkeitswert von Informationen an, also, genau besehn, auf laufende Informationsvernichtung bzw. die laufende Organisation von Vorgeschichten, die Informationen als neu erscheinen lassen.

Alle diese ›Stauchungen‹[217] sind keineswegs dysfunktional, im Gegenteil: Sie sind die Bedingung der *Unmöglichkeit* einer vollständigen Selbstbeschreibung der modernen Gesellschaft. Sie kopieren deren operative Form und verweigern sich Einheitszumutungen. Es geht nicht um Lüge oder Manipulation[218], sondern um die fortwährende Selbststabilisierung eines Systems, das vom Modus der Unvollständigkeit jeder Selbstbeschreibung der Gesellschaft zehrt, insofern es nicht aufhört, vielfache und verschiedene Beschreibungen dieses Typs zirkulieren und konkurrieren zu lassen auf der Basis seines Mediums, der öffentlichen Meinung.

Das WWW hat nun, wie man auf den ersten Blick sagen kann, nicht diese Eigentümlichkeiten. Es nutzt all die Zeichen, die auch das System der Massenmedien einsetzt, Bild und Schrift und Ton in hoch raffinierten Kombinationen. Es ›beinhaltet‹ *auch* Nachrichten, Werbung, Unterhaltung (die dann den Asymmetrien und Strukturen der Massenmedien unterliegen), aber offensichtlich erschöpft es sich nicht darin, diese Ressourcen zugriffsfähig zu halten, und es ist auch nicht allein dadurch bestimmt, daß es die klassischen Internetdienste wie E-mail, Net-News, Mailinglisten, Internet Relay chats zur Verfügung stellt oder virtuelle Spielwelten wie die MUDs (Multi user Dungeon).

Es ist aus einem Medium für wissenschaftliche Verlautbarungen (Kernforschungszentrum CERN) entstanden und hat sich entwickelt zu der paradoxen Form eines *privaten Massenmediums*[219], das es jedem und jeder (auch jeder Organisation) gestattet, Dokumente nahezu

217 Das ist jetzt sprachlich schwer zu machen. Es wird natürlich keine vorgegebene Realität (über die sich wirkliche wirkliche Informationen gewinnen ließen) gestaucht oder verzerrt, sondern ein laufender Durchsatz von Informationen ermöglicht, die sich als Momente einer Realitätskonstruktion durchhalten lassen oder nicht.

218 Durch diese Form wird ›seriöser‹ Berichterstattung nicht ausgeschlossen, sondern nur im Blick auf mögliche Anschlüsse einsortiert oder aussortiert.

219 Dieser Ausdruck findet sich bei Brill, A./Vries, M. de, »Cybertalk – Die Qualitäten der Kommunikation im Internet«, in: dies. (Hrsg.), *Virtuelle Wirtschaft*, a.a.O. (Fn. 209), S. 266-300, 283.

beliebiger Art in das Internet ›einzustellen‹ ohne einen technischen Aufwand, der die Sozialform der Organisation auf der Seite der Nutzer erzwingen würde. Die virtuellen Orte dieses Einstellens sind *Websites*, die Adressen haben, die sich direkt ansteuern lassen bzw. über die *Hypertextstruktur* des Webs erreicht werden können. Diese Struktur ermöglicht es, daß Dokumente (via *Hyperlinks*) ›Klickanweisungen‹ enthalten, mittels derer sich durchschalten läßt zu anderen Dokumenten, die ebenfalls ›Klickanweisungen‹ enthalten. Diese zunehmend in die Dokumente eingestreuten Umlenk- oder Schaltstellen sind es, die den eigentlichen *Netzcharakter* des Webs ausmachen.[22] Man könnte sagen, daß das WWW auf einer Ebene erster Ordnung arbiträr und massenhaft Dokumente in ein kaum geordnetes Register hängt, das auf der Ebene zweiter Ordnung virtuelle (vor allem individuelle) Sinnverweisungschancen offeriert.

Entscheidend ist aber für unseren Argumentationszusammenhang, daß die Dokumente der ersten Ordnung keiner durchgreifenden Strategie der Themenabwehr unterliegen. Das WWW bietet für beliebige Dokumentationen von ›Bewußtseinszuständen‹ die Möglichkeit der Publizität an, oder besser gesagt: Es konditioniert in äußerst geringem Maße, was als Mitteilung eingeschlossen wird und was nicht. Es ist gerade nicht an die für das Funktionssystem der Massenmedien typischen Asymmetrien geknüpft, zumindest nicht an die Aufmerksamkeitsbindungen, die durch Nachrichten über kognitiv schlecht kontrollierbare Quantitäten oder durch den Neuigkeitswert von Informationen ausgelöst werden. Private Websites können sicherlich Attraktion gewinnen, insofern sie *human interest* aufbauen, aber es gibt allem Anschein nach keine durchlaufende Struktur der Personalisierung, der ›Dramatisierung‹ von Kommunikation durch Zurechnungsroutinen auf Personen. Offenbar ist das Medium dieses ›privaten‹ Massenmediums nicht: *öffentliche Meinung*.

## 2. Die spezifische Autopoiesis des World Wide Web

Man nähert sich einer weiterführenden Problemkonstruktion an, wenn man die Dokumente erster Ordnung als ein Medium auffaßt, in das die Sinnverweisungsschläge der Hyperlinks befristete Formen eintragen. Das zwingt aber dazu, nach der Form des Mediums zu fragen, und da findet sich als erste und überraschende Auskunft, daß jene Dokumente (oder in der vielleicht etwas irreführenden Formulierung von Michael

---

220 Das hat mich dazu veranlaßt (in Brill/Vries, *Virtuelle Wirtschaft*, a. a. O.), in diesen Durchklickoperationen die autopoietische Form des Netzes zu vermuten.

de Vries und Andreas Brill: jene *Texturen*) nicht die Form von Kommunikation haben. Sie sind so wenig wie Bücher, lose Blätter, Akten, Notizen, Filme: kommunikative Operationen. Kommunikation wäre die operative Verkettung (Kopplung, Katenation) solcher Dokumente, der Vorgang eines In-Beziehung-Bringens, und zwar so, daß Dokumente etwas besagen für weitere Dokumente in der Form des selektiven Zugriffs auf vorangehende Dokumente, die nur deshalb Dokumente sind (jetzt: Momente der Kommunikation), wenn dieser Zugriff erfolgt, also selektiv angeschlossen wird, und wenn nicht, dann nicht. Genau diese Zeitform der Katenation wird *Autopoiesis* genannt.

Daraus resultiert für das WWW (immer genommen als Sozialsystem) eine doppelte Kommunikationsbewandtnis. Die Dokumente erster Ordnung können, wenn man so sagen darf, zu netz-externen Kommunikationszwecken eingesetzt werden. Sie sind dann (wie alle Äußerungen, wenn sie durch weitere Äußerungen als Mitteilungen definiert werden) gleichsam *vorstrukturierter Lärm*, der interessegebunden abgerufen werden kann, aber selbst nicht nach der Weise herkömmlicher Massenmedien asymmetrisiert (›gestaucht‹) ist. Auf dieser Ebene ist das WWW in die Gesellschaft sozusagen *as usual* eingeklinkt. Die Dokumente können weitere Kommunikationen der verschiedensten Art stimulieren bzw. Bewußtseine auf die geläufige Art engagieren. Anders ausgedrückt: Es kommt zu keiner operativen Schließung des Systems, zu keiner Selbstreproduktion, in der spezifische Elemente aus spezifischen Elementen desselben Typs hergestellt werden. So gesehen, bestünde kein Anlaß, das WWW als Sozialsystem aufzufassen, sondern eher als eine Art elektronischer Bibliothek mit komfortablen Dokumentvernetzungsmöglichkeiten unter Einbezug massenweise anfallender privater (idiosynkratischer) Dokumente und klassischer Internetdienste – es wäre eine Anwenderoberfläche.[221]

Die bislang einzige Chance, auf einer Ebene zweiter Ordnung operative Schließung einzurichten, bietet die *Hypertextualität* des WWW, die die Dokumente erster Ordnung in virtuelle Beziehungslagen einrückt, also in einem sehr genauen Sinne im Medium dieser Dokumente engere Kopplungen zwischen den Elementen des Mediums ermöglicht, Kopplungen, die (und auch das ist typisch für Heider-Medien) zeitflüchtig sind und deswegen viele Form-Arrangements für Beobachter zulassen, die die Verweisungsschläge der Hyperlinks in Anspruch nehmen.

Die Nutzung der Dokumente der ersten Ebene ist, wenn man so sagen darf, *sinndicht*. Man kann die Texte lesen, die Musik hören, die Bilder anschauen, den Videosequenzen folgen. Das Verfahren der Sinnentnah-

---

221 Vgl. Sandbothe, M., »Virtuelle Temporalitäten, Zeit- und identitätsphilosophische Aspekte des Internet«, in: Willems, H./Hahn, A. (Hrsg.), *Identität und Moderne*, Frankfurt am Main 1999, S. 363-386, 372.

me (oder besser: sinnförmigen Beobachtung) ist nicht wesentlich anders als in anderen Alltagslagen der Kommunikation. Die Kopplungen auf der Ebene zweiter Ordnung dagegen *kopieren* zwar sehr genau die Form von Sinn, aber erzeugen virtuelle Sequenzen von Dokumenten, deren Selektivität sich nicht mit der Selektivität der Anschlüsse decken muß. Im Beobachtungsmodus des *Surfens* kann die Website eines Schalkefans durchlotsen zu Blondinenwitzen, die einen operativen Verweis (Hyperlink) auf Harald Schmidt enthalten, etwa auf die Homepage eines Sprücheliebhabers, von der aus ein weiterer operativer Verweis zu Anettes Philosophiestübchen führt, etc. pp. Zwar lassen sich vom Nutzer Festverweise installieren (etwa mit der *Favoritenfunktion*), aber vom Prinzip her können jederzeit virtuelle Arrangements von Dokumenten erzeugt werden, die füreinander wenig oder gar nichts besagen und sich durch Nichtwiederholung schlicht verlieren.

Diese hohe Arbitrarität läßt erwarten, daß Strukturen der *Aufmerksamkeitsbindung* entstehen.[222] Einfache Formen sind etwa die sogenannten *Web-counters*, die den Nutzer einer Website darüber informieren, wieviel Leute auf deren Sinnangebot zugegriffen haben.[223] Gästebücher lassen es zu, Notiz davon nehmen zu können, was für Urteile einige der Besucher der Seite über das Angebot gefällt haben. Mit Hilfe des *link-for-link-Verfahrens* lassen sich Hyperlinks in einer Art Tausch auf anderen Websites erwerben, die auf die je eigene Seite verweisen. Man kann *Ikonen* einsetzen, die Referenz auf massenmedial bekannte Personen[224], oder auf Sexualität als Attraktor setzen. Stärker wirksame Strukturen sind die Website-Kritiken, die für Benutzer den Bestand vorseligieren, zum Beispiel anhand ästhetischer Kriterien.

Strukturen dieses Typs, die Aufmerksamkeit binden sollen, sind punktgenau bezogen auf die Möglichkeit von Kontextbrüchen, die eine hoch unruhige, nicht dauerhaft besetzbare psychische Umwelt jederzeit und auf der Basis von Hypertextualität inszenieren kann. Die Vermutung liegt nahe, daß sich attraktive Aufmerksamkeitsbindungen evolutionär einspielen, die sich an den Asymmetrien der Massenmedien

---

222 Vgl. zum Topos selbst Rötzer, F., »Aufmerksamkeit als Medium der Öffentlichkeit«, in: Maresch, R./Werber, N. (Hrsg.), *Kommunikation, Medien Macht*, Frankfurt am Main 1999, S. 35-58. Eine hier wichtige (aber nicht mitbearbeitbare) Spur führt zum phänomenologischen Begriff der Attentionalität. Siehe als eine detaillierte Ausarbeitung Markowitz, J., *Verhalten im Systemkontext. Zum Begriff des sozialen Epigramms. Diskutiert am Beispiel des Schulunterrichts*, Frankfurt am Main 1986.

223 Vgl. dazu und für die meisten weiteren Beispiele Brill/Vries, *Virtuelle Wirtschaft*, a.a.O., S.285f.

224 Ebenda erwähnen Brill/Vries die Homepage, die auf alle Bilder Claudia Schiffers im Netz hinweist.

orientieren. Dann würde das *private Massenmedium* WWW öffentlich werden und einrangieren in das Funktionssystem der Massenmedien, damit aber auch seine Spezifik verlieren. Eine andere Vermutung, der wir hier folgen wollen, bezieht sich darauf, daß die Evolution nicht die eine oder andere Seite des WWW (Privatheit/Öffentlichkeit bzw. Dokumentebene erster/zweiter Ordnung) ausarbeitet, sondern an der Differenz selbst ansetzt.

## 3. *Privatheit versus Öffentlichkeit*

Die Möglichkeit dazu findet sich formal darin, daß die Kommunikation von Privatheit im Zentrum einer eigentümlichen Paradoxie steht: Der Form nach ist nämlich keine Kommunikation privat. Sie könnte als Kommunikation nicht funktionieren, wenn sie nicht auf Allgemeinmedien wie Sprache (oder fundamentaler) auf Sinn zugriffe. Nicht einmal das Bewußtsein kann sich privat beobachten, ohne von sozial angeliefertem Sinn (also von strikter Allgemeinheit) Gebrauch zu machen.[225] Genau besehn, gibt es nicht die Kommunikation privater Bewußtseinszustände, sondern nur Dokumente (Äußerungen), die nicht-privat behaupten, es gehe um Privates. Jede Äußerung ist eine Verlautbarung, die sich der Mittel bedient, die ›publik‹ sind; jede Verlautbarung, die idiosynkratisch wäre, würde Kommunikation schlagartig kollabieren lassen. Seit Derrida können wir wissen, daß nicht einmal eine Unterschrift privat ist.

Die Differenz privat/öffentlich ist deshalb (gleichsam: zwingend) in einer langen semantischen Geschichte als Differenz von Sozialsphären ausgearbeitet worden und nicht oder kaum als Differenz von Individualität/Sozialität. In der griechischen Antike findet sich zwar zu homerischen Zeiten ein ganzes Unterscheidungssyndrom (mit einer Fülle von Ableitungen), so etwa *demion e idion* (Odyssee 4.314) im Sinne einer Gegenüberstellung von Dingen, die mit anderen Leuten zu tun haben, und solchen Dingen, die nur für einen selbst Bedeutung haben oder die man nur mit anderen Leuten *tut*, jedoch: ohne darüber zu sprechen.[226] Aber in der Polis ist die *koinonia* deutlich getrennt vom *oikos*, vom *ganzen Haus*, das nicht dem *bios politikos* dient und insofern den

225 Vgl. dazu grundsätzlich Fuchs, P., *Das Unbewußte in Psychoanalyse und Systemtheorie. Die Herrschaft der Verlautbarung und die Erreichbarkeit des Bewußtseins*, Frankfurt am Main 1998 (2006· 2.Aufl.); ders., »The Modernity of Psychanalysis«, in: *Germanic Review*, Vol.74, Number 1, Winter 1999, S.14-29.

226 Vgl. dazu und zu einer Reihe von kulturgeschichtlichen Studien im Blick auf diese Unterscheidung Moore, B., *Privacy. Studies in Social and Cultural History*, New York/London 1984.

sozialen Ort des Privaten darstellt, in dem der Einzelne nicht ins Öffentliche verwickelt wird, insofern der *oikos* ihm eigen (*idia*) ist.[227] Die Gelenkstelle zwischen *bios politikos* (zu dem die *lexis*, das Gespräch, und das gemeinsame Tun, die *praxis*, gehören) ist der *Oikodespot*, der Herr des Hauses, in dem sich, wie Habermas sagt, »das Reich der Notwendigkeit und der Vergänglichkeit« (Geburt, Leben, Tod, Arbeit, Frauendienst) vollzieht – »im Schatten der Privatsphäre versunken«.[228] Es geht um eine soziale Ausblendungsleistung, auf deren Gegenseite die Bürger (als *homoioi*, als *pares*) miteinander reden: mit der Absicht, auf diesem ›Markt‹ hervorzuragen, sich auszuzeichnen (*aristoiein*). Tugend und Tugendkonkurrenz ist öffentlich in diesem Sinne.[229]

Das Muster dieser Differenz hält sich, wenn man summarisch argumentiert, bis in die Moderne durch, verändert sich aber mit der Ausdifferenzierung eines Systems der Massenmedien, das die private Kehrseite des öffentlichen Verkehrs der Leute noch einmal beobachtet unter den präferentiellen Gesichtspunkten, die wir oben metaphorisch als ›Stauchung‹ bezeichnet haben, also letztlich unter Skandalisierungsaspekten. In etwas anderer Formulierung: Die Massenmedien beobachten die *Allmende* (den nicht-privaten Umgang der Leute miteinander) *argwöhnisch*, und sie tun das, indem sie (und wieder: präferentiell) auf das Private hinter dem Nicht-privaten, das nicht öffentlich ist, durchschließen und daraus dann Ereignisse konstruieren, die als Nachrichten mit Unterhaltungswert die Reproduktion des Systems sichern.

Der Gedanke ist, daß das System der Massenmedien im Medium der öffentlichen Meinung operiert und damit eine ›Rückseite‹ der nicht-öffentlichen Meinung erzeugt, eine Welt des Nicht-Publiken, die sich den Operationen des Systems entzieht, das im Blick auf sein Medium, wie Niklas Luhmann sagt, »selbstinspirativ« tätig ist. Diese forum-freie Welt fällt aus den Selbstbeschreibungen der modernen Gesellschaft heraus.[230] Sie ist, bezogen auf die Massenmedien, idiosynkratisch. Und sie konnte in keine *mediale* Position einrücken, da es vor dem WWW kein System gab, das die Kommunikation von privaten Bewußtseins-

227 Vgl. Habermas, J., *Strukturwandel der Öffentlichkeit. Untersuchungen zu einer Kategorie der bürgerlichen Gesellschaft,* Darmstadt/Neuwied 1983 (14. Aufl.), S. 15 f.

228 Ebd., S. 16.

229 Ebd.

230 Nicht ganz, müßte man sagen, insofern auch vor dem WWW privat verbreitete Gazetten vorkamen, hektographierte Zeitungen für kleine Kreise, Schüler- und Bierzeitgungen, Science-fiction-Fanzines, selbst reproduzierte Hefte mit Lyrik von Lyrikbegeisterten für Lyrikbegeisterte etc. Der Unterschied ist, daß mit dem WWW die Publizitätschancen für idiosynkratische Kommunikation steigen – über Eingeweihte hinaus.

zuständen beliebiger Privatleute in die Form eines eigenen Mediums hätte bringen können, in die *Form privater Allgemeinheit*, in die Form eines gleichsam elektronischen *locus communis.*

Ebendies ist möglich durch die Doppelstruktur des WWW, das einerseits die Installation virtueller Orte erlaubt, die (im Blick auf massenmediale Wirksamkeit) idiosynkratische Kommunikation auf einem virtuellen Markt solcher Orte zugänglich hält, andererseits auf der Ebene der Hyptertextualität Vernetzungswerke kondensieren läßt, die die Chance eröffen, für idiosynkratische Privatheit interessierte Beobachter zu gewinnen. Das System würde parasitieren an dem, was die Autopoiesis der Massenmedien als ihre Kehrseite der Nicht-Öffentlichkeit ausgrenzt, und: Es würde eine weitere Selbstbeschreibungsvariante der modernen Gesellschaft in‹s› Werk setzen und damit die Funktion des Einschlusses dessen übernehmen, was durch die Massenmedien ausgeschlossen wird.

Der letzte Absatz schließt jedoch mit einer Serie von Konjunktiven, die signalisieren, daß die Problemkonstruktion des Einschlusses von massenmedial Ausgeschlossenem durch das WWW noch nicht zulänglich bestimmt sein könnte. Zwar mag es richtig sein, daß mit der Ausdifferenzierung des Systems der Massenmedien die Schattenwelt des Privaten anfällt, aber es ist alles andere als klar, wieso dies ein Problem sein könnte, das seinerseits durch ein System sui generis (eben das WWW) aufgegriffen und in die Form der Erzeugung einer virtuellen ›Halböffentlichkeit‹ gebracht wird, die nicht den ›Stauchungen‹ herkömmlicher Massenmedien unterliegt. Um hier mehr Deutlichkeit zu gewinnen, muß zunächst ein Umweg gegangen werden.

### 4. Das WorldWideWeb als ›Wegpumpwerk‹ für dezidiert zu berücksichtigendes Bewußtsein

Die Form dieses Systems, des WWW, ist die laufende Reproduktion der Differenz der Dokumentebenen erster und zweiter Ordnung, eine Reproduktion, für die gelten müßte, daß sie geschützt wird gegen Interdependenzen mit dem System der Massenmedien. In dieser Schutz- oder Abschirmfunktion stehen klassisch *Interdependenzunterbrecher*, also Grenzen bzw. autopoietische Schließungen. Wir hatten schon ausgeführt, daß die Chance zur Schließung des WWW einzig in seiner Hypertextualität liegt, die virtuelle Vernetzungen der Dokumente erster Ordnung erlaubt. Diese Vernetzungen sind sequentielle Arrangements von Dokumenten, die Hyperlinks enthalten, die zu weiteren Dokumenten führen, die Hyperlinks enthalten, die zu weiteren Dokumenten führen, die ... etc. Jene Arrangements sind, wie man vielleicht sagen könnte, nicht *inferentiell* aufeinander bezogen im Sinne einer hierarchisch-logischen Struktur der Induktion bzw. Deduktion. Ihr Zusammenhang ist *transferentiell*, sie sind *Kurzfristmuster mit hoher Zufallsempfindlichkeit und Zerfallsanfälligkeit.*

Diese Muster kombinieren die Elemente des Mediums (Dokumente erster Ordnung) derart, daß sie füreinander wenig, möglicherweise gar nichts besagen (müssen). Der Verkettungssinn kann minimal sein, kann sich einzig und allein darauf beschränken, daß es möglich war, durch eine Klickoperation zu der Möglichkeit weiterer Klickoperationen zu kommen. Es ist, als ob eine für das System im Detail unbestimmte und unbestimmbare *Attentionalität* durch das System so engagiert wird, daß dem Medium Formen eingeschrieben werden, die nicht *strukturfähig* sind.[231] Die Elemente des Mediums prägen keine synaptischen Verdickungen aus, es entstehen keine *Pfade*. Die Kopplung ist exakt virtuell und hinterläßt allenfalls *Spuren*.[232] Sie ist – in einer anderen Terminologie gesagt – *mikrodivers*.[233]

Die Arrangements, die durch das gleichsam mikrodiverse ›Surfen‹ entstehen, können nicht durch das Medium erinnert werden, so wenig, wie sich Buchstaben daran erinnern könnten, für welche Wörter sie in Anspruch genommen wurden.[234] Diese Analogie läßt sich verschärfen: Buchstaben sind auch nicht in der Lage dazu, festzustellen (und später zu erinnern), wie oft sie zur gleichen Zeit in Form gebracht wurden, und genauso registrieren die Dokumente erster Ordnung nicht, in welche Anzahl von Formungen sie zur selben Zeit verwickelt sind. Das Medium des WWW wird (wie alle Medien) durch Formbildung nicht *affiziert*.

Man könnte mithin sagen, daß auf der Ebene zweiter Ordnung, ermöglicht durch Hypertextualität, *Ereigniskomplexionen* ablaufen,

231 Insofern paßt die Metapher der Einschreibung nur sehr bedingt.
232 Siehe zu dieser Differenz Assmann, A., »Schrift und Gedächtnis – Rivalität oder Allianz«, in: Faßler, M./Halbach, W. (Hrsg.), *Inszenierungen von Information. Motive elektronischer Ordnung*, Gießen 1992, S. 93-102, 93 f. Das Hinterlassen von Spuren bezieht sich dann auf den Beobachter, der aus welchen Gründen immer daran interessiert ist, ob bestimmte Dokumente Aufmerksamkeit binden konnten oder nicht. Ich erinnere an die Web-Counter, die Gästebücher etc. Weiter unten komme ich auf das Problem zurück.
233 Hier läge jedenfalls eine weitere Ausarbeitungsmöglichkeit. Vgl. jedenfalls Luhmann, N., »Selbstorganisation und Mikrodiversität: Zur Wissenssoziologie des neuzeitlichen Individualismus«, in: *Soziale Systeme*, 3.Jg., 1997, H. 1, S. 23-32 und grundlegend Mai, St. N./Raybaut, A., »Microdiversity and Macro-Order: Toward a Self-Organization Approach«, in: *Revue Internationale de Systémique 10*, 1996, S. 223-239
234 Ich erinnere daran, daß wir uns hier nicht auf der Ebene der technischen Infrastruktur bewegen, sondern auf der sinn-orientierter Systeme.

die in in dem Sinne neuartig sind, daß sie sich nicht *publizieren* lassen, keinen Ort haben und nicht *dramatisch* sind (oder allenfalls einer sozusagen psychisch okkulten Dramaturgie folgen).[235] Diese Komplexionen sind für das System nur der Form, nicht ihrer Singularität nach reproduzierbar, obwohl oder weil sie *massenhaft* in jedem Moment anfallen.

Das System prozessiert *wie* die Massenmedien Kommunikationen, die antwortfrei bleiben, aber hält die Ereigniskomplexionen, die es ermöglicht, aus dem Bereich des Zitierfähigen, Reproduzierbaren weitgehend heraus. Es kann seine virtuellen Elementverkettungen nicht benennen. Genau diese Nicht-Reproduzierbarkeit der Formeinschreibungen in das Medium fungiert als Interdependenzunterbrecher gegenüber den Massenmedien, die nur die Dokumente erster Ordnung beobachten können.[236] Sie sind aber nicht in der Lage dazu (und das ist der übliche Befund, wenn es um Systemgrenzen geht), die Reproduktion der Differenz des Systems in den Blick zu bekommen: Das System *ist* ja ebendiese Reproduktion und eben in diesen Reproduktionsbewandtnissen uneinsehbar.[237]

Damit ist ein seltsames Phänomen verknüpft. Einerseits wird in der Umwelt des Systems dämonisch-quirlige *Inquiétude*, also unberechenbares, Eigeninteressen verfolgendes, kaum kontrollierbares Bewußtsein vorausgesetzt, das in der Weise der *konditionierten Koproduktion (bzw. struktureller Kopplung)*[238] das Spiel des Systems überhaupt ermöglicht; andererseits muß diesem Bewußtsein auch nicht mehr als ein ›Bestimmtes von diesem oder jenem Menschen‹ unterstellt werden. Das System ist kaum auf gleichsam circumscriptes Bewußtsein angewiesen. Wie bei den Massenmedien herkömmlicher Bauart ist der Adressatenkreis weitgehend anonym, aber anders als bei diesen Massenmedien muß auf die Selektion des *Verstehens* nur geringer Wert gelegt werden, wenn es um die Reproduktion der Differenz des Systems geht. Zwar kommt die ›Lektüre‹ der Dokumente erster Ordnung nicht ohne psychische Verstehensleistungen aus, aber für die Reproduktion des Systems selbst sind diese Leistungen unspezifische Umweltgegebenheiten.

235 Ich folge cum grano salis einer Anregung von Halbach, W., »Zeichen der Technologistik – Körper, Körperschaften, Räume«, in: Faßler/Halbach 1992, a. a. O. (Fn. 232), S. 53-67.
236 Das schließt nicht aus, daß Bewußtseine einzelne Surfgänge erinnern könnten, aber sie bilden die Umwelt des Systems.
237 Das ist ein Schlüsselprinzip der Autopoiesis, daß die eigentliche Reproduktion (die Herstellung der Elemente, die das System herstellen, das die Elemente herstellt) sich externen Zugriffen verschließt.
238 Vgl. dazu umfangreich Fuchs, P., *Die Metapher des Systems. Studie zur allgemein leitenden Frage, wie sich der Tanz vom Tänzer unterscheiden lasse*, Weilerswist 2001.

Die traditionellen Massenmedien sind in ihrer Autopoiesis darauf angewiesen, *daß* rezipiert wird, und sind deshalb darauf eingerichtet, frei flottierende Attentionalität (durch ihre Asymmetrisierungen) zu binden. Das WWW benötigt ebenfalls vagabundierende Aufmerksamkeit für Dokumente beliebiger Art, aber installiert (differentiell zu dieser Ebene) seine Reproduktion, indem es laufend idiosynkratische Arrangements von Dokumenten ermöglicht, die über dem Medium ›flackern‹. Die Konsequenz ist, daß es das Bewußtsein in seiner Umwelt, bezogen auf seine Reproduktion, *de-spezifiziert*. Obwohl es um die Publikation von Privatem geht, wird das Private des Bewußtseins ausgeblendet. Das WWW ist ein ›Wegpumpwerk‹ für *dezidiert zu berücksichtigendes Bewußtsein*, obschon in seinen Registern private Dokumente hängen. Im Zentrum seiner Reproduktionsleistung steckt eine Paradoxie, deren Entfaltung (morphogenetische Invisibilisierung) das System vollzieht. Aber noch einmal: Wozu könnte das gut sein? Oder besser: Was für Vergleichsmöglichkeiten handelt man sich mit dieser Problemkonstruktion ein?

### 5. Eine nicht-repräsentable Selbstbeschreibung der Gesellschaft

Zunächst ist die These bewegt worden, daß das WWW in die Funktionsstelle der Selbstbeschreibung der Gesellschaft eintritt, indem es die Schattenwelt des Privaten, die durch das System der Massenmedien ausgefällt wird, aufgreift und so bearbeitet, daß sie publiziert und nicht-publiziert zur selben Zeit erscheint. Nun sieht es so aus, als ob das WWW den Beschreibungen der Gesellschaft nicht eine weitere Beschreibungsmöglichkeit hinzufügte, sondern als ob es die Form der modernen Gesellschaft kopiere, und zwar in einer ganz bestimmten Hinsicht: Es saugt auf der Dokumentebene erster Ordnung beliebige Mitteilungen an, es kennt (kaum) Themenabwehr, es ist vollkommen *gesellschaftsoffen*, wenn damit gemeint ist, daß es so wenig wie die Gesellschaft irgendwelche Kommunikabilien ausklammert, solange sie nur im Medium als Element fungieren können; aber es *abstrahiert dabei operativ von jeder Spezifik*. Die Besonderung der Formeinschreibungen (das virtuelle, idiosynkratische *chaining* der Dokumente) ist nicht selbst repräsentabel.[239]

Das könnte bedeuten, daß das System des WWW eine Beschreibung der Gesellschaft in der Gesellschaft prozessiert, die – paradox genug – die Nicht-Repräsentabilität der Einheit der Gesellschaft in einem

---

239 Und wenn sie es wäre, wenn es also gelänge, diese Ereigniskomplexionen ihrerseits zu speichern, so würde jeder Speicher und jede Informationsverarbeitung an Komplexitätsüberlasten zusammenbrechen.

etymologisch genauen Sinne: *präsentiert.* Das System kopiert die Nicht-Einheitsfähigkeit (die Nicht-Erreichbarkeit) der Gesellschaft im Wege des re-entry in die Gesellschaft.[240] Das System der Massenmedien hingegen läßt konkurrierende Selbstbeschreibungen der Gesellschaft zu, es suggeriert (auf dem Wege der ›Stauchungen‹), daß es Bedeutsamkeiten gebe, globale Relevanzen, globale Vordringlichkeiten, global Bemerkenswertes. Das WWW entzieht sich jeglicher *Pointierungsmöglichkeit.* Es inszeniert ein ›Verblitzen‹ jeder Verkettung, es ist, wenn man so will, eine fortwährende ›Verblitzung‹ jeglicher Einheitsprätention, und es ist deshalb von der Form her: anti-fundamentalistisch, wieviel Fundamentalismen auch immer in die Dokumentenebene erster Ordnung eingeklinkt werden.

So sonderbar es klingt, damit wird dieses System nicht nur vergleichbar mit dem System der Massenmedien, sondern auch mit dem der Kunst.[241] Deren soziale Funktion gravitiert um das Problem, wie man in der Welt (die immer nur die Welt ist, die sie ist) wahrnehmbar macht, daß diese Welt *nur beobachtete Welt* und das heißt: unaufhebbar kontingent ist.[242] Etwas operativer ausgedrückt: Die (moderne) Kunst zeigt an Kunstwerken, daß in jeder Beobachtung – weil sie Beobachtung ist – etwas verschwindet, die Möglichkeit einer Einheitsbeobachtung, einer Totalsicht, einer Perfektion in der Beobachtung der Welt. Kunst führt wahrnehmungstechnisch vor, daß die Welt nicht zu ›haben‹ ist. Ebendeshalb ist Kunst zutiefst ironisch.[243]

Das Kunstsystem reproduziert die Differenz *beobachtbar/unbeobachtbar* im Medium der Wahrnehmung anhand eigens dafür prä-

240 Vgl. umfangreicher Fuchs, P., *Die Erreichbarkeit der Gesellschaft. Zur Konstruktion und Imagination gesellschaftlicher Einheit,* Frankfurt am Main 1992.

241 Immer vorausgesetzt, es handle sich beim WWW um ein Funktionssystem in statu nascendi.

242 Siehe Luhmann, N., »Weltkunst«, in: Luhmann, N./Bunsen, F.D./Baecker, D., *Unbeobachtbare Welt. Über Kunst und Architektur,* Bielefeld 1990, S.7-45; ders., *Die Kunst der Gesellschaft,* Frankfurt am Main 1995.

243 So wie es die (Schlegelsche) Romantik gemeint hat: als Einsicht in Unabschließbarkeit, in fundamentale ›Fragmentarität‹, die nie ›fundamental‹ sein kann, weil sich auch von der Einsicht der Unabschließbarkeit her kein System (ein Totum) entfalten läßt. Vgl. Fuchs, P., »Die Form der Romantik«, in: Ernst Behler et.al. (Hrsg.), *Athenäum, Jahrbuch für Romantik,* 3.Jg., Paderborn, München/Wien/Zürich 1993, S.199-222. Im übrigen gibt es viele Hinweise, daß auch die Nutzung elektronischer Medien Ironie begünstigt. Vgl. als Randbemerkung dazu Fuchs, P., »Zwischen den Zeilen. Die Schriftlichkeit der Liebesbriefe«, in: *Neue Gespräche 3,* 2000, S.19-21.

parierter Objekte (Kunstwerke), und es setzt dabei eine psychische Umwelt voraus, die in einem Zuge etwas wiedererkennen und sich am Wiedererkennen bzw. Wiedererkannten überraschen lassen kann. Es bereitet seine Dokumente (Kunstwerke) so zu, daß das Paradox *redundanter Varietät* entfaltet wird. Auch hier gilt, daß das System nicht die Zusammen-Stellung (das Gestell) seiner Dokumente ist, sondern die operative Reproduktion jener Differenz.

Der Vergleichspunkt liegt mithin darin, daß beide Systeme (Kunst und WWW) es mit der Unmöglichkeit bzw. Verunmöglichung der Repräsentation einer Einheit in einer Einheit zu tun haben, Kunst, bezogen auf die Beobachtung der Welt, das WWW, bezogen auf die Komplettbeobachtung der Gesellschaft. Die Kunst erfüllt ihre Funktion durch die Präsentation von Objekten, die sich nicht vollständig beobachten lassen, also auf Unausschöpfbarkeit hingetrimmt sind; das WWW konfrontiert die kurrenten Selbstbeschreibungen der Gesellschaft durch die Massenmedien mit durch diese Medien nicht erfaßbaren Gegenseiten, indem es eine ›Dauerverblitzung‹ installiert, die sich nicht selbst publizieren läßt. Beide Systeme richten sich auf der Ebene der Unmöglichkeit einer totalisierenden Beobachtung ein.[244]

Aber sehr verschieden ist die Weise, wie diese Systeme ihre bewußte Umwelt engagieren oder (präziser) intern rekonstruieren. Die Kunst errechnet sich das zu ihr passende Bewußtsein (ob es nun um Künstler, Rezipienten oder beides zugleich geht) als eines, das fasziniert werden kann durch Objekte, die keinerlei praktischen Sinn haben. Es muß ein ästhetisch irritierbares Bewußtsein, also vor allem (und im Augsgangssinn dieses Wortes) empfindlich für Wahrnehmung sein.[245] Es sollte sein *Erleben erleben* können und über die Fähigkeit verfügen, auf vollständige Entzifferung von Objekten der Kunst nicht angewiesen zu sein, sondern im Gegenteil: sich gerade durch die Kommunikation von unausschöpfbarem, diskursiv nicht darstellbaren Sinn ›entzünden‹ zu lassen. Kurz: Die Konstruktion eines in diesen Hinsichten sensitiven (nicht unbedingt aber gelehrten) Bewußtseins ist unverzichtbar.[246]

Im Gegensatz dazu (zu dieser Konstruktion quasi ›tiefer‹ Adressen) benötigt das WWW unruhiges, nur befristet bindbares Bewußtsein,

244 Wenn das etwas bedeuten könnte, ließe sich sagen, sie seien exakt ›postmodern‹, das dann im Unterschied zu den herkömmlichen Massenmedien.

245 Vorsichtshalber: Es muß dies alles nicht sein, es muß nur gelernt haben, sich so zu verhalten, als ob man ihm dies unterstellen könne.

246 Das läßt sich auch an den Selbstdarstellungserfordernissen des künstlerischen Personals erkennen, das eine ganz eigentümliche Arroganz im Blick auf seine Situiertheit in der Welt vorzuführen versteht. Kunst muß nicht erklären, wozu sie gut ist. Umso erstaunlicher sind dann kunst- und museumspädagogische Bemühungen.

dessen Spezifik allein darin besteht, daß es sich zum ›Surfen‹ animiert. Es muß die ›Geräte‹ bedienen können, aber nicht zwingend dazu in der Lage sein, komplexe Sinnoperationen (wie Erleben erleben, Wahrnehmung als Wahrnehmung goutieren etc.) durchzuführen. Diesen Umstand hatten wir durch die Formulierung ausgedrückt, daß das WWW Bewußtsein *de-spezifiziert*, also eigentlich in ein kaum geordnetes Rauschen transformiert.[247]

Die Kunst ›offenbart‹, daß alle Beobachtung *geordnete* Beobachtung ist (also immer etwas verdeckt wird, wenn man etwas beobachtet); das WWW imponiert dadurch, daß es laufend sich vernichtende Ordnungen ermöglicht. An beide Formen knüpfen sich (darf man sagen: brisante?) Chancen und Risiken der Sozialisation des damit befaßten Bewußtseins, zu denen, soweit ich sehe, theoretisch und methodisch sehr weitreichende Forschungen noch nicht vorliegen, aber dringlich erforderlich wären.

## 6. ›User‹ *als stroboskopische Adressen*

Wir haben gesagt, daß das WWW das Bewußtsein in seiner Umwelt *de-spezifiziert*, oder – adressentheoretisch formuliert – intern eine ›flache‹ soziale Adresse erzeugt. Wenn wir den Ausdruck ›Adressenformular‹ heranziehen, müßte man von weitgehend identitätsentkernten, listenförmigen Eintragsmöglichkeiten sprechen.[248] Insofern das WWW als Sozialsystem begriffen werden kann, tritt in ihm aus diesem Grund (gleichsam verschärft oder paradigmatisch) das Problem auf, wie die Kommunikation, durch die es betrieben wird, dann noch ein Minimum an Selbstreferenz markieren kann. Wie kommt das System an markante Mitteilungsverankerungen, an soziale Adressen, deren Re-Adressierbarkeit (Ansteuerbarkeit) ihm Führung verschafft?

Wenn man in dieser Frage weiterkommen will, muß noch einmal klar gestellt werden, daß wir das WWW nicht betrachten im Blick auf die Leute, die beliebige Inhalte dem Medium der Digitalität *aufschal-*

---

247 Hier ließen sich dann weitere instruktive Vergleiche etwa zum Wirtschaftssystem starten, das auch an Bewußtsein kaum mehr voraussetzt als mögliches Engagement in Zahlungsoperationen.

248 Es macht Vergnügen zu hören, daß dem WWW die Adressiermöglichkeiten ausgehen. Ein neuer Standard (IPv6) mußte gesucht werden, der dann $2^{128}$ mögliche Adressen gestattet, da dieser mit 128 Bit anstelle von 32 Bit arbeitet. Und auch dies ist hübsch, das Zeichen einer Adresse: 360.382.386.120.984.643.363.377.707.131.268.210.929. Diese Information habe ich von Paul Fuchs, der sie wahrscheinlich selbst aus einer Zeitschrift hat.

*ten.*[249] Die von Achim Brosziewski (und glücklich) gewählte Metapher des *Aufschaltens* zeigt einerseits die arbiträre Aufnahmefähigkeit oder Imprägnierbarkeit des Mediums an, andererseits aber auch, daß die ›Aufschalter‹ *als* Aufschalter relevant für das System sind und nicht als: Uschi, Peter oder Paul. So wenig, wie es in der Gesellschaft um die Auszeichnung des WAS der Kommunikation geht (die Gesellschaft ist indifferent gegenüber Kommunikabilien), so wenig ist auch das WWW (als Sozialsystem) mit den Themen, Inhalten, dem Worüber der Kommunikationen befaßt, die es prozessiert. Es kann beliebige Themen aufnehmen, die ganze Breite der auch sonst möglichen gesellschaftlichen Kommunikation, aber es bleibt absolut indifferent gegen die aufgeschaltete Thematizität. Es kommt nur auf das ›Daß‹ (auf die Quodditas, nicht auf die Quidditas) des Aufschaltens an.

Wenn, wie wir vermuten, die eigentliche Operation des Systems das ›Linken‹ ist, dann ›gewittert‹ es – führungslos, erratisch und als eine Sinnbewegungsmaschinerie, die, wenn man will, adressentechnisch kaum Besonderungen unterliegt. Aber gerade diese Unterspezifikation läßt erwarten, daß das System Wege operativ entdecken muß, die myriadenfach anfallenden Sinnverweisungsschläge so zu ›durchröntgen‹, daß es Zurechnungspunkte findet und ausnutzt, über die es als System von *Mitteilungshandlungen* ›ausflaggbar‹ ist und damit einerseits ›selbstkontrollierbar‹ wird, andererseits sich der (stark vereinfachten) Beobachtung durch andere Systeme exponieren kann.

Technisch gesehen, geht es um eine ›Rückverfolgung‹, mit der das System die Flut der Kommunikationen durchmustert auf Umweltgegebenheiten, die als Äußerungsproduzenten genommen werden können. Diese Suche richtet sich, klassisch gesprochen, auf ›Subjekte‹, die identifizierbar sind, sei es, daß (wie 1999) diskutiert wurde, alle Pentium III-Prozessoren eine ID-Nummer erhalten sollten, die jeden ›User‹ mitsamt seiner Netzaktivitäten feststellbar gemacht hätten, sei es, daß jedem Rechner, der sich in das Internet einklinkt, eine IP-Nummer zugeteilt wird, die ein Zurückrechnen bis zum Provider gestatten und in Grenzfällen die Einsicht in die log-files auf deren Servern.[250] Solche Lokalisierungen sind ebenfalls möglich mit im Handel verfügbaren Browsern, mit deren Hilfe ›externe Instanzen‹ beispielsweise ›Cookies‹

249 Siehe zu einem avancierten Versuch, das Medium der Digitalität theoretisch in den Griff zu bekommen, Brosziewski, A., *Aufschalten. Kommunikation im Medium der Digitalität*, Konstanz 2003.
250 Sehr anregend für diese und die folgenden Überlegungen war für mich Schröter, J., »Die Macht der Stillstellung. Zur technologischen Abtastung und Verfolgung am Beispiel der Fotografie und des Computers«, in: Gelhard, A./Schulz, T./Schmidt, U. (Hrsg.), *Stillstellen. Medien, Aufzeichnung, Zeit*, Schliengen 2004, S. 60-74.

auf anderen Computern implementieren können, ›Parasiten‹, die es gestatten, User-Verhalten (etwa im Blick auf Kaufstrategien) in ›Echtzeit‹ zu ›scannen‹. Bekannt ist auch, daß Microsoft ein (lange Zeit geheimes) Identifikationssystem (Global Unique Identifier) einsetzt, mit dem man von Files, die mit Microsoft-Programmen erzeugt wurden, rückrechnen kann auf denjenigen, der die Lizenz hat.

Diese Lokalisierungen und Rückrechnungen dienen aber im Normalfall nicht der Ermittlung *einer* Person, sie sind in dieser Hinsicht nicht: detektivisch. Die Leistung besteht darin, ›Streuungen‹ zu ermitteln, abzutasten, nachzuzeichnen, die – in der Form – die soziale Adresse nach der Sprengung des Einheitsformulars kopieren. Es geht nicht um den Einzelmenschen, nicht um das Individuum, schon gar nicht um *ein* Subjekt, sondern um die komplexe Struktur einer Dividualität, einer ›multiplicité du moi‹[251], in der die objektive Welt und deren subjektive Auffassung nicht zur Deckung kommen.[252] Der ›User‹ wird in der Operativität des WWW als Selektionsprofil ausgezeichnet, als Zusammenhang multipler Spuren.[253] Das (häßliche) Wort ›User‹ bezeichnet nicht einmal die Notwendigkeit eines Zusammenhanges, sondern nur noch die Alltagsgewohnheit, auf irgend jemanden zuzurechnen, der wie ein Einheitsfunktor oder Einheitsillusionator für Surfbewegungen wirkt, die wie Stroboskopgewitter über das Netz hin irrlichtern.[254]

Es könnte sein, daß man von diesen Überlegungen aus auf die Idee kommen kann, das WWW führe (gleichsam verdichtet) das vor, was längst schon die Form der sozialen Adresse *des* Menschen in der Mo-

251 Vgl. Behrens, R., »Metaphern des Ich«, in: *Die literarische Moderne in Europa* (Piechotta, H. J. et al. (Hrsg.), Opladen 1994, S. 334 f.

252 Wovon sich einst träumen ließ: »Alle Ereignisse im Leben eines Menschen ständen demnach in zwei grundverschiedenen Arten des Zusammenhangs: erstlich, im objektiven, kausalen Zusammenhange des Naturlaufs; zweitens, in einem subjektiven Zusammenhange, der nur in Beziehung auf das sie erlebende Individuum vorhanden und so subjektiv wie dessen eigene Träume ist… Daß nun jene beiden Arten des Zusammenhangs zugleich bestehen und die nämliche Begebenheit als ein Glied zweier ganz verschiedener Ketten, doch beiden sich genau einfügt, infolge wovon jedesmal das Schicksal des Einen zum Schicksal des Andern paßt und jeder der Held seines eigenen, zugleich aber auch der Figurant im fremden Drama ist, dies ist freilich etwas, das alle unsere Fassungskraft übersteigt und nur vermöge der wundersamsten harmonia praestabilita als möglich gedacht werden kann.« (Arthur Schopenhauer, *Parerga und Paralipomena*, zit. nach Jung, C. G., *Synchronizität, Akausalität und Okkultismus*, München 1990, S. 16 f.

253 Wir denken hier angelegentlich an Jacques Derrida. Diese ›Spuren‹ müssen nicht als Ausdruck einer Abwesenheit gedeutet werden. Hier entwickelt sich ein Darüberhinaus.

derre ist: eine listenförmige Disparität, eine kaum noch zentrierbare Streuung, eine fungierende ›Aphoristik‹.[255] Man könnte jedoch einwenden, daß dies vielleicht für soziale Adressen gelte, kaum aber für ihren somatopsychischen Gegenhalt, die ›wirklichen‹ Menschen. Zumindest ihr je singuläres Leben garantiere Einheit, eindeutige Zurechenbarkeit oder für wissenschaftliche Beobachter: empirische Härte. Man komme nicht um das Leben der Menschen herum.

Zählt der Einwand? – Zumindest bedarf er einer Prüfung.

254 Schröter 2004, a.a.O., sieht die Funktion solcher Streuungsabtastungen in einem kapitalistischen Ausnutzen des Begehrens von Subjekten. Wir sehen darin einen ›Augenfehler‹, eine Art Diplopie. »Ein so stark unrealistisches Verhalten kann nur mit einem Bedarf für Reduktion von Komplexität erklärt werden.« Luhmann 1984, a.a.O. (Fn. 250), S. 229.

255 Hier muß an Nietzsche gedacht werden. Vgl. Wellner, K., »Nietzsches Standpunkt ›jenseits von gut und böse‹«, in: Concordia 26, 1994, S. 41-71.

# V Das Leben *des* Menschen

>»Was war das Leben? Man wusste es nicht.
Es war sich seiner bewusst, unzweifelhaft, sobald es Leben war,
aber es wusste nicht, was es sei… Es war nicht materiell,
und es war nicht Geist. Es war etwas zwischen beiden,
ein Phänomen, getragen von Materie, gleich dem Regenbogen
auf dem Wasserfall und gleich der Flamme.
Aber wiewohl nicht materiell, war es sinnlich bis zur Lust und zum Ekel,
die Schamlosigkeit der selbstempfindlich-reizbar gewordenen Materie,
die unzüchtige Form es Seins. Es war ein heimlich-fühlsames Sichregen
in der keuschen Kälte des Alls, eine wollüstig-verstohlene Unsauberkeit
von Nährsaugen und Ausscheidung, ein exkretorischer Atemhauch
von Kohlensäure und üblen Stoffen verborgener Herkunft und
Beschaffenheit.«
*Thomas Mann, Zauberberg*

>»Wenn Sie das Leben kennen, geben Sie mir doch bitte seine Anschrift.«
*Jules Renard*

>»Das Leben übersteigt unendlich alle Theorien,
die man in Bezug auf das Leben zu bilden vermag.«
*Boris Pasternak*

## A Die Problemexposition

Die Frage, was es mit dem *Leben* und gar mit *dem* Leben *des* Menschen
auf sich habe, provoziert nicht nur Pathosverdacht. Sie ist – so gestellt
– unbeantwortbar, eine Wesensfrage, deren Antwort daran scheitert,
daß man auf *das* Leben trivialerweise so wenig zeigen kann wie auf *den*
Menschen. *Der* Mensch lebt nicht, und – wir haben es weit oben schon
gesagt – *das* Leben lebt nicht[1], und: Sozialsysteme schon gar nicht. *Das*

1 Liest man die *Minima Moralia* von Theodor W. Adorno, so findet man
als Motto des ersten Teils das Wort: »Das Leben lebt nicht«, das (dort
allerdings mit einem Ausrufezeichen) aus dem Roman *Der Amerikamüde*
(1855) stammt, den der österreichische Schriftsteller und Feuilletonist
Ferdinand Kürnberger (1821-1879) verfaßt hat. Der Satz scheint so plausibel zu sein, daß er mittlerweile auch bei zugegeben sonst merkwürdigen
Büchern als Titel fungieren kann: Vgl. Die Röteln (Hrsg.), *Das Leben lebt
nicht,* Verbrecherverlag 2006. Oder als Ausstellungstitel: »Das Leben lebt
nicht. Vier künstlerische Positionen. Arbeiten von Barbara Breitenfellner,
Micha Brendel, Bea Emsbach und Erika Lehmann, Ausstellung 21. April
bis 29. Mai 2005.«

Leben ist kein empirischer Gegenstand. Vielleicht ist es deshalb ein Anlaß für unausschöpfbare, nicht enden könnende Kommunikation, die
– vor allem, wenn es um den Topos des *menschlichen* Lebens geht – die
Explikations- und Darstellungsmöglichkeiten jeder wissenschaftlichen
Arbeit sprengen würde, die auf Vollständigkeit hin angelegt wäre.

Ersichtlich ist die oben gestellte Doppelfrage am antiken Schema
*bios/zoe* orientiert, wobei *zoe* eigentlich das meint, wovon heute die
Biologie handelt[2], und *bios* die Führung des *menschlichen* Lebens. Auf
beiden Seiten des Schemas ist Gerichtetheit, ist Teleologie impliziert, sei
sie instruiert durch die ›Seele‹ (*zoe*) oder durch Geist/Vernunft (*bios*).
Von dieser Unterscheidung aus spannt sich eine gleichsam elliptische
Thematisierungswelt auf, in deren einen Brennpunkt die Frage nach
dem Leben *als* Leben steht (heute dann etwas, das man ›Fundamental-
biologie‹ nennen könnte), in deren anderen Zentrum es um das Leben
*als menschliches* Leben geht, also genau nicht: um *das* Leben selbst.[3]
Oder jedenfalls nicht um das Leben, nach dem mit der Frage »Was ist
Leben?« gefragt werden kann, eine Frage (What is life?[4]), auf die Erwin
Schrödinger mit der These antwortet, Leben sei der Ausdruck für das
Vorkommen von ›negentropieverzehrenden offenen Systemen‹, die so
etwas wie Widerstand leisten gegen die Auflösung im thermodynami-
schen Gleichgewicht, solange sie eben leben.[5] Bezogen auf das Universum, würde das Leben – funktional gesehen – Entropie (wie minimal
auch immer) irgendwie ›ausmanövrieren‹.[6]

2 Die also recht eigentlich ›Zoologie‹ heißen sollte.

3 Bekanntlich gibt es im angelsächsischen Sprachraum einen Ausdruck für
menschliches Leben, das – wie etwa beim appallischen Syndrom – *nur* lebt
(ohne die Merkmale dessen, was man üblicherweise für menschlich hält),
nämlich ›human vegetables‹.

4 So jedenfalls der Titel eines berühmten Buches von Erwin Schrödingers, das
die *Dublin Lectures* von 1943 wiedergibt, dt. Bern 1946; München 1993,
ein Buch, das auch den Wechsel von Physik zu Biologie als Leitwissenschaft
markiert.

5 Vgl. auch Monod, J., *Zufall und Notwendigkeit. Philosophische Fragen
der modernen Biologie*, München 1971 (*Le hasard et la nécessité*, Paris
1970).

6 Auf dieses Problem bezogen, entwickelt sich die allgemeine Systemtheorie.
So jedenfalls Luhmann, N., *Ökologische Kommunikation. Kann die moderne Gesellschaft sich auf ökologische Gefährdungen einlassen?*, Opladen
1986, S. 16/17: »Wenn es dieses Gesetz [Entropiegesetz] mit seiner Tendenz
zum Wärmeverfall gibt, ist es um so wichtiger zu erklären, weshalb die
Ordnung der Natur ihm trotzdem nicht entspricht, sondern negentropisch
evoluiert. Die Antwort liegt in der Eigenart thermodynamisch offener
Systeme, die sich über Input und Output mit ihrer Umwelt in Beziehung
setzen, sich auf Austauschbeziehungen, also Umweltabhängigkeit einlassen

Eine zweite These besagt dann, daß die Zelle als elementarer Bestandteil des Lebens ein Prinzip beinhalten müsse, das, wenn man so will, die ›Entelechie‹ in Gang setzt und ordnet. Schrödinger nimmt an, daß es sich bei dem Träger oder dem Inszenierer des Lebens um einen *aperiodischen Kristall* handle[7], und er wird bestätigt durch Oswald Avery und die Entdeckung (1944) der Desoxyribonukleinsäure (DNS, engl. DNA) und durch Watson und Crick, die 1953 zeigen, daß die DNA eine Doppelhelixstruktur aufweist, Forschungsergebnisse, die eine atemberaubende Entwicklung stimulierten, die bis heute nicht abgeschlossen ist und mittlerweile dazu geführt hat, daß dieses Wissen über ›Leben‹ eingesetzt werden kann auch in der Form von ›Lebenstechniken‹, die den Forschungsgegenstand so verändern, daß zumindest die Frage nach der Zukunft des ›bios‹, des menschlichen Lebens auf eine verblüffende Weise neu gestellt werden muß.

Wir werden aber (und das ergibt sich aus dem Duktus unserer Gesamtargumentation) auch jetzt nicht die ›Was-ist-Frage‹ stellen, sondern davon ausgehen, daß Sinnsysteme nicht auf *das* Leben durchgreifen, sondern es nur *beobachten* können. Für Sozialsysteme bedarf diese Annahme keiner weiteren Erläuterung; im Blick auf psychische Systeme ist sie aber problematisch, insofern kein Zweifel daran bestehen kann, daß eine Bedingung ihrer Möglichkeit das ist, was üblicherweise ›Leben‹ heißt.[8] Sie sind mithin in das Leben, das sie beobachten, so eingefaltet, so daß erneut alle Tücken der Selbstreferenz drohen.

Zieht man die Theorie von Niklas Luhmann heran, um das Problem *des Lebens* im Kontext von Sinnsystemen einzukreisen, stößt man auf auffällig kryptische und kurze Bemerkungen, die nahezu den Eindruck erwecken, das Leben sei eine Selbstverständlichkeit, eine nicht weiter analysebedürftige Grundlage sozialer Systeme. So heißt es etwa, »daß soziale Systeme eine eigene Reproduktion nur verwirklichen können, wenn die Fortsetzung des Lebens und des Bewußtseins gewährleistet

und ihre Autonomie durch strukturelle Selbstregulierung trotzdem garantieren können. Ludwig von Bertalanffy hat diesen Gedanken aufgegriffen und dem zugrunde gelegt, was man seitdem ›allgemeine Systemtheorie‹ nennt.«

7 »Leben ist eine Materie, die ihre Struktur wie ein Kristall – und zwar ein seltsamer ›aperiodischer Kristall‹ – während ihres Wachstums ständig wiederholt.« Margulis, L./Sagan, D., *Leben. Vom Ursprung zur Vielfalt*, Heidelberg-Berlin 1999, S. 12

8 Bzw. funktionale Äquivalente dazu. Ich denke, Maschinen können dieselbe Funktion bedienen, aber es ist noch nicht so weit, weil die Maschinen einerseits noch grotesk unterkomplex sind und weil andererseits in den Domänen der AI kaum Kontakt aufgenommen wird mit Theorien, die *Sinnerwirtschaftung* zum Thema gemacht haben.

ist.« Und dann: »Diese Aussage klingt trivial. Sie wird niemanden überraschen.«[9] Die Frage ist, ob man einem Meister der Umdeutungen, der Überraschungen trauen darf, wenn er seinen eigenen Feststellungen Trivialität ansinnt. Tatsächlich ist es so, daß er auf der Seite zuvor schreibt: »So wie die Selbstreproduktion sozialer Systeme dadurch, daß Kommunikation Kommunikation auslöst, gleichsam von selber läuft, wenn sie nicht schlicht aufhört, gibt es auch am Menschen geschlossen-selbstreferentielle Reproduktionen, die sich bei einer sehr groben, hier aber ausreichenden Betrachtung als organische und als psychische Reproduktion unterscheiden lassen.«[10] Es scheint, daß hier eine gleichsam alltagsplausible Differenz einfach übernommen wird, aber dann folgt: »Im einen Falle ist das Medium und die Erscheinungsform das *Leben*, im anderen Falle das *Bewußtsein*.«[11] Die dazugehörige Anmerkung lautet: »Ich nenne ›Erscheinungsform‹ zusätzlich, um auf die aus der Autopoiesis sich ergebende Möglichkeit der Beobachtung hinzuweisen.«[12] Mit diesen wenigen Bemerkungen eröffnet Luhmann die Chance, Leben zunächst einmal im Kontext der Medium/Form-Unterscheidung zu untersuchen.

Er unterscheidet (und er sagt selbst: ›grob‹) organische und psychische Reproduktion. Die ›Grobheit‹ der Unterscheidung liegt darin, daß die selbstreferentielle Geschlossenheit psychischer Reproduktion geradezu als evident behandelt werden kann, der Systemstatus steht außer Frage, daß aber die organische Reproduktion weitaus schwerer als System zu fassen ist. Das liegt unter anderem daran, daß man im Blick auf Sinnsysteme Operationen angeben kann (Kognitionen oder wahrnehmungsbasierte Zitationen in psychischer, Kommunikationen in sozialer Systemreferenz), die dem différance-technischen Zeitspiel der Autopoiesis unterliegen. Für die Operation organischer Reproduktion aber findet man kaum andere als tautologische Formulierungen, die im Kern besagen, daß gegenwärtiges Leben, das bewirkt wurde durch vergangenes Leben, *kausal* weiteres Leben auswirft, das dann nicht nur im Sinne der Produktion neuer Lebewesen, sondern unentwegt, pausen- oder lückenlos, ohne Risse, ohne elementare Einheiten, die sich – sozusagen getrennt voneinander – betrachten ließen.[13]

9 Luhmann, N., *Soziale Systeme. Grundriß einer allgemeinen Theorie*, Frankfurt am Main 1984, S. 297. Ferner ist auffällig, daß Luhmanns Theorie-Hauptbuch (eben: *Soziale Systeme*) nur wenig Verweise auf den Begriff, das Wort ›Leben‹ enthält.

10 Ebd., S. 296.

11 Ebd., S. 296/297.

12 Ebd., S. 296, Anm. 12.

13 Ich komme gleich auf die entscheidende Ausnahme zurück.

# Die Problemexposition

Die Raffinesse der Luhmannschen, gleichsam kryptobiologischen Wendung liegt darin, daß er organische Reproduktion und Leben nicht gleichsetzt, *sie sind nicht dasselbe.* Leben, sagt er, ist das Medium der organischen Reproduktion. Geht man (wie ich) davon aus, daß Medien als Inferenzmedien zu begreifen sind und nicht als ›Vorliegenheiten‹, nicht als etwas, das sich in der Welt herumtummelt und auf Formeinschreibungen wartet, dann ist das Leben (in das die organische Reproduktion ihre Formen einzeichnet) *reine* Virtualität. *Das* Leben ist demnach nicht System, ist nicht systemisch, es ist, wenn man so sagen darf, *aus Anlässen (wie etwa Formkatastrophen) errechenbare Potentialität*[14], also kein Ding, kein Ereignis und keine Ereignisverkettung, also auch nicht: Autopoiesis.[15] Es ist nicht ein ›Es‹. Es müßte gebarrt geschrieben werden: ~~Leben~~. Dieses ›Es‹ ist von der Art wie das in ›Es regnet‹, ›Es blitzt‹, ›Es denkt‹.

Die Formkatastrophe, die die Inferenz auf das Medium ›Leben‹ immer schon und immer noch und in einem fort erzwingt, ist die (nur sinnförmig gegebene) Aussicht auf das Nicht-Leben, auf den Tod, der mit seiner Imposanz das Leben imposant macht, weswegen sich auch leichthin formulieren läßt, das Schema des Lebens (und damit des Todes) sei genau diese Differenz: Leben/Tod. Leben läßt sich nur in Differenz zum Tod, der Tod nur in Differenz zum Leben bezeichnen. Die Außenseite des Schemas wäre dann jegliche (religiös angesetzte) Transzendenz, die den Tod durchkreuzt, also dem Gedanken Raum gibt, das Leben setze sich fort, auch wenn es (scheinbar) gestorben sei.[16]

Die Frage ist dann, als was das Medium ›Leben‹ zu erschließen sei.

14 Das verwundert auch nicht, wenn man daran denkt, daß wir es nur sinnförmig beobachten können.

15 Am Rande mache ich auf das Problem aufmerksam, das sich daraus ergibt, daß Luhmann in der zitierten Formulierung ›Leben‹ und ›Bewußtsein‹ funktional äquivalent setzt, als Medien von Reproduktionen. Darin steckt eine unerhört brisante Theorie-Entscheidung, die auf Sammetpfoten daherkommt. Am liebsten würde ich wie meine Töchter sagen: »Aber hallo!« Hier ist nicht der Raum, dieser Entscheidung nachzugehen, also etwa zu prüfen, ob Luhmanns Formulierung leichtsinnig ist oder Zeichen einer grandiosen Intuition.

16 Vgl. dazu auch Fuchs, P., »Media vita in morte sumus«. Zur Funktion des Todes in der Hochmoderne, Ms. Travenbrück 2006.

## *1. Das Medium ›Leben‹*

»Und keine Zeit und keine Macht zerstückelt
Geprägte Form, die lebend sich entwickelt«
*Goethe, Urworte*

»Ja, es ist seltsam. Mein Unterarm liegt jetzt horizontal,
und ich möchte sagen, daß ich das fühle; aber nicht so
als hätte ich ein Gefühl, das immer mit dieser Lage zusammengeht
(als fühle man etwa Blutleere oder Plethora) –
sondern, als wäre eben das ›Körpergefühl‹ des Arms
horizontal angeordnet oder verteilt,
wie etwa ein Dunst oder Staubteilchen an der
Oberfläche meines Armes so im Raume verteilt sind.
Es ist also nicht wirklich, als fühlte ich
die Lage meines Armes, sondern als fühlte
mein Arm, und das Gefühl hätte die
und die Lage. D. h. aber nur: ich weiß einfach,
wie er liegt – ohne zu wissen, weil … Wie ich auch weiß,
wo ich den Schmerz empfinde – es aber nicht weiß, weil …«
*Ludwig Wittgenstein*

Wir halten noch einmal fest, daß es um das Medium der organischen Reproduktion (nicht: um sie selbst) geht. Diese Reproduktion ist die Form,
die ›Leben‹ als Medium in Anspruch nimmt. Medien werden vorgestellt
als gegenüber dem Wechsel der Formen invariante Homogenitäten, die
nur aus den Formen, die sich ihnen ›einprägen‹, errechenbar sind. Medien sind gegenüber dem ›noise‹ der Form *noiselessness*.[17] Sie sind ›No-
Thingness‹[18] oder, wie wir oben schon sagten: schiere Beimeßbarkeit,
reine Potentialität. Aber sie sind (sonst wäre der heuristische Bezug auf
Medien sinnlos) nicht beliebige Beimeßbarkeiten, sondern offerieren,
wenn man so sagen darf, zugleich spezifische Möglichkeitsverknappungen.[19] Sie sind konzipiert als invariant homogene Möglichkeitsverknappungen für Formbildungen.[20] Nimmt man etwa (und auch sehr grob)

17  Vgl. Heider, F., *The Notebooks,* hrsg. v. Marijana Benesh-Weiner, Vol. 1,
*Methods, Principles and Philosophy of Science,* München-Weinheim
1987, S. 229.

18  In einer ganz anderen Tradition formuliert und hier mutatis mutandis
übernommen:»Expressed another way, ›the Undifferentiated exists only
through its own differentiation.‹« Stambaugh, J., *The Formless Self,* New
York 1999. S. 92.

19  Es klingt furchtbar, aber man müßte eigentlich sagen: Möglichkeitsver-
knappungsmöglichkeiten.

20  Eben darin ersetzt die Medium/Form-Unterscheidung den klassischen
Gegenstandsbezug der Wissenschaft.

die Buchstaben des Alphabets als Medium der Schrift, lassen sich die
Arabesken der Vogelflüge am Himmel nur noch poetisch-romantisch als
Schrift auffassen.[21] Wenn man als Medium der Wirtschaft Geld ansetzt,
fallen Liebeserklärungen schlicht nicht in die Domäne der Wirtschaft.
Das Medium limitiert mithin die Möglichkeit von Formbildungen. *Es
ist genau der Ausdruck für invariante Limitationalität.*

Legt man dieses heuristische Muster zugrunde, findet man eine
Vielzahl von Metaphern[22], die ›Leben‹ tatsächlich als eine ›Ur-Funda-
mentalität‹ nehmen, die – gleichsam in unauslotbarer Tiefe, ja wie die
›Chora‹ selbst – die Vielgestaltigkeit der Lebewesen *primordial* ermöglicht.[23] Das Leben sei »strömend urtümlich«, es sei dasjenige, worin
sich letztlich »Zeitigung und Weltigung« ereigne.[24] »Die konstituierte

21  Vgl. zu diesem Topos Oesterle, G., »Arabeske, Schrift und Poesie in
    E. T. H Hoffmanns Kunstmärchen ›Der goldene Topf‹«, in: Behler, E.
    et al. (Hrsg.), *Athenäum. Jahrbuch für Romantik*, 1. Jg., 1991, Paderborn/
    Wien/München/Zürich 1991, S. 69-107. Vgl. auch Fuchs, P., »Die Form
    romantischer Kommunikation«, in: Ernst Behler et. al. (Hrsg.), *Athe-
    näum. Jahrbuch für Romantik*, 3. Jg., Paderborn/München/Wien/Zürich
    1993, S. 199-222.
22  Wir beziehen uns hier auf die Phänomenologie, würden aber im Vita-
    lismus und in der Existenzphilosophie jede Menge vergleichbarer Meta-
    phern finden.
23  Woran sich denn kühl Kritik üben läßt. So Adorno in einem Brief an Leo
    Löwenthal:»Im Grunde geht es dabei darum, daß der Begriff des Lebens
    selber als einer aus sich selbst entfaltenden und sinnvollen Einheit gar
    keine Realität mehr hat, so wenig wie der des Individuums, und daß die
    ideologische Funktion der Biographien darin besteht, daß an irgendwel-
    chen Modellen den Menschen demonstriert wird, daß es noch so etwas
    wie ein Leben gebe, mit all den emphatischen Kategorien von Leben, und
    zwar gerade in empirischen Zusammenhängen, welche die, die kein Le-
    ben mehr haben, mühelos für die ihren reklamieren können. Leben selber,
    in einer sehr abstrakten Gestalt, ist zur Ideologie geworden, und gerade
    die Abstraktheit, die es von den älteren, gefüllteren Begriffen von Leben
    unterscheidet, macht es praktikabel (der vitalistische und existenzphilo-
    sophische Lebensbegriff sind schon Etappen auf diesem Weg.« Löwen-
    thal, L., *Schriften*, Bd. 4, hrsg. von Dubiel, H., Frankfurt am Main 1984,
    S. 158 f.
24  Husserl, E., *Die Krisis der europäischen Wissenschaften und die trans-
    zendentale Phänomenologie. Eine Einleitung in die phänomenologische
    Philosophie*. Ergänzungsband. Texte aus dem Nachlaß, 1934-1937, hrsg.
    v. Smid, R. N., Dordrecht 1993 (Husserliana 29), S. 333 f. Für Heidegger
    ist Philosophie nur »der genuine explizite Vollzug der Auslegungstendenz
    der Grundbewegtheiten des Lebens, in denen es diesem um sich selbst und
    sein Sein geht.« (Heidegger, M., *Phänomenologische Interpretationen zu*

Welt hat den Seinssinn Natur, in welcher körperliche Leiber Stätten ichlichen Waltens sind, Stätten physiopsychisch gebundenen Bewußtseinslebens.«, sagt ebenfalls Husserl.[25] Und: »Alles in eins ist Leben, und Welt ist Selbstobjektivation des Lebens in Form von Pflanzen, Tieren und Menschen, die geboren werden und sterben. Leben stirbt nicht, weil Leben nur ist in einer Universalität und inneren Einheit des Lebens.«[26] Leben ist: Intentionaliät.[27]

Phänomenologisch gesehen, imponiert die Idee, daß Leben »Zeitgestaltung« sei, und zwar sich selbst gestaltende Zeit.[28] »Festzuhalten ist [in Bezug auf Husserl]: Ursprünglich sich gestaltende Zeit ist Leben, und Leben ist Zeitgestaltung. Es handelt sich um ein operativ kinästhetisches Konfigurieren in hyletischen Feldern, die ein Selbst und eine Umwelt sich abheben lassen.«[29] Leben als Medium wäre dann so etwas wie ›Auto-Konstellativität‹ oder ›Autokonfiguravität‹ oder, wie man vielleicht auch sagen könnte: die ›stoffliche‹ Grammatik, die Grammatik hyletischer Auto-Agilität, durch die – sowohl ermöglicht als limitiert – die organische Reproduktion sich ›ausbuchstabiert‹.[30]

*Aristoteles*, hrsg. v. Neumann, G., Stuttgart 2002, S. 27. f. [Kursivierung durch mich, P. F.])

25 Husserl, E., *Zur Phänomenologie der Intersubjektivität*. Texte aus dem Nachlaß, 1929-1935, hrsg. v. Kern, I., Den Haag 1973 (Husserliana 15), S. 546. »Ich werde von den Menschen aus zurückgeführt auf den phylogenetischen universalen Prozeß der Lebewesen und ihrer Umweltlichkeiten … Es ist eine Geschichtlichkeit der Leiblichkeiten, der biologischen Entwicklungen, immerfort zwischen Geburt und Tod verlaufend, in einer Generativität, die fortläuft, während die Individuen sterben, während auch Tierarten geboren werden und sterben, neue erwachsen usw.« (Husserl, E., *Die Krisis der europäischen Wissenschaften und die transzendentale Phänomenologie* a. a. O. (Fn. 25), S. 333 f.

26 Ebd., S. 334. Vgl. zu einer genaueren Analyse Orth, E. W., »Der Begriff des Lebens in der husserlschen Phänomenologie«, in: Jonas, J./Lembeck, K.-H. (Hrsg.), *Mensch – Leben – Technik. Aktuelle Beiträge zur phänomenologischen Anthropologie*, Würzburg 2006, S. 51-65.

27 Orth, a. a. O. (Fn. 27), S. 54. Goethe formuliert in Wilhelm Meisters Wanderjahren: »Aufmerksamkeit ist das Leben!«

28 Man kann wissen, daß gerade in Hinsicht darauf Kant mit seiner Idee der ›Selbstorganisation‹ wesentliche Vorarbeit geleistet hat.

29 Orth, a. a. O. (Fn. 25), S. 59 (auch mit einem Verweis auf die Ähnlichkeit dieser Idee mit den Auffassungen Maturanas und Plessners Positionalität des Lebendigen).

30 Es ist klar, daß wir die in der Biologie endemische Schriftmetapher hier ebenfalls aufgreifen, aber wir werden sie weiter unten abhängen. Vgl. Fuchs, P., »Biologisch ausbuchstabiert. Wenn Metaphern Debatten beherrschen: Bemerkungen zu einer Suppe, die sich bei näherem Hinsehen

Daß Luhmann dann von ›Erscheinungsform‹ spricht, verweist – so rätselhaft diese Formulierung ist – darauf, daß das Medium seine ›Epiphanie‹ gleichsam organisch hat, als ›Sichtbarkeit‹, als Fülle von Resultaten (Lebewesen), als das, was ›kreucht und fleucht‹ und sich auf diese Weise der Beobachtung exponiert. Die dahinter steckende Figur, die für Luhmann typisch zu sein scheint, ist die der ›Selbstsimplifikation‹[31]: Das Leben ist nicht beobachtbar, es sei denn: als nicht es selbst – als Lebewesen.[32] Und dennoch hängt die Fortsetzung sozialer Systeme und psychischer Systeme, wie Luhmann sagt, daran, daß das Leben (und damit auch das Bewußtsein) in ihrer Umwelt kontinuierlich garantiert ist.

Die Frage ist, ob sich dazu noch etwas sagen läßt, das über die schiere Alltagsplausibilität (irgendwer muß halt leben, damit alles andere in Gang kommt) hinausgeht.

### 2. Penetration und ein weiterer Tunnelbau: Zur Funktion des Lebens für Sinnsysteme

›Leben‹ wird von Luhmann zum einen als eine allgemeine (sozusagen: infrastrukturelle) Voraussetzung von Sinnsystemen behandelt, dann aber auch in den Theoriekontext der *Penetration* gestellt. Von Penetration spricht er, »wenn ein System die eigene *Komplexität* (und damit: Unbestimmtheit, Kontingenz und Selektionszwang) *zum Aufbau eines anderen Systems zur Verfügung stellt.*«[33] Und dann sagt er: »In genau diesem Sinn setzen soziale Systeme ›Leben‹ voraus.«[34]

Sieht man einmal davon ab, daß der Begriff des Lebens damit seltsam ambigue wird (System und/oder Medium), so offeriert diese ansonsten prägnante Formulierung die Chance, unseren Tunnelbau im Blick auf die Frage *des* Menschen fortzuführen. Es geht nicht darum, *was* das Leben sei, sondern darum, wie es – von Sozialsystemen (und, wie wir hinzufügen, von psychischen Systemen[35]) her gesehen – konstruiert werden muß. Es kann offenbleiben, ob Luhmann dieses ›Voraussetzen‹ im Sinne einer ›realen Bedingtheit‹ gemeint hat; hier jedenfalls nehmen wir es als ›Unterstellen‹ oder als ›Projizieren‹. Soziale Systeme leben, wie

als heißgerührte Kaltschale entlarven lässt – Zur Entzifferung des Genoms und anderen Problem mit Sprache«, in: *taz*, 11.7.2000, S. 14.
31 Die Figur zeigt sich etwa auch in der Unbeobachtbarkeit von Kommunikation, die die Form von Handlungen (Mitteilungen) annehmen muß, um sich beobachten zu können bzw. beobachtet zu werden.
32 Ich erinnere daran, daß Medien nur anhand von Formen beobachtet und anhand von Formkatastrophen errechnet werden.
33 Luhmann, *Soziale Systeme*, S. 290.
34 Ebd.
35 Wir sagten, daß auch diese Systeme nicht leben.

wir sagten, nicht, aber sie ›entwerfen‹ sich das Leben, das sie benötigen, sie spezifizieren in gewisser Weise das, was für sie als Leben relevant ist, und im Zuge dieser Arbeit heißt das: Sie führen das Leben (dieses Meer an hyletischer Auto-Agilität) eng auf das *Leben von Menschen*, und das wiederum bedeutet, daß wir die weit oben diskutierten Projektionen (jene Undinglichkeiten, die wir diskutiert haben) ergänzen müssen: um das menschliche Leben selbst.

Wenn Luhmann sagt, Penetration bedeute, daß »die eigene Komplexität« des Lebens »und damit: Unbestimmtheit, Kontingenz und Selektionszwang« vom Leben, das er als Beispiel nennt, dem Sozialsystem zur Verfügung gestellt werde, so kehren wir nur die Richtung um: Was immer Leben (konkretistisch genommen) tun oder lassen, wie es sich also ›verhalten‹ mag, das Sozialsystem seligiert (projiziert) seine Adaption selbst. Luhmann deutet auch das an: »Im Falle von Penetration kann man beobachten, daß das *Verhalten* des penetrierenden Systems durch das aufnehmende System mitbestimmt wird (und eventuell außerhalb dieses Systems orientierungslos und erratisch abläuft wie das einer Ameise ohne Kontakt zum Ameisenhaufen).«[36] Läßt man problematische Begriffe wie ›Verhalten‹ als vorläufig ungeklärt weg, so ist es genau diese Differenz zwischen ›Mitbestimmung‹ und ›erratischer Orientierungslosigkeit‹, die wir uns übersetzen als Differenz zwischen der Selektion (Projektion) des Lebens als Voraussetzung der Möglichkeit sozialer und psychischer Systeme und: ›Leben überhaupt‹. Oder anders: Es ist der Kontakt der Ameise zum Ameisenhaufen, der uns interessiert, und nicht die Erratik ihrer Sonstwo-herum-Krabbeleien.

Allerdings sind Niklas Luhmanns Formulierungen mitunter, wenn er sie nicht in Monographien oder Aufsätzen ausgearbeitet hat, überaus dicht und deswegen interpretations-, mitunter sogar korrekturbedürftig. Die oben zitierte Sentenz (Penetration nenne man den Vorgang, bei dem »ein System die eigene *Komplexität…zum Aufbau eines anderen Systems zur Verfügung stellt*«) ist ein nachgerade prächtiges Beispiel dafür.

Was heißt hier ›System‹, wenn als Exempel ›Leben‹ figuriert oder gar an anderer Stelle ›Leben‹ nicht als System, sondern als ›Medium organischer Reproduktion‹ vorgestellt wird? Was kann es ferner bedeuten, daß dem ›System Leben‹ Komplexität wie eine Eigenschaft zugesprochen wird, so als ob Komplexität nicht ein beobachtungsrelativer Begriff wäre, der nur im Kontext beobachtender Sinnsysteme Sinn macht, sondern auch als Ausdruck für ein Attribut einer gleichsam beobachtungsfreien Welt einstehen könnte?[37] Die Welt ist für Sinnsysteme

---

36  Ebd.
37  Vgl. grundsätzlich Fuchs, P., *Der Sinn der Beobachtung. Begriffliche Untersuchungen,* Weilerswist 2004.

evident nicht unbeobachtet zu haben, und wenn wir uns – spaßes- und unmöglichkeitshalber – eine Welt vorstellen, in der es Lebewesen gäbe, aber keine Sinnsysteme, so wäre sie nicht einmal eine Welt, geschweige denn eine, die man komplex nennen könnte: Sie geschähe so dahin, von niemandem gesehen, niemanden erschreckend, für sich in absoluter Bedeutungslosigkeit, mit Schelling: als vollkommene Indifferenz. Sie hätte keine Erscheinung, sie wäre für niemanden eine ›Phänomenalität‹.[38]

Vielleicht überziehen wir die Interpretation[39], wenn wir sagen, daß der Luhmannsche Zusatz (»In genau diesem Sinn setzen soziale Systeme ›Leben‹ voraus.«) präzise auf das eben skizzierte Problem reagiert. Leben ist nicht: System.[40] Es wird als System von sozialen und psychischen Systemen als eine sie konstituierende Grundlage projiziert, eben: vorausgesetzt, und zwar nicht als ein System wie andere Systeme auch, sondern als dasjenige, das paradoxerweise *nur noch als Unbeobachtbarkeit beobachtet werden kann*[41]: als eine *nur sinnförmig konstatierbare Zugriffsentzogenheit für beobachtende Systeme* – als: *signiertes Präsignativum*. Und auch hier böte sich an, auf die platonische *Chora* zurückzugreifen.[42]

38 Dieser Satz klingt selbst ontologisch, aber – genau besehn – wartet er nur darauf, daß jemand einen beobachtungsfreien Satz über eine beobachtungsfreie Welt formuliert.

39 Tun es aber entschieden und durchaus bewußt.

40 Jedenfalls braucht diese Entscheidung als ontologische Entscheidung nicht getroffen zu werden.

41 So wie in einem Atemzug damit der Tod als beobachtbare Unbeobachtbarkeit entworfen ist.

42 Etwa und mutatis mutandis in folgendem (nicht minder paradoxalen) Verständnis: »We borrow the term chora from Plato's Timaeus to denote an essentially rnobile and extremely provisional articulation constituted by movements and their ephemeral stases. We differentiate this uncertain and indeterminate articulation from a disposition that already depends on representation, lends itself to phenomenological, spatial intuition, and gives rise to a geometry. Although our theoretical description of the chora is itself part of the discourse of representation that offers it as evidence, the chora, as rupture and articulations (rhythm), precedes evidence, verisimilitude, spatiality, and temporality. Our discourse – all discourse – moves with and against the chora in the sense that it simultaneously depends upon and refuses it. Although the chora can be designated and regulated, it can never be definitively posited: as a result, one can situate the chora and, if necessary, lend it a topology, but one can never give it axiomatic form. The chora is not yet a position that represents something for someone (i. e., it is not a sign); nor is it a position that represents someone for another position (i. e., it is not yet a signifier either); it is, however, generated in order to attain to this signifying position. Neither model nor

Aber so faszinierend dieser Rückgriff auch wäre, uns genügt, daß Sinnsysteme, wenn sie ~~Leben~~ beobachten, sich selbst (!) mit einer Komplexität konfrontieren und in's Benehmen setzen, die die zentrale Bedingung ihrer Möglichkeit betrifft. Komplexität ist schließlich für Sinnsysteme, wie wir sagten, kein Vis-a-vis-Phänomen. Es läge zwar nahe, mit der Referenz auf die *Chora* auch die Referenz auf *konditionierte Koproduktion*, auf den *Kanon Null*, auf die ›seichteste Unterscheidung‹ aufzubieten, aber im Sinne unserer Untertunnelungstechnik wollen wir geradewegs der Frage nachgehen, *wie* Leben, was immer es sein mag, in das ›Beobachtungs-Webewerk‹ von Sinnsystemen eingewoben ist – oder, von solchen Systemen her gesehen, eingewoben sein muß.

Im Anfang der Bestimmungen dessen, was Komplexität (hier: die des Lebens) im Zuge der Penetration Sinnsystemen anbietet, steht jedenfalls: Unbestimmtheit – ein, wie man sagen müßte, autologisches Wort, dessen eigene Bestimmtheit nur paradox bestimmbar ist. Als Begriff (und

copy, the chora precedes and underlies figuration and thus specularization, and is analogous only to vocal or kinetic rhythm. We must restore this motility's gestural and vocal play (to mention only the aspect relevant to language) on the level of the socialized body in order to remove motility from ontology and amorphousness where Plato confines it in an apparent attempt to conceal it from Democritean rhythm. The theory of the subject proposed by the theory of the unconscious will allow us to read in this rhythmic space, which has no thesis and no position, the process by which signifiance is constituted. Plato himself leads us to such a process when he calls this receptacle or chord nourishing and maternal, not yet unified in an ordered whole because deity is absent from it. Though deprived of unity, identity, or deity, the chora is nevertheless subject to a regulating process [réglementation], which is different from that of symbolic law but nevertheless effectuates discontinuities by temporarily articulating them and then starting over, again and again.« (Kristeva, J., *Revolution in Poetic Language*, trans. Margaret Waller, New York 1984, S. 25/26.) Vgl. ferner Derrida, J., »Chora«, in: Poikilia: *Études offertes à Jean-Pierre Vernant*, Paris 1987, S. 265-296; Sallis, J., Chorology, *On Beginning in Plato's Timaeus*, Bloomington, Indiana 1999, S. 91 ff. et passim; Algra, K., *Concepts of Space in Greek Thought*, Leiden/New York/ Köln 1995, S. 33 ff. et passim; Lee, K. J., *Platons Raumbegriff. Studien zur Metaphysik und Naturphilosophie im »Timaios«,* Würzburg 2001, vor allem S. 126 ff.; Kratzert, Th., *Die Entdeckung des Raumes. Vom hesiodischen »Cháos« zur plantonischen »Chóra«*, Amsterdam/Philadelphia 1998. Vgl. zur Behandlung des plantonischen Chora-Begriffes im Mittelalter Thiel, D., »Chóra, locus, materia. Die Rezeption des platonischen Timaios (48a-53c) durch Nikolaus von Kues-«, in: Aertsen, J. A./Speer, A. (Hrsg.) *Raum und Raumvorstellungen im Mittelalter* (Micellanea Mediaevalia, Bd. 25), Berlin/New York 1998, S. 52-73.

es ist schon schwer, hier von einem Begriff zu reden) ist Unbestimmtheit in jeder Ontologie schlicht ausgeschlossen, die davon ausgeht, daß die Welt in jedem Augenblick ist, was sie ist.[43] Eine ›durchgängig bestimmte Welt‹[44] kennt keine ontologischen ›Weich- oder Nachgiebigkeiten, sie kann nicht ›essentiell‹ verschwommen, verwaschen, dämmrig sein.[45] Es gibt in ihr keine Schattenhaftigkeit.

Unbestimmtheit (und so auch Bestimmbarkeit, Bestimmtheit etc.) ist nolens volens ein Begriff, der nur und sozusagen auf Anhieb ersichtlich *beobachtungsrelativ* funktioniert.[46] Es geht dabei um einen Beobachter, der in einer Operation etwas als bestimmt ›bestimmt‹ und damit in einem Zuge etwas anderes als unbestimmt ausblendet, zur Seite legt, ›bestimmt‹. Diese Operation hat insofern die Form von Sinn, und sie ist systemisch, weil sie als Operation eine ›Innenseite‹ konstituiert, ›in‹ der bestimmt/unbestimmt unterschieden wird – durch die Bezeichnung der einen oder anderen Seite.

Man kann auch sagen, daß Sinnsysteme für sich Unbestimmtheits-möglichkeiten limitieren durch Einschränkung dessen, was für sie in Betracht kommt, also bestimmt ist, oder schärfer: *Sinnsysteme sind diese fungierenden Limitationen.* Reduktion von Komplexität, diese kanonische Formel, meint nichts anderes als: Sinnsysteme sind – an Strukturen/ Prozesse gebundene – ›Unbestimmtheitsbestimmungen.‹ Systeme, soll das heißen, die die Operation der Beobachtung beherrschen, *bestimmen* immer. Ihre elementaren Einheiten sind, wenn man so will, ›Umlenkstellen‹ für das Transformieren von Unbestimmtheit in Bestimmbarkeit und von Bestimmbarkeit in Bestimmtheit.[47]

43 Darin Gott ähnlich, der von sich zu sagen pflegte: Ich bin, der ich bin. Aber eben das wäre: grauenerregend.

44 »Alles was da ist, ist durchgängig bestimmt; es ist was es ist, und schlechthin nichts anderes.« So jedenfalls Fichte, J. G., *Sämtliche Werke*, hrsg. von Fichte, I. H., Berlin 1845/46, Bd. 1, S. 172. Aber auch Luhmann pflegte bei vielen Gelegenheiten zu sagen, daß geschieht, was geschieht, und daß nicht geschieht, was nicht geschieht.

45 Auch hier erinnern wir an das Projekt der Quantenphysik, deren Erfolg ihre ontologische Unglaub- und Fragwürdigkeit konterkarieren mußte.

46 Schon das Wort ›bestimmen‹ ist an die Stimme, an das durch sie Angeordnete geknüpft.

47 »Als Differenz genommen und an der Differenz von Umwelt und System festgemacht, hat das Komplexitätsgefälle selbst eine wichtige Funktion. Es erzwingt unterschiedliche Formen der Behandlung und Reduktion von Komplexität je nachdem, ob es sich um die Komplexität der Umwelt oder um die Komplexität des Systems handelt. Die Umwelt kann sozusagen großzügiger behandelt werden… Es gilt eine Art umgekehrte Relevanzvermutung: während interne Ereignisse/Prozesse für das System vermutlich relevant sind, sind Ereignisse/Prozesse der Umwelt für

Verdeutlichen wir uns noch einmal das Problem: Sinnsysteme leben nicht, sie sind, wenn man es in einem Schelerschen Duktus formulieren will: von Leben *entbunden*. Weder soziale noch bewußte Systeme enthalten Zellen. Sie setzen sich nicht aus Nukleinsäuren, aus Proteinketten oder Polymeren von Aminosäuren zusammen. Sie haben keinen Kontakt mit Mitochondrien, mit endoplasmatischen Retikula, nicht mit DNS oder RNS. Sie reproduzieren sich (!) nicht organisch.[48] Niemand wird bestreiten wollen, daß dies alles irgendwie vorausgesetzt und solchen Systemen unterlegt ist[49], aber kein Sinnsystem unterhält

das System vermutlich irrelevant … Das System gewinnt seine Freiheit und seine Autonomie der Selbstregulierung durch Indifferenz gegenüber seiner Umwelt. Deshalb kann man die Ausdifferenzierung eines Systems auch beschreiben als Steigerung der Sensibilität für Bestimmtes … und Steigerung der Insensibilität für alles Übrige – also Steigerung von Abhängigkeit und Unabhängigkeit zugleich.« Luhmann, *Soziale Systeme*, S. 250. Oder: »Wie von allen Elementen in temporalisierten Systemen gefordert, kombinieren Handlungen Bestimmtheit und Unbestimmtheit. Sie sind in ihrer momentanen Aktualität bestimmt, was immer man als Zurechnungsgrund dafür verantwortlich macht; und sie sind unbestimmt in Bezug auf das, was sie als Anschlußwert in sich aufnehmen. Dies kann zum Beispiel als Differenz von vorgestelltem und erreichtem Ziel aufgefaßt werden. Auch andere semantische Formen, die den Sinn von Handeln traditionsfähig machen, müssen aber mindestens dies leisten: Bestimmtheit und Unbestimmtheit *im Moment zu kombinieren* und sie nicht als Gegenwart und Zukunft auseinanderfallen zu lassen.« (S. 230/231) Oder: »In einem gewissen Sinne – könnte man ›gegenwärtig‹ das nennen, was das Sinnesdatum, die unmittelbare Reaktion intepretiert – was d i e s e m D a t u m, das an sich unbedeutend und gestaltlos ist, ein Schicksal verleiht und es auf eine bestimmte Entwicklung beschränkt, ihm bestimmte Resonanzen, eine bestimmte Fruchtbarkeit nimmt oder gibt.« (Valéry, P., *Cahiers/Hefte*, Bd. 4, Frankfurt am Main, 1990, S. 93.

48 Wir widersprechen also Max Scheler, wenn er sagt: »Der physiologische und der psychische Lebensprozeß sind ontologisch streng identisch (wie es schon Kant vermutet hatte). Sie sind nur phänomenal verschieden – aber auch phänomenal streng identisch in den Strukturgesetzen und in der Rhythmik ihres Ablaufs. … Was wir also ›physiologisch‹ und ›psychologisch‹ nennen, sind nur zwei Seiten eines und desselben Lebensvorganges. Es gibt eine ›Biologie von innen‹ und eine ›Biologie von außen‹.« (*Die Stellung des Menschen im Kosmos*, Bern 1978 (9. Aufl.), S. 74.)

49 Bislang jedenfalls. Science-fiction-mäßig gesonnen, wie ich als einstiges Mitglied des Science-Fiction-Club Deutschlands bin, kann ich mir nicht-lebende ›Unterlagen‹ denken, nicht nur komplizierte, sondern auch komplexe Maschinen, die im Sinn-Betriebsmodus fahren, also an Kommunikation beteiligt sein könnten. Aber dadurch würde sich das Argument nicht ändern.

einen Direktkontakt zur Welt des Lebens, der es nur begegnet in seinen
je eigenen Formen (Sinnförmigkeit, Beobachtungsförmigkeit, Zitations-
förmigkeit). Es kann Leben – klassisch gesprochen – nur intendieren,
nur thematisieren, nur fremdreferentiell aufgreifen. In diesem Sinne ist das Leben ›da draußen‹ für Sinnsysteme quintessentiell *unbestimmt*. Und gerade deswegen kann (wie wir es schon beim
Konzept *des* Menschen gesehen haben), so unabschließbar viel darüber
geredet, darüber nachgedacht werden, auch und gerade im Modus der
Bestimmung des Unbestimmten *als* unbestimmt. Die Folge ist ein (noch
immer anhaltendes) Metapherngestöber: So kann *das* Leben begriffen
werden als dasjenige, was die mirakulöse ›Claritas‹ des Geistes mit
›Trübungen‹ ausstattet, als Medium, worin sich die körperlose Autopoiesis ›bricht‹, damit sie sich ›spürt‹, Widerständigkeit zu verkraften
hat etc.[50] Es ist dann so etwas wie ein ›Orgelpunkt‹, eine unausrottbare
Hintergrundsempfindung, die Registratur eines ›Darüberhinaus‹ und
via Körper einziger Garant des Seinskontaktes.[51] Es ist Wille, es ist
Macht, es ist, wie das dadurch faszinierte 19. Jahrhundert formuliert:
Energie, die der Geist nicht hat.[52] *Das* Leben schäumt, es tobt, es bricht
sich Bahn, es ist grün und gold und nicht grau wie die Theorie, die sich
allenfalls als prekäres ›Gegenglück‹ verstehen läßt.[53] Es ist der weiße
Wal und (immer wieder) die *große nackte Frau*.[54]

50 So in etwa Valéry, P., *Cahiers/Hefte*, Bd. 4, Frankfurt am Main, 1990,
S. 549.
51 Vgl. etwa Damasio, A. R., *Descartes' Irrtum, Fühlen. Denken und das
menschliche Gehirn*, München/Leipzig, 1999 (3. Aufl.), S. 297.
52 So dann noch im 20. Jahrhundert: »… aber von Hause aus und ursprünglich hat der Geist keine eigene Energie.« Scheler, a. a. O. FN. 49), S. 66.
53 So etwa Gottfried Benn im Jahre 1940:

Einsamer nie –

Einsamer nie als im August:
Erfüllungsstunde – im Gelände
die roten und die goldenen Brände
doch wo ist deiner Gärten Lust?

Die Seen hell, die Himmel weich,
die Äcker rein und glänzen leise,
doch wo sind Sieg und Siegsbeweise
aus dem von dir vertretenen Reich?

Wo alles sich durch Glück beweist
und tauscht den Blick und tauscht die Ringe
im Weingeruch, im Rausch der Dinge –
dienst du dem Gegenglück, dem Geist.

54 Eine ganze Philosophie (eben: die Lebensphilosophie) entwickelt sich,
ausgehend von der Romantik, eine Philosophie, die die Irrationalität, die

Der Tunnel, den wir graben, wird dagegen vorgetrieben durch die Frage, welchen bestimmten Sinn die Unbestimmtheit des Lebens in Sinnsystemen annimmt. Dieser Frage liegt erneut jene spezielle Heuristik zugrunde, die so tut[55], als hätten wir nur Sinnsysteme vor Augen und jetzt ginge es darum, zu errechnen, welche Funktionsstelle für diese Systeme *das* Leben besetzt.

Wenn jetzt und zunächst nur von Sinnsystemen die Rede ist, so deswegen, weil ›Leben‹ für beide in Frage kommenden Systemtypen (psychisch/sozial) *Umwelt* darstellt und weil beide Systemtypen im Blick auf ihre autopoietische Operativität formgleich sind. In dieser Abstraktionslage macht der Unterschied psychischer und sozialer Systeme noch keinen Unterschied.

Die Konzentration gilt dann einer funktionalen Analyse: Welches Problem läßt sich im Kontext von Autopoiesis so konstruieren, daß ›Leben‹ als seine Lösung beobachtet werden kann?

### 3. ›Losigkeitssysteme‹? Eine Ontologie-Falle

Die allgemeinste Funktion des Lebens für soziale Systeme ist, folgen wir Luhmann, Penetration im Sinne einer Appräsentation von Komplexität mit ihren Momenten der Unbestimmtheit, der Kontingenz, des Selektionszwanges. Leben liegt damit auf einer Argumentationslinie, die bezeichnet ist durch die These, Systeme seien (fungierende) Reduktionen von Komplexität, Ordnungsinsulationen, operative Möglichkeitsverknappungen, negentropische Arrangements einer je spezifischen Selektivität, die einer Umwelt ›abgerungen‹ wird, die unendlich komplexer ist als jedes System, sobald Systeme im Weltspiel sind.

Die Schwierigkeit dieses Gedankenganges ist es, daß Leben selbst und herkömmlicherweise kaum anders begriffen werden kann denn als Kompendium auto-konfigurativer, auto-reproduktiver Prozesse der Reduktion von Komplexität. Mag es System, mag es Medium sein, der

Ganzheitlichkeit, die Unteilbarkeit des Lebens in den Mittelpunkt rückt. Man muß die einschlägigen Namen kaum noch nennen, Namen wie Wilhelm Dilthey, Henri Bergson, Hans Driesch, Ludwig Klages, Friedrich Nietzsche, Rudolf Eucken, Oswald Spengler, Georg Misch, Erich Rothacker, Theodor Litt, José Ortega y Gasset, Otto Friedrich Bollnow, Eduard Spranger, Ernst Troeltsch etc.pp. Vgl. etwa Bollnow, O.F., *Die Lebensphilosophie*, Berlin/Göttingen/Heidelberg 1958; Fellmann, F., *Lebensphilosophie*, Reinbek b. Hamburg 1993.

55 Das ist eine lockere, beinahe nachlässige Formulierung, eine Art Konzession. Aber natürlich meine ich, daß wir gar keine andere Wahl haben, da wir es nur mit Sinnsystemen und nie mit irgendetwas anderem zu tun haben.

Begriff ›Leben‹ handelt in jedem Fall von sich selbst stabilisierenden Einheiten, die – spätestens seit Maturana (und Varela und Uribe etc.) – Systemen verzweifelt ähnlich sehen und unter dem Gesichtspunkt autopoietischer (autoselektiver, selbstsubstitutiver) Systeme diskutiert werden.[56] Sie lieferten das Paradigma der Autopoiesis –

Und eben deswegen muß der Gedanke noch einmal ausgezeichnet werden: *daß für eine Theorie der Sinnsysteme die Autopoiesis des Lebens (wie immer gültig, wie immer umstritten dieses Theorem in der Biologie sein mag) auf jeden Fall nicht paradigmatisch ist.* Sinnsysteme sind hoch spezifische *Zeitmaschinen*, die in einer retrospektiven Zeit, in der Zeit der *différance*, Ereignisse herstellen, die durch den substrat- und subjektfreien Aufschub *jeder* (ontologisch denkbaren oder das Ontologische denkbar machenden) Präsenz gewonnen werden. Sie heißen Sinnsysteme, weil sie diese Konkatenation a-substantieller Ereignisse im Medium Sinn aufziehen, das die Möglichkeit der Bedeutung von irgendetwas in derselben Form bereitstellt: in der Form des Nachtrags, des Aufschubs, der Verschobenheit, der Verspätung, oder kürzer: in der Form der Ermöglichung von Sinnverweisungsschlägen, die in keiner Gegenwart komplettiert oder supplementiert sind.

Autopoiesis, bezogen auf Sinnsysteme, ist: *Nachzeitigkeit*. Geht man davon aus (wie Luhmann es mutatis mutandis tut), daß es autopoietische Systeme gibt, sind sie *real fungierende Hochabstraktionen*, Reproduktionen je spezifischer Differentialität, die, wie man sagen könnte, nicht ›solidarisch‹ sind mit einer quasi molekular verfaßten ›Beinhaltungswelt‹.[57] Ebendeshalb sind sie, wie wir sagten, ›meta ta physica‹, in gewisser Weise ›Münchhausiadische Emanzipationen‹ von ›ephemerer‹ oder besser: im Blick auf das ›Sein‹ und seine Zeit elliptischer Verfaßtheit.

Aber im Wort ›Nachzeitigkeit‹ wird, kaum verhüllt, etwas ›Reales‹ (Reelles?) festgehalten. Es wäre nicht verstehbar, wenn es nicht doch die

56 Varela, F.J./Maturana, H.R./Uribe, R.B., »Autopoiesis: The Organization of Living Systems. Its Characteristics and a Model«, in: *Biosystems* 5, 1974, S. 187-196; Zeleny, M. (Hrsg.), *Autopoiesis. A Theory of Living Organization*, New York/Oxford 1981; Zeleny, M./Pierre, N.A., »Simulation of Self-Renewing Systems«, in: Jantsch, E./Waddington, C.H. (Hrsg.), *Evolution and Consciousness. Human Systems in Transition*, London 1976, S. 150-165; Maturana, H.R./Varela, F.J., »Autopoiesis and Cognition: The Realization of the Living«, in: *Boston Studies in the Philosophy of Science*, Vol. 42, Boston/Dordrecht 1980.

57 Die Formulierung ist angelehnt an eine ›zentrale‹ Nebenbemerkung eines Lebensphilosophen: »...ich will natürlich sagen...eines Bewußtseins, das nicht mit Molekularbewegungen innerhalb des Gehirns solidarisch wäre...« (Bergson, H., *Denken und schöpferisches Werden. Aufsätze und Vorträge*, Hamburg 1993, S. 23.)

Referenz auf eine Zeit der Gegenwart enthielte, die nicht selbst ver- und aufgeschoben bzw. nachgetragen wäre und in diesem Sinne ›absolut‹ genannt werden müßte, eine Art ›Folienzeit‹, gegen die sich die *différance* der Sinnzeit abheben ließe. Das wäre die Zeit, durch die Sinnsysteme, die sich selbst im Modus der Autopoiesis *zeitigen*, ihrerseits *gezeitigt* würden, und zugleich die Zeit, an die Sinnsysteme niemals herankämen. Wenn man sagt, daß solche Systeme ›elliptisch‹ seien im Blick auf *ihre* absolute Gegenwart, im Blick auf *ihr* Sein, sagt man ja geradezu, daß ›etwas‹ ausgelassen ist. Man redet über eine fundamentale Unvollständigkeit, einen Defekt, eine ›Losigkeit‹ (wie man auch und paradoxerweise von *schriftlosen* Kulturen spricht, die dann die Eigenschaft einer Nicht-Eigenschaft *haben*).

Formuliert man so, steckt man mitten in einer, vielleicht in *der* zentralen Ontologie-Falle. Sinnsysteme wären dann ›Losigkeitssysteme‹, weil ihnen ein ›daß überhaupt etwas vorkommt‹ irgendwie tatsächlich zugrundeläge – wie ein Subjekt, das sie ermöglicht, ohne sie zu sein, wie eine Faktizität, zu der jeder Direktkontakt absolut unterbrochen ist. Übersehen wird dabei, daß die ›Welt‹, daß ›Welten‹ (und wir sagen das in dezidierter Radikalität) immer und ausschließlich *hinbeobachtete* Welt ist, *hinbeobachtete* Welten sind. Wir haben (als Beobachter) keinerlei sinnfreien Zugriff auf eine Welt-da-draußen, die – sozusagen für sich selbst – ›sinnliche Welt‹ wäre.[58] Deswegen kann man die Sinndimensionen »Weltdimensionen« nennen.[59] Nur für Sinnsysteme ist die Welt eine Art Arsenal der Dinge und Vorkommnisse.[60]

Aber gerade das ist ein wesentlicher Punkt: *Sinnsysteme ohne die Referenz auf ein Arsenal dieses Typs (ohne Weltbezug) sind ebenfalls (und im genauesten Verständnis) nicht denkbar.* Sinn ist ohne Fremdreferenz (und sei es nur ein Minimum) ›sound and fury‹.[61] So wenig, wie Sinn

---

58 »Die sinnliche Welt (…) ist uns selbst gerade in ihrer Sinnlichkeit nur in Anspielungen gegeben.«, formuliert, nahe an unseren Überlegungen, Merleau-Ponty, M., *Das Sichtbare und das Unsichtbare*, München 1994 (2.Aufl.), S. 273. Oder – in *Die Prosa der Welt*, München 1993, S. 151 –: »Ich fülle meine Welt bis zum Rand aus; mein Gesichtsfeld als ›universales Seinsmilieu‹«. Auch die ›gefühlte‹, ›gespürte‹ Welt ist: konstruierte Sinnwelt. Vgl. Emrich, H. M., »Über wahrnehmendes Bewußtsein und das Fühlen«, in: *Kunstforum*, Bd. 126, 1994, S. 112-117.

59 Luhmann, *Soziale Systeme*, S. 112.

60 Bei Schelling findet sich denn auch der Hinweis, daß »Welt (nach dem altdeutschen Worte) eine Währung, eine Dauer, eine bestimmte Zeit bedeutet.« (Schelling, F. W. J., *System der Weltalter*. Münchener Vorlesung 1827/28 in einer Nachschrift von Ernst von Lasaulx, hrsg. und eingeleitet von Peetz, S., Frankfurt am Main 1998 (2. erw. Aufl.), 4. Vorlesung, S. 15.) Er sagt »bedeutet«, und eben nicht: »ist«.

61 Genau besehen: nicht einmal das, nicht ›Schall‹ und nicht einmal ›Wahn‹.

verlassen werden kann, so wenig ist Fremdreferenz aufgebbar.[62] Die Welt von Sinnsystemen ist *verweisende Bezugnahme.* Die These bleibt dann zwar, daß solche Systeme die fortwährende Reproduktion der Differenz von Fremd- und Selbstreferenz vollziehen (dieser Vollzug sind) – mit der kleinen und raffinierten Kautele, daß der Bezug auf sich selbst ebenfalls im Modus der Fremdreferenz, der Intentionalität, der Thematizität prozessiert wird; aber sowohl im ›Verweisen‹ wie im ›Bezugnehmen‹ steckt ein Moment der ›Betriebenheit‹, der Aktivität, der Prozessualität, das andere Zeiten als ›Energie‹ thematisiert hätten, als *Zufuhr* einer okkulten, aber unverzichtbaren Kinetik, die dann mit Metaphern wie ›vis vitalis‹ oder – prominenter – ›elan vital‹ belegt wurde.[63]

62 Siehe zu dieser Figur Ditterich, J./Kaehr, R., »Einübung in eine andere Lektüre. Diagramm einer Rekonstruktion der Güntherschen Theorie der Negativsprachen«, in: *Philosophisches Jahrbuch,* 2, 86, 1979, S. 386. Natürlich kann man sagen, daß das Unbewußte das Gegenbeispiel sei, aber: Man kann es *nur* sagen. Über präsignative Verhältnisse läßt sich nur sinnförmig verhandeln. Vgl. zum Theorem (!) der Sinnfreiheit unbewußter Prozesse Ricœur, P., *Die Interpretation. Ein Versuch über Freud,* Frankfurt am Main 1974 (Paris 1965), S. 156 f. Ich gebe gern zu, daß ich mich seit langer Zeit mit der Frage herumquäle, ob Musik dann den Sonderfall des Gebrauchs der Sinnform ohne Fremdreferenz darstellt. Siehe zu tastenden Versuchen Fuchs, P., »Vom Zeitzauber der Musik. Eine Diskussionsanregung«, in: Baecker, D. et al. (Hrsg.), *Theorie als Passion,* Frankfurt am Main 1987, S. 214-237; ders., »Die soziale Funktion der Musik«, in: Lipp, W. (Hrsg.), *Gesellschaft und Musik. Wege zur Musiksoziologie,* in: *Sociologia Internationalis,* Beiheft 1, 1992, S. 67-86; ders., »Musik und Systemtheorie – Ein Problemaufriß«, in: Tobias Richtsteig, Uwe Hager, Nina Polaschegg (Hrsg.), *Diskurse zur gegenwärtigen Musikkultur,* Regensburg 1996, S. 49-55; ders. (zusammen mit Markus Heidingsfelder), »MUSIC NO MUSIC MUSIC – Zur Unhörbarkeit von Pop«, in: *Soziale Systeme,* 2004, H. 2, S. 292-324.

63 Wir haben auf das einschlägige Metapherngestöber des Vitalismus schon verwiesen. Es ist mehr als bezeichnend, daß auch Sigmund Freud an einer vergleichbaren Theoriestelle von der ›Introjektion von Vitaldifferenzen‹ spricht. »Das stimmt nun aber gut zur Annahme, daß der Lebensprozeß des Individuums aus inneren Gründen zur Abgleichung chemischer Spannungen, das heißt zum Tode führt, während die Vereinigung mit einer individuell verschiedenen lebenden Substanz diese Spannungen vergrößert, sozusagen neue Vitaldifferenzen einführt, die dann abgelebt werden müssen. Für diese Verschiedenheit muß es natürlich ein oder mehrere Optima geben. Daß wir als die herrschende Tendenz des Seelenlebens, vielleicht des Nervenlebens überhaupt, das Streben nach Herabsetzung, Konstanterhaltung, Aufhebung der inneren Reizspannung erkannten (das Nirwanaprinzip nach einem Ausdruck von Barbara Low), wie es im Lustprinzip zum Ausdruck kommt, das ist ja eines unserer stärksten Motive,

Sinnsysteme jedoch benötigen keine ›Eigen-Energie‹. Sie sind, wie wir sagten, Zeitmaschinen, die keiner eigenen Physikalität, keiner eigenen ›Biologizität‹ bedürfen. Sie sind Sinn-Konkatenationen, die – im Falle dezidierter Operativität – Beobachtungen verketten, aber dies ersichtlich nicht ›tun‹ können ohne die Projektion von *Beobachtern, die die Folien-Zeit (die Zeit der unerreichbaren, aber zugrunde liegen müssenden Präsenz) dieser sich selbst zeitigenden Systeme zeitigen.*

## 4. Das menschliche Leben:
## Der Mensch als betriebener Sinnbetreiber

Wir haben im Zuge unserer ersten Untertunnelung festgehalten, daß *der* ~~Beobachter~~ nur durchkreuzt zu haben ist. Er ist – logisch gesehen – eine Undinglichkeit im Kontext der eigentümlichen Metaphysik von Sinnsystemen und wie diese Systeme selbst: Unjekt. Aber die Projektion des Beobachters erwies sich als funktional zwingend erforderlich: Sie ist die laufende Zurechnung auf extern angesetzte ›Betriebspunkte‹ der Autopoiesis, die fortwährend wiederholte Routine der ›Verdinglichung‹ eines Beobachtungen ›tätigenden Täters‹, eine Verdinglichung, die als Strategie der Selbstsimplifikation Sinnsystemen Führung verschafft, die Möglichkeit der Strukturbildung mit gleichsam eingelagerten ›Verantwortungspunktualitäten‹.[64]

*Der* Beobachter (diese Real-Reifikation) kann in sozialen und psychischen Systemen ganz unterschiedlich symbolisiert werden[65], aber immer symbolisiert er die Betriebenheit von Sinn aus ›Quellpunkten‹ heraus, die als Originale der Sinnproduktion erscheinen, als Ur-Sprünge, als eigentliche ›Autoi‹ der Poiesis. Dieses gleichsam lokalisierbaren ›Quellen‹, die dieses ›Aufspringen‹ von Sinn (diese *déhiscence*[66]) bewerkstelligen, geschieht an ›Orten‹, von denen der Sinn ausgeht.[67]

an die Existenz von Todestrieben zu glauben.« (Freud, A. et al. (Hrsg.), Sigmund Freud, *Gesammelte Werke,* Bd. XIII, *Jenseits des Lustprinzips,* Frankfurt am Main 1986 (8.Aufl.), S. 60.)

64 Interessanterweise ist bei Aristoteles das Zugrundeliegende (hypokeimenon) logisches Subjekt (*Phys.,* I, 2, 185a, 32), aber auch Substanz (*Met.* VII, 3,1029a,1).

65 Man würde das sofort sehen, wenn ich ›*die* Beobachterin‹ geschrieben hätte.

66 Vgl. Lacan, J., »Das Spiegelstadium als Bildner der Ichfunktion, wie sie uns in der psychoanalytischen Erfahrung erscheint«. Bericht für den 16. Internationalen Kongreß für Psychoanalyse in Zürich am 17. Juli 1949, in: Lacan, J., *Schriften I,* in deutscher Sprache hrsg. von Haas, N./Metzger, H.-J., Weinheim/Berlin 1991 (3. Aufl.), S. 61-70, 66.

67 Vgl. zum phänomenologischen Befund, der den reinen Leib als »absolute

Aber dieses ›Ausgehen‹ (diese Emanation) erzwingt die Projektion von Beobachtern, die selbst *betrieben* sind, denen eine nicht selbst schon sinnförmige ›Betriebenheit‹, also ein sinnfreies ›Betrieben-sein‹ zugrundeliegt, das einerseits dazu befähigt, (in den weit oben beschriebenen Formen) *okkasionalistisch* Sinn-Nachschub (Verlautbarungen) oder Sinn-Anlaßnachschub zu ge*währ*leisten, andererseits aber nicht – sozusagen zwischendurch – verschwindet, sondern ›*währt*‹, und ›*währende* Anwesenheit*‹* ist.[68] Der Beobachter kann nicht eine ›Real-Intermittenz‹ sein. Er hat für Sinnsysteme die Doppelform okkasionalistischer Sinnproduktion und einer darunter gelegten ›Dauer‹ einer Weiterbetriebenheit auch ohne Inanspruchnahme von Sinn, die Form einer ›Remanenz‹, über die autopoietische Systeme nicht verfügen.[69]

Der eingebürgerte Ausdruck dafür ist: *Leben*, für das gilt, daß es lebt und gerade nicht: *sinnt*.[70]

*Der Ausdruck für Lebendes, das für Sinnsysteme die Bedingung der Möglichkeit von intermittierendem Sinn-Nachschub liefert, den sie dann in ihrer Eigenzeit arrangieren, ist (bislang[71]): Mensch.*[72] Oder

Örtlichkeit«, den reinen Körper als »relative Örtlichkeit« begreift, hier auf Hermann Schmitz referierend: Gugutzer, R., *Leib, Körper, Identität. Eine phänomenologisch-soziologische Untersuchung zur personalen Identität*, Opladen 2002, S. 90 ff.

68 »Sein = während Anwesenheit« – so die die Metaphysik des Seins bündelnde Formulierung von Heidegger, M., *Holzwege*, Frankfurt am Main 1994 (7. Aufl.), S. 239.

69 Vgl. zu diesem Ausdruck Carstenjen, F./Avenarius, R., *Biomechanische Grundlagen der neuen allgemeinen Erkenntnistheorie. Eine Einführung in die »Kritik der reinen Erfahrung«*, München 1894, S. 75.

70 Nur sicherheitshalber: Dieser Satz ist selbst und wiederum: Moment des Sinnspiels.

71 Alternativen sind absehbar, aber sie müßten eben diese Doppelzeit offerieren können.

72 Der Mensch ist demnach als Zeitwesen konzipierbar. Vgl. Heidegger, M., *Sein und Zeit*, Tübingen 1972 (12. Aufl.), Zweiter Abschnitt. Aber eben in dieser denkwürdigen Doppelung einer während Zeit mit Sinnproduktionseinwürfen. Eine schöne Formulierung für diese Doppelung: »Das Fleisch, von dem wir sprechen, ist nicht die Materie. Es ist das Einrollen des Sichtbaren in den sehenden Leib, des Berührbaren in den berührenden Leib, das sich vor allem dann bezeugt, wenn der Leib sich selbst sieht und sich berührt, während er gerade dabei ist, die Dinge zu sehen und zu berühren, sodaß er gleichzeitig als berührbarer zu ihnen hinabsteigt und sie als berührender alle beherrscht und diesen Bezug wie auch jenen Doppelbezug durch Aufklaffen oder Spaltung seiner eigenen Masse aus sich selbst hervorholt.« (Merleau-Ponty, M., *Das Sichtbare und das Unsichtbare*, München 1994 (2. Aufl.), S. 191.) Oder auch: »Wir

*anders ausgedrückt: Das menschliche Leben ist im Unterschied zu dem, was sonst an Leben beobachtbar sein mag (von der Anemone bis zum Wollschwein), genau diese Kombination.*[73] *In exakt dieser Form wird Leben (als menschliches Leben) von Sinnsystemen in Anspruch genommen: als Konglutinat einer auto-konfigurativen ›Stetigkeit‹, Beharrung, materialitätsgebundenen Hysteresis (die so auch Gedächtnis, also Rückgriff auf frühere Zustände ermöglicht) mit einer innewohnenden ›Instanz‹ diskontinuierlicher Verlautbarungsproduktion und Sinn-Anteilnahme – eine so enge Verklebung, daß es schwer fällt, diese Instanz nicht selbst als lebende Instanz aufzufassen.*

Aber genau da findet sich ein Unaufgelöstes.

behaupten also, daß unser Leib ein zweiblättriges Wesen ist, auf der einen Seite ist er Ding unter Dingen, und auf der anderen sieht und berührt er sie; und wir stellen fest, da es offensichtlich so ist, daß er diese zwei Eigenschaften in sich vereinigt, und daß seine doppelte Zugehörigkeit zur Ordnung des ›Objekts‹ und des ›Subjekts‹ uns zur Entdeckung ganz unerwarteter Beziehungen zwischen diesen beiden Ordnungen führt.« (S. 180)

73 Das macht die imposante Rolle des Körpers aus. Vgl. Fuchs, P., »Die Form des Körpers«, in: Schroer, M. (Hrsg.), *Soziologie des Körpers,* Frankfurt am Main 2005, S. 48-72. Die These, daß das menschliche Leben ebenjene Kombination sei, macht im übrigen sofort plausibel, daß Grenzfälle (Extremreduktion des Lebens, Extremreduktion der Sinnproduktionsmöglichkeiten) so ungeheuer problematisch sind, aber auch, daß die Andeutung von Sinngebrauch durch andere Lebewesen wie Delphine, Gorillas, Schweine etc. sofort so sensationell (und irgendwie bedrohlich) erscheint.

## 5. Das menschliche Leben: Eine seltsame Verstörung

»Ein Irrsal kam in die Mondscheingärten
Einer einst heiligen Liebe
Schaudernd entdeckt ich den verjährten Betrug.«
*Eduard Mörike*

»Du hast mir mein Gerät verstellt und verschoben.
Ich such' und bin wie blind und irre geworden;
Du lärmst so ungeschickt; ich fürchte, das Seelchen
entflieht, um dir zu entfliehen, und räumet die Hütte.«
*Johann Wolfgang von Goethe*

»Das Verschen ist entstellt;
doch hat die ganze entstellte Welt der Kindheit darin Platz.
Die Muhme Rehlen, die einst in ihm saß,
war schon verschollen, als ich es zuerst
gesagt bekam. Die Mummerehlen aber war noch schwerer aufzuspüren.
Gelegentlich vermutete ich sie im Affen, welcher auf dem Tellergrund
im Dunst von Graupen oder Sago schwamm. Ich aß die Suppe,
um ihr Bild zu klären. Im Mummelsee war sie vielleicht
zu Haus und seine trägen Wasser lagen ihr wie eine graue Pelerine an.«
*Walter Benjamin*

Das Unaufgelöste besteht darin, daß jene ›innewohnende Instanz‹, die wie verklebt erscheint mit der Prozessualität des Lebens (eine Figur, die Jahrtausende der Diskussion um Dualismus bzw. Monismus dominierte), als ›Exstanz‹[74] begriffen werden muß, wenn und insoweit sie als psychisches System *Sinnsystem* ist.[75] In klassischer Metaphorik: Im Inneren dieses Lebens residiert ein ›Außen‹, eine *Extimität*.[76] Sinnsysteme zitieren (und verketten) Sinn, der Sinn zitiert in der dadurch etablierten Zeitwelt der Autopoiesis, und wir haben schon vermerkt, daß sie aus genau diesem Grund nicht lebende Systeme sind, sondern Systeme, die

74 Vgl. zu diesem Wort Bachelard, G., *Die Philosophie des Nein*, Wiesbaden 1978, S. 153.
75 Vgl. Fuchs, P., *Die Psyche. Studien zur Innenwelt der Außenwelt der Innenwelt*, Weilerswist 2005.
76 Vgl. zu diesem an Intimität entwickelten und im Blick auf Jacques Lacan diskutierten Gegenbegriff Miller, J.-A., »Extimité«, in: *Prose Studies 11*, 1988, S. 121-130. Siehe auch Foucault, M., *Die Ordnung der Dinge. Eine Archäologie der Humanwissenschaften*, Frankfurt am Main 1971, S. 390 f. Bei Jacques Derrida heißt diese Figur: Monstruosität. Vgl. jedenfalls Ansén, R., *Defigurationen. Versuch über Derrida*, Würzburg 1993 (Epistemata, Reihe Philosophie 140), S. 9.

sich der Präsenz begründenden Auto-Konfigurativität des Lebens bedienen, die sie nie erreichen. Der Theorietitel dafür war: Penetration.

Drückt man es paradox aus (und immer noch in der fatalen, weil nahezu unvermeidbaren Innen/Außen-Metaphorik[77]), dann wäre dem Lebewesen ›Mensch‹ ein nicht-lebendes ›Außen‹ eingeschachtelt oder – in der Ikonographie einer ›Ineinandersteckwelt‹ – eingesteckt. Es ginge um eine exkorporale Inkorporation.[78] Oder (weniger spitzfindig) darum, daß das psychische System (in Sonderheit: das Bewußtsein) nichts von dem, was es ›hat‹ oder ›tut‹, von sich aus erzeugt. Es operiert auf längst schon ›Erzeugtem‹, auf via Sozialisation angeliefertem Sinn[79]; es ist, wie man auch sagen könnte, durch und durch konventionell, nichtidiosynkratisch, nicht privat, eine These, die wir weiter oben diskutiert haben als die Projektion einer *singulären Allgemeinheit* und *kompletten Alterität*.[80]

Das Problem ist die Rhetorik des Raumes. Einerseits erscheint sie unausrottbar, und das gerade weil Sozialsysteme ihre Mitwelt (ihre relevante Umwelt) zentral als Konstellation lebender, an Körper geknüpfter ›Beinhaltungen‹[81] der Psyche, mithin als Futteralsysteme voraussetzen und damit die Alltäglichste aller alltäglichen Erfahrungen als Dauererfahrung etablieren – in der Weise einer *creatio continua*.[82] Andererseits – und aus diesem Grunde – steht kein leichtgängiger Ersatz zur Ver-

---

77 Vgl. dazu umfangreich Fuchs, P., *Die Metapher des Systems. Studie zur allgemein leitenden Frage, wie sich der Tanz vom Tänzer unterscheiden lasse*, Weilerswist 2001.

78 Ich denke hier nicht an Begriffe aus der Fortpflanzungsmedizin, auch nicht: an Erlebnisse des Körperverlassens.

79 »Wir denken ausschließlich in Zeichen«, formuliert Peirce, Ch.S., *Semiotische Schriften*, Bd. 1: 1865-1903, hrsg. und übers. von Kloesel, Ch./Pape, H., Frankfurt am Main 1986, S. 200. Dann bleibt nur noch die Frage nach dem ›Wir‹, danach also, ob Peirce hier ›sparsam‹ genug denkt.

80 Diese ›Verstörung‹ ist fundamental, weil sie auch noch derjenigen zugrunde liegt, die sich einstellt, wenn man mit der Verstörung durch den Anderen (durch sein nacktes Antlitz), mit diesem nicht auflösbaren Widerstand konfrontiert wird. Vgl. Levinas, E., *Humanismus des anderen Menschen*, Hamburg 1989, S. 42.

81 Zur Beinhaltungswelt, zum Menschen als ›Gefäßwesen, als Hohlraum vgl. erneut Sloterdijk, P., *Sphären. Mikrosphärologie*, Bd. 1, *Blasen*, Frankfurt am Main 2000, S. 31 ff. et passim. »Im physischen Raum ist es ausgeschlossen, daß ein Ding, das in einem Behälter liegt, zugleich seinen Behälter enthielte.« (S. 85) Anders wäre das dann im psychologischen Raum.

82 Es müßte präzise heißen: als gelebt habende oder aktuell lebende oder leben werdende Beinhaltungen.

fügung, obwohl man wissen kann (sozusagen schon auf lexikalischem Niveau), daß der ›Innenraum‹ der Psyche durch Negation des Raumes gewonnen wird.[83]

Allerdings läßt sich – Courage vorausgesetzt und Mulmigkeit hin, Mulmigkeit her – eine Überlegung anstellen, die die Innen/Außen-Metapher verwirft und Ernst damit macht, daß es nicht um Beinhaltungs- oder Ineinandersteckverhältnisse geht. Die dabei bewegte Figur ist alles andere als neu, sie ist philosophisch und vor allem theologisch wohl bekannt. Es ist die Figur einer in immanenten Raumbegriffen nur paradoxal formulierbaren metaphysischen Instanz, einer irgendwie ›örtlichen Unörtlichkeit‹ etwa im Sinne eines: »Deus est sphaera cuius centrum ubique, circumferentia nusquam.«[84]

83 Vgl. Mauthner, F., *Wörterbuch der Philosophie. Neue Beiträge zu einer Kritik der Sprache*, Bd. 2, Zürich 1980 (zuerst 1910/11). S. 274. Selbst wenn Durchdringungsverhältnisse konzediert werden, geht es immer noch um die Metaphorik des Raumes. »Der Sitz der Seele ist da, wo sich Innenwelt und Außenwelt berühren. Wo sie sich durchdringen, ist er in jedem Punkte der Durchdringung.« (Novalis, *Blüthenstaub*, Nr. 19, in: *Werke, Tagebücher und Briefe Friedrich von Hardenbergs*, hrsg. Mähl H: -J-/Samuel R., Darmstadt 1978, Bd. 2, S. 233.) Daß ebendieses Problem repetiert wird in den Wörtern ›Penetration‹ und ›Interpenetration‹, ist evident. Man sollte sie baldmöglichst ersetzen. Immerhin ist eine alte altfranzösische Bedeutung des Wortes ›penetration‹: Scharfsinn. Natürlich ist im Blick auf die Innen/Außen-Differenz nicht viel gewonnen, wenn man sie gleichsam umkehrt. »Aber was wir Eigenschaften und Tätigkeiten der Außendinge nennen, sind nur unsere nach außen versetzten Empfindungen.« (Lange, K., *Über Apperzeption. Eine psychologisch-pädagogische Monographie*, 11. Aufl., Leipzig o. J. [1911], S. 8.) Oder moderner: »Die Körperidentität wird auch dadurch für das Gehirn konstituiert, daß Zustände verschiedener sensorischer Modalitäten hinsichtlich der Körperbewegungen miteinander in Einklang stehen. So wird eine selbstinduzierte Kopfbewegung zugleich vom visuellen System, vom Gleichgewichtssystem und den Muskel- und Gelenkrezeptoren des Halsbereichs gemeldet. Der Körper kann durch diese Mehrfachbestätigung verläßlich Eigen- und Umweltbewegungen unterscheiden, was mit einer Sinnesmodalität allein, z. B. dem Gesichtssinn nicht möglich ist.« (Roth, G., »Erkenntnis und Realität: Das reale Gehirn und seine Wirklichkeit«, in: Schmidt, S. J. (Hrsg.), *Der Diskurs des Radikalen Konstruktivismus*, Frankfurt am Main 1988 (2. Aufl.), S. 229-255, 237.) Und: »Das Gehirn erschafft also eine kognitive Umwelt und einen kognitiven Körper sozusagen per exclusionem: alles, was nicht Körper ist, ist Umwelt; alles, was nicht ›drinnen‹ ist, ist ›draußen‹.« (S. 238)

84 Diese pseudohermetische Definition findet sich im »Buch der vierundzwanzig Philosophen/Liber XXIV philosphorum«, das mit Hermes Trismegistos (ägyptisch: Toth), in Verbindung gebracht wird, der das

Nimmt man die Figur enttheologisiert, ent-mystik-fiziert auf, so ergäbe sich in etwa, daß die Innen-/Außenmetapher gerade noch trägt, wenn man die Psyche von Lebewesen an ein Medium von Wahrnehmungen knüpft, das durch die Externalisierungsfunktion des neuronalen Systems gleichsam laufend hergestellt wird (jedenfalls bei allen Lebewesen, die über ein solches System bzw. ein Äquivalent dazu verfügen); aber sie kollabiert, wenn dieses Medium supercodiert oder formatiert wird durch die Sinnform, durch Sinngebrauch, der gerade nicht das ›Eigentum‹ des Lebewesens darstellt und in Begriffen des Besitzens oder des ›Eigentümlichen‹ nicht erfaßt werden kann.[85]

*Sinnfreie Wahrnehmung (von der wir aber nichts wissen können) mag an körperbedingte, lebende Einheiten geknüpft sein, aber die Okkupation dieser Wahrnehmung mit der Sinnform de-singularisiert das psychische System.* Oder noch schärfer: *Das psychische System ist keine Singularität,* wiewohl soziale Systeme ihre Mitwelt als Allokation von psyche-bewohnten Lebewesen projizieren. Es hat und ist kein Raum, und es besiedelt niemanden. Und das überrascht nicht sonderlich, wenn und insoweit wir ja ebenso sagen, daß soziale Systeme keine raumgebundenen Singularitäten sind, sondern *fungierende De-Singularisierungen*, und hinzufügen, daß Sinnsysteme (die beiden Typen, über die wir reden) nie anders denn als *konditionierte Koproduktion* gedacht werden können – als ›Différancialität‹, die mit einer ›Wesensgrammatik‹ nicht erfaßt werden kann.

Die Metapher für dieses Unaufgelöste, die wir typisch auch für das psychische System reservieren, ist: *Unjekt.* Wir müssen demnach die am Ende des letzten Abschnittes gegebene Definition modifizieren:

*Der Ausdruck für Lebendes, das für Sinnsysteme die Bedingung der Möglichkeit von intermittierendem Sinn-Nachschub liefert, den sie dann in ihrer Eigenzeit arrangieren, ist (bislang): Mensch. Oder anders ausgedrückt: Das menschliche Leben ist im Unterschied zu dem, was sonst an Leben beobachtbar sein mag (von der Anemone bis zum Wollschwein), genau diese Kombination. In exakt dieser Form wird Leben (als menschliches Leben) von Sinnsystemen in Anspruch genommen: als Konglutinat einer auto-konfigurativen ›Stetigkeit‹, Beharrung, materia-*

---

Corpus Hermeticum verfaßt haben soll. Das Motiv selbst zieht sich vom Mittelalter (Beispiel Meister Eckhart, *Expositio libri Exodi*, Nr. II 94, 17-15,3) bis in die Gegenwart hinein. Das »Buch der 24 Philosophen« wurde publiziert von Bäumker, C. *Beiträge zur Geschichte der Philosophie und Theologie des Mittelalters,* Bd. XXV, Münster 1928.

85 Das macht zum Beispiel die Frage nach dem, was denn ›geistiges Eigentum‹ sei, so prekär und damit spannend. Vgl. Harms, J.G., »Philosophische Begründungen geistigen Eigentums«. Wissenschaftliche Hausarbeit zur Erlangung des akademischen Grades eines Magister Artium, Hamburg 2005.

*litätsgebundenen Hysterese (die so auch Gedächtnis, also Rückgriff auf frühere Zustände ermöglicht) mit einer nur gleichsam innewohnenden ›Exstanz‹ der diskontinuierlichen Verlautbarungsproduktion und Sinn-Anteilnahme, einer Exstanz, für die das Theorem singulärer Allgemeinheit und vollendeter Alterität gilt.*

## 6: Das menschliche Leben:
## Die Nahtförmigkeit der Wahrnehmung

Wir haben – im Kern – gesagt, daß die sinnkonfigurierte Psyche nicht so etwas sei wie eine Bühne, auf der das, was außen ist, drinnen in der Form von Inhalten vorübergleitet und dabei gleichsam besichtigt wird – von einer Art Subjekt, das dann allmählich ein internes Panoptikum erzeugt.[86] Das Sinnsystem ›Psyche‹ ist nichts ›Inwendiges‹ oder ›Inniges‹, aber auch nichts ›Auswendiges‹ oder ›Außiges‹.[87] Es ist weder das

[86] »Ein dauernd vorhandener ›Inhalt‹, der in periodischen Intervallen vor den Rampenlichtern des Bewußtseins auftaucht, ist ein ebenso sagenhaftes Wesen wie der ewig wandernde Ahasver«, formuliert (wenn auch anders kontextiert) James, W., *Psychologie*, Leipzig 1920, S. 155. Auffällig ist, daß die Idee dieser gleitenden Inhalte sich wesentlich auf ›Objekte‹ bezieht, aber zum Beispiel kaum oder selten auf die Relationen. »Wir müßten ebenso bereitwillig wie von einem Bewußtsein des Blauen oder des Kalten, von einem Bewußtsein des Und, des Wenn, des Aber und des Durch sprechen. Dennoch tun wir das nicht.« (S. 161)

[87] Hier könnte man (wie nun schon so oft in ähnlichen Diskussionstexten) die berühmte Möbiusschleife heranziehen, in der jede Raumstelle irgendwie zugleich Innen und Außen ist. Vgl. etwa Baudrillard, J., *Agonie des Realen*, Berlin 1978, S. 29 ff.; vgl. zu einer Diskussion des Möbiusbandes im Kontext der Lacanschen Theorie Ort, N., *Objektkonstitution als Zeichenprozeß. Jacques Lacans Psychosemiologie und Systemtheorie*, Wiesbaden 1998, S. 50 ff., 120 f. et passim. Verwandt ist die Figur des Doppeltorus. Vgl. Schmidt, B. M., »Die anderen Seiten der Realität – James Hoggs Doppelgänger und der Doppeltorus zwischen Unbewußtem und Transzendenz«, in: Fichtner, I. (Hrsg.), *Doppelgänger. Von endlosen Spielarten eines Phänomens*, Bern/Stuttgart/Wien 1999, S. 31-58. Siehe auch grundsätzlich Derrida, J., »Fors«, in: Abraham, N./Torok, M., *Kryptonymie. Das Verbarium des Wolfmannes*, Frankfurt/Wien/Berlin 1979, S. 10, 17 et passim. Das Bild »Auge« von Maurits Cornelis Escher (1946) zeigt ein Auge, in dessen Pupille der Tod erscheint, von innen oder von außen? – Hier zitiere ich es nach Stöckli, R., *Zeitlos tanzt der Tod. Das Fortleben, Fortschreiben, Fortzeichnen der Totentanztradition im 20. Jahrhundert*, Konstanz 1996, S. 16. Daß Edward Hoppers Werk eine kontinuierliche Auseinandersetzung mit der Innen/Außen-Unterscheidung darstellt, ist geläufig.

eine noch das andere.[88] Es ist  aber auch darin klingt die Raumrhetorik noch mit) ein *Koprodukt*, dessen Antagonist die Kommunikation ist, die ihrerseits nur als Koprodukt dargestellt werden kann.

Das heißt auch, daß die Sinnsysteme, über die wir hier reden, nur artifiziell als ›etwas an für sich‹ beobachtet werden können, aber nicht ›etwas an und für sich‹ *sind*, sondern eben: betriebene Differentialitäten, wobei schon dieser Plural skeptisch stimmt, da er erneut suggeriert, es ginge um isolierbare bzw. tatsächlich abgeschottete ›Dinge mit Umgebung‹. Das macht es sprachlich sehr schwierig, die Frage nach dem ›Von wo aus?‹ oder ›Von woher?‹ des Sinns sinnformatierter psychischer Systeme zu stellen, vor allem weil im selben Zuge (eben auf der Basis des Theorems konditionierter Koproduktion) dieselbe Frage für Sozialsysteme aufgeworfen werden kann.

Die Rechtfertigung für die Verkürzung, die wir vornehmen müssen, liegt jedoch nicht nur darin, daß die Sprache keine andere Wahl läßt, als seriatim die unauflösliche ›Melange‹ jener Koproduktion aufzulösen, sondern auch darin, daß die Aufmerksamkeit jener kompakten Einheit ›Mensch‹ gilt, die – sobald sie konstituiert oder projiziert ist – als im Raum halbwegs fixierbare Einheit von gleichsam körperumschlossener Sinngeführtheit erscheint, von der aus eine Innen/Außen-konfiguration der Welt plötzlich so plausibel, gar so evident ist, daß der ›Evidenzaufbruch‹, den wir ja unternehmen, allein dadurch dementiert wird, daß wir ›Wir‹ schreiben: *Wir* unternehmen ihn, und nicht – der Sinn unternimmt ihn. Wir bewegen uns schon, wie man dramatophil sagen könnte, in den Konsequenzen eines *proton pseudos*, einer Ursprungslüge[89],

---

88 Schön hier schon der Titel: Glanville, R., »YOUR INSIDE IS OUT AND YOUR OUTSIDE IS IN«, in ders., *Objekte,* hrsg. und übersetzt von Dirk Baecker, Berlin 1988, S. 167-174. Aber auch diese Figur ist theologisch bekannt: als wundersamer Tausch. »Si gloriari opportet (non expedit quidem), veniam autem ad visiones, et relevationes Domini. Scio hominem in Christo ante annos quatuordecim, sive in corpore nescio, sive extra corpus nescio, Deus scit, raptum hujusmodi usque ad tertium caelum. Et scio hujusmodi hominem, sive in corpore, sive extra corpus nescio, Deus scit : quoniam raptus est in paradisum : et auditivit arcana verba, quae non licet homini loqui.« 2 Kor. 12,1. (Jener Mensch ist Paulus.) Im Brief an die Galater (2,20): »Ich lebe; doch nun nicht ich, sondern Christus lebt in mir. Denn was ich jetzt lebe im Fleisch, das lebe ich im Glauben an den Sohn Gottes, der mich geliebt hat…« Siehe dazu, daß dieser Tausch »Schlüssel zum Allerheiligsten der paulinischen Christusmystik« genannt werden darf, Biser, E., *Der Zeuge,* Graz 1981, S. 51.

89 Vgl dazu, daß im Innersten des Menschen der proton pseudos, die Ursprungslüge, durch die die »Inkonsistenz der symbolischen Ordnung« verborgen/verdeckt wird, Zizek, S., *Die Metastasen des Genießens. Sechs erotisch-politische Versuche* Wien 1996, S. 11.

Die Problemexposition

die aber – weniger dramatisch – nur dann Lüge wäre, wenn es uns auf
eine Ontologie ankäme, die die Idee einer Täuschung und einer dahinter
befindlichen eigentlichen Realität nahelegte.[90]

Kurz, es es ist wichtig, im Auge zu behalten, daß die Sinn-Ein-
schleusung, die Sinn-Inskriptur im Blick auf psychische Systeme durch
Kommunikation geschieht, aber nicht räumlich zu verstehen ist, nicht
als gerichtete Introjektion, als Vorgang der Imprägnierung, als Prozeß,
der im Rahmen einer Metaphorik der Prägung untersucht werden
könnte. Ebenso wichtig ist es, daß die Kommunikation nicht als Täter,
als Subjekt der Sinn-Implementation aufgefaßt wird. Konditonierte
Koproduktion ist schließlich der Ausdruck dafür, daß Subjekte oder
daß handelnde (tuende) Instanzen nicht als Theoriebegriffe in Betracht
kommen, sondern nachträglich eingeschlossen werden als Momente im
Spiel der Selbstsimplifikationen, anhand derer sich, wenn man so sagen
darf, soziale und psychische Systeme für (Selbst)Beobachtung ›ansichtig‹ machen, ›ausflaggen‹, wie Luhmann sagt.

Man versteht das Problem, wenn daran erinnert wird, daß Kommunikation die Sinnform realisiert (sie ist nur als Selektion möglich), daß sie
aber nicht, wie wir oben ausführlich erörtert haben, Sinn ›liest‹. Sie ist
keine hermeneutische Instanz. Sie versteht nichts, wenn man ›Verstehen‹
jetzt nicht als soziales Verstehen, also als Anschluß, sondern als ›Deuten‹
nimmt[91], oder vielleicht noch genauer: als ›Bedeuten‹. Kommunikation
als Zeitmaschine distribuiert, schneidet Sinn zu, sie verteilt Kommunikabilien, Bedeutungsmöglichkeiten, Chancen der Sinnentnahme.[92] Sie
ist eine ›Sinnverwirbelungseinrichtung‹ par excellence.

90 Kant spräche vielleicht von einem *Unhintertreiblichkeitsproblem*. Vgl.
Oberheber, U., *Spiel der Ordnungen. Einführung in die Philosophie
Gotthard Günthers*, Klagenfurt/Wien 1990 (Endbericht zum Projekt:
»Technologische Zivilisation und transklassische Logik«. *Klagenfurter
Beiträge zur Technikdiskussion*, H. 33, S. 2.) Natürlich liegt die Idee des
platonischen Betruges, des Urbetrugs der abendländischen Philosophie,
hier zugrunde. Vgl. Vattimo, G., *Jenseits vom Subjekt. Nietzsche, Heideg-
ger und die Hermeneutik*, Wien 1986, S. 17.

91 Wir sehen jetzt im Interesse des Arguments davon ab, daß Deuten und
Lesen nicht dasselbe sind. Siehe Henrich, D., *Fluchtlinien. Philosophische
Essays*, Frankfurt am Main 1982, S. 11 ff. et passim. »Jede Deutung geht
auf einen letzten Zusammenhang in dem, was der Deutung bedarf. Man
kann lesen, wovon man nicht viel versteht. Was aber gedeutet ist, an dem
bleibt nichts mehr zu verstehen übrig.« (S. 11)

92 Ganz ähnlich im Blick auf Sprache Merleau-Ponty, M., *Die Prosa der
Welt*, München 1993, S. 52 ff. »...wird ersichtlich, daß die Sprache nie
etwas sagt, sie erfindet eine Skala von Gesten, die unter sich genügend
klare Differenzen aufweisen, damit uns das Verhalten der Sprache, sofern es sich wiederholt, sich überschneidet und sich selbst bestätigt, auf

Aber: Das ist sie nur – ein ungeheures (konkurrenzloses), zeitbasiertes Arrangieren von Sinnlesbarkeiten, die sie selbst nicht liest. Man kann ebensogut formulieren: Sie ist schiere Indifferenz gegenüber der Bedeutung, die sie produziert.[93] Ebendies erzwang ja die Annahme, daß die Mitwelt sozialer Systeme gleichsam hineinpunktualisiert wird in Einheiten, die die Fähigkeit der ›Sinnlektüre‹ aufweisen, die also Sinn auf eine im genauen Verständnis *eigentümliche* und *einzigartige* Weise (im Verhältnis zu allem, was sonst vorkommt) zu verstehen wissen, obwohl (oder gerade weil) dieser Sinn nicht privat ist, sondern immer: konventionell.[94] Diese Sinnlektüre ist verknüpft mit der anderen Fähigkeit, sich sinnhaft zu äußern[95], obwohl – und auch das ist oben gesagt worden – keine Äußerung ein ›Innen‹ nach ›Außen‹ bringt.

Das Problem ist jedoch, daß der Ausdruck ›Fähigkeit‹ üblicherweise eine Eigenschaft *Jemandes* bezeichnet. ›Sinnlektüre‹, ›Sinnentnahme‹, ›Sinndeutung‹ sind äquivalent darin, daß sie jemanden, der liest, entnimmt, deutet, unterstellen, also erneut ein Original der Sinnrezeption und der Sinnproduktion. Das psychische System wäre dann eine allopoietische Maschine mit einem Beobachter im ›Führerhäuschen‹, der sie steuert, antreibt und in Betrieb hält, und in genau dieser Form pro-

einwandfreie Weise Gangart und Umrisse einer Welt des Sinnes liefert.« (S. 54) Auch die Wiederholung macht für Kommunikation keinen Sinn, wenn sie nicht rezipiert wird. »Manchmal wenn man einem Gespräch zuhört, das sehr wichtig ist für zwei Männer, für zwei Frauen, für zwei Männer und zwei Frauen, manchmal ist es dann eine wunderbare Sache wie jeder ständig alles wiederholt was sie sagen und jedesmal in der Wiederholung hat das, was jeder sagt mehr Bedeutung für jeden von ihnen und so machen sie weiter und weiter und weiter und weiter mit der Wiederholung...« (Stein, G., *The Making of Americans,* zit. nach Bianchi, P., »Künstlerpaare u. a. m.« in: *Kunstforum,* Bd. 107, 1990, S. 70-89, 85.

93 »Mithin besteht die Gesellschaft aus dem Zusammenhang derjenigen Operationen, die insofern keinen Unterschied machen, als sie einen Unterschied machen.« Luhmann, *Die Gesellschaft der Gesellschaft,* Bd. 1, S. 91.

94 Deswegen: »Die Bedeutung ist kein tröstender Ersatz für eine enttäuschte Wahrnehmung, sondern macht überhaupt Wahrnehmung möglich. Die reine Rezeptivität, als ein reines Sinnliches ohne Bedeutung, ist nur ein Mythos oder eine Abstraktion.« (Levinas, E., *Humanismus des anderen Menschen,* Hamburg 1989, S. 12.)

95 Vielleicht paßt deswegen die Logos-Formulierung Heideggers für diese Sinnentnahme/Äußerung-Kapazität: ›Lesende Lege‹. Vgl. jedenfalls Heidegger, M., *Logos* (Heraklit, Fragment 50) (1951), in: ders., *Vorträge und Aufsätze,* Pfullingen 1954, S. 227-229. Erneut ist instruktiv, daß die Griechen mitunter das Wort akouein (hören) gebrauchten, wenn sie vom Lesen sprachen. Vgl. Schenkeveld, D. M., »Prose Usages of AKOYEIN ›to read‹«, in: *Classical Quarterly* 42, 1992, S. 129-141.

jizieren, wie wir sahen, soziale Systeme ihre Mitwelt: als mutualistisch operierende, gewissermaßen ›kernige‹ Beobachter.[96]

Diese Idee eines (okkulten) ›leaders‹ im System kann jedoch für unsere Zwecke durch eine Differenz ersetzt werden, die zwischen der Wahrnehmungslosigkeit sozialer Systeme und der Wahrnehmungsgebundenheit psychischer Systeme unterscheidet. Soziale Systeme haben keine Rezeptionsorgane; psychische Systeme sind dagegen: die Organisation von Wahrnehmung.[97] Wahrnehmung ist das Medium, das (als Externalisierungsleistung neuronaler Systeme) in die Sinnform (wir würden sagen: in die Form der Zitation) gebracht wird, die im exzellenten Fall des Bewußtsein zeichenförmig (und im Zeitmodus der différance) beobachtet wird.[98]

Damit gewinnt das Medium einen seltsam doppelten Charakter. Es ist einerseits durch und durch an die (Lebens)Leistungen des neuronalen Systems gebunden, bei dessen Zusammenbruch es ebenfalls zusammenbräche. In dieser Hinsicht ist die Produktion von Wahrnehmung in die Singularität oder Individualität des jeweiligen neuronalen Systems eingeschweißt. Andererseits erweist es sich, wenn es durch die Sinnform supercodiert wird, als Bedingung der Möglichkeit eines rein zeitbasierten, nicht lebenden, autopoietischen Systems, der sinnförmigen Organisation der Psyche, des Bewußtseins, dem seine Referenzen zugespielt werden aus der konventionellen Sphäre der Sozialität. Das Medium ist gleichsam singulär *und* allgemein, auf Leben angewiesen und doch (in der Sinnform) weder lebend noch tot.

In dieser schwierigen Doppel-Inanspruchnahme ist es – darüber hinaus – exzeptionell[99], weil es – wie eine Naht – Leben und Sinnsystem

---

96 Festzuhalten ist, daß diese ›Kernigkeit‹ nicht eine ubiquitäre Projektion ist. Aber selbst in transkulturell angelegten Forschungen wird man, so die Hypothese, zumindest Äquivalente finden.

97 Siehe umfangreicher Fuchs, P., *Die Psyche. Studien zur Innenwelt der Außenwelt der Innenwelt*, Weilerswist 2005. In diesem Sinne verfügen dann selbstverständlich auch nicht-menschliche Lebewesen über Psyche.

98 Ein schöner Ausdruck wäre: in die Form ›zerebrale(r) Zelebrität‹ – als Bezeichnung zeichenförmig hervorgehobene Gruppen der Wahrnehmung. Vgl. Bühl, W. L., *Das kollektive Unbewußte in der postmodernen Gesellschaft*, Konstanz 2000, S. 67. Am Rande ist bemerkenswert, daß in einer frühen Preisschrift zum Problem der Beobachtung »Qu'est se qui et requis dans l'Art d'observer? Et jusqu'où cet Art contribue-t-il à perfectionner l'Entendement?« (1768) das Wort ›observer‹ im Holländischen durch ›waarneemen‹ ersetzt wird. Vgl. Poser, H., »Das Genie als Beobachter. Zur Preisfrage der Holländischen Akademie von 1768 über die Kunst der Beobachtung«, in: *Paragrana* 4, 1995, S. 86-103, 88.

99 Siehe zur Figur dieser Exzeptionalität Locke, J., *An Essay Concerning Human Understanding*, London 1823, Nachdruck 1963, S. 1-83.

zugleich trennt und verbindet. Modernere Metaphern dafür mögen ›Schnittstelle‹ oder ›Interface‹ sein und in dieser Theorie ›strukturelle Kopplung‹ und ›Interpenetration‹. Aber darauf kommt es nicht so sehr an. Entscheidend ist, daß Wahrnehmung, wenn und insoweit sie diese Doppelform annehmen kann, *die einzige (trennende und verbindende) Vernähung zwischen lebenden Systemen und Sinnsystemen ist.* Die Mitwelt sozialer Systeme muß diese Vernähung gewährleisten und zur Verfügung stellen können. Ohne sie käme weder Bewußtsein noch Kommunikation zustande. Leben (als menschliches Leben) entfaltet seine Relevanz als *neuronal inszenierter Wahrnehmungsnachschub, der durch die Sinnform überformt werden kann.* Es ist in dieser Hinsicht *exklusiv spezialisiertes* Leben.[100]

## 7. Das menschliche Leben: Eine Zustandsverschränkung

> »Die Philosophen sind oft wie kleine Kinder,
> die zuerst mit ihrem Bleistift beliebige Striche auf ein Papier kritzeln
> und dann den Erwachsenen fragen ›Was ist das?‹ – Das ging so zu:
> Der Erwachsene hatte dem Kind öfter etwas vorgezeichnet und gesagt
> ›das ist ein Mann‹, ›das ist ein Haus‹, usw.
> Und nun macht das Kind auch Striche und fragt:
> Was ist nun das?«
> *Ludwig Wittgenstein*

Von der so gewonnenen Position aus wird Penetration im Blick auf Leben und dessen Verhältnis zu Sinnsystemen griffiger bestimmbar. Es geht nicht um Leben schlechthin, nicht um dessen Auto-Agilität, Reproduktivität, Energetik, nicht um ›hyletische Selbstorganisation‹, nicht um das, was auch an Amöben, Orchideen, Geparden als Leben thematisiert werden könnte. Dies alles mag vorausgesetzt sein, würde aber keine ›Phänomenalität‹ gewinnen – ohne die Schlüsselfunktion auf neuronalen Prozessen beruhender (externalisierender) Wahrnehmung. Sie ist das Medium, das – indem es die Inskription der Sinnform ermöglicht – die Zweitform der Konkatenation von Sinnverweisungsschlägen toleriert, die die Komplexität des neuronalen Wahrnehmungsnachschubes reduzieren und damit ausnutzen für den Aufbau *eigener* sinnsystemischer

---

100 Das heißt nicht, daß Leben auf der Ebene der Fremdreferenz (intentional oder thematisch) nicht auch noch anders behandelt würde (zum Beispiel als Thema der Biologie), sondern nur, daß diese Behandlung immer schon dieses spezialisierte Leben voraussetzt. Im übrigen ist diese These keineswegs normativ gemeint. Sie erklärt vielmehr, warum Abweichungen auf der Ebene dieser Spezialisierung (zum Beispiel Sinnesschädigungen, Wahrnehmungsstörungen etc.) ein so massives Problem darstellen.

Strukturen und Prozesse. Nur dieser durchlaufende Wahrnehmungsnachschub (nichts sonst) appräsentiert Unbestimmtheit, Kontingenz,
Selektionszwang. Und, wie wir in einer leichten Modifikation der zitierten Definition von Luhmann sagen wollen: nicht nur für Sozialsysteme,
sondern auch (in einer Art seltsamen Schleife) für psychische Systeme,
die ja – prima vista – jenem Wahrnehmungsnachschub am ›nächsten‹
und am innigsten ›verschwistert‹ scheinen.

Man sieht diesen Punkt deutlicher, wenn man darauf achtet, daß die
Formulierung vom ›Aufbau *eigener* sinnsystemischer Strukturen und
Prozesse‹ problematisch und reformulierungsbedürftig ist für den Fall,
daß man zusätzlich sagt, Sinn sei immer konventionell, niemals idiosynkratisch oder privat. Penetration (als Wahrnehmungsanlieferung) ist
nicht zugleich: Installation von Sinn, und mit Sicherheit nicht: Installation bewußter Sinnverarbeitungsprozesse. Sinn entsteht nicht im Medium der Wahrnehmung in der Weise einer ›Urzeugung‹, einer originären,
gleichsam selbst veranlaßten Sinn-Stiftung, sondern durch ›Einbettung‹
in, durch ›Einlassung‹ auf (aprioritäre) Sozialität, durch Konfrontation
mit Kommunikation, die den Sinn gleichsam vorübertreibt, dem sich
das Medium der ›raw perceptions‹ so anbequemt (akkomodiert) bzw.
den es so assimiliert, daß eine wahrnehmungsbasierte Organisation von
Sinnverkettungen ›ausgefällt‹ wird, die wir üblicherweise Psyche und im
Fall dezidierter Operationen (Beobachtungen) Bewußtsein nennen.[101]

Dieses System ist ein System im *Apostericri*, insofern es nicht in
Betrieb geriete, wenn nicht Sozialität schon betrieben wäre, aber es
ist zugleich das System, ohne dessen wechselwirkende Mitwirkung
Kommunikation schlagartig zusammenbräche. Wir haben es mit einer
›wechselseitigen Ermöglichung‹ zu tun, die theoretisch unter dem Begriff *Interpenetration* behandelt wird, der sich auf das Verhältnis aus-
differenzierter psychischer und sozialer Systeme bezieht und ihre rezi-
proke Appräsentation je vorkonstituierter Eigenkomplexität.[102] Erneut
könnte man in leicht angezogener Abstraktionslage formulieren, daß
jene wechselseitige Ermöglichung nur ein anderer Ausdruck für konditionierte Koproduktion ist.

Aber wie dem auch sei, im Zuge dieser Koproduktion ist Penetration
als Wahrnehmungsnachschub der an (nachwachsende) Lebewesen,
gleichsam an ›Vereinzeltheiten‹ gekoppelte und deswegen ›singulari-
sierende‹ Prozeß, der ohne die große Sinnverteilungsmaschinerie der
Kommunikation bei sich bliebe, sinn- und damit *weltarm*, wenn man

---

101 Freud faßt das Bewußtsein selbst als »ein (...) Sinnesorgan (...) zur
 Wahrnehmung psychischer Qualitäten« auf. Vgl. Freud, A. et al. (Hrsg.),
 Sigmund Freud, *Gesammelte Werke*, Bd. II/III, *Die Traumdeutung*,
 Frankfurt am Main 1986 (8. Aufl.), S. 620.
102 Luhmann, *Soziale Systeme*, S. 290.

das in Heideggerscher Diktion sagen möchte.[103] Die Konfrontation mit
Kommunikation dagegen de-singularisiert, de-individualisiert, kurz:
*sozialisiert* psychische Systeme so, daß sie andockfähig werden als
Mitwelt sozialer Systeme.[104]

Daraus folgt, daß diese Systeme ›Eigenheit‹ (via Penetration) und
›Nicht-Eigenheit‹ (via Sinnanlieferung durch Kommunikation) kombinieren, oder, wie wir jetzt in äußerster Zuspitzung und noch einmal im
Aufgriff quantentheoretischer Metaphern sagen wollen: Diese Kombination ist eine *Zustandsverschränkung*.[105] Sobald der Wahrnehmungsnachschub (und wir sagten, dies sei Penetration) mit Sinn in Kontakt
gerät, ist Wahrnehmung (diese Lebensleistung) nicht mehr von Sinn separabel. Weder Wahrnehmung noch Sinn sind in einem ›reinen Zustand‹
zu haben. Deutlichstes Indiz: Über nicht sinnförmige Wahrnehmung gibt
es keine Berichte, die nicht von der Sinnform Gebrauch machen.[106]

103 Oder mit Nietzsche: »Gesetzt, diese Beobachtung ist richtig, so darf
ich zu der Vermutung weitergehn, daß Bewußtsein überhaupt sich nur
unter dem Drucke des Mitteilungs-Bedürfnisses entwickelt hat – daß es
von vornherein nur zwischen Mensch und Mensch … nötig war, nützlich war, und auch nur im Verhältnis zum Grade dieser Nützlichkeit
sich entwickelt hat. Bewußtsein ist eigentlich nur ein Verbindungsnetz
zwischen Mensch und Mensch – nur als solches hat es sich entwickeln
müssen: der einsiedlerische und raubtierhafte Mensch hätte seiner nicht
bedurft.« (Nietzsche, F., *Die fröhliche Wissenschaft*, in: Friedrich Nietzsche, *Werke in drei Bänden*, hrsg. von Karl Schlechta, München 1954,
Bd. 2, S. 220.) Und: »Unsre Handlungen sind im Grunde allesamt auf
eine unvergleichliche Weise persönlich, einzig, unbegrenzt-individuell,
es ist kein Zweifel; aber sobald wir sie ins Bewußtsein übersetzen, scheinen sie es nicht mehr … Dies ist der eigentliche Phänomenalismus und
Perspektivismus, wie ich ihn verstehe: die Natur des tierischen Bewußtseins bringt es mit sich, daß die Welt, deren wir bewußt werden können,
nur eine Oberflächen- und Zeichenwelt ist, eine verallgemeinerte, eine
vergemeinerte Welt – daß alles, was bewußt wird, eben damit flach,
dünn, relativ-dumm, generell, Zeichen, Herden-Merkzeichen wird, daß
mit allem Bewußtwerden eine große gründliche Verderbnis, Fälschung,
Veroberflächlichung und Generalisation verbunden ist.« (S. 221 f.)
104 »*Und trotzdem wird alltagsweltlich Handeln auf Individuen zugerechnet. Ein so stark unrealistisches Verhalten kann nur mit einem Bedarf
für Reduktion von Komplexität erklärt werden.*« Luhmann, *Soziale
Systeme*, S. 229. Im übrigen paßt zu diesen Überlegungen die brillante
Einsicht Rimbauds: *Je est un autre*. Siehe dazu Steiner, G., *Von realer
Gegenwart. Hat unser Sprechen Inhalt?*, Hamburg 1990, S. 134 ff.
105 Vgl. Esfeld, M., »Der Holismus der Quantenphysik: seine Bedeutung
und seine Grenzen«, in: *Philosophia naturalis*, Bd. 36, H. 1, 1999, S. 157-
185.
106 Selbst dann nicht, wenn sie um dieses Problem kreisen. Vgl. Freud, S.,

Das erklärt, warum Niklas Luhmann formuliert: »Im Falle von Penetration kann man beobachten, daß das *Verhalten* des penetrierenden Systems durch das aufnehmende System mitbestimmt wird (und eventuell außerhalb dieses Systems orientierungslos und erratisch abläuft wie das einer Ameise ohne Kontakt zum Ameisenhaufen).«[107] Es geht – in unserer Argumentation – um die ›Mitbestimmung‹ des Wahrnehmungsnachschubes durch Sinn, der durch Kommunikation so herangeführt wird, daß jene ›Verschränkung‹ entsteht, die dann ihrerseits die Bedingung der Möglichkeit von Kommunikation ist.

Menschliches Leben wird, so müßte man nun sagen, von sozialen Systemen in genau dieser Form vorausgesetzt: als fungierende Verschränkung von kommunikationsinduzierter, schließlich autopoietischer Sinnverkettung und dem Medium des neuronal inszenierten Wahrnehmungsnachschubes.[108] Dieses Leben ist, um eine Formulierung von Novalis leicht zu modifizieren: *sinnaktivierte Rezeptivität*.[109] Was immer sonst als *das* Leben *des* Menschen bezeichnet wird, ist geknüpft an diese Minimalform. So sehr man geneigt sein mag, die Differenz von Menschen und Tieren auf eine Dimension unterschiedlicher Grade der Organisation von Wahrnehmung zurückzuführen, sie bleibt erhalten im Punkt jener Zustandsverschränkung, die ohne Kontakt (ohne Ko-Evolution) mit Kommunikation nicht zustandekäme.

Ebendeshalb kann man (und dies ist ein autologischer Satz) über das menschliche Leben nicht ohne Referenz auf Kommunikation reden. Philosophisch angespannter formuliert: »Dieser Vergleich von Mensch und Tier weist nur hin auf die Communication als universale Bedingung des Menschseins. Sie ist so sehr sein allumfassendes Wesen, dass, was

»Das Unheimliche«, in: Freud, A. et al. (Hrsg.), Sigmund Freud, *Gesammelte Werke*, Bd. 12, Frankfurt am Main 1986 (8. Aufl.), S. 227-268.

107 Luhmann, *Soziale Systeme*, S. 290.

108 Das ist, um es zu wiederholen, nicht normativ gemeint. Von hieraus wird stattdessen verständlich, warum Grenzfälle rudimentärer oder ausfallender Sinngebrauchsmöglichkeiten soziale Systeme belasten und bestenfalls in eine Strategie des Als-ob treiben, deren Begründung keiner anderen Ökonomie mehr als der der Ethik verpflichtet sind. Vgl. Fuchs, P., »Behinderung von Kommunikation durch Behinderung«, in: Strubel, W./Weichselgartner, H. (Hrsg.), *Behindert und verhaltensauffällig. Zur Wirkung von Systemen und Strukturen*, Freiburg 1995, S. 9-18; ders., »Behinderung und soziale Systeme. Anmerkungen zu einem schier unlösbaren Problem«, in: »*Das gepfefferte Ferkel – Online Journal für systemisches Denken und Handeln*«, Mai 2002. Zu erinnern ist daran, daß wir das Medium ›Menschheit‹ als *Deklarationsmedium* vorgestellt haben.

109 Vgl. Utz, P., *Das Auge und das Ohr im Text. Literarische Sinneswahrnehmung in der Goethezeit*, München 1990, S. 220.

auch der Mensch ist und was für ihn ist, in irgendeinem Sinne in der Communication steht: Das Umgreifende, als das wir sind, ist in jeder Gestalt Communication; das Umgreifende, das das Sein selbst ist, ist für uns nur, wie es in der Mitteilbarkeit Sprache wird oder ansprechbar ist.«[110]

## B Das menschliche Leben
## als lückengenerierte Unstrittigkeit

> »Vivre? Les serviteurs feront cela pour nous!«
> *Axel Villiers de l'Isle-Adams*

Das menschliche Leben, asketisch genommen als ›Vernähung‹ der Wahrnehmungsfunktion mit sozial angeliefertem Sinn, als Zustands-verschränkung, ist eine sehr starke Abstraktion. Sie impliziert, daß – obwohl alles sich ändert – dieses Leben jeder sozialen und historischen Veränderung invariant zugrundeliegt. Soziale Systeme lassen sich kaum denken ohne eine Mitwelt, die aus sinn-ausgestatteten Wahrnehmungs-einheiten besteht. Dabei ist die Wahrnehmungsfunktion evolutionär weitaus älter als jene ›Vernähung‹. Die ›Überformung‹ durch Sinn im Zuge der Ko-Evolution von Kommunikation und Bewußtsein kommt sehr viel später hinzu, aber sie etabliert ebenfalls eine Invarianz, nämlich die der Sinnform selbst, die jegliche Thematizität und Intentionalität er-möglicht, ohne von dem, was sie ermöglicht, auch nur im Entferntesten berührt zu werden. Die Sinnform ist indifferent gegenüber dem, was sie an Selektivität zu prozessieren erlaubt. »›Sinn‹ ist als die fundamentale Ordnungsform menschlichen Erlebens gedacht…«[111], eine Ordnungs-form, hinter der keine ›Hinterwelten‹ mehr stecken.[112]

Mit dieser Überlegung käme man zu einer Art ›Vitalontologie‹, zur Behauptung einer quintessentiellen Gleichheit (ebenjener Invarianzen)

110 Jaspers, K., *Vernunft und Existenz,* Groningen/Batavia 1935 (Aula-Vor-draachten der Rijksuniversiteit te Groningen Nr. 1), S. 52. Jaspers fährt damit im Fahrwasser der Aufklärung, die den Menschen als Kommuni-kationswesen zu entdecken begann. Vgl. Bödeker, H.E., »Aufklärung als Kommunikationsprozeß«, in: Vierhaus, R. (Hrsg.), *Aufklärung als Prozeß,* Hamburg 1988, S. 89-111, 89.

111 Luhmann, N., »Einfache Sozialsysteme«, in: *Soziologische Aufklärung 2,* Opladen 1975, S. 21-38, 22.

112 Vgl. Nietzsche, F., *Also sprach Zarathustra: Die Reden Zarathustras: Von den Hinterweltlern,* in: *Werke in drei Bänden,* Bd. 2, München 1955, S. 297 f. Siehe auch Luhmann, N., »Was ist der Fall, was steckt dahinter? Die zwei Soziologien und die Gesellschaftstheorie«, in: *Zeit-schrift für Soziologie,* 22. Jg., 1993, S. 245-260.

durch Jahrhunderttausende hindurch. Das menschliche Leben wäre – der Form nach – immer dasselbe, gleichgültig, was ihm zustieße. Es würde keinen Unterschied machen, ob es in steinzeitlichen Horden, beim Bau der Pyramiden, in einer mittelalterlichen Dombauhütte oder in einer Weltraumstation sozial in Anspruch genommen würde. Ein Beobachter könnte selbstredend sehen, daß diese Inanspruchnahme unter völlig verschiedenen Bedingungen stattfindet, aber die Bedingung der Möglichkeit dieser Verschiedenheit wäre die Persistenz der Form des menschlichen Lebens, der Verschränkung von Sinn und Wahrnehmung, ohne die es weder zur Kommunikation noch zu Bewußtsein käme – im koevolutiven Spiel einer wechselseitigen Veranlassung.

Diese Persistenz gestattet es jedoch, der Verlockung einer Anthropo- oder Vitalontologie zu widerstehen und erneut darauf zurückzugreifen, daß die Heuristik der Form/Medium-Unterscheidung Mecien errechnet als *Invarianzen*, die Formeinschreibungen zulassen, ohne sich selbst dadurch zu verändern. Medien sind konzipiert als homogen (punktualisierte) Invarianzen. Und so konnten wir hier sagen, daß die ›Amalgamisierung‹ zweier Medien (Wahrnehmung/Sinn) ein weiteres Medium (menschliches Leben) erzeugt, das die Form von Zustandsverschränkungen der diskutierten Art bereitstellt – als immer gleiche Bedingung der Möglichkeit der Inanspruchnahme durch den Variationsreichtum sozialer Strukturalität.

Aber (und genau damit kann jene Verlockung abgeblockt werden): Das besagt noch nichts über die Formen, die in das Medium sozial eingetragen werden. Es ist evident, daß das menschliche Leben für die Mitwelt sozialer Systeme (operativ gesehen, nicht vom Standpunkt seiner Thematisierungen aus) nur als aufgespannte Szene jener mutualistisch agierenden, punktualisierten Zustandsverschränkungen relevant ist; es ist jedoch nicht minder klar, daß das Schema Wahrnehmungsfunktion/Sinn für einen analytisch gesonnenen Beobachter ›intern‹ Spiel hat. Denn daß Wahrnehmung und Sinn (in dieser medialen Verschwisterung) invariant angesetzt sind, heißt ja nicht zugleich, daß das, was wahrgenommen wird oder überhaupt wahrgenommen werden *kann*, resistent wäre gegenüber der evolutionären Varietät dessen, was als Sinn jeweils traktabel ist, und auch nicht, daß neue oder neuartige Wahrnehmungen keinen Einfluß hätten auf das, was als Sinn (und wiederum: jeweils) psychisch und sozial zustande kommt.[113]

113 Ob die Zeit rinnt, rieselt, tickt etc., hängt von Wasseruhren, Sanduhren, Taschenuhren ab. Daß die Zeit nichts dergleichen tut, ja, daß sie nicht einmal vergeht, ist schon durch raffinierte Sinnmöglichkeiten hoch getriebene Wahrnehmung von virtuosen Mystikern. Daß das Bewußtsein sich als eine aus Gedanken zusammengesetzte Einheit beschreiben läßt, ist Folge des Einschießens von Lücken zwischen die Wörter. Vgl. Fuchs,

Die Metapher der ›Zustandsverschränkung‹ ist schließlich der bündige Ausdruck dafür, daß das menschliche Leben sich nur analytisch in die Komponenten der Wahrnehmungsfunktion und deren Sinnausrüstung zerlegen läßt, das dann mit der Zusatzkomplikation, daß diese Zerlegung schon als-im-Betrieb-befindlich voraussetzt, was sie der Analyse unterzieht. Da aber die ›Sinndichte‹, die ›Sinnausgefülltheit‹ der Wahrnehmung daran hängt, wie Sinn (und dann: welcher Sinn) *sozial* zur Selektion angeboten wird, kann man im spielerischen Aufgriff einer sehr alten Tradition sagen, daß die *forma vivendi* (die diskutierte Verschränkung als Medium) stabil bleibt, aber die *formae vivendi* (als an Evolution geknüpfte Formeinträge in das Medium) entschieden variieren.[114]

Unsere Aufmerksamkeit gilt im weiteren der Frage, wie man sich diese Formeinträge unter der Bedingung der Moderne (i. e. der funktionalen Differenzierung der Gesellschaft) im Sinne einer kontrollierten Spekulation vorstellen könnte. Eine Antwort bedarf zunächst eines Exkurses.

## *1. Noch einmal:* Die Maßlosigkeit der sozialen Adresse

Wir haben das menschliche Leben in einer geradezu unbändigen Abstraktion und Kargheit zurückgeführt auf die Minimalität einer Zustandsverschränkung von Wahrnehmungsfunktion und Sinn. Nichts, was sonst und in allen Höhenlagen emphatischer Gestimmtheit (singend, seufzend, raunend) menschliches Leben genannt wird, käme in irgendjemandes Sicht, wäre bedenkbar und kommunikabel – ohne Beteiligung dieser ebendeswegen extrem relevant erscheinenden Minimalität, die jedoch ihrerseits (und in einem genauen Verständnis: existentiell) an die Sinnzufuhr gebunden ist, die durch Kommunikation gespeist wird. Zwar kann das psychische System, wenn ihm Sinngebrauch erst einmal zur Verfügung steht, sich selbst (wenn auch recht befristet) un-

P., *Die Metapher des Systems. Studie zur allgemein leitenden Frage, wie sich der Tanz vom Tänzer unterscheiden lasse,* Weilerswist 2001. Siehe ferner zu den Auswirkungen, die evolutionär verschiedene Pointierungen der Kommunikationsselektionen ›Information, Mitteilung, Verstehen‹ haben, ders., *Moderne Kommunikation. Zur Theorie des operativen Displacements,* Frankfurt am Main 1993.

114 Ich nehme hier den lateinischen Ausdruck, um nicht zu sehr durch den (oft sehr diffusen) soziologischen Term der Lebensform belastet zu werden, der nahe an ›Lebenswelt‹ liegt. Daß Wittgenstein Sprachspiel und Lebensform miteinander verknüpft hat, ist bekannt, aber auch da liegen die Dinge (theoretisch gesehen) sehr im Dunkeln.

terhalten, aber dies geschieht, wenn man so will, auf den ›Sedimenten‹ einst stattgehabter Kommunikation, ohne die kaum mehr als allenfalls rudimentärer (und schon gar nicht: durch Sprache raffinierter) Sinn betreibbar wäre.

Die Bedingung der Möglichkeit, überhaupt in Kontakt mit Kommunikation zu geraten, an sozialen Systemen zu partizipieren, die Bedingung der Möglichkeit mithin für Inklusion ist, wie weiter oben nachdrücklich festgehalten wurde: *Adressabilität*. Dieser Begriff ist in gewisser Weise tiefer angelegt als Versuche in anderen Theorietraditionen, die Initiierung des menschlichen Lebens an Begriffe wie Begehren, désir, desire oder ganz klassisch an den ›amor del piacere‹ und an die ›fuga del dolore‹ zu binden.[115] Der grundbegriffliche Rang von Adressabilität ist leicht ersichtlich, wenn man das menschliche Leben, wie wir es getan haben, als *sinnaktivierte Rezeptivität/Produktivität* begreift, als sprachlich kaum noch darstellbare Ineinander-Geschobenheit von Wahrnehmung und Sinn, und zugleich davon ausgeht, daß die Sinnaktivierung der Wahrnehmung fundamental davon abhängig ist, daß die Lebewesen, auf die Sinnaktivierbarkeit sozial projiziert wird (eben: Menschen), kommunikativ adressiert werden.

Diese Adressierung ist – operativ gesehen – ebenjene Projektion. Ohne Adressabilität, ohne faktische Prozesse der Adressierung, so die starke These, ist menschliches Leben schlicht nicht möglich. In Vorwegnahme ethischer Überlegungen läßt sich formulieren, daß – wenn man von Menschenrechten spricht – Adressabilität eine Schlüsselstellung einnehmen müßte. Sie entspricht dem Zugang zur Kommunikation. Sie begründet die Möglichkeit der Sinnausrüstung von Wahrnehmung.

Im Kapitel IV wurde gezeigt, daß die Modi der Adressierung, die Konstruktionsweisen sozialer Adressen mit der jeweiligen Differenzierungsform der Gesellschaft kovariieren. Diese Form liefert die Rahmenbedingungen der Konstruierbarkeit sozialer Adressen. Für diese Rahmenbedingungen haben wir den (plastischeren) Begriff des *Adressenformulars* gewählt als Ausdruck für die zeit-, kultur- und hier dann differenzierungsbedingten De-Arbitrarisierungen der Adressenbildung.

115 Verri, P., »Discorso sull'indole del piacere e del dolore«, in: *Opere filosofiche e d'economia politica*, Milano 1828, Bd.. 1, Paragraph IV, hier zit. nach Borek, J., *Sensualismus und Sensation*, Wien/Köln/Graz 1983, S. 87 f. Dazu passend die Einschätzung: »If it is found, as some philosophers advocate, that the terms ›belief‹ and ›desire‹ … are not the labels of real biological or even psychological realities at all but just a useful ›folk‹ way of talking, then cognitive theories of emotions will either look very different from our current one or disappear all together.« (Lyons, W., »The Philosophy of Cognition and Emotion«, in: Dalgleish, T./Power, M. (Hrsg.), *Handbook of Cognition and Emotion*, Chichester a.a.O. 1999, S. 21-44, 41.)

Die je fungierenden Adressenformulare geben gleichsam die Rubriken vor, die bei den Prozessen konkreter Adressenbildung besetzt werden können. Sie sind in diesem Verständnis Strukturen von Strukturen, Kombinationsspielräume, die die Möglichkeiten für konkrete Adressen (diese sozialen Strukturen) definieren und limitieren und damit auch festlegen, welche Einträge zu einer gegebenen Zeit und in einer gegebenen Kultur nicht möglich (nicht einmal: denkbar) sind.[116]

Die Pointe, auf die diese Annahmen zugespitzt wurden, war, daß das Adressenformular unter der Ägide funktionaler Differenzierung die Form einer hyperkomplexen, heterarchen, polykontexturalen Liste annimmt und: daß dies den Verlust der Einheit der sozialen Adresse bedeutet, ihre irreduzible Fragmentarität, ihre ›Kernlosigkeit‹ und Komplett-Deontologisierung bzw. Depräzisierung. In gewisser Weise (und auch das haben wir oben mit ›Formkatastrophe‹ angedeutet) ist dieses Adressenformular außer Kontrolle, eine einzig am Eigennamen entlanglaufende Verteilung von Verteilungen, eine (in der schon genutzten Metapher) stroboskopische Da-und-Dort-Aufblitzerei. Da ist (um es im Duktus von Bateson zu sagen) kein Muster, das verbindet[117], kein Ort der Überschaubarkeit, kein archimedischer *locus observandi*, von dem aus diese Form der Adresse als ›Komplettheit‹ erscheinen könnte.

Die Individuen, die anhand dieses Adressentypus sozialisiert werden, können sich nicht nur nicht der auf sie bezogenen Adressen bemächtigen; sie sind konfrontiert (und das gegenläufig zur Individualisierungs- und Individualitätssemantik) mit seltsamem *Dividualisierungsfeldern*, deren Zentren, deren Schnitt- oder Kreuzungspunkte (Dilthey) sie *nicht* sind.[118] Die Individuen (ganz mittelalterlich: als Einzelexemplare der Gattung) geben – im Blick auf unser Generalthema formuliert – nicht der sozialen Adresse das Maß vor, die der Form nach *maßlos* ist und – als fungierende Diversität – die psychischen Systeme okkupiert: im Sinn einer Ent-Einheitlichung, einer *multiplicité du moi*[119], einer polykontexturalen Formatierung, die jede Einheits-, Identitäts- und Authentizitätsprätention artifiziell stellt.

116 Ich gehe – deswegen der Plural – davon aus, daß man es mit einer Mehrheit von Adressenformularen zu tun hat. In der Gegenwart etwa kann man sogar auf die Idee kommen, daß der ›Kampf der Kulturen‹ sich rekonstruieren ließe als Konkurrenz um die Dominanz bestimmter Formulare.
117 Bateson, G., *Geist und Natur. Eine notwendige Einheit,* Frankfurt am Main 1982.
118 Das ist natürlich auch eine logische Konsequenz der Annahme, daß Individuen die Gesellschaft nicht bewohnen, sondern als Umweltmomente begriffen werden.
119 Vgl. noch einmal Behrens, R., »Metaphern des Ich«, in: *Die literarische Moderne in Europa*, hrsg. Piechotta, H. J. et al., Opladen 1994, S. 334 f.

Ebendies wird genau dann zum Problem, wenn das listenförmige Adressenformular Einträge wie Individualität, Identität, Authentizität, Autonomie, Selbstbestimmung, Verantwortungszurechenbarkeit etc. sozial zwingend vorsieht.[120] Der über das ›Portal‹ der Adresse zugespielte Sinn ist ›Gleit- und Verrutschungssinn‹, der jede Möglichkeit für identitäre Ankerpunkte sabotiert und zugleich – sozusagen in einem anderen Sinnsegment – diese Sabotage dementiert: durch die sozialstrukturelle (aber längst auch normative, semantisch abgreifbare) Nötigung, jedes Individuum habe selbstbestimmte *Einzigartigkeit* zu sein, eine paradoxe Nötigung, insofern Sinn, wie gezeigt wurde, eben niemals privat, einzigartig, idiosynkratisch prozessiert werden kann.[121]

Zur Lösung des Problems kann aber nichts weiter als wiederum nur Sinn in Anspruch genommen werden. Es muß, wie sich vermuten läßt, ein Sinnaufwand getrieben werden, der – gegen die Listenförmigkeit der sozialen Adresse – so etwas wie einen *cor et punctus*[122] plausibel hält, einen ›Ort‹ der Unstrittigkeit, der Wiederansteuerbarkeit, der Re-Vision oder Re-Visitierbarkeit, der sich in der sozial offerierten Gleitwelt des Sinns ›irgendwie‹ identisch durchziehen läßt. Die Schwierigkeit dabei ist, daß psychisch und sozial ein solcher Ort selbst nur eine Sinnfigur sein könnte, also alles andere als eine Identitätsverheißung wäre.

Oder kann man doch vermuten, daß das menschliche Leben irgendwie Chancen für eine solche Unstrittigkeit anbietet?

120 Das muß nicht sein, wie etwa anhand japanischer Kommunikationsstrukturen gezeigt werden kann. Vgl. die Studie über Japan in Fuchs, P., *Die Umschrift. Zwei kommunikationstheoretische Studien*, Frankfurt am Main 1995.

121 Ganz ähnlich erstaunt, formuliert Jacques Derrida: »Wir tun so, als ob die Psychoanalyse niemals existiert hätte. Selbst diejenigen, die wie wir von der unausweichlichen Notwendigkeit der psychoanalytischen Revolution ... überzeugt sind, nun, auch sie handeln in ihrem Leben, in ihrer gewöhnlichen Sprache, in ihrer sozialen Erfahrung so, als ob nichts geschehen wäre ... In einem ganzen Bereich unseres Lebens tun wir so, als ob wir im Grunde an die souveräne Autorität des Ichs, des Bewußtseins usw. glauben würden, und führen wir die Sprache dieser ›Autonomie‹.« (Derrida, J./Roudinesco, E., *Woraus wird Morgen gemacht sein? Ein Dialog*, Stuttgart 2006, S. 296.)

122 Die Formulierung bezieht sich ursprünglich auf den Eidgenösssischen Bund nach den Burgunderkriegen. Vgl. Wehrli, M., »Der Nationalgedanke im deutschen und schweizerischen Humanismus«, in: Wiese, B. v./Henß, R. (Hrsg.), *Nationalismus in Germanistik und Dichtung*. Dokumentation des Germanistentages in München vom 17.-22. Oktober 1966, Berlin 1967, S. 126-144, 129.

## 2. *Das menschliche Leben:*
### *Die Intervention der ›Stofflichkeit‹*

Das menschliche Leben ist als die Zustandsverschränkung von Wahrnehmungsfunktion und Sinn allen Sinnsystemen nur als beobachtetes
Leben zugänglich – das dann intrikaterweise in der Sinnform selbst,
die die Unterscheidung von Wahrnehmung und Sinn bzw. die Supercodierung der Wahrnehmungsfunktion durch Sinn bezeichnungsfähig
macht. Das Vertrackte daran ist, um es tautologisch zu formulieren,
daß nicht-sinnförmige Wahrnehmung für Sinnsysteme nicht vorkommt,
allenfalls als Topos der unsagbaren Fremdheit und Absurdität der Welt
oder im Freudschen Sinne als ›Unheimlichkeit‹, wobei ›unheimlich‹
nicht minder eine sinnförmige Wahrnehmung bezeichnet (eben: als
Sinn der Unheimlichkeit, zum Beispiel gesetzt gegen Vertrautheit oder
Traulichkeit, Heimlich- bzw. Heimeligkeit).

Achtet man auf die Unterscheidung Wahrnehmungsfunktion/Sinn
(und das ist bei einer Verschränkung dieser Art nur in analytischer
Einstellung möglich), dann ist die Seite des Lebens angezeigt durch
die Wahrnehmungsfunktion, die mittels neuronaler Strukturen und
Prozesse, also auf der Basis von Leben im biologischen Verständnis, Externalisierung leistet. Für (psychische) Sinnsysteme signiert diese Seite
der Unterscheidung eine ›Leerstelle‹. Sie markiert – in einer beliebteren
Metaphorik – einen blinden Fleck, weil diese Systeme nur sinnförmig
beobachten und keinerlei Direktkontakt unterhalten können mit nicht
sinnförmigen Ermöglichungsbedingungen ihrer selbst. So muß man es
jedenfalls sagen, wenn das psychische System als autopoietische Verkettung selbsterzeugter elementarer Einheiten (Gedanken, Vorstellungen,
Zitationen) aufgefaßt wird, als stille (unhörbare) Sinn-Suada, die insofern für sich grenzenlos erscheint, als jede Operation nur Operation in
der ›différanciellen‹ Konkatenation des Systems ist, eine Hinzufügung,
die auf weitere Hinzufügungen angewiesen ist, um Hinzufügung gewesen zu sein.

Daraus resultiert ein hoch merkwürdiges Problem. Autopoietische
Systeme sind keine Ausgedehntheiten, keine Räume, keine Dinge,
sondern betriebene Differentialität (eben: Unjekte), die zutiefst sinnzeitförmig ist. Solche Systeme haben keine Behausung, keinen Wohnort,
sie residieren nicht an Raumstellen.[123] Sie füllen nichts aus und sind
nirgends eingefüllt. Sie sind randlos.[124]

---

123 Vielleicht kann man sagen, daß sie die Zeit als Medium ausnutzen. Die
    Frage wäre dann nur, was sich dann als Invarianz der Zeit begreifen läßt.
    Ich vermute, es geht darum, daß die Zeit nicht vergeht.

124 Deswegen sind Systemgrenzen immer ›Realkonstrukte‹.

Das menschliche Leben als lückengenerierte Unstrittigkeit

Für Sozialsysteme mag diese These hingehen, aber sobald man die gleiche Form (Autopoiesis) für psychische Systeme veranschlagt, stößt man auf den Widerstand der alleralltäglichsten Erfahrung, die besagt, die Psyche, was immer sie sei, halte sich da drinnen, halte sich *in* den Leuten auf.[125] Jeder und jede wisse (bis auf Grenzfälle etwa pathologischer Art), *wo oder von wo aus* man überhaupt etwas wissen könne. Niemand denke außerhalb seines (lebenden) Körpers. Der ›Ort‹ sei zwar unklar definiert, es sei zugegebenermaßen unmöglich, auf die Psyche zu zeigen, aber daß da eine ›Örtlichkeit‹, eine ›Ver-Ortbarkeit‹ sei, lasse sich nicht bestreiten.

Der Verweis auf den Körper ist hier endemisch, aber die Frage ist ja gerade, wie ein (psychisches) Sinnsystem sich anders als sinnförmig (also in der eigenen Betriebsweise) vom Körper unterscheiden kann. Wie kommt es in seinem unstofflichen Zeit-Betrieb an die Registratur einer ›lebenden Stofflichkeit‹, ohne die es (allem Anschein nach) nichts wäre, obwohl es sie genau nicht ist? Damit diese Frage nicht absurd erscheint, muß der Punkt noch einmal hervorgehoben werden, daß die naheliegende (und nicht selten als Superevidenz gehandelte) Antwort, der Körper werde eben einfach wahrgenommen, verkennt, *daß* er tatsächlich nur *wahrgenommen* wird: Er wird wie alles, was der Psyche (als organisierter Wahrnehmung) zugänglich ist, einzig und allein wahrgenommen und im Fall sinnförmiger Wahrnehmung, wenn man so sagen darf, *zitatorisch rezipiert.*

Anders ausgedrückt: Der Körper ist immer schon Produkt – merk- und denkwürdigerweise eines, das seine ›Produktheit‹ (Wahrnehmbarkeit) selbst auf der Basis eines selbstreferentiell agierenden Nervensystems produziert[126], das die Externalisierung liefert, innerhalb derer die Wahrnehmung des Körpers wie die Wahrnehmung einer ihrerseits durch Psyche besiedelbaren Ausgedehntheit erscheint. Das sind hoch zirkuläre Verhältnisse, die allerdings bei der Diskussion von Zustandsverschränkungen zu erwarten waren.

Hier legen wir den Akzent allerdings weniger auf diese Zirkularität, sondern zunächst darauf, daß jenes Produkt Merkmale offeriert, die die interne Selbstunterscheidung des psychischen Systems vom Körper (und seinem Leben) ermöglichen.

---

125  Ich erinnere daran, daß soziale Systeme in genau diesem Verständnis ›Futteralsysteme‹ projizieren, also zusätzlich Evidenzen anliefern dafür, daß da drin das ›Psychische‹ sei – durch fortwährende Bekräftigung.

126  Vgl. etwa Schiepek, G./Kaimer, P., »Von der Verhaltensbeschreibung zur selbstreferentiellen Systembeschreibung«, in: *Familiendynamik*, 13. Jg., H. 3, Juli 1988, S. 240-269, 250 f.

### 3. Die Eins-ist-keins-Paradoxie: Das Bewußtsein als lückendurchschossene Vigilanz

> »Wenn man aber sagt: »Wie soll ich wissen,
> was er meint, ich sehe ja nur seine Zeichen«,
> so sage ich: »Wie soll er wissen, was er meint,
> er hat ja auch nur seine Zeichen.«
> *Ludwig Wittgenstein*

Spricht man über Systeme organisierter Wahrnehmung, so spricht man zugleich von Systemen, die sich in ihrem Medium (der Wahrnehmungen) erschöpfen. Wahrnehmung begründet ihr ›universales Seinsmilieu‹.[127] Ihr Zugang zur Welt ist exklusiv an diese Funktion geknüpft.[128] Angelehnt an Heidegger: Die Wahrnehmung ›weltet‹.[129] Auch das, was man ›Körperidentität‹ genannt hat, ist Resultat von Wahrnehmungsprozessen.[130] Solange man dabei jene Systeme als sinnfreie Systeme denkt, tritt das Problem der Selbstunterscheidung nicht massiv auf. Jedenfalls ist man nicht genötigt, anzunehmen, daß die Wahrnehmungswelt von

127 Merleau-Ponty, M., *Die Prosa der Welt*, München 1993, S. 151.

128 »Die natürliche Welt ist der Horizont aller Horizonte, der Stil aller Stile, meinen Erfahrungen im Untergrund aller Brüche meines persönlichen und geschichtlichen Lebens eine gegebene und nicht gewollte Einheit gewährleistend, deren Korrelat in mir selbst die gegebene, allgemeine und *vorpersönliche Existenz meiner Sinnesfunktionen* ist, in der wir die Wesensbestimmung des Leibes gefunden haben.« (Merleau-Ponty, M., *Phänomenologie der Wahrnehmung*, Berlin 1966, S. 381, [Kursivierung durch mich, P. F.]).

129 Zur Metapher des ›Weltens‹ vgl. Heidegger, M., *Die Grundprobleme der Phänomenologie*, in: *Gesamtausgabe*, Bd. 24, Frankfurt am Main 1975, S. 56/57, S. 72 f.

130 »Die Körperidentität wird auch dadurch für das Gehirn konstituiert, daß Zustände verschiedener sensorischer Modalitäten hinsichtlich der Körperbewegungen miteinander in Einklang stehen. So wird eine selbstinduzierte Kopfbewegung zugleich vom visuellen System, vom Gleichgewichtssystem und den Muskel- und Gelenkrezeptoren des Halsbereichs gemeldet. Der Körper kann durch diese Mehrfachbestätigung verläßlich Eigen- und Umweltbewegungen unterscheiden, was mit einer Sinnesmodalität allein, z. B. dem Gesichtssinn nicht möglich ist.« (Roth, G., »Erkenntnis und Realität: Das reale Gehirn und seine Wirklichkeit«, in: Schmidt, S. J. (Hrsg.), *Der Diskurs des Radikalen Konstruktivismus*, Frankfurt am Main 1988 (2. Aufl.), S. 229-255, 237. Und: »Das Gehirn erschafft also eine kognitive Umwelt und einen kognitiven Körper sozusagen per exclusionem: alles, was nicht Körper ist, ist Umwelt; alles, was nicht ›drinnen‹ ist, ist ›draußen‹.« (S. 238)

Tieren (und Pflanzen?) ein (für einen Fremdbeobachter) internes Milieu von einem externen Milieu zu unterscheiden und zu bezeichnen weiß.[131]

Das verhält sich anders, wenn man vom menschlichen Leben als Zustandsverschränkung von Wahrnehmungsfunktion und Sinngebrauch ausgeht und zusätzlich davon, daß das psychische System unter diesen Bedingungen nicht nur nicht sinnfreie Wahrnehmungen prozessiert, sondern sogar ein eigenes (zeichenbasiertes) System für Beobachtungen ausdifferenziert (das Bewußtsein). Wenn Bewußtsein im Spiel ist, hat man es mit einem sich selbst in sich selbst von der Umwelt unterscheidenden und bezeichnenden System zu tun, mit einem, wie wir gesagt haben, re-entry-fähigen System, das den Unterschied, den es macht (und den es niemals auf der Ebene konditionierter Koproduktion, in der Tiefe Null erreicht), *gleichwohl* markieren und zur weiteren Informationsverarbeitung einsetzen kann.

Die Autopoiesis dieses Systems verkettet nicht Lebensprodukte mit Lebensprodukten, sie lebt nicht ›selbst‹, sondern sie reproduziert (nicht lebende) Elementarereignisse. Diese Elementarereignisse, die man Gedanken, Vorstellungen, mitunter auch Intentionen genannt hat, sind aber gerade nicht: ›Elementaritäten‹. Man kann selbstredend von *einem* Gedanken *sprechen*, aber *ein* Gedanke ist *kein* Gedanke. In der Différance-Zeit von Sinnsystemen ist nichts: etwas. Es wird zu ›Etwas‹ – danach, durch Anschlüsse, die selbst nur Anschlüsse sein werden, wenn Anschlüsse folgen.

Aber wenn ein Gedanke kein Gedanke ist, dann ist er weder Operation noch Ereignis. Er wäre allenfalls so etwas wie eine ›Verschmierung‹, ein ›Durchhuschen‹, ein ›Transient‹, und das System ein wirrer Tanz schierer Korrelativität[132], eine ›Irrlichterei‹, ein phantasmatischer

---

131  »Wir haben also zwei Seiten, eine Innen- und eine Außenseite. Nach der Analogie nehmen wir diese auch bei den Tieren an, wenngleich schon schwächere Gründe. Bei den Pflanzen noch schwächer, aber die Grenze verwischt. Gegen das Anorganische wieder verwischt. Also wohl überall eine Innenseite. Überzeugen kann man sich nur von seiner eigenen Seele. Die übrigen erschließt man. Wert solcher Schlüsse. Greifen des Sichtbaren. Greifen des Steins am Hradschin. Greifbarkeit des Mondes. Prinzip der Sparsamkeit in solchen Annahmen...« formuliert Ernst Mach in seinen Notizbüchern, hier zit. nach Haller, R./Stadler, F. (Hrsg.), *Ernst Mach – Werk und Wirkung*, Wien 1988, S. 173.

132  Vgl. unter Bezug auf Humberto Maturana Teubner, G., »Hyperzyklus in Recht und Organisation. Zum Verhältnis von Selbstbeobachtung, Selbstkonstitution und Autopoiese«, in: Haferkamp, H./Schmid, M. (Hrsg.), *Sinn, Kommunikation und soziale Differenzierung. Beiträge zu Luhmanns Theorie sozialer Systeme*, Frankfurt am Main 1987, S. 89-128, S. 99.

Durchsatz.[133] Die Operation wäre dieses ›Durchlaufen-lassen‹. Sie wäre so etwas wie Sequentialität ohne faßbare Distinktheiten. Es gäbe keine Ereignisse, weil nichts, denkt man an den hier instruktiven alten Sinn des Wortes, ›eräugnet‹ würde, ein Sinn, der geradezu wundersam Wahrnehmung und Zeit verschweißt. Es muß, heißt das, die Möglichkeit des ›Er-Äugnens‹ geschaffen werden, die Möglichkeit der Distinktivität, der Implementation von Abgrenzbarkeiten, die Referentialität im System so zur Verfügung stellen, daß die Operation der Beobachtung (Unterscheidung/Bezeichnung) durchgeführt werden kann.

In systemtheoretisch eingeführter Diktion könnte man hier von der Notwendigkeit einer morphogenetisch wirksamen *Entparadoxierung* (oder Entfaltung) der ›Eins-ist-keins-Paradoxie‹ sprechen. Es genügt aber, sich zu verdeutlichen, daß Abgrenzbarkeit, Distinktivität, Isolierbarkeit etc. auf Strategien der *Verräumlichung* verweisen. Die *différance*, die in der Sinnzeit jene Paradoxie denkbar macht, dieses Kunstwort kombiniert ja gerade *Temporisation* (Aufschub, Nachtrag, Suspendierung jeder erfüllten Präsenz) mit *différer*, also mit dem ›Unter-Scheiden‹, Separieren, der Einführung der Trennbarkeit von ›states‹.[134] Und dieses Trennen, das die Bedingung der Möglichkeit von ›Elementaritäten‹ ist, erzwingt ein ›Dazwischen‹, ein ›Intervall‹ oder in meiner Sprache: eine ›Verlückung‹, durch die eine Verräumlichung der Zeit und zugleich eine Verzeitlichung des Raumes geleistet wird.[135] Sinnförmige Autopoiesis ist: lückenkonfiguriert.[136] Das Bewußtsein, das uns hier interessiert,

133 Ich habe die Vorstellung, daß Freud zumindest das Unbewußte in etwa so imaginiert hat. Mir selbst (aber das mag nicht so verbreitet sein) fällt es nicht schwer, wie in einer gewissen Schiefstellung des Blicks nach ›Innen‹ das Bewußtsein genau so ›wahrzunehmen‹: als irrwitzige (faszinierende) Phantasmatik, die mich immer zugleich an das Pitt-Rivers-Museum zu Oxford erinnert.

134 »If a distinction could be made, then it would create a space. (…) Space is only an appearance. It is what would be if there could be a distinction. Similarly, when we get eventually to the creation of time, time is what there would be if there could be an oscillation between states (…) The only change we can produce – when we have only two states – is the crossing from one to another.« (Spencer-Brown, G., »Selfreference, Distinctions and Time«, in: *Teoria Sociologica* 2-3, 1993/94, S. 47-53., 51 f.

135 Vgl. Derrida, J., »Die différance«, in: ders., *Randgänge der Philosophie*, Wien 1988, S. 29-52, 39.

136 Vgl. zu einer eingehenderen Darstellung Fuchs, P., *Die Metapher des Systems. Studie zur allgemein leitenden Frage, wie sich der Tanz vom Tänzer unterscheiden lasse*, Weilerswist 2001. Siehe aber schon James, W., *Psychologie*, Leipzig 1920, S. 156 ff. »Wer das Wort Gedanke erfand, der hat sicherlich damit ein Gefühl getilgt, einen inneren Vorgang

wäre bar jeder elementaren Einheit ohne die durch Lücken erzeugte Verhinderung eines ›abstandslosen Zusammenseins‹.[137]

Aber genau das heißt, wenn wir hier derridadesk denken, also einen verallgemeinerten Schriftbegriff benutzen: *Bewußtsein ist in Operation gesetzte Schrift*. Ihre Form ist die der temporalisierten Verräumlichung.[138] Oder, wie sich auch sagen ließe: die beobachtungstechnisch geleistete, mithin dezidierte Verkettung von Zeichen, deren minimale Funktionsbedingung ist, daß sie sich unterscheiden lassen.[139] Sie sind in gewisser Weise hervorgehoben.[140] Und weil es um Schrift, um Zeichen geht, ist auch klar, daß das Bewußtsein keine Idiosynkrasien, keine Privatheiten verkettet.[141] Ebendeshalb ist die Konstruktion der Individualität des Bewußtseins ein hochkomplexes Problem.[142]

begrenzt«, formuliert Valéry, P., *Cahiers/Hefte*, Bd. 4, Frankfurt am Main, 1990, S. 555. »...ein gedanke ist ein gefühl, an dem ich einzelheiten unterscheiden kann.« So Wiener, O., hier zit. nach Schmatz, F., *Sinn & Sinne. Wiener Gruppe, Wiener Aktionismus und andere Wegbereiter*, Wien 1992, S. 86.

137 Vgl. zu diesem Ausdruck Beierwaltes, W., »All-Einheit und Einung. Zu Plotins ›Mystik‹ und deren Voraussetzungen«, in: Henrich, D. (Hrsg.), *All-Einheit. Wege eines Gedankens in Ost und West*, Stuttgart 1985, S. 53-72, 69.

138 Vgl. zur Diskontinuierungsoperation, bezogen auf Sprache und Schrift, »Paul Saenger on Space between Words: The Origins of Silent Reading«, Interview mit Jill Kitson, 4. 1. 2000, Radio National, lingua franca. Vgl. ferner Saenger, P., »Silent Reading: Its Impact on Late Medieval Script and Society«, in: *Viator 13*, 1982, S. 367-414; ders., »The Separation of Words and the Order of Words. The Genesis of Medieval Reading«, in: *Scrittura e Civilta 14*, 1990, S. 49-74. Siehe für die weitreichende Übernahme der Saengerschen Thesen Chartier, R., »The Practical Impact of Writing«, in: ders. (Hrsg.), *A History of Private Life, III, Passions of the Renaissance*, Cambridge (Mass.) 1989, etwa S. 125 et passim.

139 »Wir denken ausschließlich in Zeichen.« (Peirce, Ch. S., *Semiotische Schriften*, Bd. 1: 1865-1903, hrsg. und übers. von Ch. Kloesel und H. Pape, Frankfurt am Main 1986. S. 200.) Die Logos-Formulierung »Lesende Lege« scheint mir ebenfalls einsetzbar für die Operativität des Bewußtseins. Vgl. jedenfalls Heidegger, M., *Logos* (Heraklit, Fragment 50) (1951), in: ders.: *Vorträge und Aufsätze*, Pfullingen 1954, S. 227-229.

140 So etwas wie jeweils eine ›zerebrale Zelebrität‹. Vgl. zu dem Ausdruck Bühl, W. L., *Das kollektive Unbewußte in der postmodernen Gesellschaft*, Konstanz 2000, S. 67.

141 In schöner Intuition: »Unsre Handlungen sind im Grunde allesamt auf eine unvergleichliche Weise persönlich, einzig, unbegrenzt-individuell, es ist kein Zweifel; aber sobald wir sie ins Bewußtsein übersetzen, scheinen

Uns genügt es aber hier, Bewußtsein zu begreifen als durch Zeichengebrauch mögliche, *lückendurchschossene Vigilanz.*[143] Allerdings ist da noch ein gravierendes Problem.

## 4. Die Sprache – als Lückengenerator

»Die Sprache ist so alt wie das Bewusstsein –
die Sprache ist das praktische, auch für andere Menschen existierende,
also auch für mich selbst erst existierende wirkliche Bewusstsein,
und die Sprache entsteht, wie das Bewusstsein, erst aus
dem Bedürfnis, der Notdurft des Verkehrs mit andern Menschen.«
*Karl Marx*

Die Schwierigkeit ist, daß wir, das Paradigma der Schrift vor Augen, von Strategien der Verräumlichung sprechen, aber dabei vergessen, daß das Bewußtsein als System so wenig wie irgendein Sinnsystem Raum besetzt oder auch nur ansatzweise als ein räumliches Arrangement zu begreifen ist. Man kann fast den Eindruck gewinnen, daß die Metapher der Schrift die Idee einer sequentiellen (zeitlich/räumlichen) Stellordnung so nahelegt, als gelte immer noch und umstandslos die Aristotelische Zeitbestimmung: als die Zahl der Bewegung hinsichtlich ihres Früher und Später.[144] Das Bild, das dabei entsteht, könnte man ein ›Gänsemarsch-Bild‹ nennen, das Bild eines Hinter- und Nacheinanders

sie es nicht mehr... Dies ist der eigentliche Phänomenalismus und Perspektivismus, wie ich ihn verstehe: die Natur des tierischen Bewußtseins bringt es mit sich, daß die Welt, deren wir bewußt werden können, nur eine Oberflächen- und Zeichenwelt ist, eine verallgemeinerte, eine vergemeinerte Welt – daß alles, was bewußt wird, eben damit flach, dünn, relativ-dumm, generell, Zeichen, Herden-Merkzeichen wird, daß mit allem Bewußtwerden eine große gründliche Verderbnis, Fälschung, Veroberflächlichung und Generalisation verbunden ist.« (Nietzsche, F., *Die fröhliche Wissenschaft*, in: *Werke in drei Bänden*, Bd. 2, hrsg. v. Schlechta, K., München 1954, S. 221/222.) »Wenn man aber sagt: »Wie soll ich wissen, was er meint, ich sehe ja nur seine Zeichen«, so sage ich: »Wie soll er wissen, was er meint, er hat ja auch nur seine Zeichen.« (Wittgenstein, L., *Philosophische Untersuchungen*, in: *Werkausgabe*, Bd. 1., Frankfurt am Main 1989 (5. Aufl.), S. 434 (Nr. 504)).

142 Vgl. Fuchs, P., *Der Eigen-Sinn des Bewusstseins. Die Person, die Psyche, die Signatur*, Bielefeld 2003.

143 »Aufmerksamkeit ist das Leben«, sagt Goethe in *Wilhelm Meisters Wanderjahre* (I/6). Er meint nicht, was wir hier meinen, aber würde er es meinen, würde es gut passen. Ich komme gleich auf den Ausdruck ›Vigilanz‹ zurück.

144 *Physik* IV, 219b.

›marschierender‹ Gedanken, einer bewegten Sequentialität, bei der die elementaren Einheiten (wie die Gänse) durch zwischen ihnen liegende Lücken unterscheidbar wären.

Dieses Bild kollabiert sofort, wenn man die Sinnzeit hinzudenkt, die ausschließt, daß Gedanken irgendwie als Identitäten, als Singularitäten vorkommen könnten, die auch ohne Beobachtung (Anschluß) ›Etwasse‹ wären. Gedanken sind weder Ereignisse noch Operationen. Die Operation ist die Bezugnahme (die operative Kopplung), der Nachtrag oder das An-Sinnen einer Identität – in einem fortwährenden ›Gleiten‹, das an keiner Zeitstelle erfüllte Präsenz ist. Das bedeutet auch, daß die operative Kopplung keine Zeitlücken zuläßt, denn erst sie erzeugt lückenlos jene ›Identitäten‹, die dann verräumlicht (lückenumstellt) aufgefaßt werden können, und wenn die Bezugnahme nicht geschähe, gäbe es nichts, das durch eine Lücke unterschieden wäre von irgend etwas anderem.

Ein anderer Ausdruck dafür wäre: Die autopoietischen Operativität von Sinnsystemen kann keine ›Leeren‹ beinhalten, keine Breschen, keine Aus- und Aufgelassenheiten, keine Zwischenräume. Die Bezugnahme schließt, wenn man so sagen darf, immer in Null-Zeit an, und zwar vollkommen gleichgültig dem Umstand gegenüber, wieviel Zeit für einen Fremdbeobachter indessen verlaufen sein mag.[145] Das Diskrete (dasjenige, was von Lücken begrenzt wird) findet sich in den für Bezugnahmen genutzten Zeichen, die gerade nicht Operationen sind, also letztlich: *im Medium Sprache*. Sprache offeriert psychischen Systemen die Möglichkeit der ›Diskrimination‹, der ›Lückenkonfiguriertheit‹.[146] Sie ist das Zentralmedium und die Voraussetzung für Bezugnahmen überhaupt, und wenn man das Bewußtsein eine in Operation gesetzte Schrift nennt, ist genau dies gemeint. In steiler Argumentation: ohne (eine wie immer auch rudimentäre) Sprache kein Bewußtsein.[147]

145  Ich lese jetzt Plato, schreibe etwas dazu, und wenn jemand daran anschließt in hundert Jahren, ist für die Bezugnahme selbst (die Operation) keine Zeit vergangen. Das Ereignis, auf das Bezug genommen wird, entsteht im Moment der Bezugnahme. Da ist keine Identität, die darauf wartet, daß sie zur Kenntnis genommen wird. Die Identität wird immer in einer Art Fulguration hinbeobachtet.

146  Zu Tode zitiert, aber hier passend: »Dans la langue il n'y a que des différences.« (Saussure, F. de, *Cours de linguistique générale*, Paris 1972, S. 166.) Merleau-Ponty, M., *Die Prosa der Welt*, München 1993, S. 54, formuliert: Es ist »... ersichtlich, daß die Sprache nie etwas sagt, sie erfindet eine Skala von Gesten, die unter sich genügend klare Differenzen aufweisen, damit uns das Verhalten der Sprache, sofern es sich wiederholt, sich überschneidet und sich selbst bestätigt, auf einwandfreie Weise Gangart und Umrisse einer Welt des Sinnes liefert.«

147  »Aber kann man sich nicht eine Gegenwart und Selbst-Gegenwart des

Unterschieden ist damit die (selbst sinnfreie) Operativität des Systems, dessen Operationen nicht verortbar sind, insofern sie sich nicht unterscheiden lassen wie Dinge, und: der durch Sprache erzwungenen Lückenkonfiguriertheit, dieser ›Verräumlichung‹, durch die der ›Gänsemarsch‹ von einander folgenden diskreten Einheiten im genauen Sinne *denkbar* wird, ein ›Gänsemarsch‹, der aufgrund der Operativität, die ihm zugrunde liegt, nicht die Möglichkeit bietet, den ›Ereignissen‹ (Gedanken) zuvorzukommen.[148]

Diese Differenz einer kontinuierlichen Basalität (eines ›Rauschens‹) und einer zeicheninduzierten Digitalität läßt die Frage zu, wie dieser Hinter- oder Untergrund sich geltend macht, und eine mögliche Antwort liegt in der Annahme, daß die Wahrnehmungsfunktion, bezogen auf Bewußtsein, changiert zwischen der Registratur der zeittechnisch verknüpften Zeichen und ihrem ›Dazwischen‹. Wenn wir sagen, daß Psyche zunächst nichts weiter ist als organisierte Wahrnehmung, und wenn wir ferner vermuten, daß dieser Organisation ein Subsystem ›Bewußtsein‹ eingeschrieben wird, dann ist Wahrnehmung das durchgängige Moment, daß beides wahrnimmt: die Zeichen und die Nicht-Zeichen. Wahrnehmung ›externalisiert‹ immer, also auch im Falle der Wahrnehmung von Gedanken (klassisch: Intentionalität), und: *in der Wahrnehmung dessen, was ›dazwischen‹ liegt.*

Mit der Metapher der ›Vigilanz‹[149] wollen wir den Fall belegen, daß die Wahrnehmung von (internem) Zeichengebrauch die Beobachtungsform annimmt: Bezeichnen und Unterscheiden mit der dadurch eingeführten Sondermöglichkeit des Unterscheidens und Bezeichnens von Unterscheidungen (Beobachtung zweiter Ordnung). Es wäre demnach die Vigilanz, die jene (wahrnehmungstechnische) ›Verräumlichung‹ erzwingt, die mit jeder Be-Zeichnung und Unterscheidung anfällt.[150] Aber

Subjekts vor seinem Sprechen oder seinem Zeichen, eine Selbst-Gegenwart des Subjekts in einem schweigenden und intuitiven Bewußtsein denken? Eine solche Frage setzt voraus, daß vor dem Zeichen und außer ihm, unter Ausschluß jeglicher Spur und jeglicher différance, so etwas wie Bewußtsein möglich ist.« (Derrida, J., »Die différance«, in: *Randgänge der Philosophie,* Wien 1988, S. 29-52, 42.) Die Antwort: Man kann es sich nicht denken.

148 »Wir können unseren Gedanken nicht zuvorkommen«, formuliert Valéry, Paul, *Cahiers/Hefte,* Bd. 4, Frankfurt am Main, 1990, S. 55.

149 Man könnte hier auch auf den alten Topos der Attentionalität zurückgreifen, aber dann sieht man nicht mehr so sehr das Problem der ›Verlückung‹. Vgl. immerhin im Blick auf Attentionalität Markowitz, J., *Verhalten im Systemkontext. Zum Begriff des sozialen Epigramms. Diskutiert am Beispiel des Schulunterrichts,* Frankfurt am Main 1986.

150 Charles Bonnet war der Auffassung, daß Beobachten heiße, ein Objekt gegenüber anderen zu bevorzugen, und dies sei nur möglich, wenn die

mit der Markierung des gleichsam ›Hervorstehenden‹, der Zeichen, fällt das Ausgesparte an wie in einem ›contre-èpreuve‹, dem, was freigelassen ist in der Spiegelverkehrung eines Druckstocks.[151] Das Ausgelassene, die Lücke, ist selbst: *diskret*. Das psychische System (als organisierte Wahrnehmung) stanzt, sobald es Bewußtsein ausdifferenziert, mit den in Anspruch genommenen Zeichen zugleich die Lücken aus, die nicht die Wahrnehmung ›unterbrechen‹, sondern nur: die Zeichen von Zeichen unterscheiden lassen.

Da aber die Wahrnehmung immer externalisiert, hätten wir es auch bei Lücken irgendwie mit Externalisierungen zu tun. Die Frage ist: Was findet die Wahrnehmung ›darin‹, in Intervall oder Kerbe oder Zäsur? Paul Valéry formuliert, beziehbar auf diese Frage: »Das Bewußtsein findet ihn [den Körper] allemal wieder, wenn ein Gedanke zu Ende geht. Er ist die gemeinsame Grenze – jeglichen Gedankens. Er ist Anfang, Ursprungsort; Kapazität oder gefühlter Implex. Wenn ich ihn isolieren und ihn nennen muß, wofern ich das überhaupt kann – dann deshalb, weil in seiner Existenz Abweichungen und Schwankungen auftreten. Stets ist er näher an allen nur Möglichen als alles nur Mögliche.«[152] Es könnte sich lohnen, an die Stelle des Körpers (der aber hier ebenfalls seinen ›Ort‹ hat) das *menschliche Leben* zu setzen.

## 5. Unverfügbare Präsenz

Menschliches Leben galt uns oben als *sinnaktivierte Rezeptivität*, als Zustandsverschränkung von Sinngebrauch und (an Leben geknüpfte) Wahrnehmungsfunktion. Bewußtsein wurde begriffen als *lückendurchschossene Vigilanz* und damit als Subsystem der Organisation von Wahrnehmung (Psyche). Es ist dann nicht minder ein wahrnehmendes System als das System, in das es sich einschreibt, aber was sich da einschreibt, ist eine *Signifikantenverkettung* (sensu Derrida), die auf die Unterscheidbarkeit der Signifikanten angewiesen ist, auf die Erzeugung

Aufmerksamkeit motiviert, wenn sie durch ein Motiv bestimmt ist. Vgl. Poser, H., »Das Genie als Beobachter. Zur Preisfrage der Holländischen Akademie von 1768 über die Kunst der Beobachtung«, in: *Paragrana 4*, 1995, S. 86-103, 92 f. Es geht hier also um einen schon alten Topos. Vgl. ganz ähnlich (stark bezogen auf naturwissenschaftliche Beobachtung) Senebier, J., *L'art d'observer*, 2. Bd., Genf 1775. Die Preisfrage: »Qu'est se qui est requis dans l'Art d'observer? Et jusqu'où cet Art contribue-t-il à perfectionner l'Entendement?« In der holländischen Fassung wird Beobachten instruktiverweise durch ›Waarneemen‹ ersetzt.

151 Vgl. zu dieser Wendung Kimmerle, H., *Derrida zur Einführung,* Hamburg 1988, S. 16.

152 Valéry, P., *Cahiers/Hefte*, Bd. 3, Frankfurt am Main 1989, S. 336.

diskreter Einheiten, auf die Diskontinuierung eines Kontinuums durch das verräumlichende (schriftförmige) Einziehen von zeichenkonstituierenden ›Lücken‹.[153]

Verfährt man so, ist einerseits klar, daß auch das Bewußtsein nicht über die Fähigkeit des ›Monosemierens‹ verfügt. Es hat keinen Zugriff auf ›transzendentale Signifikate‹. Im Prinzip kann man sagen, daß die ›Listenförmigkeit‹ der sozialen Adresse und des Bewußtseins der evolutionär gleichsam hochgespülte und begünstigte Effekt dieser basalen Unmöglichkeit ist. Andererseits ist ein dem Bewußtsein zugrundeliegendes Kontinuum behauptet, nämlich die durch das neuronale System durchgängig[154] appräsentierte Externalisierung einer Welt, in der sich das Bewußtsein dann (!) vorfindet als etwas, das sich – obwohl es diesem Kontinuum aufruht – von ebendiesem Kontinuum unterscheidet.

Wenn wir behaupten, das Bewußtsein sei ein zeichenprozessierendes System, ist mitbehauptet, daß es via Zeichen die Gegenwart (und das immerfort) aufschiebt.[155] Der operative Zeitmodus des Systems ist bezeichnet durch die *différance*, durch Aufschub und Nachtrag. Aber wenn man so formuliert, ist die Idee einer Präsenz, die kontinuierlich vertagt wird, noch immer im Spiel.[156] Die Frage ist: Wo holt sich das

---

153 »Die andere Bedeutung von différer ist die eher gewöhnliche und identifizierbare: nichtidentisch sein, anders sein, erkennbar sein usw. ... (Dafür) ist erforderlich, daß zwischen den verschiedenen Elementen aktiv, dynamisch und mit beharrlicher Wiederholung, Intervall, Distanz, Verräumlichung entstehen.« (Derrida, J., »Die différance«, in: *Randgänge der Philosophie*, Wien 1988, S. 29-52, 34.

154 Wir setzen die Funktion der Träume hier an. ›Durchgängig‹ soll heißen: kontinuierlich für ein Bewußtsein, das niemals schläft. Es wohnt im Schlafenden nicht irgendwie herum. Es ist kein ›Ding‹, das überwintern kann.

155 »Wenn wir die Sache, sagen wir das Gegenwärtige, das gegenwärtig Seiende, nicht fassen oder zeigen können, wenn das Gegenwärtige nicht anwesend ist, bezeichnen wir, gehen wir über den Umweg des Zeichens... Das Zeichen wäre also die aufgeschobene ... Gegenwart. Ob es sich um mündliche oder schriftliche Zeichen, um Währungszeichen, um Wahldelegation oder politische Repräsentation handelt, schiebt die Zirkulation der Zeichen den Moment auf..., in dem wir der Sache selbst begegnen könnten...« (Derrida, J., »Die différance«, a.a.O., S. 35.)

156 Das ist nicht verwunderlich und unter dem Stichwort der *Paläonymie* bei Derrida verbucht. Es geht um das Problem der ›alten Namen‹. »Es wird stets ein Risiko gewesen sein, die alten Namen arbeiten oder gar zirkulieren zu lassen: das Risiko einer Einrichtung im dekonstruierten oder im Gang der Dekonstruktion befindlichen System oder gar einer Regression in dieses. Und dieses Risiko zu bestreiten hieße bereits, es zu bestätigen: den Signifikanten – hier den Namen – für einen konventionellen Umstand des Begriffs und für ein Zugeständnis ohne spezifi-

System die Gegenwart her, die es aufschiebt, prolongiert, die Präsenz, die sich zu ihm retardierend/retentional verhalten könnte? Woher stammt der offenbar unauslöschbare Eindruck einer (Lebens)Unmittelbarkeit, wenn doch die sinn-gestützte Autopoiesis Präsenz vernichtet? Sinnsysteme suspendieren in der Sinnzeit jede Aktualität[157], aber welche Aktualität? Wie kommt das System an den Eindruck seiner ›gegenwärtigen Tatsächlichkeit‹, zu seinem ›Hic et Nunc‹?

Eine Antwort ist, daß die Wahrnehmungsfunktion der Externalisierung ebenjene Präsenz durchlaufend anliefert, die durch Bewußtsein ebenso durchlaufend annihiliert wird.[158] Man könnte von einem sinnoperativen ›Durchkreuzen‹ einer Funktion sprechen, die auf die Gegenwart eingeschränkt ist, insofern sie weder in die Zukunft noch in die Vergangenheit ausgreifen kann, oder umgekehrt: Was als Präsenz, als Gegenwart erscheint[159], ist stets: die Wahrnehmung. Sie instituiert Aktualität – immer.[160] Aber dieses Institut ist, wie man spätestens seit Derrida formulieren muß, geknüpft an die ›Mitanzeige‹ einer Abwesenheit, an die ›Spur‹.[161]

sche Auswirkungen zu halten.« (Derrida, J., *Dissemination*, Wien 1995, S. 13.)

157 Ein alter Gedanke übrigens. »La perception de la lumière ou de couleur par exemple, dont nous nous apercevons, est composée de quantité de petites perceptions, dont nous ne nous apercevons pas, et un bruit, dont nous avons perception mais où nous ne prenons point garde, devient aperceptible par une petite addition ou augmentation.‹ (Leibniz, zit. nach Lange, K., *Über Apperzeption. Eine psychologisch-pädagogische Monographie*, 11. Aufl., Leipzig o. J. [1911], S. 92.)

158 Das kann man in terms eines ›Zu-spät-Kommens‹ ausdrücken, etwa in dem Sinne, daß das Bewußtsein immer schon auf Resultaten neuronaler Arbeit operiert, also auf einem ›schon da‹. Vgl. für viele etwa Carrier, M./Mittelstraß, J., *Geist, Gehirn, Verhalten. Das Leib-Seele-Problem und die Philosophie der Psychologie*, Berlin/New York 1989, S. 238.

159 Wir müßten genau sagen: das, was als Gegenwartseindruck erscheint ..., und zwar damit sich nicht die Idee einschleicht, die Rede sei von einer *absoluten* Gegenwart. Gegenwart ist der phänomenale Aspekt der Wahrnehmungsfunktion.

160 Weswegen man mit Valéry, P., *Cahiers/Hefte*, Bd. 4, Frankfurt am Main, 1990, S. 25, auch von ›ewiger Gegenwart‹ sprechen könnte im Zuge der Aristotelischen Geste, die Zeitanalysen inauguriert hat, die von der Zeitlosigkeit des ›NUN‹ ausgehen. »Wenn man unter Ewigkeit nicht unendliche Zeitdauer, sondern Unzeitlichkeit versteht, dann lebt der ewig, der in der Gegenwart lebt«, formuliert Wittgenstein, L., *Tractatus logico-philosophicus*, in: ders., *Werkausgabe*, Bd. 1, Frankfurt am Main 1984, S. 7–85, Nr. 6.4311.

161 »Es gibt Psyche, das heißt ›Leben‹, sobald diese *différance* erscheint, oder genauer (denn sie kann nicht erscheinen *als solche* ...), sobald sie

Wir wollen uns jedoch die damit möglichen (fruchtbaren) Komplikationen ersparen, sondern nur festhalten, daß die Zustandsverschränkung, als die wir *menschliches Leben* begriffen haben, sowohl die Lückenkonfiguriertheit der Autopoiesis des Bewußtseins umfaßt als auch die Möglichkeit der Mitwahrnehmung (der Mitbezeichnung) der durch Zeichen durchschossenen Wahrnehmungspräsenz, oder anders gesagt: die an den Körper gebundene (reflexive) Wahrnehmung der Wahrnehmung, die Wahrnehmung der ›Befindlichkeit‹ oder, wie dies auch formuliert wurde: das Erleben des Erlebens[162] oder das Erlebnisse erlebende Bewußtsein (im Sinne Husserls).[163]

Das für uns einzig Wichtige daran ist, daß damit eine *Unverfügbarkeitsebene* eingerichtet wird. Wenn die Wahrnehmungsfunktion zugleich die Funktion der Präsenzerzeugung hat, etabliert sie die Gegenwart als das, was nicht negiert werden kann.[164] Präsenz ist: Unaustauschbarkeit.[165] Nur Präsenz hat – klassisch gesprochen – ›Seinsqualität‹.[166] Und: Präsenz ist *unbeobachtbar*, insofern jede Beobachtung in der Sinnzeit Präsenzvernichtung betreibt.

Im Blick auf unser Thema formuliert: Das menschliche Leben (als die erörterte Zustandsverschränkung) offeriert im Part der Wahrnehmungsfunktion die Chance, zumindest eine ›Unstrittigkeit‹ sozial zur Verfügung zu stellen. Aber das Problem ist, ob *die* Gesellschaft ein Interesse daran haben könnte. Es ist ja denkbar, daß *die* Gesellschaft an nichts irgendeine Art von Interesse bekundet.

eine Spur hinterläßt (weder ein Zeichen, einen Signifikanten noch etwas, das man als ›anwesend‹ oder ›abwesend‹ bezeichnen könnte, sondern eine Spur). (Derrida, J./Roudinesco, E., *Woraus wird Morgen gemacht sein? Ein Dialog,* Stuttgart 2006, S. 74.)

162 »Er [der Mensch] lebt und erlebt nicht nur, sondern er erlebt sein Erleben.« (Plessner, H., *Die Stufen des Organischen und der Mensch* (1928), in: ders., *Gesammelte Schriften,* Bd. IV, hrsg. von Günter Dux, Odo Marquard, Elisabeth Ströker, Frankfurt am Main 1981, S. 364.

163 Bergmann, W., *Die Zeitstrukturen sozialer Systeme. Eine systemtheoretische Analyse,* Berlin 1981, S. 21. Im Augenblick sehen wir davon ab, daß Erleben (als Schemaseite in Erleben/Handeln) noch eine andere theoretische Bedeutung hat. Vgl. dazu Luhmann, N., »Erleben und Handeln«, in: ders., *Soziologische Aufklärung 3,* Opladen 1981, S. 67-80.

164 Vgl. Luhmann, *Soziale Systeme,* S. 561.

165 Valéry, P., *Cahiers/Hefte,* Bd. 4, Frankfurt am Main, 1990, S. 33.

166 Damit ist nicht gesagt, daß die Gegenwart ›Ontologien‹ begründet. Sie sind schon beobachtete (Re)Konstruktionen und entwickeln sich auf dem »Boden der zerstörten Naivität. Die Tiefen der direkt gegebenen Wirklichkeit werden nur durch ein Erdbeben enthüllt, welches eine zu selbstverständliche Oberfläche aufreißt.« (Peursen, C. A. v., »Die Phänomenologie Husserls und die Erneuerung der Ontologie«, in: *Zeitschrift für philosophische Forschung* 16, 1962, S. 489-501, 489.

# VI. Das Schlüsselereignis der Moderne: Die Ausdifferenzierung der Gesellschaft

»Rien n'aura eu lieu que le lieu excepté peut-être une constellation«
*Stéphane Mallarmé*

»Philosophes trompés qui criez: »Tout est bien«,
Accourez, contemplez ces ruines affreuses,
Ces débris, ces lambeaux, ces cendres malheureuses.«
*Voltaire*

Die These ist, daß im *Antidotorium*, dem Rezeptbuch der ›(Gegen)Gifte‹, die sich im Rücken der fungierenden De-Ontologisierung der Moderne entwickeln, dem *menschlichen Leben* eine besondere Funktion zukommt. Es wird eingepaßt in ein Arrangement von Re-Ontologisierungen, die in die Sturz- und Gleitwelt des Sinnprozessierens in einer polykontexturalen (und poly-eventualen) Gesellschaft *inviolate levels* einziehen. Dabei denken wir weniger an den Fall, daß Leben als *menschliches* Leben für etwas besonders Wichtiges gehalten wird (entsprechend hochgestimmte Einschätzungen finden sich, seitdem von *dem* Menschen die Rede ist); die Frage ist vielmehr, ob (und wenn, wie) jene Unverfügbarkeit oder Unstrittigkeit, sich sozial und in Sonderheit *gesellschaftlich* geltend macht, eine Frage, die ›fruchtbar‹ schwierig wird, wenn zugleich daran festgehalten wird, daß in keiner Gesellschaft, in keinem sozialen Kontext menschliches Leben (im Sinne von auf Körperbasis singularisierter Zustandsverschränkungen von Wahrnehmungsfunktion und Sinngebrauch) vorkommt. Die Gesellschaft ist komplett *lebensleer*. Sie ist nicht: menschlich.[1]

In ihr kann demnach *menschliches* Leben nur kommunikativ thematisch werden. Das wäre allerdings ein soziologisch eher langweiliger Aspekt (es wird halt auch über dieses Leben geredet). Interessanter könnte es sein, die Theoriemöglichkeiten (und in durchaus spekulativer Absicht) so anzuspannen, daß die Referenz auf *menschliches* Leben *gesellschaftlich* als strukturell wirksam begriffen werden kann. Dazu bedarf es einiger ungewöhnlicher Schritte.

---

1 Auch nicht im moralischen Nebensinn dieses Wortes.

# A Die Indifferenz der Gesellschaft

Die erste Ungewöhnlichkeit besteht darin, nicht davon auszugehen, daß es Gesellschaft (oder gar Gesellschaften) gebe, seitdem es Kommunikation gibt. Wir nehmen stattdessen an, daß das *eigentliche und die Moderne begründende Ereignis die Ausdifferenzierung der Gesellschaft sei.* Sie ist nicht der virtuelle Raum oder Ort der Einschreibung unterschiedlicher Differenzierungstypiken, so als sei sie einmal segmentär, ein andermal Zentrum/Peripherie-orientiert und dann irgendwann stratifikatorisch differenziert. Zwar soll keineswegs bestritten werden, daß soziale Ordnungen dieser Art empirisch vorfindlich sind. Aber die Annahme lautet, daß der weiteste ›Ort‹ der Einschreibung *Sozialität* (Kommunikation überhaupt) gewesen sei – bis zu dem Zeitpunkt oder der Epoche, von der an Funktionssysteme entstehen, die – indem sie sich proliferieren – die ›Rahmung‹ oder besser: die ›Welt‹ miterzeugen, die wir *(Welt)Gesellschaft* nennen.

Dies vorausgesetzt, kann man nach der Funktion von Sozialität fragen *und* nach der Funktion der Gesellschaft. Die erste These ist, daß Sozialität[2] sich deuten läßt als effektive Lösung des Zentralproblems, wie unter äußerst prekären Lebensbedingungen der Tod eine Zeit lang verhindert werden kann.[3] Sozialität ordnet sich damit funktional in einen Kanon von Überlebensnotwendigkeiten ein wie etwa Essen, Trinken, Schlafen. Es geht um Lebenserhaltung, die sich – weil Kommunikation Sinn zwangsläufig disseminiert – verfeinern und ausweiten kann bis hin zur Lebens*unter*haltung, oder genauer: zur Bewußtseinsunterhaltung, die über Jahrmillionen hin so komplexe Formen annimmt, daß das Zentralproblem des Überlebens nahezu laufend verdeckt wird, obwohl sich noch immer schnell plausibilisieren läßt, daß ohne Kommunikation für Menschen kein Leben möglich ist.

Die zweite These bezieht sich auf die Idee, daß *die* Gesellschaft (als evolutionärer Spätankömmling) gar nichts mit der Subsistenz der Leute zu tun hat. Sie dreht sich nicht um Leben oder Tod. Sie ist *fungierende* Hochabstraktion im oben diskutierten Sinne.[4] In ihr machen alle

---

2 Die sich in der Form einer Verhaltensabstimmung auch im Tierreich beobachten läßt. Siehe etwa Portmann, A., *Das Tier als soziales Wesen*, Frankfurt am Main 1978.

3 Schutz vor dem Tod als gesellschaftliche Zentralfunktion über Jahrtausende hin – so jedenfalls Elias, N., *Über die Einsamkeit der Sterbenden in unseren Tagen*, Frankfurt am Main 1983, S. 11. Wir würden hier nur Gesellschaft gegen Sozialität austauschen.

4 Siehe zu einem ersten Versuch, das Entstehen dieser Abstraktion an einem Beispiel nachzuzeichnen, Fuchs, P., »Von Jaunern und Vaganten – Das Inklusions/Exklusions-Schema der A-Sozialität unter frühneuzeitlichen Be-

Kommunikationen Unterschiede, die für sie (die Gesellschaft) keinen Unterschied machen. »Mithin besteht die Gesellschaft aus dem Zusammenhang derjenigen Operationen, die insofern keinen Unterschied machen, als sie einen Unterschied machen.«[5] Ihre Funktion wäre dann das laufende Einspielen einer Garantie für ›Un-Unterschiedenheit‹, für das ›Und-so-oder-anders-Weiter‹, für die operative Realisierung einer Logik des ›Und‹.[6]

Fungierende Hochabstraktion, das heißt aber auch: Es findet sich kein *coefficient d'adversité*[7], keine ›Widerständigkeit‹[8], keine ›harte Realität‹ in dieser (nicht einmal adressierbaren) gewaltigen Gleichgültigkeit, dieser geradezu naturhaften *Indifferenz* und reinen ›Konstelliertheit‹. *Die* Gesellschaft schließt nichts aus, sie geschieht, wie sie geschieht, sie verbietet nichts, sie erlaubt nichts, sie leitet zu nichts an, sie orientiert nichts und niemanden. Sie ist der »Großmandatar« der Sinnproduktion – ohne Mandat.[9] Sie ermöglicht – sozusagen einwandsfrei – die Polyeventualität aller kommunikativen Ereignisse. Sie installiert sich in der Form von Polykontexturalität, Heterarchie, Hyperkomplexität. Und vor allem: Sie ist kein – sie.

Ebendeshalb ist sie nicht nur der Name für das Totum aller kommunikativen Ereignisse. Das wäre nur eine weitere (schlechte) Anwendung der Ganzes/Teil-Unterscheidung. Sie ist als System die Reproduktion von Kommunikationen *unter Abzug alles dessen, was mittels Kommunikation gesagt oder ›bedeutet‹ wird*. Jede Kommunikation kann als gesellschaftlich beobachtet werden, wenn von ihrem Sinn abgesehen wird unter dem Gesichtspunkt schierer *Konkatenation*. Gesellschaft differenziert aus als Extremausdünnung von Fremdreferenz (Information), als eine Art grandiose ›Verzettelungsmaschine‹, die die Zettel nicht liest, die

dingungen und im Dritten Reich«, in: *Soziale Systeme*, 2001, H. 2, S. 350-369 (auch abgedruckt in: *Konturen der Modernität. Systemtheoretische Essays II*, hrsg. v. Fuchs, M.-Ch., Bielefeld 2005.

5 Luhmann, N., *Die Gesellschaft der Gesellschaft*, 2 Bde., Frankfurt am Main 1997, Bd. 1, S. 91.

6 Deleuze, G., *Unterhandlungen 1972-1990*, Frankfurt am Main 1993, S. 67 f. Vgl. auch Stichweh, R., *Zur Theorie der Weltgesellschaft*, in: *Soziale Systeme*, 1995, H. 1, S. 29-45.

7 Der nach Bachelard Realität bezeichnen würde. Vgl. Waldenfels, B., »Intentionalität und Kausalität«, in: Métraux, A./Graumann, C. + F., *Versuche über Erfahrung*, Bern/Stuttgart/Wien 1975, S. 113-135, 132, Anm. 1.

8 Vgl. Scheler, M., *Die Stellung des Menschen im Kosmos*, Bern 1978 (9. Aufl.), S. 53 f.

9 Vgl. zu diesem Ausdruck Nietzsche, F., *Nachgelassene Fragmente*, in: Friedrich Nietzsche, *Sämtliche Werke. Kritische Studienausgabe in 15 Bänden*, hrsg. von Giorgio Collo und Mazzino Montinari, München/Berlin/New York 1980, Bd. 13, S. 599.

sie verteilt[10], sie entsteht als Verzettelungsmaschine von Verzettelungs-
maschinen (Funktionssystemen), als ›maître-Kontext‹ – ohne Meister.

Die Gesellschaft ist das Sozialsystem, dessen Einheit (aufgrund seiner
polykonturalen Verfaßtheit) nicht mehr bezeichnungsfähig ist, es sei
denn als reine Operativität, als Nur-noch-Vorkommen von Kommunikationen, als universeller *état abstrait*[11] oder in der wunderschönen
Metapher, die William James für die Wahrnehmung von Kindern findet:
Die Gesellschaft ist ein ›glänzendes summendes Durcheinander‹.[12] Sie
kann sich weder beobachten noch beschreiben – außer durch ein Mehr
der Operationen, durch Addenda, durch eine Thematizität (repräsentiert etwa durch die Massenmedien), die *für* die Gesellschaft nicht
entzifferbar ist.

Diese Theoriedisposition hat, wie leicht einzusehen ist, viele und
konzeptionell nicht einfach zu kontrollierende Konsequenzen. Ist, so
könnte man etwa fragen, die Gesellschaft im Prinzip nur ein weiteres
Funktionssystem, auf das sich der übliche Kriterienkatalog zur Struk-
turbestimmung solcher Systeme anwenden ließe? Oder ist sie ein System
sui generis, das die Funktion des *periéchon*, des Umgreifenden, letztlich
der metaphysischen Instanz übernimmt, die mit dem proklamierten Tod
Gottes endgültig als frei, als besetzbar erscheint? Manches spricht dafür,
so etwa die beklagenswerte Indifferenz Gottes gegenüber der Welt und
das daran geknüpfte Thema der *Theodizee*, das gerade im Beginn der
epochalen Veränderung zur funktionalen Differenzierung eine neue Bri-
sanz erfährt.[13] Deutlich sichtbar ist jedenfalls die Linie, die – ausgehend

10  Hier paßt uns gut: »Zwischen der *Sprache*, die das Konstruktionssystem
    möglicher Sätze definiert, und dem *Korpus*, das die gesprochenen Worte
    aufnimmt, definiert das *Archiv* eine besondere Ebene: die einer Praxis, die
    eine Vielfalt von Aussagen als ebenso viele regelmäßige Ereignisse, ebenso
    viele der Bearbeitung und der Manipulation anheimgegebener Dinge auf-
    tauchen läßt ... Es ist *das allgemeine System der Formation und Transfor-
    mation von Aussagen* ... (es) ist uns nicht möglich, unser eigenes Archiv
    zu beschreiben, da wir es innerhalb seiner Regeln sprechen ...« (Foucault,
    M., *Archäologie des Wissens*, Frankfurt am Main 1973, S. 188/189.)
11  Siehe zu diesem Ausdruck (der sich an der Fundstelle auf Sprache bezieht)
    Hjelmslev, L., *Principes de grammaire générale*, Kopenhagen 1928, S. 15
    und 268.
12  Zit. nach Hayek, F., »Diskussionsbeitrag«, in: Koestler, A./Smythies, J. R.
    (Hrsg.), *Das neue Menschenbild. Die Revolutionierung der Wissenschaft
    vom Leben. Ein internationales Symposion*, Wien/München/Zürich
    1970, S. 308.
13  Voltaires Gedicht »Poème sur le désastre de Lisbon« (Ende November
    1755; Untertitel: Untersuchung des philosophischen Lehrsatzes Alles ist
    gut) ist 1756 in ganz Europa gelesen worden. Es gab zwanzig Ausgaben
    allein in diesem Jahr. Vgl. zur Leibnizschen Theodizee (Optimismusfor-

von Jean-Jacques Rousseau – nicht mehr Gott wegen seiner Gleichgültigkeit gegenüber menschlichem Leiden angreift, sondern die Zivilisation selbst verantwortlich macht, die die Bedingung der Möglichkeit
für Katastrophen des Typs ›Lissabon‹ erst schafft, ›Weltereignisse‹, die
mithin auf Gesellschaft zurückgeführt werden.[14]

Es ist hier nicht der Ort, eine Entscheidung zu treffen im Blick auf
die Frage nach dem Systemstatus der Gesellschaft. Für unsere Zwecke
genügt es, festzuhalten, daß die Gesellschaft aufgefaßt werden könnte
als Prozessieren von Indifferenz gegenüber allen Unterschieden, die
Kommunikation (welche auch immer) macht. Denn das würde bedeuten, daß die Gesellschaft gegenüber ›Relevanzansinnen‹ unempfindlich
ist, *anästhetisch*, wie man vielleicht sagen kann, schon deshalb, weil sie
Kommunikation nicht entziffern kann. Sie verteilt Sinn, den sie nicht
›liest‹. Sie ignoriert Sinn nicht einmal, weil sie keinerlei Kontakt zu dem
hat, was an Sinn jeweils zustandekommt. Und: Sie ist *inadressabel*.

Heißt dies alles nicht, daß die Gesellschaft (die wir, ich erinnere
daran, nur *gebarrt* denken können) auch unempfindlich sein müßte
gegen alle Relevanzzumutungen, die üblicherweise mit dem Topos vom
*menschlichen Leben* verknüpft sind?

---

mel) Weinrich, H., »Literaturgeschichte eines Weltereignisses: Das Erdbeben von Lissabon«, in: ders., *Literatur für Leser: Essays und Aufsätze zur
Literaturwissenschaft*, Stuttgart u. a. O. 1971, S. 64-76, 65.

14 Das Erdbeben zu Lissabon als »außerordentliches Weltereignis«. So
formuliert Goethe, J. W. v., *Werke*, Hamburger Ausgabe, Bd. 9, München
1974 (7. Aufl.), S. 29. Echos finden sich bis heute. Vgl. als Auswahl Benjamin, W., »Erdbeben von Lissabon«, in: *Gesammelte Schriften*, hrsg.
von Tiedemann, R. et al., Bd. VII/1, Frankfurt am Main 1989, S. 220-226;
Schneider, R., *Das Erdbeben*, in: *Gesammelte Werke*, hrsg. von Landau,
E. M., Hrsg., Bd. 4, Frankfurt am Main 1979, S. 122-146; Sloterdijk, P.,
*Der Zauberbaum*, Frankfurt am Main 1985, S. 64-71. Und natürlich
entsinnt man sich der Frage Settembrinis »Haben Sie von dem Erdbeben
zu Lissabon gehört?«, in: Mann, Th., *Der Zauberberg*, Frankfurt am
Main 1967, S. 265 f. Epikurs Formulierung des Theodizee-Dilemmas,
zit. nach Günter, H., *Das Erdbeben von Lissabon*, Berlin 1994, S. 30,
lautet: »Wenn er es will und nicht kann, ist er unfähig, was für Gott nicht
zutrifft; wenn er kann und nicht will, ist er bösartig, was Gott auch fern
liegt; wenn er weder will noch kann, ist er sowohl bösartig als auch unfähig und deshalb nicht Gott; wenn er aber will und kann, was allein Gott
zukommt, woher kommt das Übel? Oder warum behebt er es nicht?«

## B Die Listenförmigkeit des menschlichen Lebens

Eine Antwort auf die eben gestellte Frage müßte in eine Doppelrichtung gehen. Einerseits liegt es in der Logizität unserer Argumente, daß es, wenn kommunikative Prozesse unter dem Gesichtspunkt ihrer Gesellschaftlichkeit beobachtet werden, keine *Indifferenzausnahmen* gibt, sondern nur, wie wir gesagt haben, das fortwährende Einspielen der Garantie eines Und-so-weiter-gleichgültig-wie-auch-immer. Die Gesellschaft ist, wie man in Anlehnung an Heideggers Terminologie formulieren könnte, sorge-frei. Sie hat keine Wahrnehmungs- und deswegen auch keine Gemütszustände. Sie läßt sich (aus dieser Perspektive) nicht einmal kritisieren, da jede Kritik für die Gesellschaft das Spiel der Indifferenz fortsetzt. Kommunikationen über menschliches Leben (wie es ist, wie es zu sein hätte etc.) machen auf dieser Ebene wie alle Kommunikationen keinen Unterschied.

Andererseits ist Gesellschaft wie jedes Sozialsystem (als Bedingung ihrer Möglichkeit) angewiesen auf Prozessoren in ihrer Umwelt, die ›menschlich leben‹ im Sinne der singularisierten Zustandsverschränkungen, die wir oben diskutiert haben, aber diese Angewiesenheit ist in ihrem Fall nicht ›spezifiziert‹, sie ist *indifferente Angewiesenheit*. Außer Frage steht zwar, daß ohne (Umwelt)Beteiligung von menschlichem Leben Gesellschaft nicht zustandekäme. Es ist jedoch vollkommen gleichgültig, um *wen* es dabei gerade geht. Die *Quodditas* ist entscheidend, die *Daßheit* des Vorkommens von menschlichem Leben überhaupt. Der ›Pointer‹ dieses Systems weist nicht auf Vereinzelung, Schicksalhaftigkeit, auf existentielle Betreffbarkeiten, auf Tragödien oder Komödien je individuell vorkommenden Lebens, er ist ein ›Weiser‹, der immer ausrückt auf Indifferenz – und dies, wie wir gezeigt haben, ohne die Mit- oder Nachentwicklung einer ›Appellationsinstanz‹, darin vergleichbar den Großgleichgültigkeiten der Natur, der Evolution, der Zeit.

Dies ist, ich weiß es, eine entsetzlich kalte Analyse. Aber es geht an dieser Stelle nicht um eine viel leichter zu habende ›Erbaulichkeit‹, sondern darum, daß die Ausdifferenzierung der Gesellschaft (gegen alle Semantiken der Gleichheit, des Fortschritts, der Humanität, von denen sie begleitet wird) das je konkrete *menschliche Leben* irrelevant stellt. Das an Imposanz kaum zu überbietende Symptom ist die in großen demographischen Dimensionen anfallende *listenförmige Quäl- und Tötbarkeit* von Menschen. Der Listenförmigkeit der sozialen Adresse, die oben diskutiert wurde, korreliert, daß der Gegenhalt der sozialen Adresse (menschliches Leben) selbst gehandhabt werden kann als Bestandteil von Listen mit gewissermaßen (häufig im Modus der Anonymität) abhakbaren, lebenden Singularitäten. Der im denkbar genauesten Sinn paradigmatische Fall ist: Auschwitz.

Aber es genügt, die Gesellschaft als eine (unabschließbare) Liste von Listen zu begreifen, als operative ›Statistifizierung‹ oder ›Statisterie‹, für die (konkretes) menschliches Leben nicht zählt, es sei denn: als Zählbarkeit (der Arbeitslosen, der Opfer von Naturkatastrophen, der Prostituierten in Hamburg, von Bankkunden, Oldtimer- oder Kampfhundbesitzern, Zoobesuchern, Pflegeheiminsassen, von Geburten und Todesfällen etc.pp). Die Gesellschaft ist (und dazu paßt ihre Beobachtung durch Massenmedien) *zählende* Gesellschaft.[15] In Abwandlung vieler einschlägiger Formulierungen: Diese Gesellschaft (als System) vorausgesetzt, ist *der* Mensch das *gezählte, das zählbare Tier* – und nichts darüber hinaus.[16] Zählbarkeit – das bedeutet: Austauschbarkeit.[17] Auch dies war gemeint mit: Gesellschaft sei fungierende Hochabstraktion.[18] Ein allgemein eher provozierender (systemtheoretisch aber nicht weiter überraschender) Befund mithin: ~~Die Gesellschaft~~ ist, wie wir gesagt haben, nicht menschlich; für ~~sie~~ ist *der* Mensch und ist das Leben der Menschen keineswegs das Maß aller Dinge.

An dieser Stelle ist entscheidend, abzusehen von einer zu schnellen (und sozial zu leicht einrastenden) Kritik, die daran gewöhnt ist, die Gesellschaft für global anfallende Gerechtigkeitsmißstände verantwortlich zu machen.[19] Das wäre in etwa Versuchen vergleichbar, die die Evolution für schuldig erklären, nicht nur Milchkühe und Wollschweine, sondern auch Viren und Bakterien produziert zu haben, oder die Natur anklagen, weil sie Erdbeben, Tsunamis, Überschwemmungen zuläßt, statt es bei Blumenwiesen, großäugigen Felltieren und Sonnenaufgängen bewenden zu lassen. Die Frage kann nicht sein, wie man eine nichtadressable Einheit (Gesellschaft) in die Schranken und zur Ordnung ruft. Gerade angesichts des unguten Gefühls, das sich einstellt, wenn man die Gesellschaft als *indifferent* Differenzen prozessierendes System

15 Wir variieren hier Klages, L., *Der Geist als Widersacher der Seele*, Bonn 1981, S. 842, der sagt »...Bewußtsein ist potentiell zählendes Bewußtsein.« Vgl. auch mit Bezug auf autopoietische Operativität Baecker, D., »Rechnen lernen«, in: ders., *Wozu Soziologie?*, Berlin 2004, S. 293-330.

16 Wir nehmen die Computerisierung der Gesellschaft als einen weiteren Ausdruck für diese Annahme.

17 Die Gesellschaft wäre so etwas wie die »Durchgangsstation einer Bewegung ..., in deren Verlauf jeder schon im voraus mit allen übrigen vertauscht ist«, so könnte man einen auf Bewußtsein bezogenen Satz von Blanchot, M., *Der Gesang der Sirenen. Essays zur modernen Literatur*, Frankfurt am Main 1988, S. 275, lesen.

18 Ich will nicht verhehlen, daß mir Franz Kafka als derjenige vorkommt, der eine frühe und präzise Witterung dafür hatte.

19 »Wir wissen, daß jede Kritik, jede Gegenkraft, das System nur ernährt.« Baudrillard, J., Formulierung in einem Interview, in: Rötzer, F., *Französische Philosophen im Gespräch*, München 1987, S. 29.

auffaßt, das menschliches Leben nur als irrelevantes ›Hauptsache-daß ... Leben‹ voraussetzt, darf man nicht den Wunsch, es möge anders, wärmer, menschlicher zugehen, zum Vater des Gedankens machen.

Vielleicht aber kann man gerade jene Idiosynkrasie gegenüber einem Generalsystem der Indifferenz als Detektor nutzen: Was ist es, was da stört oder fehlt?

## C Die Umwelt der Gesellschaft

Was man auf diese Frage (je nach Temperament leichten Sinns oder schweren Gemütes) antworten könnte, wäre: Was da stört, ist das Fehlen der Leute. Freilich läßt sich sagen, daß dieses ›Fehlen‹ ohnehin einen häufig und emphatisch genutzten Einwand gegen die soziologische Systemtheorie bezeichnet, nämlich: ihr seien die Menschen und das Menschliche abhandengekommen.[20] Gegen diesen Vorwurf wird üblicherweise vorgebracht, daß das Vermißte (die Leute, die Menschen) ja relevante Umweltgegebenheiten seien, also alles andere als aus dem Spiel, wenn man Systeme definiert als Differenz von System und Umwelt und damit so gut wie automatisch als konditionierte Koproduktion, als wechselseitige Ermöglichung. Die Menschen fehlen dann nicht, sie sind nur in ihrer ›exzentrischen Positionalität‹ und als Bedingung der Möglichkeit sozialer Systeme bestätigt worden.

Wir wollen aber hier die Möglichkeit jenes Vorwurfes und Einwandes verschärfen. Wenn man darauf verzichtet, die Umwelt zu reifizieren, sie zu behandeln als ›Drum-herum-des-Systems‹, als ›Ort‹ seiner Einbettung oder Einkapselung, dann ist sie »das Korrelat aller im System benutzten Fremdreferenzen...«[21] Anders gewendet: Sie ist das Korrelat dessen, wovon, wenn wir uns hier auf Sozialsysteme beziehen, in Kommunikation die Rede ist (Information), sie ist dasjenige, worüber gesprochen und geschrieben, dasjenige, *was* in der Mitteilungsfunktion gezeigt und vorgeführt wird. Man könnte auch sagen: Sie ist die (systemintern geleistete) Projektion oder Externalisierung der Signifikate, die Entsprechung der im System prozessierbaren Signifikanten. Für das System ist sie, wie Luhmann in phänomenologischer Diktion sagt: »als Horizont gegeben. Das heißt: Sie ist durch jede Operation, wenn immer Bedarf besteht, ausdehnbar. Der Horizont weicht zurück, wenn man sich ihm nähert. Dies geschieht aber nur nach Maßgabe der system-

---

20 Das ist, wie in der Einleitung skizziert wurde, einer der Gründe gewesen, gerade dieses Thema zum Gegenstand eines Buches zu machen.

21 Luhmann, N., *Ökologische Kommunikation. Kann die moderne Gesellschaft sich auf ökologische Gefährdungen einlassen?*, Opladen 1986, S. 51/52.

eigenen Operationen ... Er [der Horizont] begleitet jede Operation des Systems, sofern sie auf etwas außerhalb des Systems Bezug nimmt. Er ist als Horizont möglicher Gegenstand von Intentionen und Kommunikationen ...«

»... dies aber nur«, fährt Luhmann fort, »wenn und soweit das System über die Fähigkeit verfügt, sich die Umwelt als Einheit (und das heißt zugleich: sich selbst in Differenz zur Umwelt als Einheit) zu präsentieren.«[22] Diese Kautele ist verblüffend, insofern sie die Möglichkeit andeutet, es könne Systeme geben, die es nicht vermögen, sich *sich selbst* zu appräsentieren. Aber genau das ist, wenn unsere Überlegungen zutreffen, der Fall der Gesellschaft. Sie differenziert aus als polykontexturales (heterarches) System, das keine interne Repräsentation seiner eigenen Einheit kennt. Sie (Sie) ist nichts, das etwas über sich (sich) sagen könnte. Sie hat keine ›Stelle‹, durch die sie vertreten ist, kein ›Konsulat‹, an das man sich wenden könnte. Jede Beobachtung (und Beschreibung), die in ihr zirkuliert und sich auf sie bezieht, ist geknüpft an Poly-Eventualität. Wenn das so ist, ist ihr die Umwelt auch nicht als Einheit gegeben. Und genau das haben wir festgestellt, indem wir die Listenförmigkeit *des* Menschen und die Katastrophe seiner Adresse untersucht haben.

Dieser Merkwürdigkeit (daß die Rede ist von einem System ohne – durch es selbst – spezifizierte oder spezifizierbare Umwelt) kann man sich auch nähern, wenn man darauf achtet, daß die Gesellschaft alles, was kommuniziert werden kann (also jegliche Fremdreferenz), in die Indifferenz versetzt. Das Korrelat der Fremdreferenzen, die dieses System prozessiert, ist (wenn man die phänomenologische Metapher erneut zu Rate zieht): ein *All-Horizont*.

Die Verschärfung des Einwandes, diese Theorie ›tilge‹ die Menschen, liegt dann darin, daß diesem All-Horizont *All-Inklusivität* entspricht: Die Gesellschaft (und sie ist das einzige Sozialsystem, für das dies gilt) schließt keine soziale Adresse aus. Sie ist kein Ort der Ausschließung und kein Ort der Einschließung. Es ist, um es pointiert zu sagen, für die Gesellschaft kein Unterschied, ob jemand auf einer Parkbank haust oder im Hilton. Sie ist auch gegenüber solchen Unterschieden: indifferent. Sie hat kein Sinn-Sensorium, mittels dessen sich Unterschiede dieses Typs lesen ließen.

22 Ebd.

# D Sozialität/Gesellschaft –
## das Problem tragbarer Komplexität

Das Neuartige, Ungewöhnliche, vielleicht sogar Aufregende an unserer Argumentation ist, daß Gesellschaft begriffen wird als ein System, das nicht den Rahmen oder Container interner Differenzierung darstellt, sondern selbst im Zuge funktionaler Differenzierung entsteht: als Arrangement von Kommunikation, die sich inszeniert auf dem Hintergrund jener Polykontexturalität und Heterarchie, die mit der Pluralität autonomer Funktionssysteme sozusagen ›mitgegeben‹ wird. Gesellschaft als fungierende Hochabstraktion, als System, das seine Einheit nicht oder nur paradox formulieren kann, ist damit ein Aposteriori (oder ein Epiphänomen), ein evolutionärer Spätankömmling, dessen Funktion (die Ermöglichung und die Realisierung eines Und-so-weiter und Woanders-anders-weiter und Gleichgültig-wie-weiter) sich massiv unterscheidet von der Funktion von Sozialität, die wir oben locker als ›Lebensermöglichung‹ unter prekären Weltbedingungen für im Prinzip schwache Lebewesen aufgefaßt haben.

Anders als Luhmann, aber angelehnt an eine Formulierung, die sich auf die Funktion der Gesellschaft bezieht, sagen wir, daß die »Funktion von« Sozialität – und hier setzen wir ›Sozialität‹ an die Stelle von »Gesellschaft« – »in der Ausgrenzung unbestimmbarer und der Einrichtung bestimmter oder doch bestimmbarer, für ihre Teilsysteme und letztlich für das Verhalten tragbarer Komplexität (liegt).«[23] Daß hier von ›Verhalten‹ die Rede ist, verweist auf eine Umwelt, die sich ›verhalten‹ kann, auf Menschen oder Leute, für die ›tragbare‹ und nicht ›überbordende‹ oder nicht ›haltlose‹ Komplexität[24] (über)lebensnotwendig, also von *existentieller* Relevanz ist. Man könnte mithin sagen: Die Bedingung der Notwendigkeit von Sozialität ist (ganz klassisch): die existentielle ›(Be)Stürzbarkeit‹ der Menschen und die Bedingung der Möglichkeit von Menschen: Sozialität.

23 Wortgetreu: »Die Funktion der Gesellschaft liegt danach in der Ausgrenzung unbestimmbarer und der Einrichtung bestimmter oder doch bestimmbarer, für ihre Teilsysteme und letztlich für das Verhalten tragbarer Komplexität.« (Luhmann, N., »Gesellschaft«, in: ders. *Soziologische Aufklärung*, Opladen 1970, S. 137-153, 149.) Und zuvor: »... Gesellschaft (kann) funktional definiert werden (...) als dasjenige Sozialsystem, das im Voraussetzungslosen einer durch physische und organische Systembildungen strukturierten Umwelt soziale Komplexität regelt – das heißt den Horizont des Möglichen und Erwartbaren definiert und letzte grundlegende Reduktionen einrichtet.« (S. 145)

24 Vgl. Luhmann, N., »Haltlose Komplexität«, in: *Soziologische Aufklärung 5. Konstruktivistische Perspektiven*, Opladen 1990, S. 59-76.

Und genau an dieser ›Wechselwirkungsstelle‹ interveniert die Ausdifferenzierung der Gesellschaft. Sie entsteht als System, für das die Tragbarkeit von Komplexität kein Problem darstellt. Menschliches Leben oder erträgliche oder nicht erträgliche Lebensführungszuschnitte, sind, sofern sie thematisch werden, für sie Kommunikabilien wie alle anderen auch – und im genauesten Sinne: bedeutungslos. Ob von Hinrichtungen, Hungersnöten, Banken für elend Arme, von Swimming-Pools, Yachtausstattungen, Popdiven oder von Planungen terroristischer Tötungsakte die Rede ist, spielt für die Fortsetzung dieses Systems keine Rolle, solange Kommunikation synthetisiert werden kann, und wenn nicht: auch nicht. *Denn ein auf Indifferenz angelegtes System hat keinerlei Selbsterhaltungsprätentionen.* Diese Prätentionen sind Momente fremdreferentieller Beobachtung der Gesellschaft durch (bewußte) Systeme in ihrer Umwelt, vielleicht sogar besser formuliert: in der für sie unzugänglichen ›Außenwelt‹.[25] Noch einmal: Die Leute haben (Überlebens)Sorgen, nicht: die Gesellschaft.

Dies alles ließ sich sagen auf dem Hintergrund der Annahme, daß Sozialität (als das Medium, das sich aus Kommunikationen erschließen läßt) und Gesellschaft nicht dasselbe sind. Die Frage ist, ob sich über die Einschätzung hinaus, die Gesellschaft sei ein System fungierender Hochabstraktion, Strukturmerkmale ebendieses Systems konstruieren lassen.

## 1. Die Grenze der Gesellschaft: Die Produktion von Einerleiheit

Systeme sind im Unterschied zu Diskursen, Netzwerken, Strukturen etc. durch Grenzen definiert. Im Prinzip bedeutet dies, daß im Moment, in dem man den Systembegriff einsetzt, immer unterschieden werden muß zwischen Ereignissen, die sich auf das System, und solchen Ereignissen, die sich auf seine Umwelt zurechnen lassen. »Eine Grenze trennt also Elemente, nicht notwendigerweise auch Relationen; sie trennt Ereignisse, aber kausale Wirkungen läßt sie passieren.«[26] Bei Sinnsystemen

25 Ich folge hier einem terminologischen Vorschlag von Paß, D., *Bewußtsein und Ästhetik. Die Faszination der Kunst,* Bielefeld 2006, S. 23, Anm. 20: »Zu terminologischen Verwirrungen führt die oft synonyme Verwendung der Begriffe ›Umwelt‹ und ›Außenwelt‹. Wenn von einer völligen Geschlossenheit des Systems (Gehirn, Bewußtsein, Kommunikation) ausgegangen wird, müssen die Umwelten ›verdoppelt‹ werden. Wir benutzen an dieser Stelle den Begriff ›Außenwelt‹ für die nicht zugängliche, ›reale (physikalische) Außenwelt‹ und den Begriff ›Umwelt‹ hingegen für die im System selbst errechnete Umwelt.«

26 Luhmann, *Soziale Systeme,* S. 52.

kommt hinzu, daß ihre Grenzen »hinreichend definiert (sind), wenn die Probleme, die man mit dem Grenzverlauf und mit der Anwendung der Unterscheidung von außen und innen haben kann, mit den operativen Möglichkeiten des Systems selbst behandelt werden können.«[27] Faßt man Gesellschaft als System auf, müßte sie demnach ihre Grenze operativ herstellen, und sie tut dies laut Luhmann, indem sie klärt, »ob etwas Kommunikation ist oder nicht.« Und er fügt hinzu: »Das läßt sich durch Kommunikation klären.«[28]

Dabei läßt er offen, ob diese Klärung auf der Ebene der Thematizität von Kommunikation geschieht oder ob sich diese Klärung operativ ereignet: als Anschluß, der *als* Anschluß vorangegangene Geschehnisse (im Sinnzeitmodus) als Kommunikationen aufnimmt und diese Aufnahme nur gewesen sein wird, wenn weitere Anschlüsse desselben Typs erfolgen. Wir optieren hier für die zweite Möglichkeit, gehen also davon aus, daß es der Anschluß ist, der Kommunikation zu Kommunikation macht, weil nur so jenes Tertium-non-datur in's Spiel kommt, dieses codeförmige Entweder/Oder, das den thematischen Klärungsmöglichkeiten zugrundeliegt. Denn das Reden darüber, ob etwas Kommunikation sei, nicht sei, ein bißchen sei, gelungen oder als Kommunikation gescheitert sei, setzt allemal schon Kommunikation voraus, also operative Kopplungen von nur dadurch entstehenden ›Utterances‹. Dieses Reden, Schreiben etc. ist, wenn man so will, ein ›Selbstbelegungsfall‹.[29]

Wenn man dann danach fragt, ob sich für jenes Entweder/Oder irgendeine Art Instruktion finden läßt, ein Kanon, der Kriterien angibt, unter welchen Bedingungen denn irgendein Geschehnis als Kommunikation durch Anschluß aufgegriffen werden kann, stößt man nicht wie in Funktionssystemen auf eine Grammatik oder auf Programme, die diese Konstitution von Kommunikation auf der Ebene der Gesellschaft konditionieren. Sicher gilt eine Art Minimalprogramm, das wir im ›Tunnelkapitel‹ erörtert haben (die Voraussetzung der ›Futteralität‹ der Umwelt, dorthin projizierter und uneinsehbarer Selbstreferenz, Alternativität etc.), aber darüber hinaus existiert keine Ebene, auf der *gesellschaftlich* Regeln verankert oder abrufbar wären, wie sie etwa in Funktionssystemen die Bedingungen regeln, »...unter denen der positive bzw. negative Wert eines bestimmten Codes auf Sachverhalte oder Ereignisse richtig zugeteilt werden kann.«[30] Da sind (immer auf dieser Ebene) keine Orte für sozial durchgängig bindende Algorithmen,

27 Ebd., S. 560.
28 Ebd.
29 Kommunikation führt, wenn man so will, einen ewigen Selbstbeweis durch, ähnlich dem, was Novalis (Friedrich von Hardenberg), *Fragmente und Studien. Die Christenheit oder Europa*, hrsg. von Paschek, C., Stuttgart 1984, S. 5, dem Geist zumutet.
30 Luhmann, *Ökologische Kommunikation*, a.a.O., S. 268.

mit deren Hilfe sich errechnen ließe, was denn (sozusagen tunlichst) als Kommunikation zu behandeln sei und was nicht. Die ›Klärung‹ geschieht als schiere, zeitbasierte Operation, in jedem Moment, allenthalben, und wenn es sein muß, über Zeitabgründe hinweg.

Die Gesellschaft als System ist nicht instruierbar. Aber ebendies war ja auch gemeint, als wir von der *Indifferentialität* der Gesellschaft sprachen, also von dem Fall, daß Kommunikation durch Anschluß als Kommunikation markiert wird, ohne daß es sich um das ›Was« der Kommunikation dreht. Die Ermittlung dessen, ob etwas Kommunikation gewesen sei, ereignet sich ›unterhalb‹ der Ebene von Kommunikabilien, von Prädikationen, von Informationen über Weltsachverhalte.[31] Das bedeutet natürlich nicht im mindesten, daß es um fremdreferenzfreie Kommunikation geht (das ist ausgeschlossen, wenn man Kommunikation definiert als Synthese von Information, Mitteilung und Verstehen), sondern wiederum nur, daß die je aktualisierten ›Bezüge‹ der Kommunikation im Blick auf die Konstitution der Gesellschaft keine Rolle spielen, weil diese Gesellschaft keine Instanz der Ansteuerbarkeit ausweisen kann, für die in Kommunikation prozessierte Fremdreferenz irgendeine Bedeutung hätte.

Die Grenze der Gesellschaft läßt sich nach diesen Überlegungen beobachten als die laufend reproduzierte Differenz zwischen Kommunikation und Nicht-Kommunikation, und zwar (und dies ist der Aspekt, der hier zentral ist) die Reproduktion dieser Differenz als *nur diese Differenz*. Diese Grenze ist nicht an ›Bedeutungen‹ orientiert, sondern nichts weiter als der Ausdruck dafür, daß angeschlossen wird und angeschlossen wird und angeschlossen wird… In diesem Verständnis ist die Gesellschaft ein ›tautopoietisches‹ System oder – wie man vielleicht farbiger sagen könnte: Sie ist das einzige Sozialsystem, dem Kommunikation nichts sagt.

31 Ähnlich im Blick auf Sprache Merleau-Ponty, M., *Die Prosa der Welt*, München 1993, S. 54: Es »…wird ersichtlich, daß die Sprache nie etwas sagt, sie erfindet eine Skala von Gesten, die unter sich genügend klare Differenzen aufweisen, damit uns das Verhalten der Sprache, sofern es sich wiederholt, sich überschneidet und sich selbst bestätigt, auf einwandfreie Weise Gangart und Umrisse einer Welt des Sinnes liefert.« In diese Richtung weist auch Foerster, H. v., Sicht und Einsicht, Versuche zu einer operativen Erkenntnistheorie, Braunschweig/Wiesbaden 1985, S. 85: »Ein Formalismus, der notwendig und hinreichend ist für eine Theorie der Kommunikation, darf keine primären Symbole enthalten, die Kommunikabilien repräsentieren (z. B. Symbole, Wörter, Botschaften usw.) Diese Aussage mag auf den ersten Blick völlig unhaltbar erscheinen, nach längerem Nachdenken aber wird sicherlich klar, daß eine Theorie der Kommunikation sich zirkulärer Definitionen schuldig macht, wenn sie Kommunikabilien voraussetzt, um Kommunikation abzuleiten.«

Dieses System ist maximal ›egalitär‹, es ist die kontinuierliche Produktion von *Einerleiheit*.

## 2. *Die Absurdität der Gesellschaft*

An dieser Stelle der Analyse würde man üblicherweise – etwa im Blick auf zu identifizierende Funktionssysteme – nach einer zentralen Unwahrscheinlichkeit suchen, die durch das System-im-Fokus ›verwahrscheinlicht‹ wird. Es geht dabei um kommunikativ anfallende Sinnzumutungen, deren Ratifikation, deren Annahme problematisch ist, ein Problem, das aber genau durch ein darauf bezogenes System entproblematisiert wird. Will man etwas haben, das sich im Eigentum eines anderen befindet, empfiehlt sich als Selektionsübernahmeverstärker ›Geld‹, ein symbolisch generalisiertes Kommunikationsmedium (des Wirtschaftssystems), das es wahrscheinlich macht, daß man problemlos bekommen kann, was einem nicht gehört. Vergleichbar wird ›Macht‹ (Politik) eingesetzt, um die Akzeptanz kollektiv bindender Entscheidungen zu erreichen, oder ›Glaube‹ (Religion), wenn es um die Annahme von nicht mehr nachfragbaren, nachprüfbaren Letztentscheidungen im Blick auf die Selektivität von Sinn selbst geht. Alle Funktionssysteme gravitieren um ein Unwahrscheinlichkeitsproblem dieser Art.

Die Gesellschaft, von der wir sagten, sie sei ein Epiphänomen funktionaler Differenzierung, hat es offensichtlich nicht mit solchen Unwahrscheinlichkeiten zu tun. Gelingende oder scheiternde Kommunikation (im Blick auf die Akzeptanz spezifischen Selektionsofferten) ist allemal: Kommunikation, wenn angeschlossen wird, gleichgültig, *wie* angeschlossen wird.[32] Die ›Einerleiheit‹ der gesellschaftlichen (T)Autopoiesis bietet keine Selektionspräferenzen an. Sie bevorzugt nicht bestimmten ›Sinn‹ gegenüber anderen ›Sinnmöglichkeiten‹.

Aber genau damit etabliert sich für die (psychischen) Beobachter der Gesellschaft ein Problem, das – wie wir vermuten, ohne es jetzt zu belegen – im Zuge der Ausdifferenzierung der Gesellschaft mehr und mehr unter dem Problemtitel *Absurdität* facettenreich und in mannigfachen Filiationen registriert wird, von Kierkegaard bis Beckett, in Existentialphilosophie und Existentialismus, im Dadaismus und in den Dramen des absurden Theaters, schlicht überall dort, wo die Welt des

---

32 Vgl. für den Grenzfall, daß der gewaltsame Abbruch von Kommunikation Kommunikation fortsetzt, Fuchs, P., »Kein Anschluß unter dieser Nummer oder Terror ist wirklich blindwütig«, in: Baecker, D./Krieg, P./Simon, F. B. (Hrsg.), *Terror im System. Der 11.September und die Folgen*, Heidelberg 2002, S. 223-238; ders., *Das System »Terror«. Versuch über eine kommunikative Eskalation der Moderne*, Bielefeld 2004.

Sinns auf den Aspekt der *Sinnentleertheit* hin beobachtet wird – paradoxerweise im Unausweichlichkeitsmedium ›Sinn‹, das genutzt werden muß, um sich selbst zu dementieren, eine Strategie, die in eine eigentümliche Ästhetik des Bizarren, Grotesken, Aberwitzigen, Sinnwidrigen treibt, in philosophische, intellektuelle und künstlerische Morphogenesen des ›Stattdessen‹ – bis hin zum Goutieren der Kunst der ›Wahn-Sinnigen‹.[33]

Wir nehmen aber hier diesen Umgang mit *Absurdität* als ein (ästheto-intellektuell beeindruckend durchraffiniertes) Anzeichen unter anderen Anzeichen für die Beobachtung der gesellschaftlichen Einerleiheit, als Symptom einer hoch wirksamen Differenz, die mit der Ausdifferenzierung der Gesellschaft ein besonderes Spiel zu spielen beginnt. Ganz abstrakt genommen, ist die Rede von der *Differenz von Indifferenz und Differenz.* Zu unterscheiden wäre damit zwischen Kommunikationen, in denen die Unterschiede, die sie jeweils machen, Unterschiede machen, und (denselben) Kommunikationen, beobachtet als Operationen, die keine Unterschiede machen im Blick darauf, daß sie Unterschiede machen.

Auf unsere Zwecke zugeschnitten, geht es um die Differenz zwischen Kommunikation als Bedingung der Möglichkeit tragbarer Komplexität (für eine durch Kommunikation betreffbare psychische Umwelt, die durch diese Komplexität unterhalten wird) und Kommunikation als operative Fortsetzung eines ›Und-so-weiter-wo-immer-auch-weiter-gleichgültig-wie-weiter …‹ In jenem Fall ist die (psychische) Umwelt, wenn man so sagen darf, auf ›Mitwelt‹ gestellt, in diesem Fall auf *Irrelevanz.* In jenem Fall ist jede Kommunikation von Belang, in diesem Fall: belanglos. Irrelevanz, Belanglosigkeit, Einerleiheit sind aber nicht Ausdrücke für Sinnofferten der Gesellschaft, so als ginge es darum, Motive dafür zu verstärken, dies alles zu akzeptieren und in eigenes Erleben und Handeln zu übernehmen. Diese Ausdrücke verweisen eher darauf, daß es die Differenz zwischen Indifferenz und Differenz ist, der Unterschied zwischen der Erwirtschaftung tragbarer Komplexität (Sozialität) und der Absurdität des operativen ETC. P.P. (Gesellschaft)[34],

---

33 Die Rede ist also von bestimmten, gleichsam vorsensibilisierten Beobachtern in ›Lebens-Sonderlagen‹, die in gewisser Weise freistellen für (ansonsten nutzlose) Beobachtungen von Sinn-Entleertheit. Es geht, wenn man einen älteren Sprachgebrauch bevorzugt, um ›elitäre‹ Beobachtungs- und Erlebensmöglichkeiten und um die Fähigkeit, dies noch auszudrücken. Beim Friseur, in der Schlachterei, in einer Werbeagentur findet sich kaum Gelegenheit, derart hochgetriebene Beobachtungen mitzuteilen (oder entsprechendes Erleben einzurichten).

34 Von hier aus läßt sich verstehen, warum wir soziale Adressen, Bewußtseine, das menschliche Leben etc. als ›Listenförmigkeiten‹ beobachtet haben.

der ein eigentümliches Problem generiert: Die Unwahrscheinlichkeit der Stabilisierung von Differenz (im Sinne von Sozialität) im Kontext ›überbordender‹ Indifferenz (im Sinne von Gesellschaft).

Wie kann, so die Frage, im Kontext ›blinder‹ Evolution Differenz gegen Indifferenz beibehalten, aufgebaut, ausgebaut werden?[35] Das Nachdenken darüber erfordert, daß zunächst ›Sozialität‹ genauer bestimmt wird.

## E Sozialität – menschendurchpunktet

> »Das Absurde hat nur insofern einen Sinn,
> als man sich nicht mit ihm abfindet.«
> *Albert Camus*

Alle weiteren Überlegungen sind spekulativ.[36] Sie bereiten eine Denkmöglichkeit vor, die sich aufdrängt, wenn man Gesellschaft als ein im Zuge funktionaler Differenzierung mitanfallendes System beobachtet, für das sich keine eigene Funktion konstruieren läßt, das aber dennoch eine Unwahrscheinlichkeit evoziert, die sich aus der Schere zwischen der Absurdität, der Sinnentleertheit schierer Operativität und der Funktion von Sozialität (im weitesten Verständnis als Lebensermöglichung) ergibt. Zu erinnern ist auch daran, daß die Gesellschaft wie die Funktionssysteme nicht ansprechbar, nicht *adressabel* ist und daß ihr aus ebendiesem Grunde die Fähigkeit zur Beteiligung an Kommunikation abgeht: ~~Sie~~ kann weder beobachtet werden als etwas, das Mitteilungen entgegennimmt noch als etwas, das Mitteilungen produziert, die von weiteren Kommunikationen als ›ihre‹ Mitteilungen lesbar wären.

Das gilt zunächst auch für das, was wir *Sozialität* genannt haben. Sie ist die Bedingung der Möglichkeit menschlichen Lebens überhaupt, aber auch sie kann nicht ›bei ihrem Namen gerufen‹ werden. Sie ist keine Instanz, an die man sich wenden könnte. Sie unterscheidet sich jedoch (so unsere These) von der fungierenden Hochabstraktion der Gesellschaft dadurch, daß sie eine Bühne der Bedeutsamkeit, der Relevanz, der Existentialität aufspannt, auf der das, *was* mitgeteilt, *worüber*

---

Von der Gesellschaft her gesehen, gilt (wie etwa in der Programmiersprache LISP): Everything is a list.

35 Es geht erneut nicht um Täter oder Subjekte, die dies alles leisten, nicht um Helden oder Heldinnen, sondern genau um dies: Evolution.

36 Siehe zu einem frühen Versuch, in diese Richtung zu denken, Fuchs, P., »Der Mensch – das Medium der Gesellschaft?«, in: ders./Göbel, A. (Hrsg.), *Der Mensch – Das Medium der Gesellschaft*, Frankfurt am Main 1994, S. 15-39.

informiert und *wie* verstanden wird, die entscheidende Rolle spielt. Und sie kann diese Bühne aufziehen, weil Kommunikation in jedem Moment Mitteilungshandlungen ›ausflaggt‹, durch die das, was gesagt wird, auf *jemanden* bezogen wird, der es gesagt und damit etwas gemeint hat, was für andere Leute und für ihn von Bedeutung ist.

Sozialität, so beobachtet, appräsentiert Sozialsysteme der Wahrnehmung in der Form von ›Leuten‹, die sich äußern mit Blick auf andere Leute, die sich ebenfalls äußern.[37] Man könnte auch sagen: In dieser Perspektive haben Sozialsysteme ›Systembewohner‹, die *miteinander* reden, sich *einander* schreiben, sich Bilder zeigen, Filme vorführen, sich zuzwinkern, knuffen, küssen… Die ganze robuste Welt des Sozialen (mitsamt der Projektion ihr unterliegender Subjekte) wird auf diese Weise inszeniert, hat auf diese Weise ihre Epiphanie und die ihr korrespondierende Phänomenalität.[38]

---

37 Mutatis mutandis ist dies auch eine Schlüsselthese der phänomenologischen Anthropologie von Blumenberg, H., *Beschreibung des Menschen,* aus dem Nachlaß hrsg. von Manfred Sommer, Frankfurt am Main 2006.

38 Eine Phänomenologie, zu der wir weit oben den Zugang durch eine ›Untertunnelung‹ des anthropologischen Tanzplatzes gefunden haben. Es ist klar, daß dies auch die Stelle einer anders gelagerten Diskussion der Lebenswelttheorien sein könnte, eben als: Inszenierungen von Sozialität. Wichtig ist, daß die Bühnenmetapher nicht zu stark durchschlägt. Nicht gemeint ist, daß auf einer Vorderbühne die soziale Welt, die wir zu kennen meinen, weil wir alltäglich in sie eingestrickt sind, als eine Illusion, eine Täuschung aufgespielt wird, während die sie ermöglichenden abstrakten Strukturen und Prozesse ›dahinter‹ residieren, auf der backstage, in den Kulissen. Gedacht ist vielmehr an eine ›Kippfigur‹, an das durchlaufende Umschlagen von (unbeobachtbarer) Kommunikation in die Form von Mitteilungshandlungen, die (sozusagen in einem Strich, in einem Zug) die Mitteilungshandelnden ›ausfällen‹. Das Bild der Kippfigur gestattet es jedenfalls, in Sozialität nicht nur eine gleichsam plastische Darstellung in Hinterwelten ablaufender Vorgänge zu sehen, so als wäre da ein Trug, der sich durchschauen ließe. Ein Kippbild ist ein Bild, es ist an jeder Stelle (in all seinen Schwärzungen und Helligkeiten) bestimmt. Erst ein wahrnehmungsbefähigter Sinnbeobachter muß mit dem Oszillieren der Bedeutungszuweisungen rechnen und mit der Schwierigkeit, eine dieser Möglichkeiten stabil zu halten. Vgl. zur Form von Kippfiguren Hansch, D., »Pychoenergetik – Neue Perspektiven für die Neuropsychologie. Grundriß einer psychosynergetischen Theorie emotionaler und motivationaler Prozesse«, in: Z. *Psychol.* 196, 1988, S. 421-436, 422 f. Vgl. ferner Kruse, P., »Stabilität – Instabilität – Multistabilität. Selbstorganisation und Selbstreferentialität in kognitiven Systemen«, in: *Delfin XI,* Jg.6, H.3., Okt. 1988, S.35-57. Siehe ferner Kaehr, R., *Diskontexturalitäten:*

Beobachtungstheoretisch rekonstruiert, ist dies die Ebene der Beobachtung erster Ordnung, die Ebene fungierender Ontologien, der unaufgelösten ›Einwertigkeit‹ oder der ›Seinsqualität‹.[39] Sozialität soll diese Ebene der ›Ansichtigkeit‹ bezeichnen, die Evidenz der ›Menschendurchpunktetheit‹ sozialer Prozesse und Strukturen, und damit auch den ›Ort‹, in dem *menschliches Leben als Unstrittigkeit im genauen Sinne in-korporiert ist* und jede Strittigkeit über Unstrittigkeit in's Spiel gebracht wird auf dieselbe Art: durch sich äußernde (lebende) Leute bzw. durch die Referenz auf Leute, die gelebt haben, leben werden oder im Genre der Fiktionalität als Leute ›komponiert‹ worden sind, die gelebt hätten haben können. Sozialität (in diesem Verständnis) belegt sich, beweist sich fortlaufend selbst. Sie ist, wenn man so will, das Beobachtungsplateau, auf dem die Relevanzen proliferiert[40] werden, durch die Kommunikation für Menschen ›be-deutend‹ wird, weil es auf diesem Plateau so aussieht, *als ob* sie es seien, die Kommunikation betreiben.[41] Oder pointierter: weil sie auf dieser Ebene sich selbst gar nicht anders beobachten können – denn als Kommunikationsbetreiber, die nicht in der Umwelt sozialer Systeme ihre Existenz fristen, sondern (sozusagen erlebbar) *mittendrin*.[42]

Wenn es sich so verhielte, ließe sich womöglich die Differenz von Sozialität und Gesellschaft noch anders in Anspruch nehmen.

*Wozu neue Formen des Denkens? Zur Kritik der logischen Voraussetzungen der Second Order Cybernetics und der Systemtheorie,* 1996, im Netz unter http://www.techno.net/pcl/diskontext.htm., Stand 12.3.2000.

39 Vgl. Luhmann, N., *Ökologische Kommunikation,* a.a.O., S.52. Diese Ebene ist im übrigen gekennzeichnet durch ›Superevidenz‹, die zugleich erklärt, warum Systemtheorie dieses Zuschnitts so angefeindet wird. Man ›sieht‹ ja von Moment zu Moment, daß sie sich irrt.

40 Vgl. zu den Ausdrücken ›Relevanzproliferation‹ bzw. ›Relevanz-Inkorporation‹ Markowitz, J., *Verhalten im Systemkontext. Zum Begriff des sozialen Epigramms. Diskutiert am Beispiel des Schulunterrichts,* Frankfurt am Main 1986, S.54ff.

41 Und erneut: Es geht nicht um eine *doxa,* um eine Täuschung, sondern um ein Resultat von konditionierter Koproduktion, die sich nur anhand dieser ›doppelten‹ Perspektivität‹ erschließen läßt.

42 Die Ergebnisse unserer Untertunnelungsaktion wären hier ›Tatsachen‹: Freiheit, Alternativität, Innenbewohntheit etc.

## F Menschliches Leben als symbolisch generalisiertes Kommunikationsmedium?

Die Beobachtung von Medien (in der hier genutzten Abstraktionslage) geschieht anhand der Differenz von Form und Medium. Da Sinnbeobachter ausnahmslos ›Formbeobachter‹ sind, lassen sich Medien, wie wir gesagt haben, als *Inferenzmedien* begreifen: Sie werden aus Formen erschlossen, die als Auswahl aus einem homogen konzipierten Alternativenraum elementarer und zeitanfälliger Einheiten gedacht sind.[43] Medien fallen an im Zuge von Formbeobachtungen, wenn die Aufmerksamkeit darauf gerichtet ist, in welchem ›Substrat‹ die Einschreibung von Form ›passiert‹, wobei das Medium nicht vorgestellt wird als etwas Vorausliegendes, Imprägnierbares, als etwas, das in den Bestand der Welt gehört. Es ist nicht ontologisierbar. Es ist ›hinbeobachtbar‹ im Moment, in dem Formen ›fraglich‹ werden.

Der bisherige Gang dieser Arbeit hat das Fraglich-werden dessen, was als ›Mensch‹, was als ›menschliches Leben‹, was als die ›Adresse des (von) Menschen‹ im Zuvor funktionaler Differenzierung gelten konnte, nachgezeichnet. Anhand der Differenz von Sozialität und Gesellschaft zeigte sich, daß die Imposanz (und auch: die Opulenz), mit der auf der Ebene der Sozialität menschliches Leben als evidente Ansichtigkeit erscheint, gebrochen wird durch die Ausdifferenzierung der Gesellschaft als eines Systems, das nicht Relevanz proliferiert, sondern Irrelevanz im Blick auf alles, was durch Kommunikation gemeint ist. Die These war: Gesellschaft disseminiert Sinn, aber sie liest ihn nicht im Sinne eines ›Lesens‹ auf (Be)Deutung hin.

Die Ebene der Sozialität (auf der alles, was Sinn macht, Sinn macht) wird im Zuge jener Ausdifferenzierung der Gesellschaft Erosionsprozessen ausgesetzt. Die Evidenz der (prinzipiellen) ›Ansichtigkeit‹ von Kommunikation und ihrer Betreiber wird in gewisser Weise ausgedünnt, die Robustheit von Sozialität: fragil – und damit auch: die Robustheit ›ich-bewohnter‹ (zur Selbstüberschau befähigter) psychischer Syste-

---

43 »Mit Hilfe dieses Schemas externalisiert das System die hochkomplexen internen Verhältnisse der konditionierten konditionierungen. Es ›objektiviert‹ gewissermaßen die intern erbrachten Leistungen, indem es sich vorstellt, unter gegebenen Möglichkeiten die eine oder andere zu wählen – bei einem Schachspiel zum Beispiel angesichts einer bestimmten, im Spiel selbst erzeugten Stellung einen bestimmten Zug zu ziehen. Es sieht den Möglichkeitsraum mit seinen bereits erfolgten Einschränkungen als das Spiel und entscheidet daraufhin über den nächsten Zug; es realisiert im Medium des Spiels die eine oder andere Form.« (Luhmann, N., *Die Erziehung der Gesellschaft*, Frankfurt am Main 2002, S. 89.)

me.[44] Die Psyche läßt sich nicht mehr abschotten gegen Polykontexturalität, Heterarchie, Hyperkomplexität, die soziale Adresse wird, wie
wir sagten, *listenförmig* im Sinne der Unabschließbarkeit, im Sinne der
Unmöglichkeit, die Einheit eines listenförmigen Adressenformulars zu
formulieren oder die Einheit ihres Gegenhalts (der durch sie betroffenen
Individuen) in gewisser Weise friktionsfrei oder gar ›pathologiefrei‹[45]
– zu leben.

Oder sanfter gesagt: Die Ermöglichung *tragbarer Komplexität*, als
die wir die Funktion von Sozialität bestimmt haben, wird durch die
Ausdifferenzierung der Gesellschaft hoch problematisch. Sie gleitet in
eine (gesellschaftsinduzierte) Unwahrscheinlichkeit hinein, von der wir
annehmen wollen, daß sie evolutionäre Prozesse begünstigt, die (in der
Weise der Konstruktion eines *inviolate level*) auf den ›hohen‹ Wert des
*menschlichen Lebens*, mithin *des* Menschen und *der* Menschen zielen.
Aufgrund der Polykontexturalität der Gesellschaft ist dabei ausgeschlossen, daß der Bezug auf irgendeine metaphysische ›Verankerung‹
dieses Wertes ›flächendeckend‹ überzeugen könnte.[46] Genau besehn,
geht es nicht um ›Überzeugung‹ anhand universal angesetzter ›We-
sensmerkmale‹ des menschlichen Lebens, weder um Seele noch um
Vernunft (so sehr dies alles historisch eine wichtige Rolle gespielt hat),
sondern um eine hoch abstrakte, kommunikativ placierbare Referenz,
die als Selektions- und Motivationsverstärker soziale Prozesse auslenkt
auf die Verwahrscheinlichung tragbarer Komplexität – angesichts der
Indifferenz der Gesellschaft. Oder anders ausgedrückt: Diese Referenz
wird als *(nicht-argumentatives) Argument* in Anspruch genommen, als
*begründungsfreie* und nicht weiter *begründungsbedürftige* Markierung,
die die Unstrittigkeit des menschlichen Lebens beobachtet als unter
allen Umständen relevant, (schutz)würdig, förderungswürdig, als (wie
man genau in diesem Kontext sagen müßte): menschenwürdig.[47]

44 Das ist es, woraus Sigmund Freuds unglaubliche Wirkung resultierte.
45 Symptom: der Boom der Psychotherapie(en).
46 Das bedeutet nicht, daß die Religionen nicht zentrale *preadaptive advances* geliefert hätten, auch nicht, daß die religiöse Transzendent-Semantik
nicht immer wieder in Anspruch genommen würde, diesem Wert eine
Art supramundane Geltung zu verschaffen, im Christentum etwa über
die ›Beseelung‹ des Menschen, sondern nur, daß diese Inanspruchnahme
gesellschaftlich nicht mehr überzeugt, sondern nur: in ihren eigenen Domänen.
47 Aus ebendiesem Grund nicht-argumentativer Argumentation sind Worte
wie ›Menschenwürde‹ nicht einpaßbar in die Kognitionsstrategien der
Wissenschaft. Ferner würden wir behaupten, daß diese begründungslo-
se Referenz auch als Zentrum einer mehr oder minder elaborierte Begleitsemantik der Inklusionsdrift funktionaler Differenzierung begriffen
werden kann. Anzumerken ist noch, daß ›Menschenwürde‹ (bezogen auf

Jene Begründungsfreiheit oder Begründungsunbedürftigkeit verweist auf eine Eigentümlichkeit symbolisch generalisierter Kommunikationsmedien, die (jedenfalls in den Fällen zweifelsfreien Erfolges) die Motivationsverstärkung, bezogen auf die je im Spiel befindlichen, unwahrscheinlichen Sinnzumutungen, ohne Begründung leisten: Geld, Schönheit, Macht, Wahrheit, Recht ... haben die Bedingung ihrer Möglichkeit darin, daß man im operativen Einsatz nicht erklären muß, warum und wie sie funktionieren.[48]

Man könnte diesen Verweis aufnehmen und die These in Stellung bringen, daß die Referenz auf menschliches Leben, eingesetzt als Verwahrscheinlichungsstrategie, als Antidot gegen die Indifferenz der Gesellschaft, darauf schließen läßt, daß sich in der Differenz von Sozialität/Gesellschaft (und in Bezug auf die darin aufspringende Unwahrscheinlichkeit) ein symbolisch generalisierbares Kommunikationsmedium entwickelt, das die Unstrittigkeit des menschlichen Lebens ausnutzt für Relevanzmarkierungen und Relevanzproliferation unter der Bedingung einer Gesellschaft, die weder Relevanz noch Irrelevanz dieses Lebens auszeichnet, sondern die Unterscheidung selbst (operativ) verwirft. Die These ist nicht, daß es sich schon so verhält, sondern nur, daß eine solche Entwicklung nicht unmöglich wäre und sich wie eine undeutliche Lineatur abzeichnet, in die einige deutlichere Linien eingetragen sind, zum Beispiel die zahlreichen (stets auch moralisch gestimmen) Diskurse, die sozialen Bewegungen, die Strategien, die gleichsam ›Insistenzformationen‹ im Blick auf die Relevanz des menschlichen Lebens und die Bedingungen der Möglichkeit seiner (Er)Tragbarkeit einrichten.

Die These kann hier nicht mehr durchgeführt und muß Anschlußarbeiten überlassen bleiben. Ich vermute allerdings (und verlasse damit die Zone wissenschaftlicher Vertretbarkeit), daß die Ausdifferenzierung eines Mediums ›menschliches Leben‹ zunächst am evolutionären Erfolg einer (begründungsfreien) Minimalontologie hinge: Es gibt Menschen

menschliches Leben) substituiert werden könnte durch ›Lebenswürde‹, wenn – wie es ja auch geschieht – ›Animalität‹ ebenfalls in den Blickpunkt gerät. »Es gibt différance ... sobald es lebendige Spur, ein Verhältnis von Leben/Tod oder Anwesenheit/Abwesenheit gibt. Schon sehr bald hat sich dies für mich mit der ungeheuren Problematik der Animalität verknüpft. Es gibt différance ... sobald es Lebendiges gibt, sobald es die Spur gibt, mittels und trotz all der Grenzen, die die stärkste philosophische oder kulturelle Tradition zwischen ›dem Menschen‹ und ›dem Tier‹ glaubte erkennen zu können.«, formuliert Jacques Derrida in: ders./Roudinesco, E., *Woraus wird Morgen gemacht sein? Ein Dialog*, Stuttgart 2006, S. 42.

48  Sobald solche Begründungslasten auftreten, verliert das Medium an Überzeugungskraft, etwa in der Erziehung, in der Sozialen Arbeit, vielleicht auch seit einiger Zeit in der Kunst.

und menschliches Leben. Dann: daß die Form des Menschen (*der* Mensch/*die* Menschen) hinsichtlich dessen, was sie ausschließt, umdirigiert würde: auf die Präferenz für *einen* Menschen, wer immer und wo immer er sein mag. Im Kern käme das einer Umschrift des altehrwürdigen Homo-mensura-Satzes auf das Diktat gleich: *Das menschliche Leben sei das Maß aller Dinge, koste es, was es wolle.*

# VII. Epilog

Am Ende eines Buches, das sich der Frage nach dem ›Maß aller Dinge‹, dem ›Thema aller Themen‹ angenommen hat, ist es rhetorisch
geziemend, so etwas wie ein mild emphatisches Ausschwingen zu
inszenieren, nachhallende, nachklingende Schwebungen oder einfach
nur Anwärmungen, die die Leserschaft hinausgeleiten aus der Kälte der
Abstraktion. Aber genau dies ist es, was ernstzunehmende Theorien
nicht zu leisten vermögen. Leute wie ich können, wenn es um das Thema ›*des* Menschen‹ geht, problemlos ›Mulmigkeit‹ bekunden im vollen
Wissen darum, daß auch dies nur eine rhetorische Figur, ein schlecht
verdecktes ›argumentum ad hominem‹ und auf alle Fälle eine ›captatio
benevolentiae‹ sei. Die Theorie jedoch – und in Sonderheit die hier weitgehend genutzte Systemtheorie – quält sich nicht mit Mulmigkeit, mit
schlechtem Gewissen, mit Sorge. Sie ist in diesem Sinne rücksichtslos,
weswegen sie durchaus Unruhe zu erzeugen vermag, die sie gegebenenfalls und bei hinreichendem Strukturreichtum noch miterklärt: als
Resultate gleichsam *routinierter* Erkenntnisblockaden, von evident
genommenen *Impedimenta*. Theorien, über die sich zu reden lohnt,
kennen keine Erbaulichkeiten, und wenn doch, so müßte man ihnen (in
einer leichten Variation eines von Hegel auf die Philosophie gemünzten
Diktums) davon abraten, erbaulich sein zu wollen.

Der zurückgelegte Denkweg war denn auch alles andere als tröstlich.
Er zeichnet auf verschiedenen Wegen die Formkatastrophe nach, die

dem Konzept, der Idee (dem *Idol*) des Menschen, der Menschheit, des menschlichen Lebens, zugestoßen ist, eine Verzettelungs- und Listenkatastrophe, die ausschließt, daß man noch Verantwortliches darüber ausführen könnte, wer oder was *der* Mensch sei. Der Versuch, dennoch Quintessentielles zu formulieren, konnte nicht mehr vom Menschen her gedacht, sondern nur von Sozialsystemen aus rekonstruiert werden im Zuge einer Untertunnelung, die zwar auf klassische Bestimmungsstücke *des* Menschen stieß, aber sie zugleich rekonstruierte als Konstruktionsnotwendigkeiten sozialer Systemik – und gerade nicht: als ein An-und-für-sich, als ›Wesenhaftigkeit‹.

Das Nicht-Tröstliche ist aber zugleich das Faszinierende, denn es zwingt dazu, sich danach zu fragen, was denn überhaupt an Verlust zu beklagen wäre, wenn man das alte Bild (die alten Bilder) *des* Menschen aufgäbe und sich die alte göttliche Forderung zu einer auf *den* Menschen gemünzten Devise umschriebe: Du sollst Dir kein Bildnis machen… Ein Verlust läge vermutlich darin, daß schnelle Orientierungs- und damit Simplifizierungsgewinne ausfielen. Alltäglich fungierende wie religiöse, philosophische und wissenschaftliche Anthropologien würden nur noch mühsam, nur noch kontraintuitiv, nur noch um den Preis von Starrsinn Reduktion von Komplexität leisten können. Wir haben gesagt, daß Sätze wie »Der Mensch ist… die Menschen sind… die Menschheit ist … das menschliche Leben ist…« und all ihre Äquivalente unter hetеrarchen Gesellschaftsbedingungen nur mehr als Indices für im besten Fall ›robuste Naivitäten‹, im schlechtesten Fall für Fundamentalismen genommen werden können. Solche Sätze sind nicht Inklusionsformeln, sondern (wie anhand des Deklarationsmediums gezeigt wurde) immer auch: Exklusionsanweisungen, auch und gerade dann, wenn hehre Worte im Spiel sind: Vernunft etwa, Geist und Seele. Fast könnte man sagen, daß deshalb der Verlust (der immer auch ein Verlust an Heimatlichkeit, Wärme, an als sicher gehandelter Instruktivität und Orientierung ist) als Gewinn verbuchbar wäre. Die Menschhaftigkeit *des* Menschen, die Leuthaftigkeit der Leute ist nicht (alle vorangehenden Überlegungen vorausgesetzt) auf einen fundamentalistischen Begriff zu bringen.

*Der* Mensch ist, wenn wir mit leicher Hand gegen unser eben eingeführtes Verdikt verstoßen dürfen, ein (historisch konditioniertes) regulatives Sinnschema, das – nach langer Insistenz auf Einheit, Zentralität, Einzigartigkeit[1] – unter die Bedingung einer ›Listenförmigkeit‹ ausfällenden Moderne geraten ist, die dem Schema die ›Regulativität‹ nimmt. Diese Wegnahme, die nicht wenige als eine *Beraubung* auffassen, läßt

1 Wir denken hier an den europäischen Ausgangskontext funktionaler Differenzierung und sind uns durchaus dessen bewußt, daß vor allem im asiatischen Raum ›Anthropologien‹ entstanden sind, die auf andere Grundlagen gestellt sind.

Epilog

*den* Menschen (seine Adresse) zurück als, wie wir sagten, stroboskopische ›Gewittrigkeit‹, als ›Unheit‹, als Fragmentarität, die zu keiner Gänze, wie die Romantiker gesagt haben, aufrundbar sei, ein Befund, der in der Zone der *Nichtrücküberesetzbarkeit* angekommen ist.² Jeder Versuch dazu wäre so etwas wie eine nicht mehr redlich mögliche Anthropo-Ontologie, eine Art Verrat: *(Re)Traduttore traditore.*

Nun kann man sagen, daß die Aufgabe jener Ontologie bestimmte (anthropologische) Grundfragen aushebelt, etwa die Kantsche Frage: »Was ist der Mensch?« und mit ihr zugleich die Ethik-Frage: »Was sollen wir tun?«. Die Unmöglichkeit der Beantwortung der ersten Frage impliziert, daß auch die Beantwortung der zweiten hinfällig wird: Auf einheitslose Listenförmigkeit läßt sich schwerlich eine Ethik gründen und schon gar nicht *eine* Ethik, die unter polykontexturalen, heterarchen und hyperkomplexen Verhältnissen flächendeckend überzeugen könnte. Das heißt überhaupt nicht, daß ›Moralen‹, daß ihre Reflexionstheorien (Ethiken) funktionslos seien, sondern nur, daß sie in ihrer Funktion *beobachtbar* geworden sind und daß man den ›polemogenen‹ Effekt der sozialen Installation dieser Funktion mitbeobachten kann. Moralen in Sonderheit hatten und haben, wenn sie auf anthropo-ontologischen Grundlagen operieren, sich also als Singular ›Moral‹ gerieren, nicht selten: tödliche Folgen.

Das Fatale an Hyperkomplexität ist, daß man um beides zugleich wissen kann, um die Unausweichlichkeit (Funktionalität) von Moral *und* um deren polemogene Effekte, ein Dilemma, das – wenn die Überlegungen in diesem Buch triftig sind – nicht mehr vom ›Wesen‹ des Menschen her aufgelöst werden kann. Was wir oben (im Kontext der ›Untertunnelung‹) mit einiger Chupze *Quintessentialität* genannt haben, war von einem Ort aus konstruiert worden, von dem behauptet wurde, er enthalte keine Menschen, kein Bewußtsein, keine Psyche, nichts Körperliches, Substanz- oder Substrathaftes. Gemeint war eine ›Region‹, die mit der Metapher des ›Ortes‹ hoch unzureichend bezeichnet würde, weil Sozialsysteme Raum als Infrastruktur nutzen können, aber selbst (so wenig wie das Bewußtsein) ›örtlich‹ oder ›räumlich‹ sind.

Wenn man demnach genau ist, so war jene Rekonstruktion *des* Menschen keine Rekonstruktion *seines* ›Wesens‹, sondern die Rekonstruktion der Konstruktion von Menschen als relevante Umwelt (Mitwelt) durch soziale Systeme. Die Strategie dieser Rekonstruktion war es, von sozialen Systemen, von Kommunikation her zu errechnen, wie diese Umwelt beschaffen sein müßte, damit das Spiel des genuin ›Sozialen‹ gespielt werden kann. Oder anders formuliert: Die Suche galt dem, was im Sinne *externer Notwendigkeiten* als Bedingung der Möglichkeit des Be-

2 Derrida, J., *Vom Geist, Heidegger und die Frage,* Frankfurt am Main 1992, S. 11.

triebs sozialer Autopoiesis (von dort aus gesehen) unverzichtbar wäre, und der Beantwortung der Frage: wie diese ›Externitäten‹ beschaffen (angesetzt) sein müßten, damit jenes Spiel ›funktioniert‹.

Das Wesen *des* Menschen wurde durch diese Strategie (bezogen auf den üblichen Umgang mit dem Problem) ›fremd-verortet‹, es wurde in einem ungleich radikaleren Sinn als bei Helmuth Plessner durch ›exzentrische Positionalität‹ definiert: *Der* Mensch sei nicht das, was er ist in und aus einer ihm selbst zukommenden ›Wesenheit‹; er sei vielmehr die im Medium *Sinn* gearbeitete (hoch spezifizierte) ›Zuweisung‹ einer Umweltposition.[3] Nur diese Beobachtungsstrategie machte die Analysen möglich, die die Änderungen dieser Zuweisung (etwa in Richtung ›Listenförmigkeit‹) zum Thema hatten. Sie waren im Blick auf *das* Wesen *des* Menschen *restriktionsfrei* und das heißt *denkverbotsfrei* gearbeitet.

Man könnte mit allem Recht einwenden, daß diese Strategie ältere ›Vereinseitigungen‹ (das Denken *des* Menschen von Gott, später vom Menschen her) nur durch eine andere ›Einseitigkeit‹ ersetzt (das Denken *des* Menschen von sozialen Systemen her), aber genau gegen diesen Einwand ist das Theorem *konditionierter Koproduktion* gesetzt und die im gewissen Sinne ›ungeschriebene Lehre‹ des *Unjekts*.[4] Dazu wurde auf dem zurückliegenden Weg einiges gesagt, das sich auf den einen Punkt bringen läßt: *Ein System ist nicht ein ›ontologischer Ort‹, um den man quasi herumspazieren könnte, sondern der (mnemotechnische) Ausdruck für die Einheit der Differenz von System und Umwelt.* Wenn man etwas ›in‹ einem System (sagen wir: in der Psyche, im sozialen System) bezeichnet, gelingt dieser Bezug auf ein ›In‹ nur durch eine Abstraktion, die mit der Schein-Evidenz eines Innen/Außen-Schemas operiert, so als ginge es um ein ›Dies‹ und ›Das‹, um die Zustandsverschränkung von Wahrnehmung und Sinn (menschliches Leben) hier, um soziale Systeme (Nicht-Menschliches) dort.

Die zentrale Leistung einer System/Umwelt-Theorie ist aber nicht dieses ›hier‹ und ›dort‹, sondern das Kupieren genau dieser Denkmög-

3 Einer, wie wir heute denken können, auch durch andere ›Wesenheiten‹ substituierbare Position: durch intelligente ›Futteral‹-Maschinen oder durch Aliens.

4 Mit diesem Ausdruck des ›Ungeschriebenen‹ rekurrieren wir auf eine nicht auflösbare ›Unbeobachtbarkeit‹ und beziehen uns locker, aber nicht ohne gewisse Hintersinnigkeiten auf die Rezeption Platos. Vgl. etwa Ferber, R., *Die Unwissenheit des Philosophen oder warum hat Plato die »ungeschriebene Lehre« nicht geschrieben?*, St. Augustin 1991; Reale, G., *Zu einer neuen Interpretation Platons. Eine Auslegung der Metaphysik der großen Dialoge im Licht der »ungeschriebenen Lehren«*, Paderborn 2000 (Milano 1989). Zum Problem der unbestimmten Zweiheit (Timaios) siehe a.a.O., S. 457 ff.

lichkeit im Sinne eines Differenzdenkens, das die Differenz nicht als
›Spreizung‹ im Raum denkt, nicht als Distanz zwischen etwas hier und
etwas anderem dort, sondern Spatialisierung schon als Effekt einer
Einheit auffaßt, die – beobachtet – via Unterscheidung in die Form
der ›Zwei‹ getrieben wird.[5] Sobald Beobachtung im Spiel ist, ist ein
präsignifikativer ›Raum‹ (ist die ›chora‹, wenn man an tiefe Intuitionen
Platos denkt) nicht mehr erreichbar.[6] Konditionierte Koproduktion ist
(wie auch der Ausdruck ›Unjekt‹) das noch hilflose Zeichen dafür, daß
die Verschiedenheit von System und Umwelt observationstechnisch
nicht vermieden werden kann, auch dann nicht, wenn man wie aus
den Augenwinkeln ›mitwahrnimmt‹, daß die Trennung der Sphären des
›Sozialen‹ und des ›Psychischen‹ eben durch die Operation der Beobachtung erzwungen wird, die – intrikaterweise – wiederum der einen oder
anderen Seite zugerechnet werden muß.

Diese (für normale soziologische Verhältnisse wohl abwegigen) Er-
wägungen führen zu dem Schluß, daß der Versuch der Untertunnelung
keineswegs bedeutet, das, was man das Wesen *des* Menschen zu nennen
pflegte, auszulagern in die Kommunikation. Es hat sich sogar gezeigt,
daß die typischen Wesensbestimmungen dessen, was als *der* Mensch
zumindest in europäisch gestimmten Kontexten plausibel war, koin-
zidieren mit dem, was sich anhand der Analyse der Projektionen der
relevanten Umwelt durch Sozialsysteme an ›Essentialitäten‹ errechnen
ließ.

Wir nehmen im spekulativen Duktus, den ein Epilog ermöglicht,
diese Koinzidenz als Anzeichen für konditionierte Koproduktion und
folgern, daß das Zeichen ›Mensch‹ weder einsteht für die These, da sei
eine Isoliertheit und Singularität, ein An-sich, eine Sui-Suffizienz, der
man diesen Namen geben könnte, noch dafür, daß dies Zeichen eine
nur in und durch Kommunikation inszenierte Epiphanie bezeichnet, ein
soziales Dichtefeld sozusagen, eine kommunikativ organisierte Konfiguration, gewonnen durch Zurechnungsprozesse, bezogen auf kom-
pakt opake ›hyletische‹ Hintergründe. *Der Mensch ist* (und hier stellen
sich extreme Formulierungsschwierigkeiten ein) weder auf der einen
Seite noch auf der anderen Seite und auch nicht irgendwie ›dazwischen‹
oder gar zugleich auf allen Seiten *und* in der Mitte. Anders – und in

5 »Damit diese gegensätzlichen Werte (gut/schlecht, wahr/falsch, Wesen/
  Schein, drinnen/draußen, etc.) einander entgegengesetzt werden können,
  muß jeder Ausdruck dem jeweils anderen schlicht äußerlich sein, das heißt,
  muß eine der Oppositionen (drinnen/draußen) bereits als Matrix jeder
  möglichen Opposition beglaubigt sein.« (Derrida, J., »Platons Pharmazie«,
  in: *Dissemination,* Wien 1995, S. 69-190, S. 115.)
6 Ebendies ist der Anlaß für und das Thema der Studie über Zen-Buddhismus in Luhmann, N./Fuchs, P., *Reden und Schweigen,* Frankfurt am Main
  1989.

der Bedenkenlosigkeit epi-logischer Verhältnisse – hinformuliert: *Das Sinn-Schema ›der Mensch‹ markiert die fungierende Zentralsymbolik der soziopsychischen Koproduktion.* In dem Wort ›Symbolik‹ (wie im Wort ›Koproduktion‹) ist die Unauflösbarkeit, die Unausdeutbarkeit, die ›Unausstaunbarkeit‹[7] des im Schema bezeichneten Sinnes mitausgesagt.[8]

Die Kantsche Frage »Was sollen wir tun?« gerät, wenn triftig ist, was wir eben formuliert haben, unter andere und neuartige Bedingungen ihrer Beantwortbarkeit. Denn die ›condicio humana‹ ist dann nicht mehr eine ›Einseitigkeitsdomäne‹, zugeschnitten auf anthropologische Grundbefindlichkeiten und abhängig davon, ob man wissen kann, was *der* Mensch sei, sondern der ›Bezirk‹ einer nur analytisch trennbaren ›Verschränkung‹, eben von: konditionierter Koproduktion. Jede Referenz auf die eine oder andere Seite der ›Verschränkung‹ (und was wären denn ›Verschränkungsseiten‹?) ist eine *observationell bedingte Verkürzung‹*, eine Alienation nicht *des* Menschen oder *der* Menschen, sondern eine, die sich äußert in einer unvermeidbaren ›Blickverschwimmung‹ im Hinsehen auf das, was dann als die nichtbeobachtbare Bedingung der Möglichkeit jeden Beobachtens anzusetzen wäre.[9]

Ethische Fundamentalreflexionen müßten, dies vorausgesetzt, dem Theorem konditionierter Koproduktion Tribut zollen. Sie könnten nicht mehr ausgehen von einer Auslegung dessen, was *der* Mensch ist oder wie er (eigentlich) ›gemeint‹ sei. Sie hätten sich daran zu gewöhnen, daß die Sinnwelt, in der auch Ethik vorkommt, nicht an ›punktualisierten‹ Leuten hängt, die den Sinn ›machen‹, sondern an einer nur ›oszillierend‹ bearbeitbaren (und dadurch erzeugten) Differentialität, deren Einheit durch jede Beobachtungsoperation aus dem, was beobachtet werden kann, getilgt wird. *Ethos* wäre nicht nur beziehbar auf das Bedingungsgefüge ›sittlichen‹ Verhaltens von Leuten, die sich so oder so verhalten

7 Dieser Ausdruck findet sich bei Mann, E., *Mein Vater, der Zauberer,* Hamburg 1999, S. 32.

8 Und ›fungierend‹ bezieht sich darauf, daß man dieser Symbolik in der Form ihrer Symbole ›ansichtig‹ werden kann. Es sind sozusagen ›spazierende‹ Symbole, die Menschen, die Leute.

9 Die Romantiker haben das Problem dann unter dem Gesichtspunkt der Natur behandelt: »Ausgangspunkt der Sinnesdiskussion ist die aktuelle Entfremdung des Menschen von der Natur, die im Text durchgängig als Wahrnehmungsproblem erscheint: ›Ein Alcahest scheint über die Sinne der Menschen ausgegossen zu sein.‹ In diesem von den Alchimisten gesuchten Universal-Lösungsmittel verlieren die Sinne ihre Schärfe, ohne ihre Einheit zu gewinnen – die Natur ›schwimmt‹ vor den ›Blicken‹ der Menschen.« (Utz, P., *Das Auge und das Ohr im Text. Literarische Sinneswahrnehmung in der Goethezeit,* München 1990, S. 224.) Der Referenztext ist »Die Lehrlinge zu Sais« von Novalis.

können.[10] Sondern: einzukalkulieren wäre, daß das Verhalten schon (fungierende) Interpretation und Simplifikation eines Geschehens ist, das als Einheit nicht mehr beobachtbar ist – System.

Es gibt, wie ich sagen würde, weit gestreute ›Witterungen‹ für das Problem.[11] Eine davon stellt sich geradewegs (wenn auch unter gänzlich anderen Voraussetzungen) der Schwierigkeit, wenn sie Ethik ›hineinverdichtet‹ in die Metapher der *Liturgie*.[12] Diese Metapher zieht die Ansichtigkeit der Menschen und ein durch Wiederholung bekräftigtes soziales Arrangement zusammen in einem ›beweglichen Prachtbild‹, in dem das Psychische und das Soziale nicht getrennt werden können – ohne Bildzerfall. Und Liturgie heißt zugleich auch, daß die ›teilnehmenden‹ Bewußtseine von vornherein ver- und austauschbar sind.[13] Eine andere ›Witterung‹ geht davon aus, daß Ethik sich nicht denken, nicht aufschreiben lasse, sie zeige sich (Heinz von Foerster), sie sei nicht lehrbar, und sie sei ›supernatural‹.[14]

10  Obwohl es sich im Blick auf unsere Diskussion von ›Sozialität‹ trifft, daß das Wort seinen Ursprung im Bedeutungsumfeld von ›wohnlichem Aufenthalt‹ hat. Siehe etwa Heidegger, M., *Über den Humanismus*, Frankfurt am Main 1949, S. 39 ff.

11  Und Anzeichen wie etwa die Satirereife der allenthalben angepflanzten Ethikkommissionen.

12  Zu Ethik als Werk ohne Entschädigung, als Liturgie vgl. Levinas, E., *Humanismus des anderen Menschen*, Hamburg 1989, S. 35 f.

13  Dazu paßt, wenn wir frei verfahren, die Annahme, daß das Bewußtsein als »Durchgangsstation einer Bewegung..., in deren Verlauf jeder schon im voraus mit allen übrigen vertauscht ist«, begriffen werden kann. Blanchot, M., *Der Gesang der Sirenen. Essays zur modernen Literatur*, Frankfurt am Main 1988, S. 275. Auch das läßt sich mit dem Bild der Liturgie versinnlichen. Passend ist in gewisser Weise auch, daß die Dimensionen, die wir diskutieren, im Wort ›Liturgie‹ etymologisch eingeschweißt sind, das soviel bedeutet wie ›öffentlicher Dienst‹.

14  »Angenommen, einer von Ihnen wäre allwissend; er kennt alle Bewegungen aller lebenden und toten Körper in der Welt und er kennt auch alle Bewußtseinszustände aller Menschen, die je gelebt haben, und falls er alles, was er weiß, in ein großes Buch eintrüge, so enthielte dieses Buch die gesamte Beschreibung der Welt. Ich möchte nun darauf hinaus, daß dieses Buch nichts enthielte, was wir ein ethisches Urteil nennen würden, bzw. nichts, was ein solches Urteil logisch implizierte. Freilich enthielte es alle relativen Werturteile sowie alle wahren wissenschaftlichen Sätze und sogar alle wahren Aussagen, die sich überhaupt artikulieren lassen. Doch alle beschriebenen Fakten stünden gleichsam auf derselben Ebene, und ebenso stehen sämtliche Sätze auf derselben Ebene. Es gibt keine Sätze, die in einem absoluten Sinne erhaben, wichtig oder belanglos sind. [...] die bloße Beschreibung der Fakten [wird] nichts enthalten, was wir

Aber welche Witterungen auch immer, der Eindruck stellt sich ein, daß solche Einschätzungen intellektuelles Vergnügen bereiten können, aber wenig ›alltagstauglich‹ sind. Die Referenz auf konditionierte Koproduktion, auf die Einheit jener fundamentalen Verzweigung, ist nicht instruktiv im Blick auf die Frage, was zu tun sei. Sie informiert über einen stets zurückweichenden Letzthorizont anspruchsvoller Kognition, über einen Letzthorizont, der allenfalls (aber alles andere als darin unwichtig) hilfreich für Bemühungen ist, fundamentalistische Letzteinschätzungen der Welt zu konterkarieren, denen Anthropo-Ontologien zugrunde liegen. Aber die Frage, was zu tun, was ›gesollt‹ zu tun sei, ist damit nicht beantwortet.

Und sie kann auch hier nur im Sinne einer Vorbereitung für mögliche Konkretionen diskutiert werden. Im Zentrum einer solchen Präparation steht die These, daß zumindest ein ›Seitenwechsel‹ versucht werden könnte, wenn (nach allen vorangegangenen Überlegungen) akzeptiert wird, daß die Frage *des* Menschen nicht mehr abzulösen ist von der Domäne der Kommunikation. Ethik wäre dann nicht mehr verfertigbar als etwas, das in den Blick gerät, wenn das menschliche ›Leben‹ *sub specie aeternitatis* beobachtet wird[15] oder: *sub specie hominis*, sondern als etwas, das *sub specie communicationis* konstruiert werden müßte. Es ginge dann nicht um eine Ethik für Kommunikation, sondern um eine, die berücksichtigt, daß die Zentralreferenz auf *den* Menschen ohne weitreichenden Bezug auf Kommunikation (auf Sozialsysteme) nicht mehr zu haben ist.

Dafür ist einerseits nicht-triviales Wissen um Kommunikation notwendig, gruppiert um die Mittelpunktsthese, daß Kommunikation subjekt- und bewußtseinsfreie Ereignisverkettungen bezeichnet; andererseits müßte klar sein, daß die via regia zu dem, was klassisch *der* Mensch war, über die in die Kommunikationstheorie eingebettete Theorie der *Adressabilität* läuft. Was jeweils als ›Mensch‹ und in welchen Formen es überhaupt in Frage kommen kann, hängt an soziohistorisch konditionierten Adressenformularen, deren genaue Analyse (weil der Begriff neu ist) noch aussteht. Es sieht so aus, als sei der Grundbegriff ›Adressabilität‹ geeignet, die Unschärfe anthropologischer Grundannahmen über

als einen ethischen Satz bezeichnen könnten. [....] Die Ethik ist, insofern sie überhaupt etwas ist, übernatürlich, und unsere Worte werden nur Fakten ausdrücken; so wie in eine Teetasse eben nur eine Teetasse voll Wasser reingeht, auch wenn ich's literweise darübergösse.« (Wittgenstein, L.,*Vortrag über Ethik*, Frankfurt am Main 1989, S. 12/13.)

15 Wie Ludwig Wittgenstein es in einerTagebucheintragung vom 7. 10. 1916 (*Werkausgabe*, Bd. 1., Frankfurt am Main 1989 (5. Aufl.), S. 178) vermutet: »Das Kunstwerk ist der Gegenstand sub specie aeternitatis gesehen; und das gute Leben ist die Welt sub specie aeternitatis gesehen. Dies ist der Zusammenhang zwischen Kunst und Ethik.«

das ›Begehren‹ zu ersetzen. Oder versöhnlicher formuliert: Das primäre
Begehren ist das Begehren nach ›Partizipation‹ an Kommunikation, die
ubiquitär die Bedingung der Möglichkeit für alles ist, was sonst noch im
menschliche Leben Bedeutung gewinnen kann. Und ebendies (Teilnahme, Teilhabe, eine nicht-platonische Methexis) ist nur möglich durch
kommunikative Adressierung, durch *Inklusion* im genauesten Sinne,
die dieses Leben als uneingeschränkt *relevant* markiert.

Das war der Grund dafür, daß wir en passant gefordert haben, Adressabilität in den Kanon der Menschenrechte aufzunehmen. Auch die
Pathosformel ›Menschenwürde‹ empfiehlt sich unter diesen Theorievo-
raussetzungen nicht mehr als Bezeichnung für eine okkult-intrinsische
Qualität von Menschen; ihre Bedeutung kann umgesetzt werden auf
die Annahme, sie sei der feierliche und festredentaugliche Ausdruck für
die Nüchternheit der Idee prinzipiell uneingeschränkter Adressabilität.
Aber – so redend – verläßt man schnell den Bezirk wissenschaftlicher
Verantwortbarkeit. Über all dies müßte andernorts nachgedacht werden, zum Beispiel in der praktischen Philosophie. Die Anregung ist nur,
dies nicht im Modus der Bodenlosigkeit zu tun, sondern gestützt auf
und in Konfrontation mit Theorien, die – ohne es auf eine Konkurrenz
zur Philosophie abgesehen zu haben – ein Abstraktionsniveau erreichen,
das in die Zone der Nicht-Ignorabilität eingerückt ist.

Eine zweite Frage kann im Zuge dieses Epilogs ebenfalls nicht vermieden werden, die Frage nach der Zukunft, die wiederum Kant in die
raffinierte Form des »Was dürfen wir hoffen?« gebracht hat. Es versteht
sich von selbst, daß wir uns dieser Frage nur ohne die in sie eingebaute
Referenz auf Metaphysik nähern können. Wir führen sie stattdessen eng
auf die ›Formkatastrophe‹ dessen, was mit *dem* Menschen gedacht war,
auf seine nicht-einheitsfähige ›Verzettelung‹ und Listenförmigkeit, auf
die engere Frage mithin, was sich von dieser ›Katastrophe‹ her allenfalls
sagen ließe über ihr künftiges ›Schicksal‹.

Viel hängt dann davon ab, daß es gelingt, das, was üblicherweise unter ›Zukunft‹ verstanden wird, *enttrivialisiert* zu denken. Sinnsysteme
haben keine Zeit, die umstandslos entfaltet werden könnte als Folge
von Vergangenheit, Gegenwart, Zukunft. Ihre Gegenwart ist immer
aufgeschobene und nachgetragene Gegenwart, die sich von Ereignissen
her, die noch geschehen werden, inszeniert als das ›Schon-Geschehene‹,
als Vergangenheit mithin, die aber durch jedes Zukunftsereignis als re-
versibel behandelbar ist. Die autopoietische Sinnzeit ist keine Transformation in den Modus der Irreversibilität, kein Heranrollen von Ereignissen, die eine Gegenwart erreichen, die eine Vergangenheit herstellt,
die nicht mehr zu ändern wäre.[16] In dieser Zeit ist die Welt konstitutiv

16  »Wir nennen daher die charakterisierten Phänomene Zukunft, Gewesenheit, Gegenwart die Ekstasen der Zeitlichkeit. Sie ist nicht vordem ein

nicht ›vollzählig‹, wenn sie in die Vergangenheit eintaucht, weil jede Vergangenheit ›umbeobachtbar ist‹.

Und die Gegenwart ist nichts als der Ausdruck für die je akute Unaustauschbarkeit von Ereignissen, deren Bedeutung freilich nicht fixierbar ist, selbst wenn sie aus der Zukunft heraus, die Gegenwart wird, durch Anschluß als fixiert, als vergangen, als unveränderbar traktiert werden. Die akut-aktuelle Unaustauschbarkeit von Ereignissen läßt sich ihrerseits nicht denken ohne Bezug darauf, daß die Sinngegenwart selbst erst im Nachtrag aufgeblendet wird – für erlebende Systeme, die es geschafft haben, die Gegenwart, das Momentum, auszudehnen auf eine Dauer (specious present), die es gerade noch ermöglicht, den Nachtrag und dasjenige, dem der Nachtrag gilt, als Einheit aufzunehmen – bis hin zur psychischen Sonderleistung des ›Erlebens‹ eines Kairos, einer erfüllten Präsenz, eines ›Nunc stans‹, eines ›Hic et nunc‹, eines ›Verweile doch …‹ oder eines (paradoxen) Erlebens von Zweit- und damit auch Zeitlosigkeit wie etwa in den Prätentionen des Zen-Buddhismus.

Dies sind intrikate Denkverhältnisse, deren Resultat uralt ist: Über die Zukunft läßt sich nichts ausmachen, weil sie keinen ›Ort‹ hat, von dem aus sie losschicken könnte, was in irgendeiner Gegenwart als Ereignis ankäme. Wenn dennoch darauf insistiert wird, daß ein Buch über das ›Maß aller Dinge‹ auch etwas über die Zukunft dieses ›Maßes‹ zu sagen hätte, und wenn zugleich klar ist, daß dieses ›Sagen‹ nur eine ›raunende Beschwörung‹ sein könnte, solange die Zukunft für eine Art ›Zeitort‹ gehalten wird, in und an dem die Ereignisse, die einmal Gegenwart sein werden, im Modus der ›Ankünftigkeit‹ irgendwie vorausberechenbar ›anliegen‹, wenn also Prophetentum gefordert wird, dann bleibt der Theorie nur die Wahl, die Frage nach der Zukunft umzuarrangieren, um gleichsam unpassende Antworten und eine inkongruente Perspektive zu ermöglichen.

Ein solches Umstellen wird denkbar, wenn man die Zukunft aufnimmt in der einen unstrittigen Hinsicht, daß sie von jeder Aktualität aus immer nur als *schiere Beimeßbarkeit, reine Virtualität oder reine* ›*Besetzbarkeit*‹ erscheinen kann. Damit erfüllt sie die Bedingungen, mit deren Hilfe wir im Lauf dieser Arbeit den Begriff des *Mediums* definiert haben. Die Zukunft läßt sich als ein Medium begreifen, dessen Invarianz durch die Variabilität oder die Toleranz für Sinnzuweisungen oder Formeinschreibungen bestimmt ist. Und es fügt sich, daß die Prä-

Seiendes, das erst aus sich heraustritt, sondern ihr Wesen ist Zeitigung in der Einheit der Ekstasen.« (Heidegger, M., *Sein und Zeit*, Tübingen 1993 (17. Aufl.), S. 329.) Und ebd.: »Die ursprüngliche und eigentliche Zeitlichkeit zeitigt sich aus der eigentlichen Zukunft, so zwar, daß sie zukünftig gewesen allererst die Gegenwart weckt. Das primäre Phänomen der ursprünglichen und eigentlichen Zeitlichkeit ist die Zukunft.«

zis erung, die wir vorgenommen haben, als wir von ›Inferenzmedien‹ sprachen, ein zentrales Merkmal der Zukunft mitgetroffen hat: ihre *ausschließliche Inferierbarkeit.*

Von diesem Gedanken ist es nicht sehr weit zu der Überlegung, daß die Moderne der Gesellschaft gekennzeichnet sei durch massive Referenz (Inferenz) auf das Medium ›Zukunft‹. Nicht die Vergangenheit, nicht die Gegenwart, sondern die Zukunft wird mehr und mehr in jeder Gegenwartslage für die Konditionierung von Sinngestaltungen in Anspruch genommen – auf einer frappierenden Bandbreite von kleinbürgerlichen Rauchverboten über Prävention und Beratung in allen denkbaren Bereichen bis hin zu Giga-Theoremen des Fortschritts, des Wachstums, der Globalisierung. Die Präsenz wird, wenn man so will, ›Durchschub-Ort‹ für die Ermöglichung zukünftiger Gegenwarten, die ebensolche Orte sein werden, und es sieht ganz so aus, als ob dieses Durchschieben im Modus der Hochtemporalisierung mittlerweile *generalisierte Symbole* zur Verfügung hat, die die Unwahrscheinlichkeit, hic et nunc im Blick auf eine unbekannte Zukunft Restriktionen ertragen zu sollen, sich jetzt quälen zu müssen, um eines fernen Tages Zonen der Nicht-Qual zu erreichen, verwahrscheinlichen helfen. Oder anders gesagt: Die Futurisierung der Präsenz hat längst begonnen, alle Bereiche der Sozialität zu durchsetzen. Die Kantsche Frage »Was dürfen wir hoffen?« – entkernt um Metaphysik – ordnet sich selbst dieser Drift schon ein.

Kulturkritik läge nahe, die in dieser Futurisierung eine fatale Beraubung lebensdichter Gegenwart sehen könnte zugunsten eines Schattenreiches, das ›Zukunft‹ heißt. Hier kann es jedoch nicht um Kritik gehen, sondern nur um das Festhalten des Befundes, daß Aussagen über die Zukunft *des* Menschen nur eine weitere (kontingente) Einschreibung in das Medium der Zukunft wären und damit eine weitere Verzettelung, ein Fortschreiben der Listenförmigkeit, die wir als Indiz genommen haben für das, was *dem* Menschen in der Moderne (und wie ich sagen würde: in faszinierender Weise) zugestoßen ist.

Lösungen – im Sinne von Rezepturen zur Wiedergewinnung der Einheit – sind nicht in Sicht. Der alte Meister Goethe projiziert die Erlösung für seinen Faust (den paradigmatischen Menschen seiner Moderne) in's Himmlisch-Weibliche. Mir gefällt, daß der Gegenspieler des Himmlischen, der Teufel, seinen Faust (ihn sinkend und steigend heißend zu gleicher Zeit) in ganz andere Tiefen/Höhen schickt – zu den *Müttern.*

*Mephistopheles*
Ungern entdeck' ich höheres Geheimnis. –
Göttinnen thronen hehr in Einsamkeit,
Um sie kein Ort, noch weniger eine Zeit;
Von ihnen sprechen ist Verlegenheit.
Die Mütter sind es!

*Faust (aufgeschreckt).*
Mütter!

*Mephistopheles*
Schauderts dich?

*Faust*
Die Mütter! Mütter! – 's klingt so wunderlich.